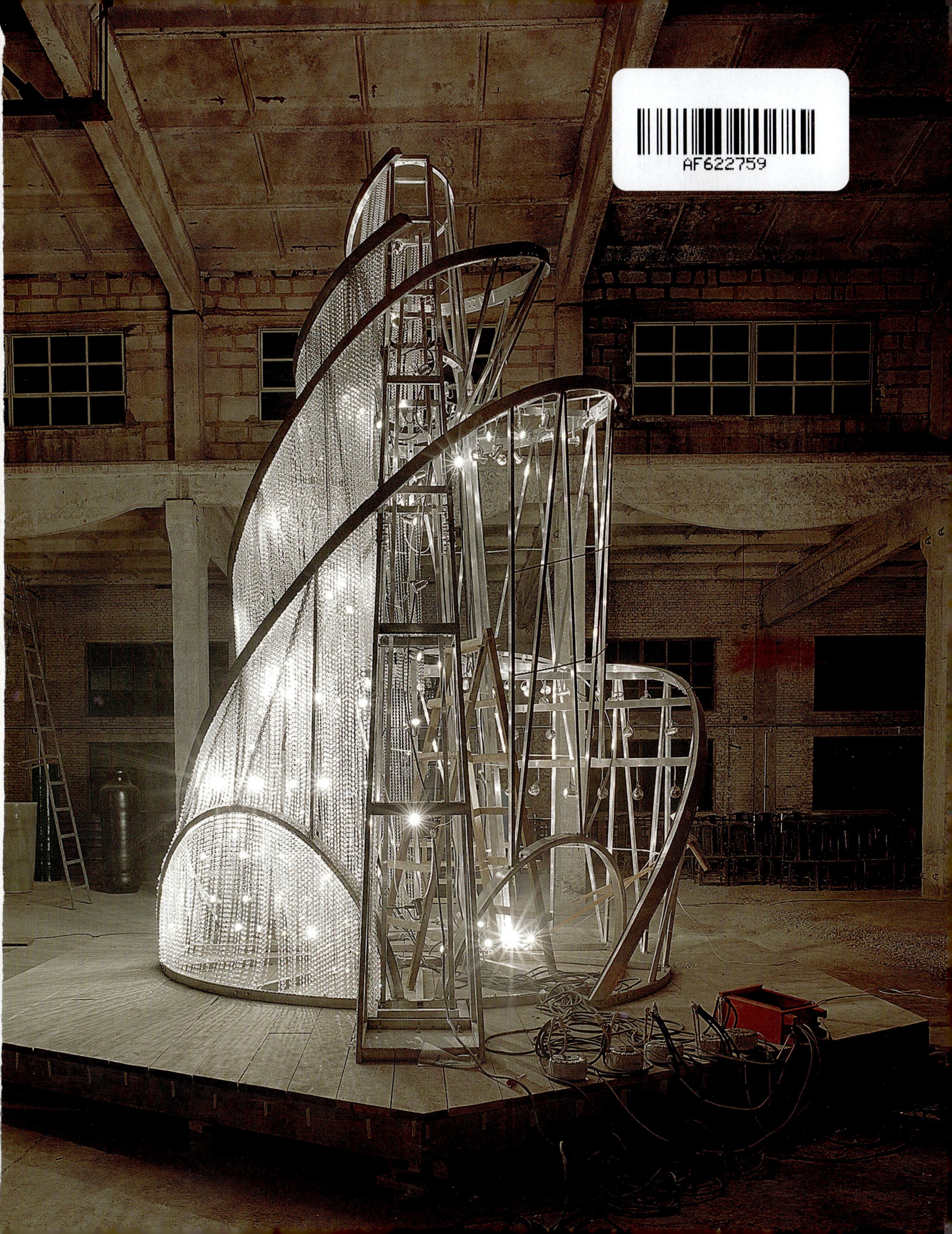

DIE PARKETT-REIHE MIT GEGENWARTSKÜNSTLERN / THE PARKETT SERIES WITH CONTEMPORARY ARTISTS

Book Series with contemporary artists in English and German, published three times a year. Each volume is created in collaboration with artists, who contribute an original work specially made for the readers of Parkett. The works are reproduced in the regular edition and available in a limited and signed Special Edition.

Buchreihe mit Gegenwartskünstlern in deutscher und englischer Sprache, erscheint dreimal im Jahr. Jeder Band entsteht mit Künstlern oder Künstlerinnen, die eigens für die Leser von Parkett einen Originalbeitrag gestalten. Diese Werke sind in der gesamten Auflage abgebildet und zusätzlich in einer limitierten und signierten Vorzugsausgabe erhältlich.

PARKETT NR. 82 ENTSTEHT IN COLLABORATION MIT • **PAVEL ALTHAMER, LOUISE BOURGEOIS, RACHEL HARRISON** • WILL BE COLLABORATING ON PARKETT NO. 82

JAHRESABONNEMENT (DREI NUMMERN) / ANNUAL SUBSCRIPTION (THREE ISSUES) SFR. 120.– (SCHWEIZ), € 85 (EUROPA), US$ 88 (USA AND CANADA ONLY)

ZWEI- UND DREIJAHRESABONNEMENTPREISE SIEHE GELBE BESTELLKARTE IM HEFT / FOR TWO & THREE YEAR RATES, PLEASE CONSULT YELLOW ORDER FORM.

Zürichsee Druckereien AG (Stäfa) Satz, Litho, Druck / Copy, Printing, Color Separations

PARKETT-VERLAG AG ZÜRICH DECEMBER 2007 PRINTED IN SWITZERLAND ISBN 978-3-907582-41-1 ISSN 0256-0917

Cover / Umschlag: COSIMA VON BONIN, "2 Positions at Once," 2004, exhibition view, Kölnischer Kunstverein / "2 Positionen auf einmal", Ausstellungsansicht. (PHOTO: GALERIE DANIEL BUCHHOLZ, COLOGNE)

Inner cover flap (right): CHRISTIAN JANKOWSKI, ANGELS OF REVENGE, GREEN MONSTER, 2006, C-print, 30 x 34" / RACHEENGEL, GRÜNES MONSTER, C-Print, 76,2 x 86,4 cm. (PHOTO: STEPHANIE FOYER)

Inner cover flap (left): COSIMA VON BONIN, ROHRSCHACHTEST # 1, 2006, cotton, linen, 113 1/2 x 90 1/2" / Baumwolle, Leinen, 288 x 230 cm. (PHOTO: FRIEDRICH PETZEL GALLERY, NEW YORK)

Cover flap / Umschlagklappe: CHRISTIAN JANKOWSKI, ROOFTOP ROUTINE, 2007, performance with 25 hoola-hoopers, New York. (PHOTO: PAULA COURT, COURTESY OF PERFORMA)

Page / Seite 1: AI WEIWEI, FOUNTAIN OF LIGHT CONCEPT, 2007. (PHOTO: STUDIO AI WEIWEI, BEIJING)

Back cover / Rückseite: HERZOG & DE MEURON, AI WEIWEI, National Stadium Beijing, 2007, under construction. (PHOTO: IWAN BAAN)

(All images slightly cropped / Alle Bilder leicht beschnitten.)

Special thanks to Harald Falckenberg

PARKETT Zürich New York

Bice Curiger Chefredaktorin / Editor-in-Chief; **Jacqueline Burckhardt** Redaktorin / Senior Editor; **Bettina Funcke, Cay Sophie Rabinowitz** (– August 2007) Redaktorin USA / Senior Editor US; **Mark Welzel** Textredaktion und Produktion / Editing and Production; **Hanna Koller · Simone Eggstein** Graphik / Design, **Trix Wetter** Graphisches Konzept / Founding Designer (–2001); **Catherine Schelbert** Englisches Lektorat / Editorial Assistant for English; **Claudia Meneghini Nevzadi** Korrektorat / Proof Reading

Beatrice Fässler Vorzugsausgaben, Inserate / Special Editions, Advertising; **Nicole Stotzer** Buchvertrieb, Administration / Distribution, Administration; **Mathias Arnold** Abonnemente / Subscriptions; **Jeremy Sigler** Redaktionsassistenz USA / Associate Editor US; **Monika Condrea** Vorzugsausgaben, Inserate und Abonnemente USA / Special Editions, Advertising, and Subscriptions US; **Peter Hall**, Praktikant USA / Intern US.

Jacqueline Burckhardt – Bice Curiger – Dieter von Graffenried Herausgeber / Parkett Board;
Jacqueline Burckhardt – Bice Curiger – Dieter von Graffenried – Walter Keller – Peter Blum Gründer / Founders

Dieter von Graffenried Verleger / Publisher

www.parkettart.com

PARKETT-VERLAG AG, QUELLENSTRASSE 27, CH-8031 ZÜRICH, TEL. 41-44-271 81 40, FAX 41-44-272 43 01
PARKETT, NEW YORK, 145 AV. OF THE AMERICAS, N.Y. 10013, PHONE (212) 673-2660, FAX (212) 271-0704

EDITORIAL

Wie sehr der konzeptuelle Zugriff die Kunst in neue Territorien gelenkt hat, lässt sich an den Werken von Cosima von Bonin, Christian Jankowski und Ai Weiwei ablesen. Hier wird eine ausgreifende Praxis gepflegt, die das Feld der Kunst in unerwarteter Weise ausweitet. Christian Jankowski hat sich beispielsweise in populäre Fernsehsendungen eingeschleust, um mit Hilfe von Wahrsagern ein Kunstwerk entstehen zu lassen. Ai Weiwei hingegen ist mit seinen konzeptuellen Impulsen – in Zusammenarbeit mit Herzog & de Meuron – am neuen Olympiastadion in Beijing beteiligt. Cosima von Bonin wiederum erforscht innerkünstlerische Zonen, als wären sie komplettes Neuland.

Der Umschlag (ein Ausschnitt aus Cosima von Bonins Ausstellung «2 Positionen auf einmal») mag eine Kostprobe der verspielten «Welthaltigkeit» dieser Kunst abgeben, und doch werden immer noch scheinbar konventionelle Wege begangen – allenthalben auch etwa ein Keilrahmen bespannt, eine Bronzeskulptur oder ein Porzellanobjekt hergestellt. All dies sind Elemente auf dem Weg zu einer kulturellen Selbstdefinition, welche die drei Künstler in ihren geplanten Inszenierungen, Situationen und wechselnden Konfrontationen betreiben.
Vom Abenteuer, Tradition und Gegenwart in grossen Dimensionen neu zu denken, zeugt das Gespräch zwischen Jacques Herzog und Ai Weiwei, in welchem sie über die faszinierend experimentellen Züge ihrer Zusammenarbeit in China reden (S. 133). Ai Weiweis mittlerweile rund dreissig Jahre umfassende künstlerische Tätigkeit entwickelte sich in den 80er-Jahren in New York und ab 1993 in China, wo er als starker Impulsgeber und moralische Instanz wirkt, wie sich in Philip Tinaris Beitrag nachlesen lässt (S. 117).
Cosima von Bonins starke Verbundenheit mit Köln wiederum, einem europäischen Kunstzentrum, spiegelt sich in der Wahl der ihr nahestehenden Autoren Diedrich Diederichsen und Dirk von Lowtzow. Dieser Bezug ist auch ein Thema von Bennett Simpsons Text (S. 58), in welchem er jedoch auf die «Kontextfalle» einer solchen Interpretation aufmerksam macht.
China spielt auch in den jüngsten Arbeiten von Christian Jankowski eine Rolle. Als «Nomade des Kunstbetriebs», als «Trickster» (Harald Falckenberg, S. 73), hat er dort, schnell wie er ist, nicht nur neue Produktionsstätten entdeckt. Hier lässt er Werke fertigen, die auf ungeahnte Weise Reibungen von Alltagserfahrung und Ewigkeitsanspruch thematisieren, wie sich in Jörg Heisers Beitrag nachlesen lässt (S. 82).

Das Insert wurde dieses Mal von Heimo Zobernig gestaltet. Es sind die drei Farben, Rot, Grün und Blau, aus welchen sich das konventionelle TV-Bild zusammensetzt, die hier zu Phantomen aus der virtuellen Welt werden. Damit nicht genug, sie treiben mit dem nackten Künstler ein groteskes Spiel, in welchem auch das Blue Box-Verfahren zur Anwendung kommt. Eine Methode, mit der Wirklichkeitsfragmente nach Belieben eliminiert beziehungsweise hinzugefügt werden können.
Sichtbarmachung und der Entzug von Sichtbarkeit finden sich unterschwellig bis explizit auch in den Beiträgen zu Tino Seghal (S. 6) und Jules Spinatsch (S. 162). Indem Tino Seghals performative Werke nicht photographiert und dokumentiert werden dürfen, das Geschehen bloss in Worten beschrieben und weitervermittelt wird, setzt der Künstler nicht nur mit dem Werk allein neue Massstäbe. Demgegenüber steht bei den Photoarbeiten von Jules Spinatsch die Hypersichtbarkeit im Zentrum.

EDITORIAL

Just how effectively the conceptual approach to art has forged new frontiers is aptly demonstrated by the work of Cosima von Bonin, Christian Jankowski, and Ai Weiwei. The cultivation of an all-embracing practice has expanded the field of art in unexpected ways. Christian Jankowski, for example, exploits popular call-in shows on TV to enlist the help of fortune tellers in creating a work of art. A different direction is taken by Ai Weiwei who collaborated conceptually with Herzog & de Meuron Architects on the emergence of the new Olympic Stadium in Beijing, while Cosima von Bonin explores inner-artistic zones as if they were utterly uncharted territory.

Our cover, a detail from Cosima von Bonin's exhibition "2 Positions at once," provides a taste of the playful way in which this art contains world—though without ruling out the involvement of seemingly conventional pursuits, like stretching a canvas, casting a bronze sculpture, or making an object out of porcelain. These are all elements of the deliberate productions, staged situations, and changing confrontations in which the artists engage in the process of self-definition.

When Jacques Herzog and Ai Weiwei sit in a room talking about the fascinating, experimental traits of their cooperative venture in China, we find them rethinking adventure, tradition, and the present day on a large scale (p. 122). Ai Weiwei's artistic career, now spanning three decades, dates back to seminal experiences in 1980s New York. From Philip Tinari (p. 110) we learn that Ai has given decisive impulses of innovative and moral impact to the art world since his return to China in 1993.

Cosima von Bonin's close association with Cologne, a major European art center, is underscored by having two personal friends, Diedrich Diederichsen and Dirk von Lowtzow, write about her in this issue. Bennett Simpson (p. 54) draws attention to the connection and points out the potential pitfalls of context in interpreting von Bonin's work.

China also plays a role in Christian Jankowski's most recent work. As a nomad in the art world and a trickster (Harald Falckenberg, p. 79), he not only discovered new production sites with typical speediness; he also commissioned work to be created there that generates unprecedented tension between everyday experience and the claim to eternity, as discussed in Jörg Heiser's contribution (p. 89).

The design of Heimo Zobernig's Insert is based on the three colors red, green, and blue, which conventionally define the television image. Here they have become phantoms of the virtual world and, as if that were not enough, they engage in a grotesque game with the naked artist, making use of the blue box method, by means of which fragments of reality can be arbitrarily eliminated or added.

Revealing and hiding world features implicitly and explicitly in the practice of Tino Seghal (p. 11) and Jules Spinatsch (p. 168) respectively. By refusing to permit his performative works to be photographed, documented, or communicated except in the form of written descriptions, Tino Seghal sets new standards—and not only through the work itself. At the other end of the spectrum we have the hyper visibility that lies at the heart of Jules Spinatsch's agenda, as in his photographic works involving surveillance cameras.

BICE CURIGER

Tino Sehgal

Die aktuelle Schleife in der endlosen Spirale des Ikonoklasmus

REIMUT REICHE

Am 1. Juni 2007 wurde in Frankfurt am Main im Museum für Moderne Kunst (MMK) eine Ausstellung eröffnet, auf der auf eine bisher unerreichte Weise nichts ausgestellt und nichts gezeigt wird. Es handelt sich um ein neues Werk von Tino Sehgal, der zusammen mit Thomas Scheibitz den deutschen Pavillon auf der Biennale in Venedig (2005) bespielt hat. Dabei hatte es sich im Wortsinn mehr um ein Spiel als um eine Ausstellung gehandelt: Der Besucher betritt den Pavillon, blickt sich um, will sich orientieren – und aus dem Hintergrund des Raums bewegen sich drei Museumswärter oder Museumswärterinnen auf ihn zu und beginnen mit langsam lauter werdender Stimme einen Sprechgesang, der aus einem einzigen Satz besteht: «This is so contemporary». Dabei umtanzen sie den Besucher. Nach kurzer Zeit lösen sich die Wärter von dem Besucher und dieser setzt seinen Orientierungsgang im Pavillon fort, um dann auf mehrere Bilder von Scheibitz zu stossen. Von Tino Sehgal aus gesehen, handelte es sich bei diesem Arrangement, wie wir jetzt in Frankfurt feststellen können, um eine Kompromissbildung, wenn nicht sogar um eine Kontamination seiner Intention. Hier bekommen wir den reinen Sehgal zu sehen, und das ist in einem radikalen Sinn eine bilderlose Kunst, so bilderlos, dass sich wieder einmal die Frage stellt, nicht ob das noch Kunst ist – so niedrig kann man das Niveau der Frage ja schon lange nicht mehr anlegen –, aber doch, was an dieser bilderlosen Kunst Bildkunst ist, Kunst, die von einem Museum für Moderne Kunst kuratiert, repräsentiert und gesammelt werden kann.

Auch diese Frage ist wiederum ganz wörtlich zu nehmen: Wie bringt man ein Kunstwerk, wie das von Sehgal auf der Biennale gezeigte, in seinen Besitz? Wie könnte sich der Kauf eines Werks gestalten, dessen Material aus einem einzigen Satz und einer an ihn gekoppelten choreographischen Sequenz besteht? Wird die choreographische Sequenz schriftlich oder digital aufgezeichnet – wie eine Ballettchoreographie von Balanchine? Ich habe im MMK nachgefragt, das das auf der Biennale von 2005 gezeigte Werk kürzlich erworben hat: Nein – es existiert nur ein mündlicher Vertrag, denn es darf nichts aufgezeichnet werden. Sehgal legt allergrössten Wert auf das, was er Entmaterialisierung nennt. Diese Kunst ist nicht nur bilder- und schriftabstinent, sondern auch, so weit wie eben möglich, materieabstinent. Warum das so sein muss? Mit der Antwort auf diese Frage würden wir ins Innerste dieser Kunst vorstossen. Bleiben wir darum zunächst an der Oberfläche der Veräusserung. Den Besitzerwechsel hat man sich so vorzustellen: Sehgal übte mit Andreas Bee, dem

REIMUT REICHE ist Psychoanalytiker und arbeitet über die Psychoanalyse der Gegenwartskunst. Er lebt in Frankfurt am Main.

stellvertretenden Direktor des Museums, die geschilderte Szene so lange ein, bis dieser sie zufriedenstellend aufführen konnte – und Sehgal dies durch sein Okay beglaubigte. Damit ging das Werk mit anwaltlicher Beglaubigung in den Besitz des Museums über – und wurde als solches ab dem 15. Juli 2007 im MMK «gezeigt». Der obligate notarielle Satz «Vor mir, dem unterzeichneten Notar ... erscheinen heute» beglaubigt in einem bisher nicht da gewesenen Sinn das Kunstwerk als «Erscheinendes» im Sinne Hegels.

Wie sieht nun das Werk aus, mit dem am 1. Juni 2007 die Dependance das MMK im Alten Hauptzollamt, gleich gegenüber dem Museum, eingeweiht wurde – und das unter dem Namen THIS SITUATION bekannt wurde? Es heisst nicht so, es wird nur so genannt – denn es darf auch keinen Namen tragen. Paradoxerweise wäre durch eine Namensgebung seine Identität gestört – und nicht etwa gesichert. Im grossen Saal der Dependance, der früher der Zollabfertigung diente, wurde ein weisser Kubus aufgebaut – und dies so, dass die schönen gekachelten Trägersäulen des Saales, die dessen bürokratisch-staubigpathetischen Charme ausmachen, aus dem Innern des weissen Kubus nicht zu sehen sind. Durch eine türlose Öffnung betritt der Besucher den Kasten – und befindet sich in diesem weissen Raum. An den Wänden ihm gegenüber und zur Seite lehnen sechs Gestalten, Männer und Frauen in wechselnder geschlechtlicher Zusammensetzung. Diese Gestalten lösen sich langsam von der Wand, gehen in vorgeschriebener Langsamkeit und Schrittfolge auf den Besucher zu, laden ihn mit einer Handbewegung zum Verweilen ein – und sprechen dabei: «Welcome to this situation». Daraufhin deklamiert eine der Gestalten einen Satz. Der Besucher weiss nicht, oder noch nicht, dass es sich um ein Zitat aus einem festen Repertoire von 80 bis 100 Sätzen handelt, über die diese Gestalten verfügen. Diese etwa 80 von Sehgal ausgewählten Sätze bilden sozusagen das Herzstück der *situation*. Sie sollen das Wissen unserer westlichen Zivilisation auf dem Übergang von der Mangel- zur Überflussökonomie repräsentieren und sind den Werken unserer grossen philosophischen, sozialwissenschaftlichen und literarischen Geister entnommen – so viel, wie ich verstanden habe: hauptsächlich aus der Zeit zwischen 1880 und 1980. Nietzsche ist dabei, Galbraith, vielleicht Freud und natürlich Foucault. Aber auch diese 80 Sätze dürfen nicht in schriftlicher Form verbreitet werden. Aus diesem einen Satz soll sich nun ein Dialog entfalten, an dem sich die anderen Gestalten mit einem anderen der 80 Sätze (aber auch mit eigenen Auslegungen) – und auch die Besucher beteiligen können. Jeder Neuankömmling wird wiederum mit dem Satz «Welcome to this situation» begrüsst.

Wer sind diese Gestalten? Es sollten keine Schauspieler oder Tänzer sein – sondern alle möglichen Menschen aus dem sogenannten wirklichen Leben, von denen anzunehmen ist, dass sie etwas zu «dieser Situation» zu sagen haben. Es wurde an Hochschullehrer, Ärzte, Psychoanalytiker, Musiker, Politiker, Freelancer gedacht – denn diese Gestalten sollen die 80 oder 100 Sätze nicht nur deklamieren, sondern auf der Basis ihrer persönlichen Erfahrung auch interpretieren, ergänzen, umformulieren – also mit ihrer Lebenserfahrung füllen. Erwartungsgemäss hat das Casting keine geringen Schwierigkeiten bereitet. Das Kunstwerk sollte vom 1. Juni bis zum 26. August 2007, also zwölf Wochen lang, täglich von 10–17 Uhr, «laufen». Den logistischen Aufwand an zu rekrutierenden Gestalten kann man sich ausrechnen. Dabei ist der reine Zeitaufwand sicher nicht das eigentliche Hindernis. Dieses besteht vielmehr darin, dass es nicht jedermanns Sache ist, sich für eine öffentliche Darbietung zur Verfügung zu stellen – selbst dann nicht, wenn er den Glauben an die Sinnhaftigkeit dieser Darbietung irgendwie teilt. Im Vorfeld war zu hören, das Casting der Gestalten habe so grosse Schwierigkeiten bereitet, dass man vorübergehend den Eindruck bekam, das Scheitern des Castings sei Teil davon, dass das Werk gelingt.

In der Ankündigung des Museums hiess es: «Der Permanenz des materiellen Objekts setzt Sehgal die konstruierte Situation entgegen.» Im Kunstdiskurs werden Sehgals Werke mit dem Code Entmaterialisierung versehen. Nun ist das Stichwort der «Entmaterialisierung» der Kunst auf jeden Fall so alt wie Hegels Ästhetik. Hegel sah den Entwicklungsfortschritt der modernen gegenüber der antiken Kunst – und gleichzeitig das Paradox der modernen Kunst – darin begründet, dass die Moderne von der Räumlichkeit des schönen Körpers – in der Plastik –

Project room "Zollamt" of the Musem für Moderne Kunst in Frankfurt, in which THE SITUATION by Tino Seghal was performed, 2007 / Projektraum "Zollamt" des Museum für Moderne Kunst in Frankfurt, in dem THE SITUATION von Tino Seghal aufgeführt wurde.
(PHOTOS: MUSEUM FÜR MODERNE KUNST, FRANKFURT)

zur Vergeistigung – in der Fläche des Tafelbildes – fortschreitet und den Marmorkörper entmaterialisiert. «Der erste Schritt, durch welchen sich das Sinnliche in dieser Beziehung dem Geist entgegenhebt», sagt Hegel, «besteht in der Aufhebung der realen sinnlichen Erscheinung, deren Sichtbarkeit zum blossen *Schein* der Kunst verwandelt wird ...»[1] Seitdem ist die Moderne ununterbrochen damit beschäftigt, den «letzten Schritt» auf dem langen Marsch der Vergeistigung des Schönen auszurufen. Seit dem Ende des 19. Jahrhunderts, spätestens seit Paul Cézanne, wird das Bild andauernd im Medium des Bildes zerstört – und auch Sehgals Werk ist in einem modernen Sinn der Bildwissenschaft nichts anderes als ein Bild. Ikonoklasmus, das heisst ursprünglich: religiös begründete Ablehnung des Bildes, bis hin zur militanten Bilderzerstörung, gehört seit dieser Zeit zur Strukturlogik des Bildes. Cézanne hat diesen Ikonoklasmus mit seinem epochalen Programm der Abflachung des Tiefenraums ins Werk gesetzt. Mondrian und dann Picasso haben je auf ihre Art dieses Programm der Zerstörung des Hegelschen Scheins fortgesetzt, indem sie zunächst den Tiefenraum endgültig auflösten, danach das Personal und die Möblierung dieses Raums dekonstruierten – und mit kunstfremdem Material, also mit Pfeifen, Trompeten und Fahrkarten, collagierten. Und so ging es immer weiter. Auf dieser Linie repräsentiert Tino Sehgal nichts anderes als die gerade aktuelle Schleife auf der endlosen Spirale des künstlerischen Ikonoklasmus. Dies ist ein besonders schöner Anwendungsfall des systemtheoretischen Kerns der Kunsttheorie von Niklas Luhmann: Die zentrale Paradoxie der künstlerischen Moderne besteht darin, dass sich die Kunst durch ihre beständige programmatische Selbstzerstörung am Leben erhält. Oder in Luhmanns Worten: dass das Kunstsystem «seine eigene Negation als Selbstbeschreibung» enthält.[2] Ob dies dem bilderlosen Bild THIS SITUATION gelingt, ist die entscheidende Frage.

Während eines Castings wurde Sehgal die Frage gestellt, ob für den *White Cube* irgendwelche Gegenstände, vielleicht Konsolen oder Hocker, vorgesehen seien. Er antwortete sehr bestimmt: «Bei mir gibt es keine Gegenstände im Raum.» Dieser Satz ist Programm. So sehr, dass er ein gedrucktes Programmheft oder sogar eine Einladung in Papierform zur Eröffnung dieser entmaterialisierten Installation ausschliesst. Gewiss haben die gecasteten Personen eine Liste mit den 80 oder 100 Sätzen erhalten. Als Teil des Werks existiert jedoch eine solche Liste nicht. Konsequenterweise gab es statt einer Einladung in Papier- oder anders materialisierter Form ein sogenanntes Announcement. Dieses bestand darin, dass 2000 Personen aus der Adressenliste des MMK einen Telephonanruf erhielten, in dem dieses Werk angekündigt wurde, und an die Presse wurden 500 E-Mails gesandt. Nun kann man fragen, was an einem Telephonat oder an einer E-Mail entmaterialisierter als an einem Brief auf Papier ist. Und dann schleicht sich der Verdacht ein, dass auch hier die Regel waltet, wonach jeder Fundamentalismus seine eigene Abweichung gebiert, die dann ihrerseits scholastisch legitimiert werden muss. Lassen wir das beiseite und wenden uns einer letzten Frage zu. Da das Werk offenbar für sich beansprucht, ein Werk der Bildkunst und nicht etwa ein Theaterstück zu sein, müssen wir es mit seinem Bildcharakter ernst nehmen und feststellen: Zwar sind alle unbelebten visuellen Objekte – einschliesslich Einladungen zur Vernissage – aus ihm entfernt, gleichzeitig kommt es jedoch zu einer Rückkehr des leibhaftigen Menschen ins Bild. Die rigorose Entfernung aller sichtbaren Gegenstände bei gleichzeitigem Eintritt leibhaftiger Menschen ins Bild muss zu einer Steigerung der Gegensätze von Entkörperlichung und Verkörperlichung und damit zu einer Spannung führen, von der noch nicht sicher ist, ob sie sich als Kunst materialisieren lässt.

Das Werk ist im Wortsinn ungegenständlich: ohne Gegenstände innerhalb seines Rahmens. Jedoch – der Sieg des Bildes über seinen Gegenstand ist mit dem Eintritt des leibhaftigen Menschen ins Bild erkauft. In diesem Vorgang ist ein Bruch mit der gesamten bisherigen Geschichte des Bildes enthalten. Wenn Hegel die Sprache als die Anwesenheit einer Abwesenheit bestimmte, so galt das genauso für den Repräsentationscharakter der Kunst. Indem Sehgal lebende Menschen ins Bild stellt und von ihnen verlangt, die ihnen aufgetragenen 80 Sätze nicht nur zu sprechen – das könnten Schauspieler besser –, sondern diese Sätze auch mit ihrer Selbsterfahrung zu «repräsentieren», bringt er auf jeden Fall das bisher geltende Verständnis von Repräsentation in eine neue Spannung. Diese ist möglicherweise so gross, dass die Spannung und mit ihr das Werk in sich zusammenbricht. Im Unterschied zu allen bisher bekannten Performances im Museum – von den Surrealisten bis Vanessa Beecroft – darf die Aktion auch photographisch nicht festgehalten werden. Sie fällt unter das Bilderverbot. Umso notwendiger ist die beschreibende Vergegenwärtigung dieser bilderlosen Kunst. Ich versuche es noch einmal detaillierter:

Der Besucher betritt den Raum. Mit einer leichten Verzögerung formieren sich die sechs Personen, die stehend, hockend oder liegend an die Wände gelehnt sind, zu dem gedehnt im Chor gesprochenen Satz: «Welcome to this situation». – Das geschieht aber nur, wenn der Besucher wirklich den Raum betritt und nicht – wie öfters zu beobachten – gehemmt oder unentschlossen an der Schwelle verharrt.

Dieser Satz wird mit einem gemeinsamen, gepressten Einziehen der Luft beendet.

Dann lösen sich die sechs Personen verlangsamt aus ihrer jeweiligen Position an den Wänden im Raum und nehmen, einander im Uhrzeigersinn folgend, eine um wenige Schritte verschobene neue Position ein. Diese Sequenz wird abgeschlossen durch wiederum verlangsamte, betonte, an Forsythe-Choreographien erinnernde Bewegungen und Verrenkungen der Gliedmassen.

Nach einer weiteren Pause spricht eine der sechs Personen den obligaten Satz: «In 1956 (oder einer anderen Jahreszahl) somebody said:». Darauf folgt, entweder auf Deutsch oder Englisch, einer der 80 Sätze. Vom Ablauf bis hierher geht eine starke ästhetische Suggestion aus.

Der Sprecher des Satzes oder ein anderer aus der Gruppe kommentiert nun diesen Satz, in dem von uns beobachteten Fall ebenfalls auf Englisch. Das geht etwa so: «Was meint er mit eine sich stetig erneuernde Paradoxie?» Oder: «‹Bisher nur verschieden interpretiert› – das erinnert mich an den Satz von Marx: ‹Die Philosophen haben bisher die Welt nur verschieden interpretiert›.»[3] Dann beteiligt sich vielleicht noch ein Dritter an diesem künstlichen Diskurs, der sofort wie eine ziemlich banale, aneinander vorbeiredende Univeranstaltung wirkt, in der es eben einfach zur Pflicht gehört, nach dem Referat zu diskutieren. Das kann doch nicht ernst gemeint sein! – denkt man bei sich, um dann, da es sich ja um Kunst handelt und nicht um ein

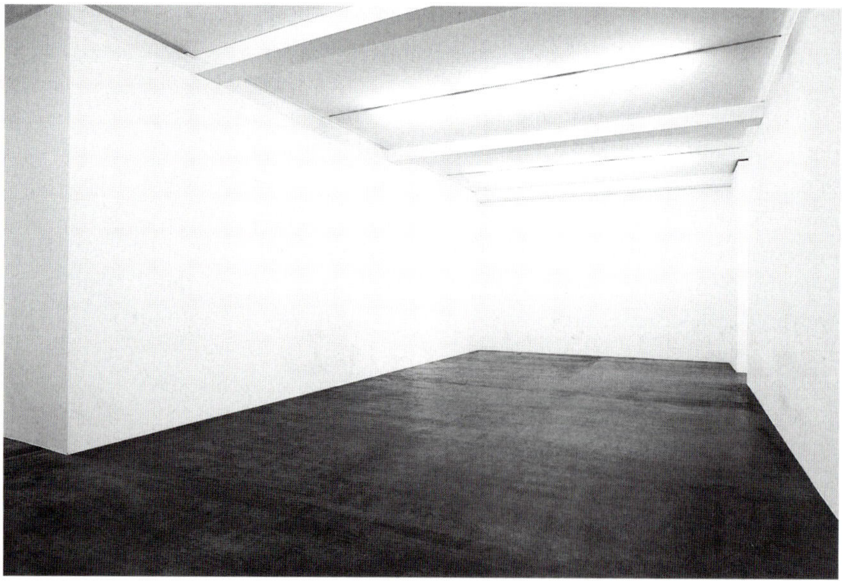

Seminar, nach dem verschlüsselten Sinn, nach der verborgenen Bedeutung zu suchen. Soll vielleicht gerade die Unmöglichkeit eines echten Gedankenaustauschs gezeigt werden? Das Scheitern aller Bemühungen? Die Peinlichkeit eines erzwungenen Diskursuniversums?

Jetzt wendet sich eine Darstellerin indirekt an meinen Begleiter O.K., indem sie den anderen Darstellern den Satz hinwirft: «I like these orange shoes he is wearing.» Damit sind die neuen, modischen Adidas-Sneakers gemeint, die O. trägt. Als Überleitung zu diesem Satz dient ihr ein Element aus dem Zitat, das irgendwie auf Konsum anspielt. Offenbar genügt es den Darstellern nicht, dass O. freundlich diesen Kommentar wiederum kommentiert. Offenbar soll auch ich Stellung nehmen. Während ich noch damit beschäftigt bin, zu sortieren, was «hier abgeht», fährt dieselbe Darstellerin, wiederum auf Englisch, fort: «Wie die beiden ihre Jackets so lässig über die Schulter gehängt haben, das habe ich zuletzt in den 80er-Jahren gesehen.» Worauf ein dritter Darsteller fortfährt: «Diese grässlichen 80er, ich bin so froh, dass sie vorüber sind.» Dieser Satz gab nun wirklich einiges zu denken auf.

In einer Kritik von THIS SITUATION, das nach Frankfurt auch in Berlin, im Hamburger Bahnhof, gezeigt wurde, hiess es, es würde auf den «Sound des Seminarraums» und auf die «Diskurskultur der Salons angespielt, aber in einem befremdlich antiintellektuellen persiflagehaften Affekt und als Zombienummer»[4]. Ich glaube nicht, dass Tino Sehgal hierauf anspielt, sondern dass er es ganz ernst meint mit seinen 80 Sätzen – und dass das Herumgeistern der unerlösten Untoten, das, was eben als die Zombienummer zitiert wurde, eine unerwünschte, aber unausbleibliche Nebenfolge des gar nicht spielerischen Wunsches ist, den eigenen persönlichen *Readers Digest* unter die Leute zu bringen. Aber eigentlich ist es nicht so interessant für die Beurteilung eines Werkes, w a s der Künstler wollte. Nach Abschluss der Arbeit zählt nur noch das Werk. Und dieses Werk zerfällt in einen streng gerahmten und choreographierten Teil, von dem eine starke suggestive Kraft ausgeht, und in einen «Mitmach»-Teil, dem das Schicksal aller Mitmach-Kunst beschieden ist.

1) Georg Wilhelm Friedrich Hegel, *Vorlesungen über die Ästhetik*, in Werke in 20 Bänden, Bd. 2, Suhrkamp-Verlag, Frankfurt am Main 1986, S. 422.

2) Niklas Luhmann, *Die Kunst der Gesellschaft*, Suhrkamp-Verlag, Frankfurt am Main 1995, S. 472.

3) Karl Marx, *Thesen über Feuerbach*, in Marx-Engels-Werke, Bd. 3, Karl Dietz Verlag, Berlin 1978, S. 533–535.

4) Peter Richter, «Willkommen in dieser unbefriedigenden Situation», Frankfurter Allgemeine Zeitung, 14. September 2007.

TINO SEHGAL

The Current Loop in the Endless Spiral of Iconoclasm

REIMUT REICHE

In the exhibition that opened at Frankfurt am Main's Museum für Moderne Kunst (MMK) on June 1, 2007, there was an unprecedented nothing on display and an unprecedented nothing was shown. It was a new work by Tino Sehgal, who had had the run of the German Pavilion with Thomas Scheibitz at the Venice Biennale in 2005. Sehgal's work related quite literally more to playing games than mounting exhibitions. A visitor walks into the pavilion, looks around trying to see what's to be seen and, from the back of the room, three museum guards approach, speaking in unison, louder and louder, repeating one sentence: "This is so contemporary." While doing so, they dance around the visitor, then slow down and walk away again, leaving the visitor to move on to discover several pictures by Scheibitz. Here in Frankfurt we realize that, from Sehgal's standpoint, the Venice arrangement was a compromise, if not a contamination of his intentions. We now see Sehgal, pure and unadulterated, meaning art that is radically image-less, so much so, in fact, that we inevitably wonder *not* if this is art—it has long become impossible to stoop so low—but whether this image-less art is visual art, namely, art that can be curated, presented, and collected by a museum of contemporary art.

The next question is also to be taken literally: How can one acquire ownership of a work of art, like the one Sehgal showed at the Biennale? How does one go about buying a work that consists of one single sentence and is coupled with a choreographed sequence? Will the choreographed sequence be recorded in writing or digitally—like the choreography for a ballet by George Balanchine? I inquired at the MMK, which recently purchased the work shown in 2005 at the Biennale: No, there is only an oral contract, nothing may be recorded. Dematerialization, as he calls it, is vital to Sehgal. His art not only abstains from the visual and written but also from matter as such, to the greatest possible extent. Why does this have to be so? The answer to that question would lead to the innermost core of this art. But let us first rest on the surface of the transaction. The change of ownership took place as follows: Sehgal rehearsed said transaction with Andreas Bee, the deputy director of the museum, for so long until it was preformed to his satisfaction; he then sealed the contract with his okay. The work, now legally authenticated, changed hands. The new owner, the MMK, "showed" the work as of July 15, 2007. The mandatory legal statement, "on this day of... there appeared before the undersigned...," attests to the work of art as Hegelian "appearance" to a hitherto unparalleled extent.

So what does the work that was inaugurated on June 1, 2007 by the MMK look like? It was set up in the museum annex across the street, in a building that once housed the customs office—a work desig-

---

REIMUT REICHE is a psychoanalyst and writes about psychoanalysis in contemporary art. He lives in Frankfurt am Main.

nated THIS SITUATION. That is not the title of the work but only what it is called, because it cannot have a name. Giving it a name would paradoxically destroy its identity instead of preserving it. The large gallery of the annex, where customs officers once cleared goods for import and export, hosts a large white cube. The beautiful tiled columns, charming embodiments of a dusty bureaucratic solemnity, cannot be seen in the interior of the white cube. The visitor enters the room through a doorless opening. Six figures, both men and women, are leaning on the walls opposite and on either side. Slowly detaching themselves from the wall, they move towards the visitor at a prescribed tempo and in a prescribed sequence of steps. They invite the visitor to stay awhile with a movement of their hands and the words, "Welcome to the situation." Then one of the figures declaims a sentence. The visitor does not (yet) realize that the sentence is part of a fixed repertoire of 80 to 100 statements that Sehgal has selected for declamation and that form the core of the "situation." Chosen to represent the knowledge of Western civilization in transit from an economy of shortage to an economy of excess, they stem from the works of our great philosophers, social scientists, and writers—and, as far as I can tell, stem mainly from the period between 1880 and 1980. Nietzsche is there, Galbraith, possibly Freud, and Foucault, of course. True to form, these 80 statements may not be written down either. The one sentence that has been declaimed becomes the starting point of a dialogue in which the other figures participate, by reciting another of the 80 statements or offering interpretations of their own. Visitors also become participants in the dialogue. Every newcomer is greeted with the same sentence: "Welcome to the situation."

Who are these figures? They are not actors or dancers, but come from so-called real life, a selection of people who presumably have something to say about "this situation": lecturers, physicians, psychoanalysts, musicians, politicians, and freelancers. They are not meant to simply declaim the 80 to 100 statements but to draw on their own lives to interpret, supplement, and reformulate them on the basis of their personal experience, thereby fleshing them out with their own life experience. As might be expected, the casting proved exceptionally demanding. The work of art was to be on "display" from 10 am to 5 pm for the twelve weeks between June 1 and August 26, 2007. It does not take much to envision the complexity of recruitment and logistics. The time factor was certainly not the main obstacle. A weightier factor was the difficulty of finding people who not only appreciated the significance of the event but were willing to go public, as it were, by becoming part of it. During the preparations, rumor had it that the casting itself posed such great difficulties that it almost seemed as if the success of the work was going to be defined by its failure.

According to the announcement of the MMK, "Sehgal pits the constructed situation against the permanence of the material object." "Dematerialization," the term applied to Sehgal's works in the discourse on art, is at least as old as Hegel's aesthetics. According to Hegel, the advance—and the paradox—in the development of modern art as opposed to ancient art consists in the fact that Modernism has proceeded from the three-dimensionality of the beautiful body in sculpture to its spiritualization on the two-dimensional picture plane, thereby dematerializing the marble body. "The first step whereby the sensuous is raised in this respect to approach the spirit consists," Hegel says, "in canceling the real sensuous appearance (*Erscheinung*), the visibility of which is transformed into the pure shining (*Schein*) of art."[1)] Modernism has been busy ever since, proclaiming the "last step" on the long haul towards the spiritualization of beauty. The destruction of the picture within the medium of the picture has been an enduring pursuit since the nineteenth century and, at the latest, Paul Cézanne. In terms of the visual sciences of Modernism, Sehgal's oeuvre is nothing but a picture. Iconoclasm, once the religiously motivated disavowal of the image to the point of militant destruction, has been inseparably incorporated in the structural logic of the image. Cézanne furthered iconoclasm with his trailblazing intention of flattening pictorial depth. Mondrian and later Picasso, each in their own way, took the destruction of Hegel's shining a step further, first by eliminating pictorial depth altogether, then by deconstructing the inhabitants and furnishings of that space, and finally by

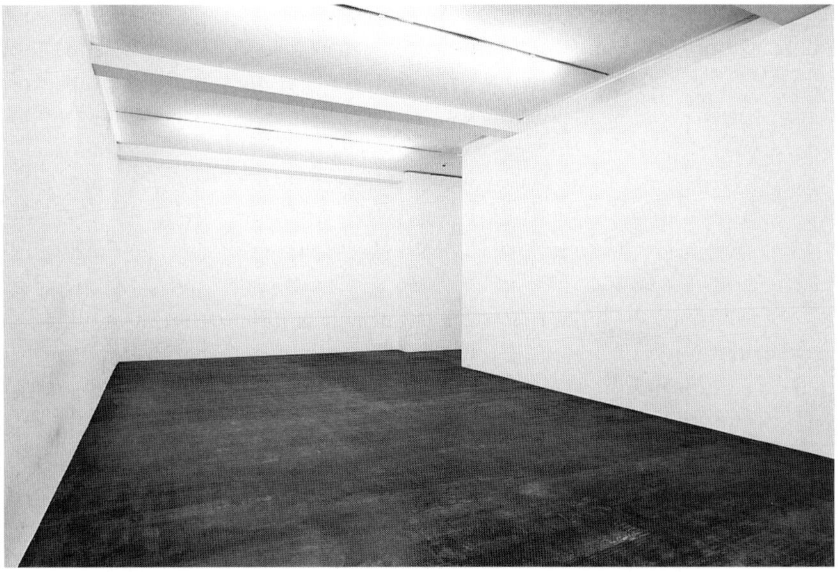

patching it up with alien objects like pipes, trumpets, and train tickets. Others followed suit. Tino Sehgal is nothing but a current loop on the endless spiral of artistic iconoclasm. His agenda is a particularly striking application of the theoretical system that lies at the heart of Niklas Luhmann's artistic investigations: The chief paradox of artistic modernism lies in the fact that art keeps itself alive through its ceaseless and programmatic self-destruction. As Luhmann puts it, the system of art contains "its own negation as self-description."[2] The decisive question is whether Sehgal's picture-less picture, THIS SITUATION, has succeeded in doing that.

During one audition, Sehgal was asked whether he was planning to put any objects in the white cube, like consoles or stools. His answer left no room for doubt: "In my work there are no objects in space." The pursuit of his agenda is so single-minded that he refuses to have a printed program or even a printed invitation for the preview of his dematerialized installation. The people selected to participate obviously received a list of the 80 to 100 statements, but no list of that kind exists as part of the work. Instead of an invitation on paper or in any other materialized form, the artist logically opted for a so-called announcement. This involved calling 2000 people on the MMK mailing list to announce the work and sending 500 e-mails to the press. But what makes a telephone call or an e-mail message more dematerialized than a printed letter? Implicit in that question is the niggling suspicion that once again there is a principle at work here, namely that fundamentalism inevitably sires its own deviation, which, in turn, calls for renewed academic legitimation. Be that as it may, there is one last question I should like to raise. Since the work obviously lays claim to being a work of visual art and not, say, a theatrical play, we have to take its visual character seriously. Hence, although the work is devoid of all inanimate visual objects, including an invitation to the preview, it does include the visual presence of live human beings. The rigorous elimination of all visible objects in combination with the appearance of live human beings in the picture inevitably heightens the contrast between disembodiment and embodiment. Whether the resulting tension can be materialized as art remains to be seen.

The work is literally nonobjective: There are no objects within its framework. However, the triumph of image over subject matter has been purchased at the expense of the presence of live human beings in the picture, a procedure that breaks with the entire history of the visual image. Hegel talked about language as the presence of absence; exactly the same thing applies to the representative character of art.

By inserting live people in his pictures and expecting them not only to speak the 80 statements at their disposal—a job that actors could do better—but also to "represent" the statements in terms of their own experience, Sehgal clearly pushes the prevailing convention of representation to such extremes that the work itself threatens to implode. In contrast to all other known museum performers, from the Surrealists to Vanessa Beecroft, Sehgal does not permit his art to be recorded in photographs: Aniconism has won the day, which makes it even more important to describe this picture-less art. I will try again, in greater detail:

The visitor enters the room. After a brief time lag, the six people, leaning, squatting, or lying down against the wall, speak in protracted unison: "Welcome to this situation." The figures intone these words only if the visitors actually walk into the room, but not if they stop at the threshold, hesitant and undecided, as they often do.

The figures end the sentence with a sharp intake of breath, also in unison. Then they slowly move a few steps, following each other clockwise along the walls before lapsing into a new position. The sequence closes with a slow, deliberate twisting and turning of the extremities, reminiscent of William Forsythe's choreography. After another pause, one of the six people declaims one of the 80 statements, either in German or English, always prefacing it with: "In [the year in question] somebody said..." The sequence of events thus far exerts a strong aesthetic impact.

The speaker or another member of the group then comments on the statement. When we were there, the statement and the comments were in English and went more or less like so: "What does he mean by the steady renewal of paradox?" Or: "'only interpreted in different ways'—that reminds me of Marx's statement: 'Philosophers have only interpreted the world in different ways.'"[3] Sometimes a third party will get involved in this artificial discourse, which is often much like those uninspired question and answer periods after a lecture where people dutifully contribute and merely end up talking past each other. It's hard to believe they could possibly be serious, but since it's art and not a seminar, one tries to decode the work and find its hidden meaning. Is it meant to demonstrate the impossibility of genuine exchange? The failure of the attempt? The embarrassing paucity of labored discourse?

In our case, a woman in the group then addressed my companion O.K. indirectly by saying to another member of the group, "I like the orange shoes he's wearing," meaning O.'s fashionable Adidas sneakers. The remark occurred to her because of a statement that had just been made and had something to do with consumption. But the group was evidently not satisfied with O.'s friendly response; they wanted a reaction from me as well. While I was trying to figure out what was going on around me, the same person said, "the nonchalant way they've slung their jackets over their shoulders, the last time I saw that was in the eighties." Whereupon a third person remarked, "Those god-awful eighties, I'm so glad they're over." That was a sentence that really did give food for thought.

A review of THIS SITUATION by Peter Richter in the FAZ, which moved on from Frankfurt to the Hamburger Bahnhof in Berlin, speaks about the work "alluding" to the "sound of a seminar room" and to the "discourse cultivated in salons, but in a way that is unsettling, anti-intellectual, derisive, and like a zombie number."[4] I don't think Sehgal is "alluding" to anything; I think that he and his 80 statements are in dead earnest—and that the unsaved undead spooking around, the zombie number as the reviewer called it, is an unwelcome but inescapable side effect of the clearly unplayful wish to disseminate his own personal *Readers Digest.* Be that as it may, what the artist i n t e n d e d is not of primary interest in the appreciation of a work. And this particular work falls into two halves, one aspect rigorously framed, choreographed, and powerfully suggestive, the other involving "audience participation" that shares the fate of all art of that nature.

(Translation: Catherine Schelbert)

1) G. W. F. Hegel, *Aesthetics: Lectures on Fine Art*, vol. 2, transl. T. M. Knox (Oxford: Clarendon Press, 1998), pp. 625–26.

2) Niklas Luhmann, *Die Kunst der Gesellschaft*, Suhrkamp, Frankfurt am Main, 1995, p. 472.

3) Karl Marx, *Theses on Feuerbach*, 1845, transl. by Carl Manchester, 2007: http://www.carlmanchester.net/marx/

4) Peter Richter, "Willkommen in dieser unbefriedigenden Situation," *Frankfurter Allgemeine Zeitung*, 14 Sept., 2007.

Keith Edmier

ORIGINAL UND VERDAUUNG

CHRISTIAN SCHEIDEMANN

Die zunehmende Verwendung nicht-traditioneller Materialien und Herstellungstechniken in der zeitgenössischen Kunst macht es oft erforderlich, einen Restaurator schon bei der Entstehung eines Kunstwerkes zu Rate zu ziehen. Dabei geht es in der Regel um die Untersuchung von neuen Materialien auf ihre Alterungsbeständigkeit hin oder um das Haltbarmachen von naturgemäss vergänglichen Substanzen wie Lebensmitteln oder Farbstoffen. Der Anspruch der Kunst auf eine Art von Unvergänglichkeit steht häufig im Gegensatz zu dem natürlichen Alterungsprozess der Materialien, aus denen Werke hergestellt werden. Die Herausforderung besteht nicht nur darin, ein perfektes Objekt zu kreieren, das sich im Laufe der Zeit nicht oder kaum verändern wird, sondern auch darin, zukünftige Beschwerden von Sammlern über das Altern ihrer Werke zu verhindern. Daneben gibt es eine Reihe von Künstlern, deren Arbeiten im Sinne einer Vanitas auf den allmählichen Verfall angelegt sind. Hier sollte der Restaurator gewährleisten, dass dieser Verfall auch stattfinden kann, ein Aufhalten käme der Zerstörung des Werkes gleich. Dass aber ein Künstler wie Keith Edmier den Restaurator fragt, welche Spezies von Würmern oder Termiten seine neuen Bilder und Skulpturen am schnellsten zerfressen und in Verdauungsreste verwandeln können, gehört zu den Ausnahmen und stellt den Restaurator vor neue Aufgaben.

Eine neue Generation von Künstlern ist heute damit beschäftigt, Dinge des Alltags – oder Teile des Körpers – abzuformen, zu kopieren oder mühevoll zu rekonstruieren. Ihnen geht es im Unterschied zu dem akademischen Kopieren im klassischen Sinne nicht um das Imitieren des Vorhandenen, sondern vielmehr um den Prozess an sich und die Umwandlung in ein neues Material. Die Untersuchung des Objektes, seiner Beschaffenheit und Bedeutung, ist dabei ein wichtiger Teil der künstlerischen Reflektion. Die somit auftauchende Frage nach dem Bezug zwischen dem Original und der Replik öffnet neue Spielräume im Bereich der Identitäts-Findung.

Durch das Abformen einer gefundenen oder auch selbst hergestellten Form entsteht für den Künstler nicht eine Kopie, sondern ein neues Original, wobei die Wahl des Materials von entscheidender Bedeutung ist. Ob eine Skulptur aus Marmor

CHRISTIAN SCHEIDEMANN ist Restaurator für Zeitgenössische Kunst und lebt in New York.

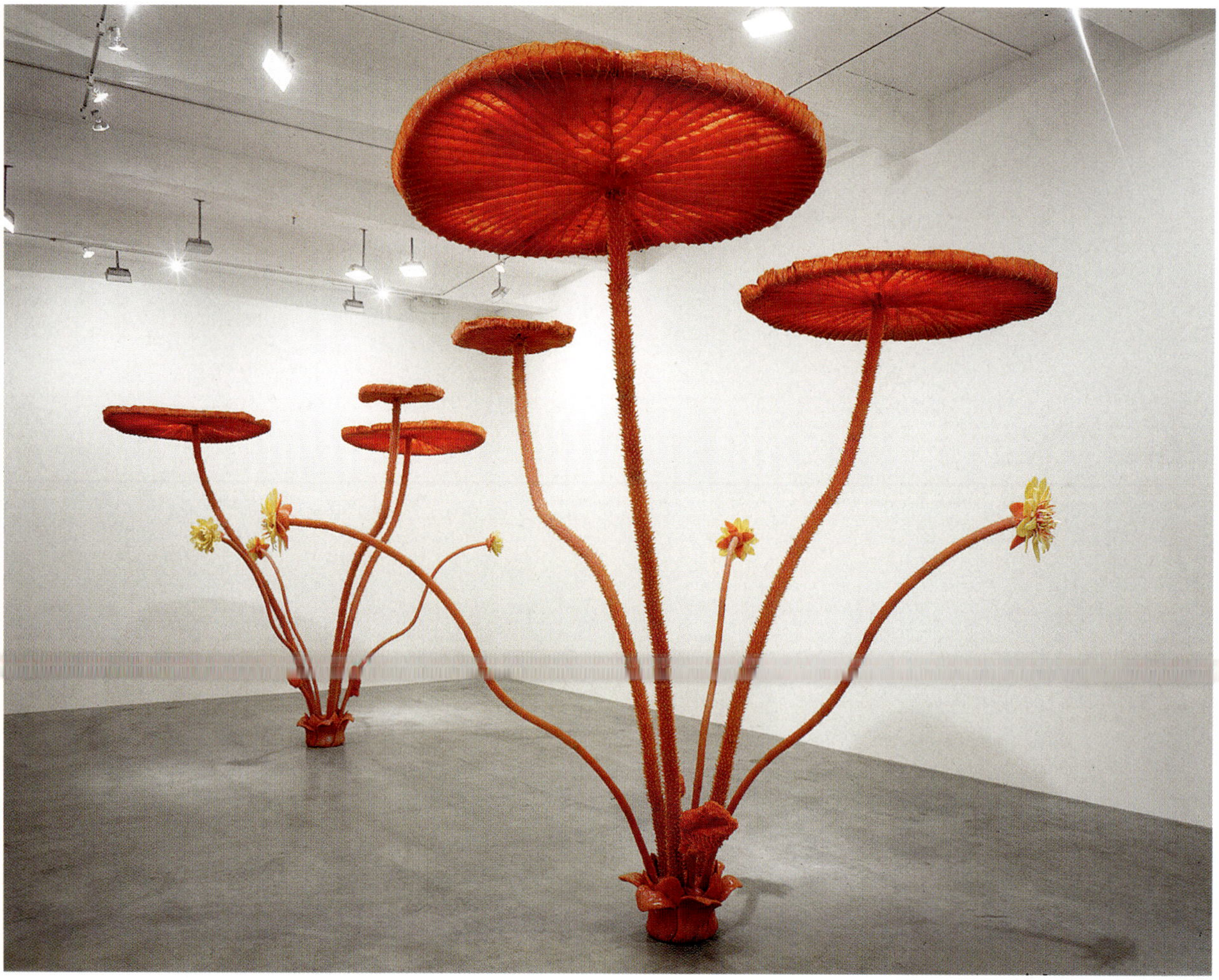

KEITH EDMIER, VICTORIA REGA, 1998, installation view / Installationsansicht.

(ALL IMAGES: KEITH EDMIER)

oder aus Seife geschaffen ist, ob das Gussmaterial für ein Selbstbildnis Schokolade, Schwarzpulver oder das über Wochen abgezapfte eigene Blut ist, spielt für die Aussage des Werkes eine nicht unerhebliche Rolle.

Als ein Meister der Transformation von unter anderem komplexen organischen Formen aus der Natur hat sich der in New York lebende Künstler Keith Edmier erwiesen. In einem kürzlich erschienenen Interview mit Matthew Barney spricht er über die Integrität des Objekts. «Wenn ich etwas abgiesse, ist es wirklich wichtig, dass das abgeformte Objekt die originale Form und Integrität behält. Nur in den wenigsten Fällen habe ich das Bedürfnis, auf der Ebene des Imitierens operieren zu müssen.»[1)]

Mit VICTORIA REGIA (FIRST NIGHT BLOOM) und VICTORIA REGIA (SECOND NIGHT BLOOM), beide 1998, hat er eine monumentale Skulptur aus Kunstharz, Polyurethan, Acryl und Silikon geschaffen. Die Riesen-Wasserlilie, die er in Oregon abformte, erscheint als Hermaphrodit in der ersten Nacht als weibliche Blüte, in der zweiten als männliche Blüte (Dichogamie) und wird durch die zufällige Übertragung von Pollen durch nahrungssuchende Käfer befruchtet. In der Darstellung von männlichen und weiblichen Geschlechterrollen sieht er autobiographische Parallelen und reflektiert die eigene Kindheit im Hause seiner Eltern.

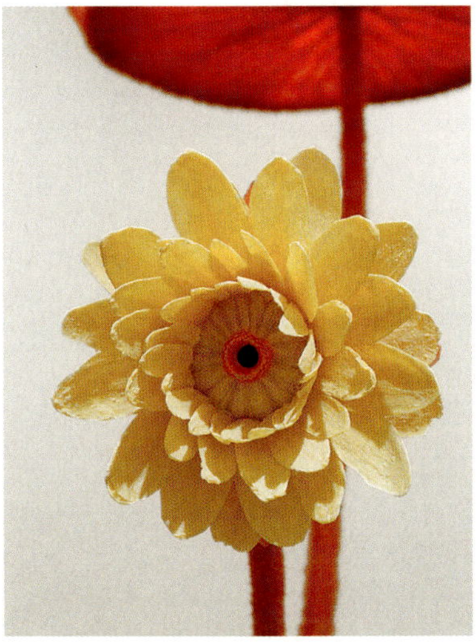

KEITH EDMIER, VICTORIA REGIA (FIRST NIGHT BLOOM), 1998, detail.

Als frühes Selbstbildnis zeigt die Skulptur BEVERLY EDMIER 1967 (1998) die Mutter des Künstlers, die leicht vorgebeugt sitzend ihren schwangeren transluziden Bauch betrachtet, in dem der Embryo des Künstlers zu erkennen ist. Die ganze Figur ist in einem rot gefärbten Polyester-Harz gegossen, das an blutiges Körpergewebe erinnert. Für das zweiteilige Kostüm, welches die Mutter trägt, hat Edmier das pink farbene chanelähnliche Kostüm nachweben und schneidern lassen, welches Jacqueline Kennedy am Tag des Attentates auf den Präsidenten in Dallas trug. Die silbernen Ärmelknöpfe tragen das Emblem des *White House* wie die Original-Knöpfe des Kostüms der Präsidenten-Witwe. Dass es in Amerika bei Strafe verboten ist, dieses Präsidenten-Siegel zu kopieren oder abzugiessen, wird Edmier in seiner Position als Künstler bestärkt haben. Über einen Freund, dessen Grossvater der berühmte Cincinnati Red Sox Baseball Spieler Edd Roush war, hatte er Zugang zu diesem Emblem, welches sich auf einer Urkunde befand, die der Hall-of-Fame-Star von Präsident Nixon überreicht bekommen hatte.

Im jüngsten und umfangreichsten Projekt Edmiers, BREMEN TOWNE (2007), wird die Verbindung von Abformen und Rekonstruieren auf einer weitaus subtileren Ebene weiterentwickelt. Nach der erfolglosen Suche nach einem geeigneten Haus, das seinem Elternhaus in Bremen Towne, einem Ortsteil von Tinley Park im Südwesten von Chicago, ähnelt, beschloss er vor einem Jahr, das Erdgeschoss seines Elternhauses im Massstab 1:1 selbst nachzubauen. Mithilfe einiger verblichener Polaroid- und Kodak-Instamatic-Aufnahmen aus seiner Kindheit und aus der Erinnerung hat er das Interieur der Räume – *family room*, Wohnzimmer, Esszimmer und Küche – bis ins letzte Detail rekonstruiert und dabei Emotionen und Flashbacks aus der Zeit von 1971, als er vier Jahre alt war, durchlebt.

Die Küche ist das Zentrum des 3-Schlafzimmer-Ranch-Hauses und der Mittelpunkt der Retrospektive von Keith Edmier, die seit Ende Oktober 2007 im Center for Curatorial Studies in Bard, New York, zu sehen ist. Bilder kommen in ihm auf, wie der kleine Keith morgens über einen Stuhl auf den Resopal-Tresen kletterte, sich aus dem Schrank die Packung mit dem *Puffed Rice cereal* holte, und während er auf dem Tresen sass und sein *cereal* ass, schaute er auf die Vinyl- und Asbest-Verbundfliesen mit Kieselstein-Muster und kam sich vor wie ein Bauarbeiter. Da diese creme-grauen Kunststoff-Fliesen mit eingesprenkelten Farbspuren und tief eingeprägten ovalen Kieselstein-Imitationen heute nicht mehr hergestellt werden, musste Edmier eine Firma finden, die dieses in den 70er-Jahren populäre Natursteinimitat für ihn reproduzierte. Die ovale Vertiefung der angedeuteten Kieselsteine wurde mit einer computergesteuerten Laserschneidemaschine eingebrannt, ein in der Erinnerung haftender warmtoniger Überzug auf den Fliesen wurde mit eingefärbten Vinyl-Farben erzeugt.

So wie die Fliesen ist auch jedes andere Detail der Küche und der gesamten Einrichtung der Eltern des Künstlers recherchiert, rekonstruiert und neu geschaffen worden. Die Kacheln für die Wandverschalung wurden in Las Vegas nach Mustern gebrannt und versiegelt. Den identischen Kühlschrank der Marke Amana 25 mit zwei Flügeltüren fand Edmier in einem Ausstattungsgeschäft für Filme in Burbank, Los Angeles, und liess ihn von seinem Freund (und Darsteller von Jim Otto in Matthew Barney's Film OTTO-Shaft, 1992) Bob Wysocki in Las Vegas aufwändig restaurieren. So mussten die Chromleisten der Türgriffe in einem Elektrolyse-Verfahren neu verchromt werden, die neapelgelbe Lackierung wurde in einer professionellen Lackiererei neu eingebrannt.

Jedes Teil dieser Installation wurde durch den Prozess der Neuschaffung oder Rekonstruktion zum Kunstwerk, zur Skulptur – aus Konsumgütern werden Originale. Man muss hier unweigerlich an Duchamps Readymades denken und an das Problem, vor dem er stand, als er mit Arturo Schwarz Jahrzehnte später Editionen seiner früheren Arbeiten *en miniature* anfertigen wollte und diese nur durch ein kompliziertes Rekonstruieren der massenhaft hergestellten Konsumgüter durch traditionelles Handwerk hergestellt werden konnten.

Edmier wuchs in einem Haus auf, dessen Einrichtung im Wesentlichen aus Gegenständen bestand, die man über einen Katalog der grossen Warenhäuser JC Penney und Sears bestellen konnte. Selbst das Haus stammte aus einem Katalog. Daher besorgte er sich über eBay Kataloge der grossen Versandhäuser aus den Jahren 1970/71. Hier fand Edmier Abbildungen des Teppichbodens seines Elternhauses, des plissierten Gobelin-Gardinenstoffs aus dem Wohnzimmer und der Goldtapete mit den schwarzen Veloursstreifen. Anhand von Kindheitsphotos, die zu besonderen Anlässen wie Geburtstagen, Weihnachten, Besuch der Verwandten gemacht wurden, konnte er Details des Interieurs überprüfen und Erinnerungen auffrischen.

Natürlich haben sich nach fast vierzig Jahren die Produkte wie der Geschmack der Zeit geändert. Es war nun unmöglich, auch nur eines der damals populären Materialien aufzutreiben. Edmier schuf ein topographisches Modell des Teppichs, fuhr nach Dalton, Georgia, und verhandelte mit den dort ansässigen Teppich-Produzenten, die ihm nach seinen Angaben einen neuen Teppich webten. Die florale Tapete aus dem Wohnzimmer konnte er nachzeichnen, im Photoshop digital weiter bearbeiten und in aufwändiger Siebdruck-Technik anfertigen lassen. Auch die Lampen wurden sämtlich aus einzelnen älteren Bestandteilen und Neuanfertigungen neu zusammengesetzt. Eine grün-blaue *Rock Lamp* aus grossen eingefärbten Polyesterteilen wurde von ihm in Einzelteilen nachgegossen und zusammengesetzt.

Im Interview mit Matthew Barney sagt Edmier dazu: «Es kommt mir vor, als ob dieses Projekt auch Aspekte hat, bei denen man mir einfach abnehmen muss, dass ich den Arbeitsablauf auf dieser Ebene auf mich genommen habe, weil ich glaube, dass es geschummelt gewesen wäre, einfach gefundene Objekte oder Readymades zu verwenden ohne sie zu verändern oder in irgendeiner Weise zu rekonstruieren. Ich muss sie aufarbeiten. Sie müssen diese Abstraktion durchmachen. Es geht nicht um das Illustrieren oder Zeigen dieser Umwandlung. Es ist

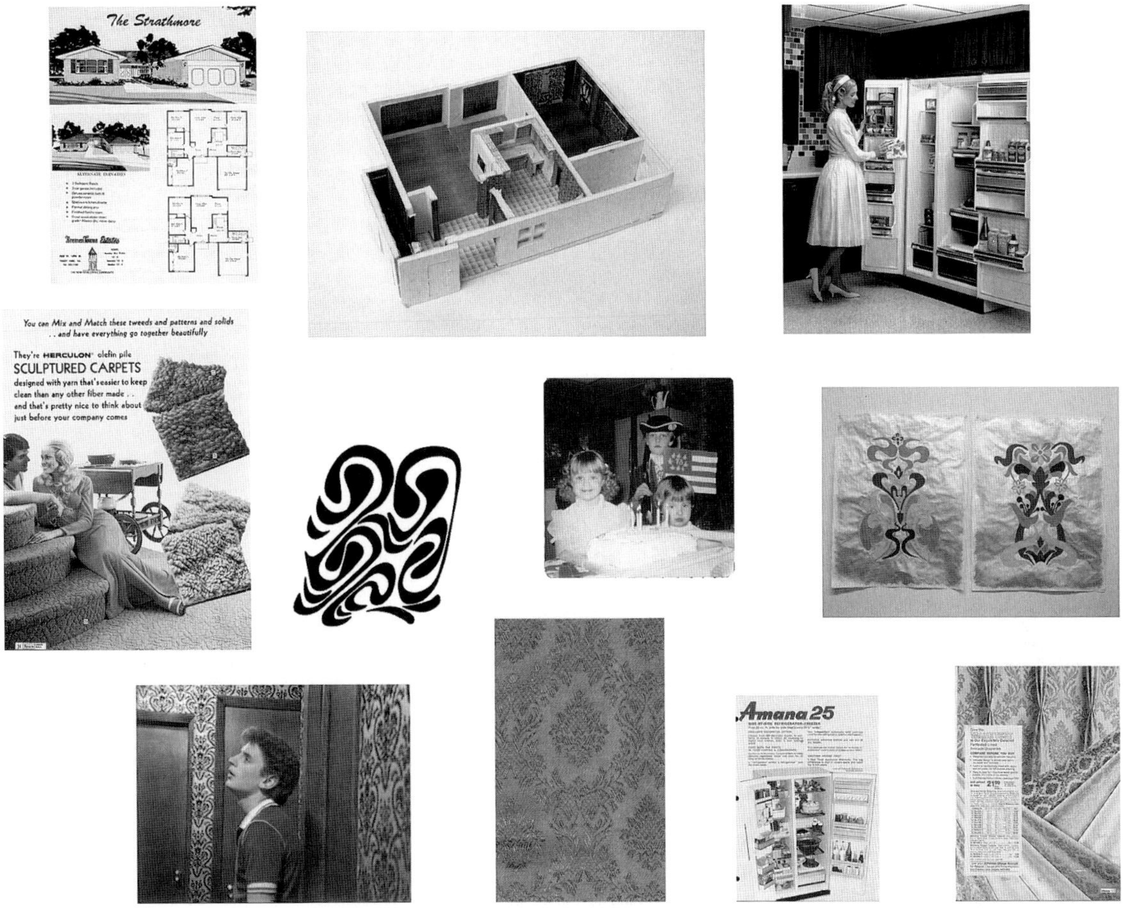

KEITH EDMIER, BREMEN TOWNE, from left to right, top to bottom: sales brochure with floor plan; model of house; reconstructed Amana 25 refrigerator; Sears carpet catalog, 1972; drawing of pattern repeat; family photograph; studies of pattern repeat; family photograph; vintage sample of Jacquard drapery; Amana catalog, ca. 1971; JC Penney catalog, ca. 1971 / von links nach rechts, von oben nach unten: Broschüre mit Grundrissplan; Hausmodell; rekonstruierter Amana 25-Kühlschrank; Sears-Teppichkatalog, 1972; Zeichnung eines Musters; Familienphoto; Zeichnung eines Wiederholungsmusters; Familienphoto; Muster der Jacquard-Draperie; Amana-Katalog, ca. 1971; JC Penney-Katalog, ca. 1971.

einfach irgendwie passiert, durch den Prozess des Machens. Bei bestimmten Dingen, die ich anfertige, geht es um die Erinnerung an das Objekt. Die Lampe beispielsweise ist offensichtlich kein präziser Gegenstand. Ich habe für sie nur begrenzt photographische Quellen. Aber alles an ihr musste sich für mich richtig anfühlen. Solche Dinge beschäftigen mich sehr.» [2)]

Anhand der Photos konnte Edmier, der seit sechzehn Jahren das Haus nicht mehr betreten hatte – die Eltern sind inzwischen umgezogen –, auch einige Bilder identifizieren, die an den Wänden hingen. Ein Zebra-Bild, signiert «Ortega», gemalt auf Zebra-Veloursstoff erinnerte an den Zebra-Room in Elvis Presley's Graceland. Ein Holz imitierender Gipsabguss einer mittelalterlichen Mönchsskulptur hat

Edmier in Oberammergau in vierfacher Grösse nachschnitzen lassen. Das Gesicht des Mönchs wurde durch ein CNC-generiertes Porträt seines Vaters ersetzt. Edmiers früheste Begegnung mit Kunst waren ein Clown-Porträt, das ein Freund des Vaters gemalt und diesem zur Geburt seines Sohnes Keith geschenkt hatte, sowie einige Poster von Gemälden des Art Institute of Chicago, die der Vater dort gekauft hatte und rahmen liess: Picassos MANN MIT PFEIFE (1915), Dalís ERFINDUNG DER MONSTER (1937), Renoirs KIND IN WEISS (1883). Für Edmier stellte sich in seiner Kindheit nicht die Frage, ob es sich hierbei um Originale oder Reproduktionen handelte, für ihn waren es einfach ihr Picasso, ihr Dalí, ihr Renoir. Erst bei einem späteren Besuch mit dem Vater im Art Institute of Chicago stellte Edmier fest, dass dort genau die gleichen Bilder hingen wie bei ihnen zu Hause – nur eben als Originale.

Für BREMEN TOWNE liess er sämtliche Bilder seines Elternhauses in Öl und auf Leinwand und Keilrahmen von einer Künstlerin genau kopieren; er schickte sie sogar nach Chicago, damit sie vor Ort die Originale studieren konnte. Ursprünglich wollte er diese Malereien von Termiten und anderen Schädlingen langsam zerfressen lassen, um einen Alterungsprozess zu forcieren. Doch fand sich auch nach langer Suche und in vergeblichen Experimenten keine Spezies, die sowohl die Leinwand als auch die Ölfarbe, die Kreide der Grundierung und den hölzernen Keilrahmen anfressen würden.

Die Erinnerungsarbeit zu dieser Installation fand nicht nur in Katalogen und anhand von Photos aus der Kindheit statt; die gesamte Familie wurde vom Künstler mit ihren Erinnerungen an die Einrichtung in die Kindheit zurück berufen. Dieses Mal jedoch waren es nicht die Eltern, die die Entscheidungen trafen, sondern der Sohn.

1) «Matthew Barney talks to Keith Edmier», in *Keith Edmier 1991* (London, Edward Booth-Clibborn, 2007), S. 156.
2) Ebenda, S. 162.

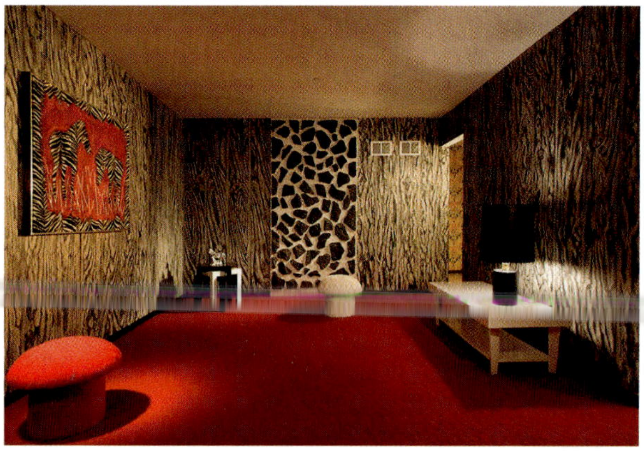

KEITH EDMIER, BREMEN TOWNE, 2007,
family room with zebra painting; kitchen; family photograph / Wohnzimmer mit Zebra-Gemälde; Küche, Familienphoto.

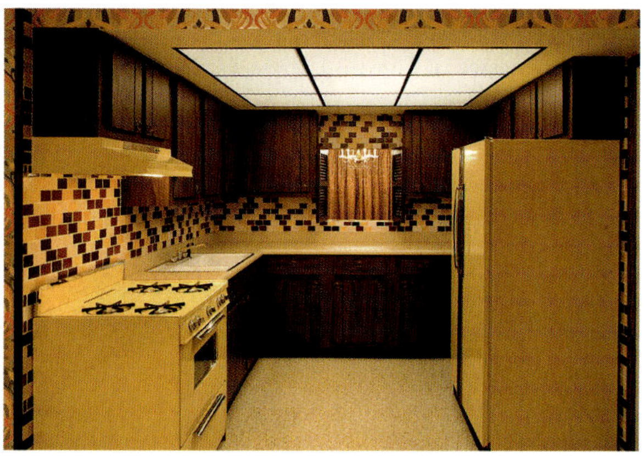

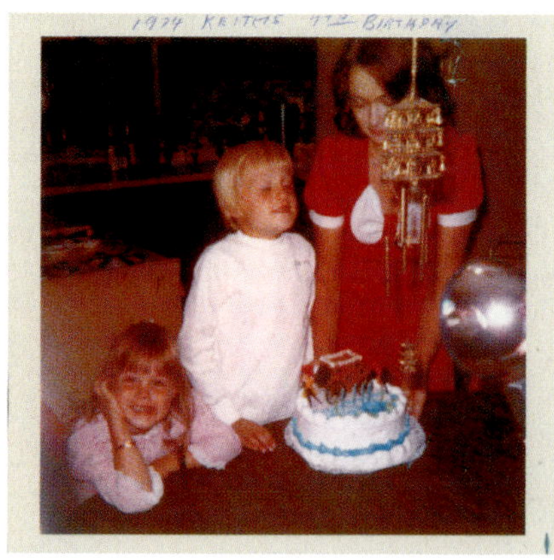

Keith Edmier

THE ORIGINAL AND ITS DIGESTION

CHRISTIAN SCHEIDEMANN

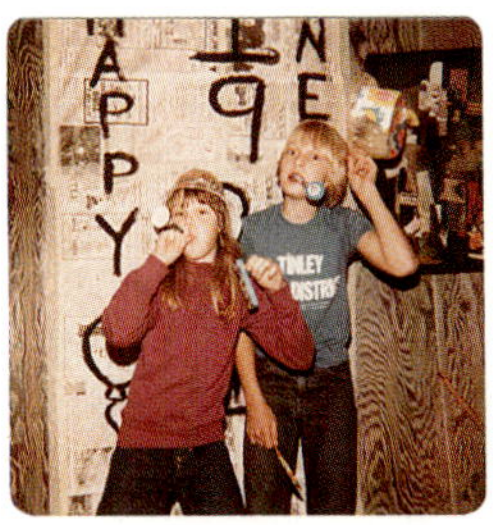

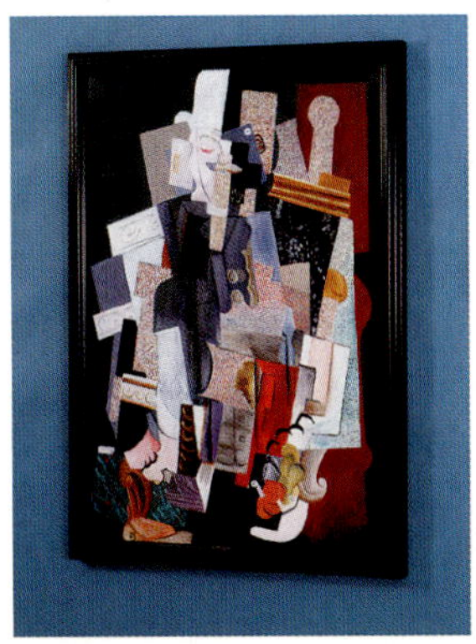

KEITH EDMIER, BREMEN TOWNE, 2007, family photograph; Picasso painting / Familienphoto; Picasso-Gemälde.

The increasing use of non-traditional materials and production techniques in contemporary art means that a restorer often has to be consulted before the work has even been created. As a rule, this is in order to examine the new materials and determine their long-term resilience, or to preserve perishable substances such as foodstuffs and dyes. Art's universal claim to be enduring frequently conflicts with the natural ageing process of the materials from which the works themselves are made. The challenge lies not only in creating a perfect object that will not change, or will change only very slightly over time, but also in guarding against future complaints from collectors about the ageing of their works. On the other hand, some artists deliberately design works that are subject to gradual decay, in the spirit of a *vanitas.* In such cases, the restorer has to ensure that the process of decay can actually occur, for to prevent it would be tantamount to destroying the work itself. Yet even so, for a restorer to be approached by an artist like Keith Edmier to find out which species of worm or termite will be able to destroy his new pictures and sculptures fastest and transform them into digested remains is highly unusual and poses new challenges.

Today, there is a whole new generation of artists exploring ways of shaping, copying or painstakingly reconstructing everyday things or body parts. Unlike the traditional academic exercise of copying, such reconstruction is not aimed at imitating what exists, but at the process of transformation as such.

In casting a shape that the artist has found or made, what is created is not a copy but a new original, whereby the choice of material is of crucial importance. The statement made by a sculpture varies substantially depending on whether it is made of marble or soap, and whether the material used for

CHRISTIAN SCHEIDEMANN is a restorer of contemporary art and lives in New York.

the cast of a self portrait is chocolate, gunpowder or the artist's own blood, collected over several weeks.

The artist Keith Edmier, based in New York, has proven to be a master of transforming the complex, organic forms found in nature. In a recent interview with Matthew Barney, he speaks of the integrity of the object. "When I cast, it's really important that the cast maintain the original form or its integrity, but I very rarely feel the need to take it to the level of mimicking something directly."[1)]

In VICTORIA REGIA (FIRST NIGHT BLOOM) and VICTORIA REGIA (SECOND NIGHT BLOOM), both 1998, Edmier uses resin, polyurethane, acrylic, and silicone to create a monumental sculpture of a water lily. The piece, which was cast in Oregon, takes the dichogamous form of a hermaphroditic organism, appearing as a female blossom on the first night and as a male blossom on the second night, fertilized by the chance transfer of pollen by beetles in search of food. The artist sees autobiographical parallels in the portrayal of male and female gender roles, reflecting his own childhood in his parental home.

In an early self-portrait, a sculpture entitled BEVERLY EDMIER 1967 (1998), the artist's mother is shown seated and inclining slightly forwards, contemplating her translucent pregnant belly in which the fetus of the artist can just barely be recognized. The whole figure is cast in transparent, red polyurethane and polyester resin, evoking bloody body tissue. For the suit worn by his mother, Edmier had a copy specially woven and tailored of the pink Chanel suit that Jacqueline Kennedy was wearing on the day of the president's assassination. Instead of the designer's logo, the silver buttons on the suit bear the official Presidential Seal, an act that is technically illegal. Edmier gained access to the seal through a friend, whose grandfather was the famous Cincinnati Reds baseball player Edd Roush. He had found it embossed on a certificate presented to the Hall of Famer by President Nixon.

In Edmier's most ambitious project to date, BREMEN TOWNE (2007), a mini-retrospective on view at Bard's Center for Curatorial Studies in 2007, the combination of casting and reconstructing is further developed but with far more subtlety. Having searched in vain for a suitable house similar to his parental home in Bremen Towne, a district of Tinley Park in south-west Chicago, he decided last year to have the ground floor of the house reconstructed on a scale of 1:1. With the aid of a few faded Polaroids and Kodak Instamatic shots from his childhood, and from memory, he set to work recreating the interior—family room, living room, dining room and kitchen—down to the last detail, and, in the

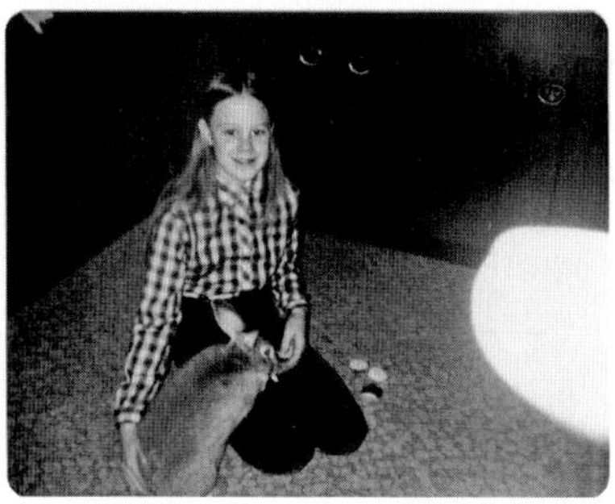

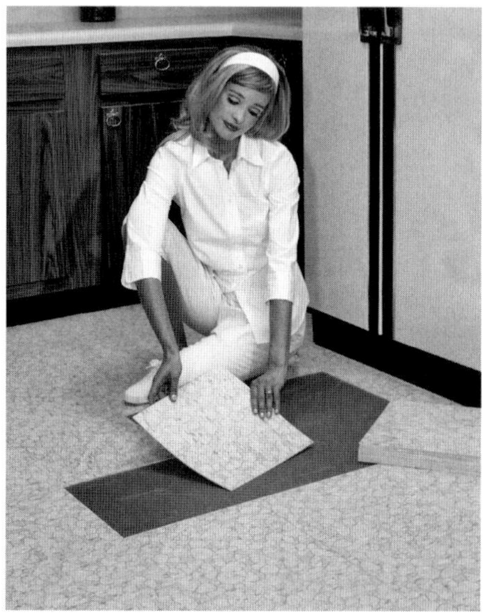

KEITH EDMIER, BREMEN TOWNE, 2007, family photograph; kitchen floor / Familienphoto; Küchenboden.

process, reliving emotions and experiences of 1971 when he was just four years old.

The kitchen is the heart of the three-bed room ranch-style house and the centerpiece of the Bard retrospective. The artist found images welling up of little Keith clambering over a chair in the morning to reach the Formica counter and taking a pack of puffed rice cereal from the cupboard, of sitting on the counter eating his cereal, gazing at the vinyl tiles with their pebbled pattern, and feeling like a construction worker. Since these cream and grey vinyl and asbestos tiles with their splashes of color and deeply engraved oval pebblestone imitations are no longer produced today, Edmier had to find a company willing to reproduce this natural stone imitation that was so popular in the seventies. The oval indentations were etched by a computer-controlled laser cutter, while the warm-hued coating of the tiles (as he remembers it) was reinvented with vinyl dyes.

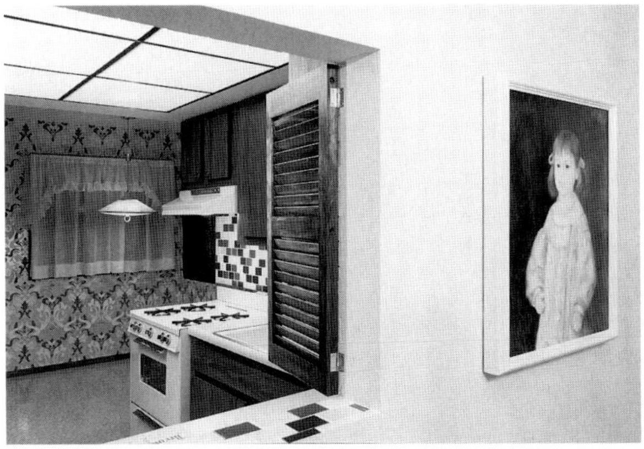

KEITH EDMIER, BREMEN TOWNE, 2007, kitchen / Küche.

Like the tiles, every other detail of his parent's kitchen and their furnishings had to be researched, reconstructed, and recreated. The backsplash tiles for the kitchen wall were custom made in Las Vegas on the basis of vintage samples. Edmier found the two-door Amana 25 refrigerator in a film prop store in Burbank, Los Angeles, and had it painstakingly restored by his friend, the artist Bob Wyzocki (who incidentally plays the role of Jim Otto in Matthew Barney's early work). The door handles had to be rechromed using an electroplating technique, while the harvest gold finish was reapplied in a professional paint workshop.

The process of recreation and reconstruction makes each and every part of this installation a work of art, a sculpture, in which consumer goods become originals. We are unavoidably reminded of Duchamp's readymades and of the problem he faced when Arturo Schwarz influenced him to create editions of his earlier works, years after the originals had been made in factories. This meant resorting to traditional artisanal techniques to reconstruct previously mass-produced consumer goods.

Edmier grew up in a house furnished, for the most part, with items ordered from the JC Penney and Sears catalogues. Even the house itself was purchased from a catalogue. And so his first step was to use eBay to track down the actual department store catalogues from the years between 1970 and 1977. In them, Edmier found illustrations of the carpet in his parents' house, the pinch-pleated Jacquard curtains in the living room and the gold wallpaper with its black, flocked stripes. Childhood photographs taken on special occasions—birthdays, Christmas, visits from relatives—helped him check the details of the interior and refresh his memory.

Needless to say, in the last forty years, products and tastes have changed considerably. And so it proved impossible to find many of the materials that were so popular at the time. Edmier created a topographical model of the sculptured loop shag carpet, and worked with commercial designers and mills to weave a new carpet according to his instructions. He was able to make a drawing of the psychedelic wallpaper in the kitchen, which he then processed in Photoshop and Illustrator and had reproduced as a silkscreen. Even the lamps were reconstructed using individual vintage parts and new imitations. Casts were made and then assembled of individual components of a green and blue *Rock Lamp* made of large, colored lumps of polyurethane.

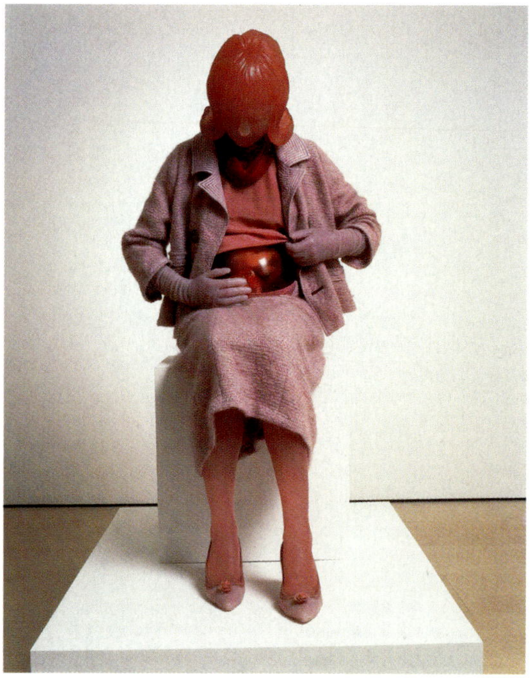

KEITH EDMIER, BEVERLY EDMIER, 1998,
translucent polyurethane, polyester resin, suit /
transluzides Polyurethan, Polyester-Kunstharz, Kleid.

In his interview with Matthew Barney, Edmier remarks, "I feel like this project also has aspects that you have to take my word for, that I went through the process at that level, because I feel like it would be a cheat just to use found objects or readymades and not transform them or remake them in some way. I have to process them. They have to go through that abstraction. It's not really about illustrating that transformation or showing it. It just kind of happened, somehow, through the process of creating it. For certain objects I'm making, it's the memory of the thing. For example, the lamp is obviously not an exact thing. I have limited photographic source material for it. But everything about it needed to feel right to me. That's something I'm dealing with a lot, with this stuff."[2)]

Although his parents had moved out and Edmier hadn't set foot in the house in sixteen years, the study of old photographs enabled him to identify some of the pictures that had hung on the walls. One, a zebra picture, signed "Ortega," painted on zebra-striped velvet, recalls the Jungle Room in Elvis Presley's Graceland. Edmier also sent a wood-effect, plaster-cast sculpture of a medieval monk to Oberammergau, Germany to be re-carved at four times its original size. In addition, he had the monk's face replaced with a CNC-generated portrait of his father.

Edmier's earliest encounters with art were through a clown painting made by a friend of his father's and given as a gift to mark the birth of his son, and through some posters of major works, which his father had purchased at the Art Institute of Chicago and had framed: Picasso's MAN WITH PIPE (1915), Dalí's INVENTION OF THE MONSTERS (1937), and Renoir's CHILD IN WHITE (1883). For Edmier, as a child, there was no question of whether these were originals or reproductions. To him, they were simply "their Picasso, their Dalí, their Renoir." It wasn't until a later visit one day to the Art Institute of Chicago with his father that Edmier encountered the same pictures that were hanging in his home, and realized, for the first time, that there was such a thing as an original.

For BREMEN TOWNE Edmier hired an artist to copy every single picture in his parents' house in oil on canvas. He even sent her to Chicago to study the originals *in situ*. At first he had intended to let the paintings be eaten gradually by termites and other pests to accelerate the process of ageing, but after some searching and a series of unsuccessful experiments, he failed to find any species that would gnaw away at the canvas, the oil paint, the priming chalk, and the wooden stretchers all at once.

In this installation, memory was not only triggered through the browsing of catalogues and childhood photographs. The reconstructed interior of the Edmier home brought the entire family back into the picture, making Edmier's childhood days a reality again. Only this time, it wasn't the parents who were calling the shots, but their son.

(Translation: Ishbel Flett)

1) "Matthew Barney talks to Keith Edmier" in *Keith Edmier 1991* (London, Edward Booth-Clibborn, 2007).
2) Ibid., p. 162.

A I   W E I W E I

born 1957 in Beijing,
where he lives and works.

geboren 1957 in Beijing,
wo er lebt und arbeitet.

C H R I S T I A N   J A N K O W S K I

born 1968 in Göttingen,
currently lives and works in
New York and San Francisco.

geboren 1968 in Göttingen,
lebt und arbeitet zur Zeit
in New York und San Francisco.

C O S I M A   V O N   B O N I N

born 1962 in Mombasa, Kenia,
lives and works in Cologne.

geboren 1962 in Mombasa, Kenia,
lebt und arbeitet in Köln.

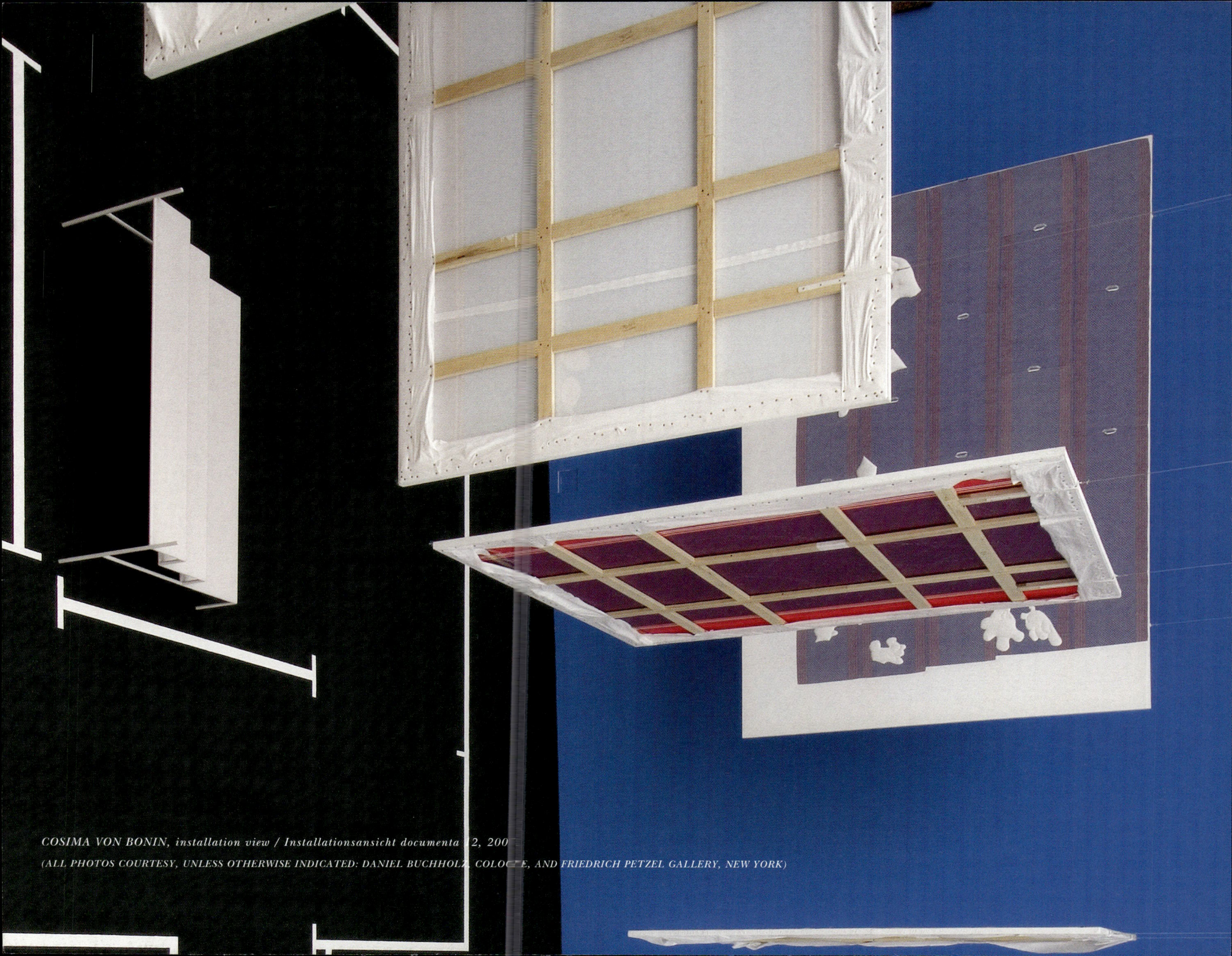

COSIMA VON BONIN, *installation view / Installationsansicht documenta 12, 200*

(ALL PHOTOS COURTESY, UNLESS OTHERWISE INDICATED: DANIEL BUCHHOLZ, COLOGNE, AND FRIEDRICH PETZEL GALLERY, NEW YORK)

Cosima von Bonin

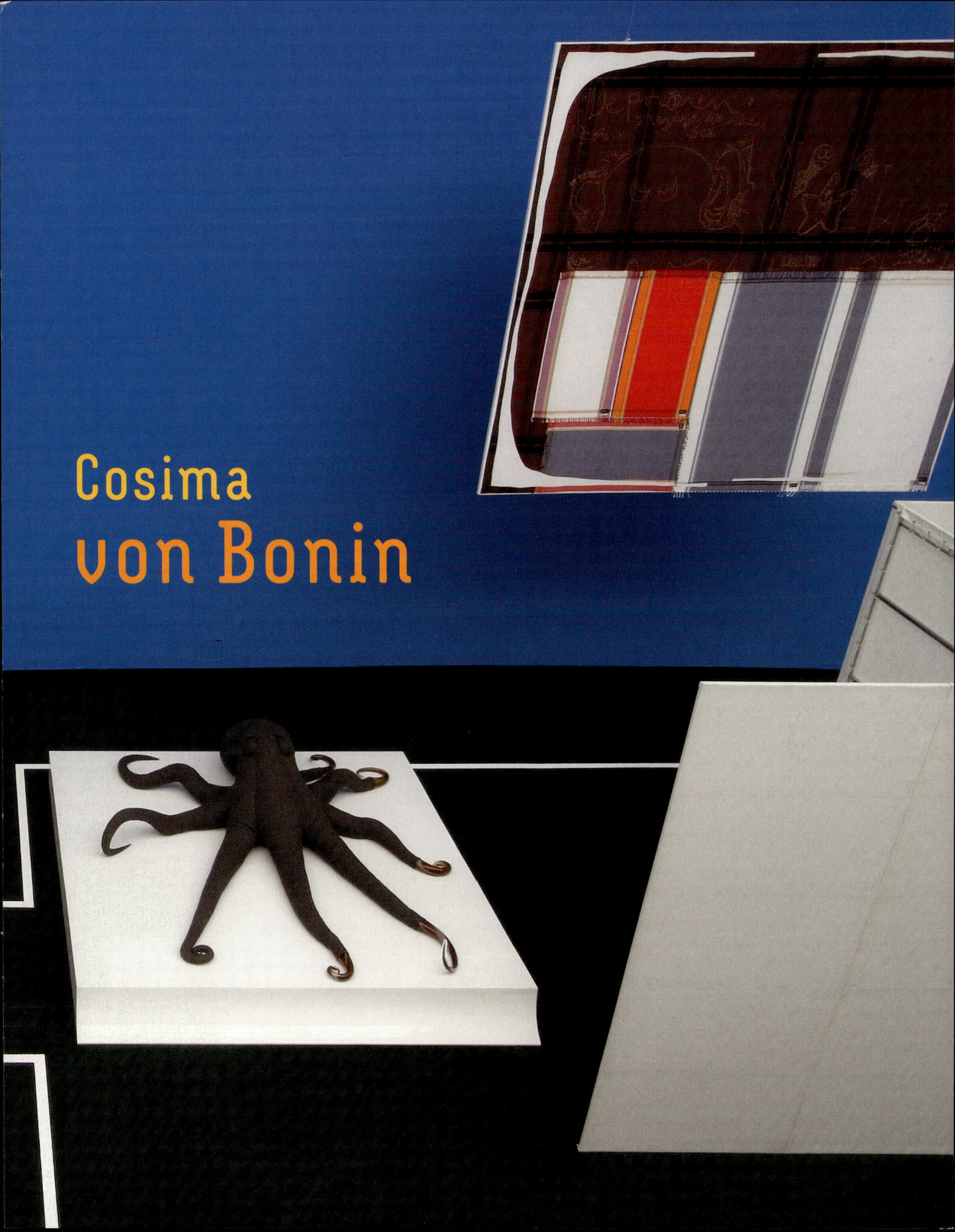

IN FLAUSCH-GEWITTERN

DIRK VON LOWTZOW

Von der letztjährigen documenta ist mir ein schönes Bild in Erinnerung geblieben: Inmitten von Cosima von Bonins überdimensionierter Installation, dem Remake ihrer Ausstellung «Relax, It's Only a Ghost» aus dem Jahr 2006 bei Friedrich Petzel in New York, gammeln seelenruhig ein paar Teenager. Im Vorübergehen schnappe ich einen lapidaren Kommentar zu den riesigen, die Teenager umgebenden Stoffhund- und Eselskulpturen (UNTITLED, 2006) auf: «Die sind aber knuffig.»

Die ganze Szenerie erschien mir unwirklich und anrührend zugleich. Der seltsame Begriff «knuffig», der im Gegensatz zu «putzig» oder «niedlich» direkt auf die Materialität der Stoffskulpturen verweist und der mir in diesem Augenblick als der einzig richtige erschien, und auch jetzt noch, Monate später, als der einzig richtige erscheint, dieser Begriff, in seiner vermeintlichen Gleichgültigkeit, ausgesprochen mit dem schnalzenden Geräusch eines Kaugummis, ist für mich seitdem untrennbar in den Arbeiten Cosima von Bonins verankert. Schlagartig führte er mir vor Augen, was ich lange schon für eine der grössten Qualitäten von Cosima von Bonins Kunst halte: Sie verlangt nichts und, um Cosima von Bonin selbst zu zitieren: «Sie belästigt nicht».[1)]

Denn ihre Kunst ist, trotz aller Eleganz und einem Wissen um das *comme il faut*, geprägt von der tiefen Abneigung gegenüber autoritären Gesten, Regeln und Verboten. Die «Oberlehrer» und «Schlaumeier», beides Begriffe aus dem Boninschen Sprachkosmos, müssen bekämpft werden. So erinnern die Parcours ihrer Ausstellungen nicht selten an Abenteuerspielplätze, die sich A.S. Neill, der englische Pionier der antiautoritären Erziehung, ausgedacht haben könnte. Regelmässig kehren Reproduktionen von Photographien aus 70er-Jahre-Kinderläden in ihren Installationen wieder (KAPITULATION, 2004).

DIRK VON LOWTZOW ist Musiker (Gesang, Gitarre) bei Tocotronic und Phantom Ghost. Er hat zahlreiche Tonträger veröffentlicht. *Dekade*, eine Sammlung seiner Songtexte, erschien 2007 in Zusammenarbeit mit Cosima von Bonin, Michael Krebber, Sergej Jensen und Henrik Olesen bei der Galerie Daniel Buchholz in Köln. Er schreibt regelmässig in *Texte zur Kunst* und verfasst Katalogtexte.

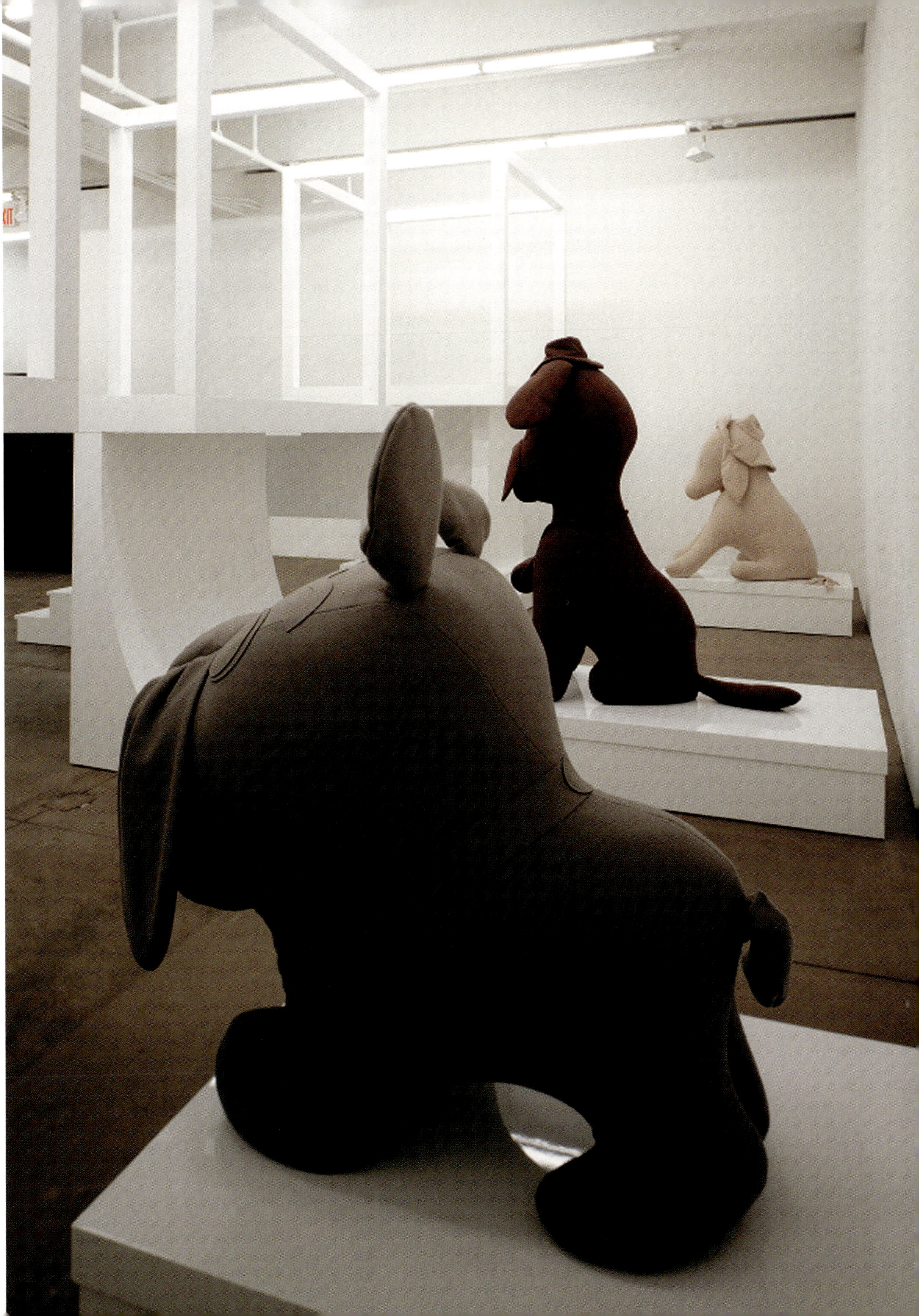

COSIMA VON BONIN, *“Relax, it’s only a Ghost,” 2006, exhibition view, Friedrich Petzel Gallery / “Immer mit der Ruhe, es ist nur ein Geist”, Ausstellungsansicht.*

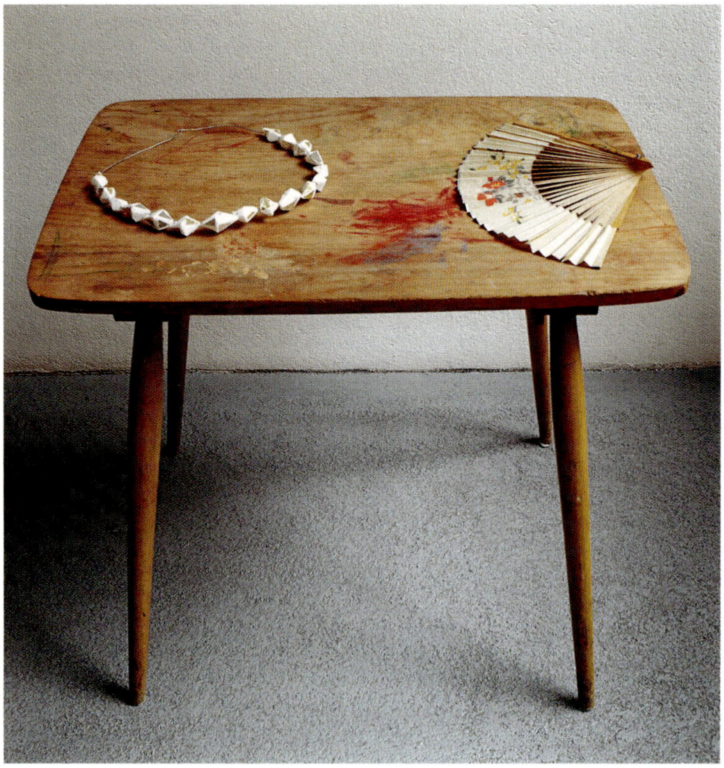

COSIMA VON BONIN, THE SENIOR MASTER, 1992, table, chain, fan, 24 3/4 x 27 1/2 x 19 1/2" / DER OBERLEHRER, Tisch, Kette, Fächer, 63 x 70 x 49,5 cm.

Bei Cosima von Bonin gibt es nichts zu verstehen und schon gar nichts zu lernen. Die viel beschworene (und oft kritisierte) Hermetik ihrer Arbeiten wäre demnach nur ein Problem, wenn es überhaupt eine Lösung gäbe. Es gibt aber keine Lösung, denn es gibt auch keine Aufgabe und eine solche anzubieten, wäre innerhalb der Boninschen Setzung (oder besser: Legung) wiederum eine «Belästigung».

Ihre Kunst ist nicht nur gegen die Interpretation gerichtet, sie befindet sich schon jenseits der Interpretation. Sie befindet sich auch jenseits der Aneignung: Sie ist vielmehr eine Einverleibung mit Stumpf und Stil, und als solche die selbstverständlichste aller Gesten. Da nimmt es nicht wunder, dass Cosima von Bonin stets statt eines Stückchen Kuchens die ganze Bäckerei liefert, mehr noch, sie liefert die ganze Bäckerei mitsamt des um sie herum wimmelnden Kontextes.

Seit Jahren führt sie uns in jeder neuen Ausstellung ihr ganzes künstlerisches Programm vor, das sich wiederum aus allen erdenklichen Merkmalen und Daseinsformen der Kunst speist: Den sozialen Gefügen, die um sie herum entstehen, dem Raum, der sie umgibt, ihrer Inszenierung mitsamt Leerstellen, ihrer tatsächlich installativen Ästhetik, ihrem Witz und nicht zuletzt ihrer Warenförmigkeit und ihrem Fetischcharakter. Diese Vorführung, dieses Defilee, ist immer auch grotesk, ist immer auch Travestie, ist immer auch im besten Sinne pervers. Der deutsche Schriftsteller Michael Roes zitiert in seinem jüngst erschienenen Buch «Perversion und Glück» wiederholt Roland Barthes: «Die Perversion erzeugt ein *Mehr*» und

«Gesetz, Doxa, Wissenschaft wollen nicht verstehen, dass die Perversion ganz einfach glücklich macht.»[2)]

Cosima von Bonins Kunst kündet von diesem Glück des *Mehr.* So wie sie auch vom Glück des *Ich kann nicht mehr* kündet (KAPITULATION).

Cosima von Bonin sieht sich, seitdem sie die Welt der Kunst mit ihrer ersten Einzelausstellung 1990 betrat, darin um wie in einem Panorama (oder einer Shopping Mall) und erschafft eine Kunst, die panoramitisch ist: Gemäss Walter Benjamins berühmtem Diktum, nichts sagen, aber etwas zeigen zu wollen, präsentiert Cosima von Bonin uns ihre Schätze. Sie spricht unablässig Empfehlungen aus und lädt uns dazu ein, an ihrer Begeisterung teilzuhaben. Unachtsam am Wegesrand drapierte Einkaufstüten (YVES SAINT LAURENT, 1997) und riesenhafte, in Filz reproduzierte Damenhandtaschen (HERMÈS, PRADA, 2000) zeugen von Bonins endlosem Einkaufsbummel.

Das lateinische Wort für «Zeigen», monstrare, findet wohl nicht zufällig in dem Wort «Monster» seinen Widerhall und monströs ist die von Bonin dargelegte Welt der überdimensionierten Pilze, Raketen und Oktopoden, die direkt aus einer altmodischen Jules-Verne-Verfilmung stammen könnten, und der riesenhaften, flauschigen Stofftiere und Stoffbilder – von ihr «Lappen» genannt – in jeder Hinsicht. Monströs ist die Darlegung als ein «Fluss ohne Ufer», in den man mit Tentakeln hinabgezogen werden kann, in einen Abgrund, der aus grimmigen Tintenfischaugen zurückstarrt, in eine unterseeische Welt, in der die Proportionen verschwimmen.

Monströs ist auch die Insistenz, mit der all dies präsentiert wird: Cosima von Bonin wiederholt ihre Themen erbarmungslos und ihre Kunst steht dabei den fugenartig aufgebauten Romanen Thomas Bernhards in nichts nach. Man kann, wie man sagt, den Wecker danach stellen, mit welcher Häufigkeit bestimmte Motive eine fröhliche Wiederkehr feiern. Auch wenn der Pilz als Symbol des Rausches oder Motive wie die «Rorschachtests» (2006) darauf verweisen mögen: Hier findet keinerlei Flucht ins Unbewusste statt. Cosima von Bonins Passion ist die des Realen. Alles, wovon ihre Kunst handelt, ist materiell vorhanden. Kalt, modern und teuer.[3)]

Der Wecker wird unbarmherzig klingeln. Jeder Tag ist Murmeltiertag. Wir können aber auch einfach liegen bleiben, denn, und das ist das Erstaunliche und Wunderbare an Cosima von Bonins Kunst, ebendiese Insistenz wird mit der grösstmöglichen Schlapp- und Schlaffheit kombiniert und ausgeführt.

Künstlerischen Heroismus ersetzt Cosima von Bonin durch eine Art ultimative «Feigheit». Sie stiehlt sich stets im letzten Augenblick durch den Hinterausgang davon, kratzt die Kurve, verdünnisiert sich bis zur Geisterhaftigkeit. Sie ist selbst vollkommen unfähig für die von ihr vorgenommenen Arrangements die Verantwortung zu übernehmen und so führt sie uns auf direktem Wege in die Ratlosigkeit. Wir werden von Cosima von Bonin sprichwörtlich «im Regen stehen gelassen». In Gewittern. In Flauschgewittern. Um in ihnen bestehen zu können, müssen wir selbst keine Heldinnen und Helden sein. Wir müssen als BetrachterInnen nicht einmal aktiv an der Entstehung des Werkes mitwirken. Im Gegenteil: Das Gammeln ist die einzige angemessene Form der Annäherung und stellt mithin den einzig richtigen Weg der Partizipation dar.

1) Aus Gesprächen mit dem Autor.

2) Roland Barthes, *Über mich selbst*, Matthes & Seitz Verlag, München 1978, S. 70 (zitiert nach: Michael Roes, *Perversion und Glück*, Matthes & Seitz Verlag, Berlin 2007, S. 64).

3) So der Titel ihrer Ausstellung bei Friedrich Petzel in New York (2003).

IN FLUFFY STORMS

DIRK VON LOWTZOW

I have a wonderful memory of last year's documenta: in the middle of Cosima von Bonin's outsized installation, the remake of her exhibition "Relax, It's Only a Ghost," first mounted in 2006 at Friedrich Petzel in New York, a couple of teenagers were loafing around, totally relaxed. In passing, I overheard an observation, short and to the point, about the gigantic cloth dog and donkey sculptures surrounding them (UNTITLED, 2006): "Boy, are they cuddly."

The whole scene was unreal and yet somehow touching. Unlike adorable or cute, the term "cuddly" refers directly to the material of the cloth sculptures and it seemed to me, in this context and even now, months later, to be the only right thing to say. Uttered with blithe indifference and the snapping sound of chewing gum, it has been associated with von Bonin's works in my mind ever since. It suddenly made me realize what I had long felt was one of the greatest qualities of her art: it makes no demands and, to quote von Bonin herself, "It doesn't bug you."[1)]

For despite its elegance and knowledge of what is *comme il faut,* her art is characterized by a profound aversion to authoritarian gestures, rules, and proscriptions. The "know-it-all" and the "smart aleck," both terms from von Bonin's linguistic universe, must be undermined. Touring her exhibitions, therefore, resembles tackling an adventure playground that could have been invented by A. S. Neill, the British pioneer of anti-authoritarian education. In fact, reproduced photographs of children's stores from the seventies keep cropping up in her installations (KAPITULATION, 2004).

There is nothing to understand in her work and nothing to learn from it. The much-vaunted (and often criticized) hermeticism of her art would only be a problem if it offered a solution. However, there is no solution because there is no task to be solved and, given von Bonin's mindset, she would be "bugging" us if she were to propose one.

DIRK VON LOWTZOW is a musician (vocals, guitar) with Tocotronic and Phantom Ghost and has numerous titles to his name. *Dekade,* a collection of his song texts was published in 2007 in collaboration with Cosima von Bonin, Michael Krebber, Sergej Jensen, and Henrik Olesen (Galerie Daniel Buchholz, Cologne). He contributes regularly to *Texte zur Kunst* and writes articles for catalogues.

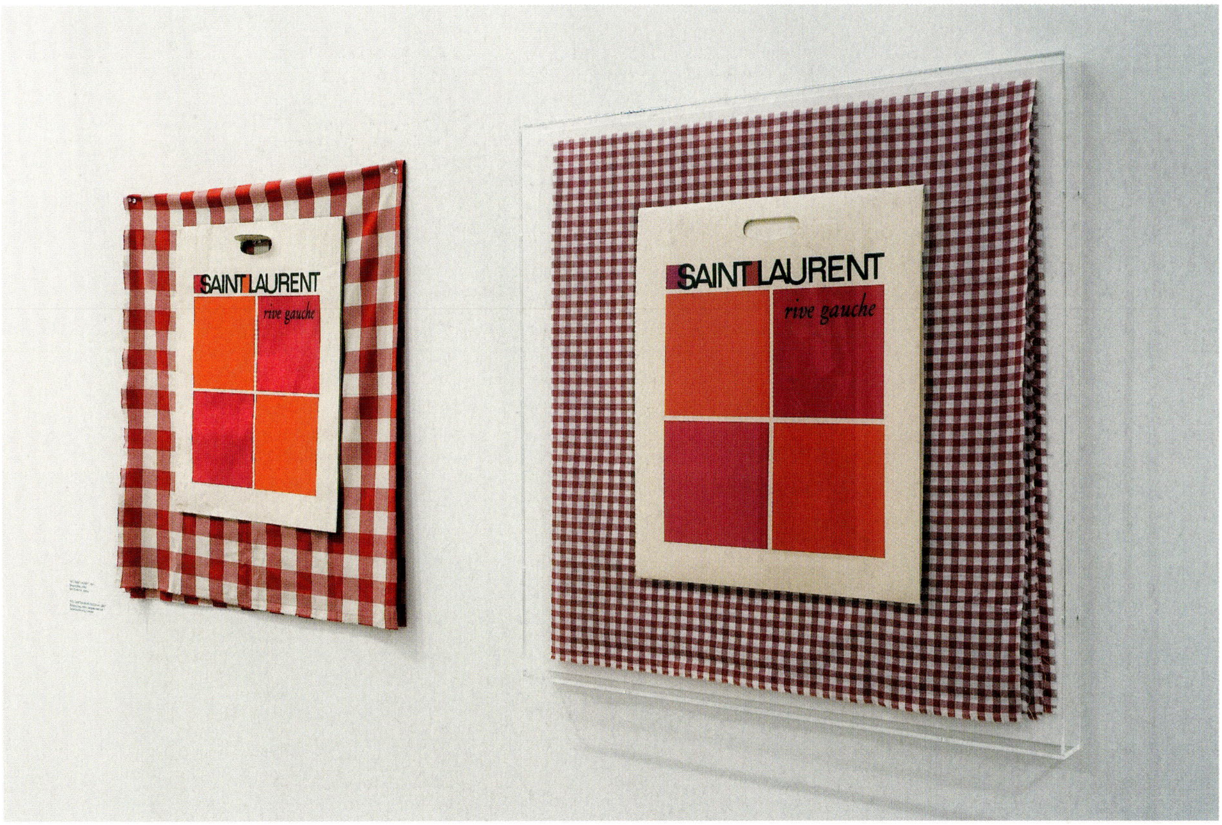

COSIMA VON BONIN, YVES SAINT LAURENT, 1997, cotton, paper bag, 38 $^{1}/_{8}$ x 43 $^{1}/_{4}$" / Baumwolle, Papiertüte, 97 x 110 cm.

Her art is not merely directed against interpretation; it is beyond interpretation and even beyond appropriation. Actually, it is more like an act of incorporation—lock, stock, and barrel—and, as such, the most self-evident of all gestures. So it is not surprising that, instead of offering us a little piece of cake, she saddles us with the entire bakery and, as if that were not enough, everything that's happening around it as well.

For years, in each new exhibition, she has presented her entire artistic program, which draws on all the conceivable characteristics and forms of art: the social relations it brings into play, the space around the art, its staging along with the empty spaces in between, the actual aesthetics of the installation, its wit, and, of course, its nature as a commodity and its charac-

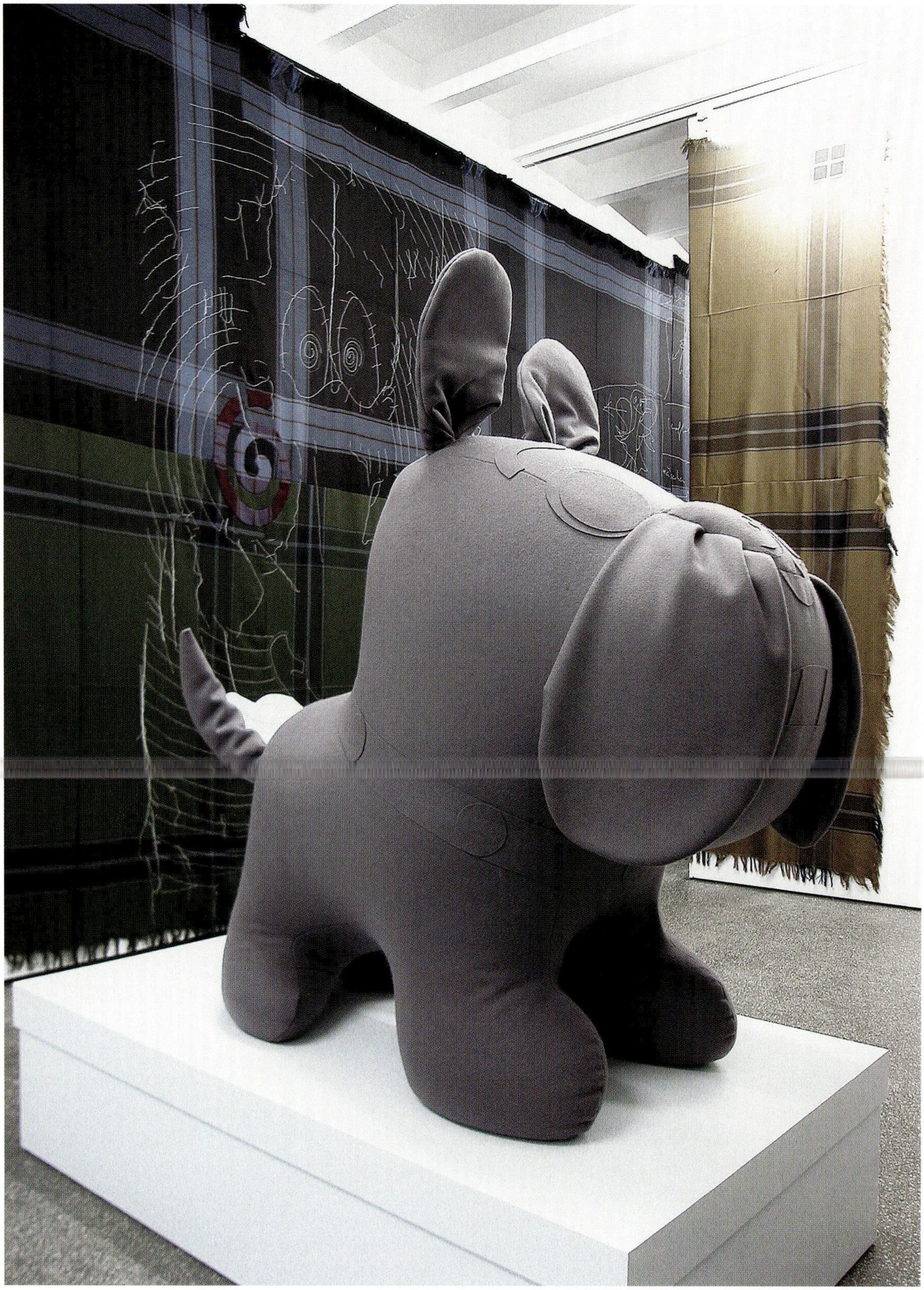

COSIMA VON BONIN, "2 Positions at Once," 2004, exhibition view, Kölnischer Kunstverein / "2 Positionen auf einmal", Ausstellungsansicht.

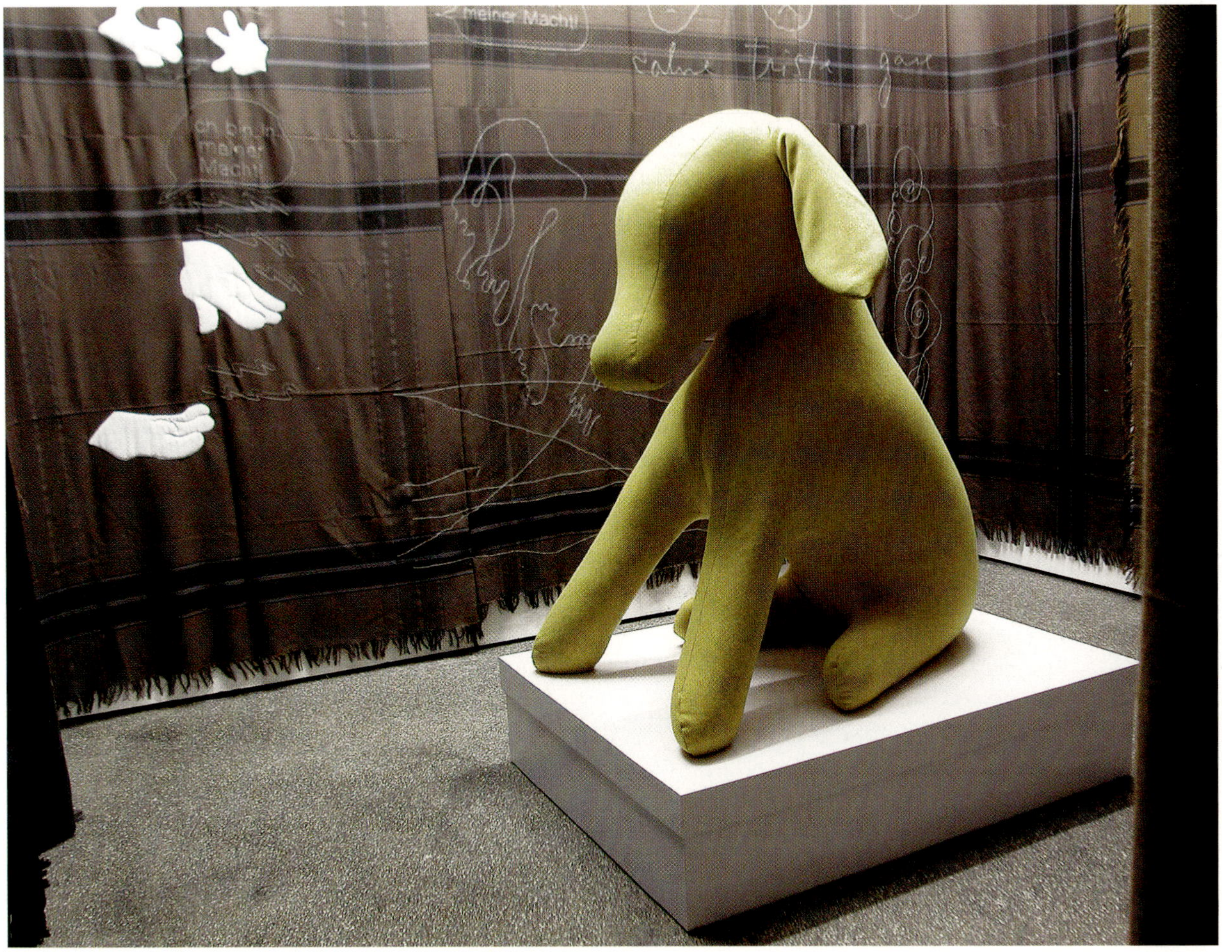

COSIMA VON BONIN, "2 Positions at Once," 2004, exhibition view, Kölnischer Kunstverein / "2 Positionen auf einmal", Ausstellungsansicht.

ter as a fetish. There is always something grotesque, something burlesque, and, in the best sense, perverse about these presentations, or rather parades. Roland Barthes would have loved them. As he puts it, “Law, Science, the Doxa refuse to understand that perversion, quite simply, *makes happy*; or to be more specific, it produces a *more*: I am more sensitive, more perceptive, more loquacious, more amused, etc.”[2] Von Bonin’s art proclaims the “more” of this happiness, just as it perversely proclaims the happiness of not being able to go on in KAPITULATION.

Ever since she entered the world of art in her first solo exhibition of 1990, Cosima von Bonin has been walking around in it as if she were in a panorama (or a shopping mall), creating art that is, naturally, panoramic. Given the way she has been showing us her treasures, she could have penned Walter Benjamin’s famous remark about having something to show rather than say. She is constantly making recommendations and inviting us to share her enthusiasm. Shopping bags carelessly draped by the roadside (YVES SAINT LAURENT, 1997) and gigantic felt reproductions of handbags (HERMÈS, PRADA, 2000) testify to von Bonin’s endless shopping tours.

That the word “monster” resonates in *monstrare*, the Latin word for “to show,” is probably more than a coincidence, and the world von Bonin serves up is indeed monstrous with its outsized mushrooms, rockets, and octopuses that look as if they had just escaped from an old-fashioned Jules Verne film adaptation, not to mention the gigantic, floppy stuffed animals and her soft pictures or “rags,” as she calls them. Monstrous is her presentation of a “river with no shores,” where tentacles threaten to drag us down into depths full of fearsome octopus eyes staring back at us, down into a subterranean world where all proportions are blurred.

Monstrous also is the in-your-face insistence of everything she does. Von Bonin repeats herself relentlessly, her art easily competing with the fugue-like structure of Thomas Bernhard’s novels. We could even set our alarm clocks by the frequency with which certain motifs cheerfully recur. Despite the implications of mind-altering mushroom or motifs like the *Rorschach Test* series (2006), the artist certainly does not escape into the unconscious. Von Bonin clearly has a passion for reality. Everything she addresses in her art exists in actual fact. Cold, modern, expensive.[3]

The alarm clock is going to ring relentlessly. Every day is Groundhog Day. But we could also simply stay in bed because she combines and colors her doggedness with an unabashed display of floppiness and flabbiness—and it is this combination that makes her art so astonishing and so wonderful.

Von Bonin replaces artistic heroism with a kind of ultimate cowardice. She slips out the back door in the nick of time, barreling around the bend, making herself so scarce that it’s almost spooky. She is utterly incapable of taking responsibility for the arrangements she makes and so she pilots us straight into perplexity. She leaves us standing in the rain. In thunderstorms. In fluffy storms. And we don’t need to be heroes in order to survive. We don’t even have to become actively involved in the emergence of the work. On the contrary: loafing around is the only appropriate means of approach and, in fact, the only suitable form of participation.

(Translation: Catherine Schelbert)

1) From conversations with the author.
2) Roland Barthes, *Roland Barthes* (Berkeley: University of California Press, 1994), p. 64.
3) Title of her 2003 exhibition at Friedrich Petzel Gallery, New York.

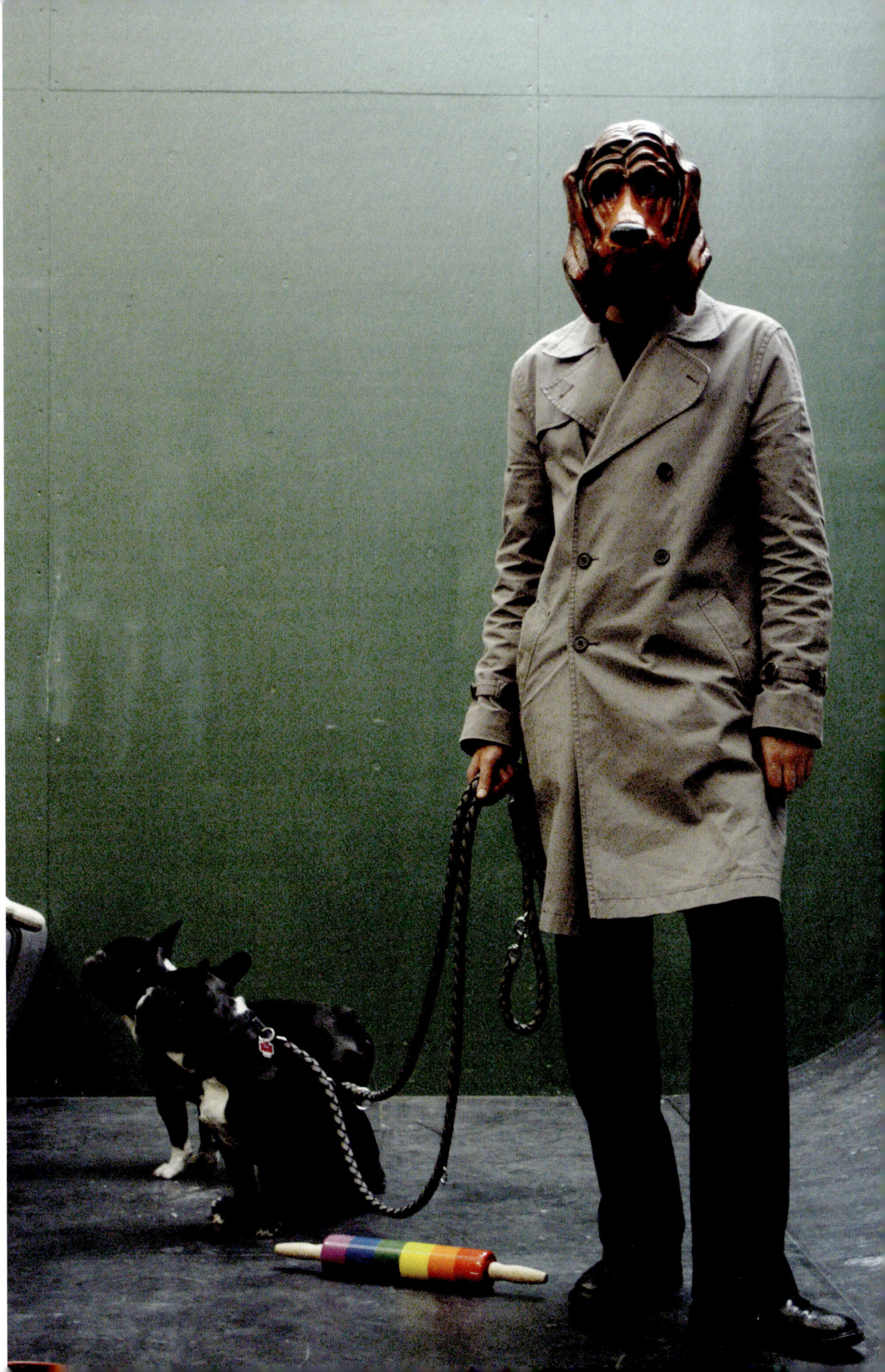

COSIMA VON BONIN, "2 Positions at Once," 2004, exhibition view, Kölnischer Kunstverein / "2 Positionen auf einmal", Ausstellungsansicht.

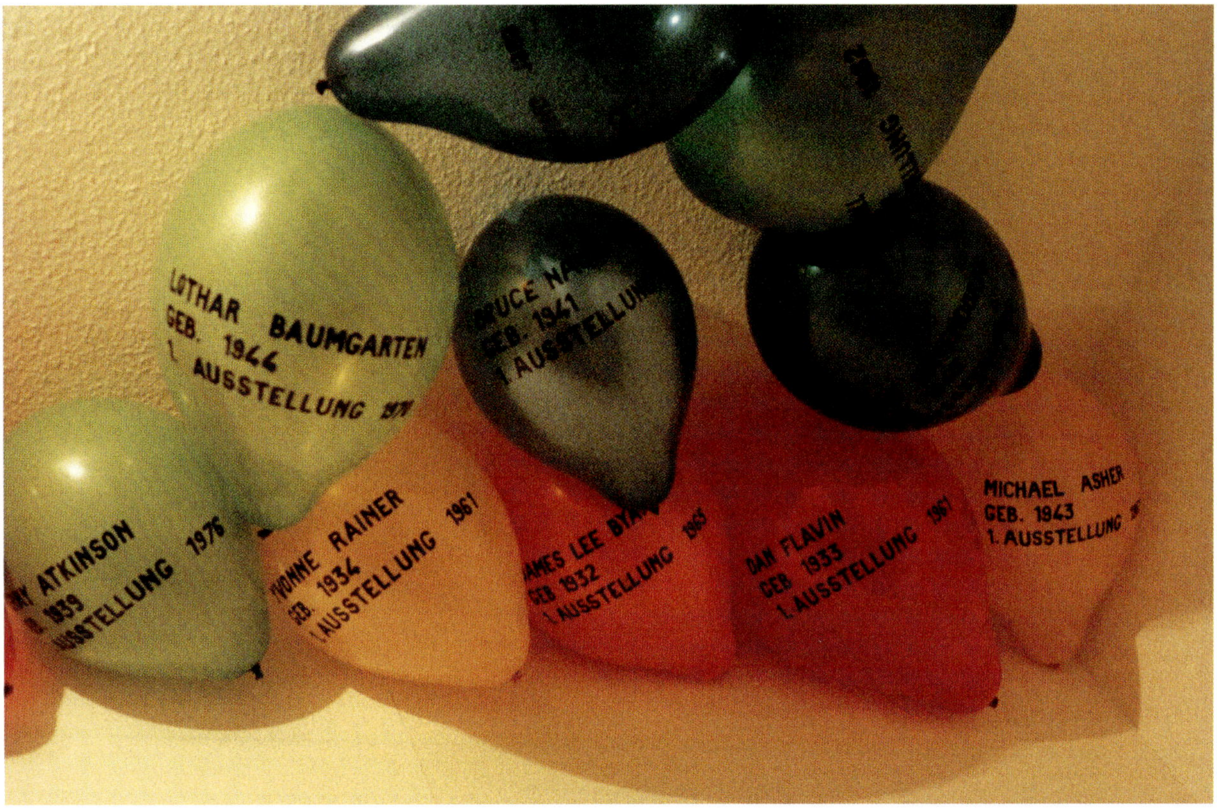

COSIMA VON BONIN, JOSEF STRAU, *exhibition space Münzstrasse, 1990, installation view, 32 balloons / Ausstellungsraum Münzstrasse, Installationsansicht, 32 Ballons.*

Material und Poesie

1. Material

Meine erste Frage ist vielleicht nicht ganz erlaubt. Die meisten (wenn nicht alle) Arbeiten, die Cosima von Bonin zwischen den frühen 90er- und den frühen Jahren dieses Jahrtausends gezeigt hat, sind nicht ausgeführt, sondern ausgesucht, zusammengestellt, konstelliert. Es scheint also – zumindest von ganz weit weg gesehen – nicht um Gestaltung und Bearbeitung zu gehen, sondern um Setzung. Und dieser Überlegung folgt natürlich die Frage nach dem Charakter dessen, was da gesetzt wurde. Da es nicht bearbeitet ist, muss es ja roh sein, müsste also schon als Material etwas zu bieten haben.

Haben aber Künstler überhaupt noch einen Materialbezug, ist das in einer, wenn auch erneuerten Weise immer noch die erste Frage, die zu ihren Besonderheiten führt? Ich habe mir die Frage selten gestellt, sie erscheint mir zunehmend unwichtiger. Schliesslich läuft alles Material auf die berühmten Einsen und Nullen hinaus, leistet von sich aus kei-

---

DIEDRICH DIEDERICHSEN schreibt über Musik, Kunst, Film, Theater und Politik. Er lebt in Berlin und lehrt in Wien und Stuttgart. Seine jüngsten Publikationen sind: *Argument Son* (2007); *Golden Years* (2006); *Musikzimmer* (2005); *Personas en loop* (2005); *Sexbeat* (Neuauflage, 2002); *2000 Schallplatten* (2000); *Eigenblutdoping – Selbstverwertung, Künstlerromantik, Partizipation* (2008).

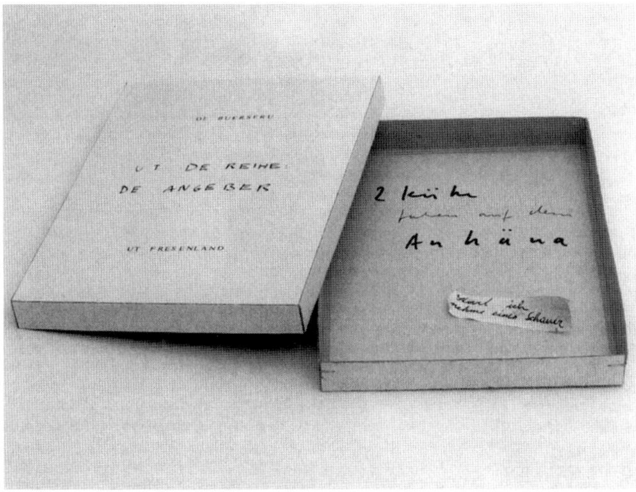

COSIMA VON BONIN, DER BUERSFRU UT FRESENLAND (The Farmer's Wife From Friesland), 1992, Edition Texte zur Kunst.
(PHOTO: TEXTE ZUR KUNST, BERLIN)

Cosima von Bonin – die ersten zehn Jahre

DIEDRICH DIEDERICHSEN

nen Widerstand, berechtigt nicht zur Entwicklung von Obsessionen, die der Rede wert sind. Ein paar gibt es noch, die traditionell mit einem bestimmten Material arbeiten und gelegentlich einen Wechsel inszenieren, der dann aber nur noch den eingeschworensten Sammlern einen Eintrag mit Rotstift im Taschenkalender wert ist. Alle anderen haben bestimmte Anliegen, Themen oder auch Arbeitsgewohnheiten, die man in einem höheren Sinne zum Material erklären könnte – der höhere Sinn ist aber gleichzeitig ein Königsweg in die Beliebigkeit. Wozu brauche ich denn einen Materialbegriff, wenn eh alles zum Material erklärt werden kann und dann eine wie metaphorisch auch immer gemeinte Unterscheidung Material/Bearbeitung gar nicht mehr möglich ist? Beziehungsweise der Begriff des Materials auf den des Gegenstands übergeht.

Bei den Arbeiten und Projekten von Cosima von Bonin hat mich aber entgegen all dieser ungeduldigen Reaktionen gegenüber Belebungsversuchen einer Materialästhetik oder gar -metaphysik etwas von jeher frappiert, das mich dennoch von Material reden lässt. Was heisst das? Natürlich drängt sich ein solcher Eindruck immer dann auf, wenn etwas im Raum steht, im weissen vor allem, das sonst nichts ist als Material – also Effekte verbreitet, die vom Minimalismus gelernt haben. Tatsächlich gibt es Arbeiten von Cosima von Bonin, die zumindest oberflächlich

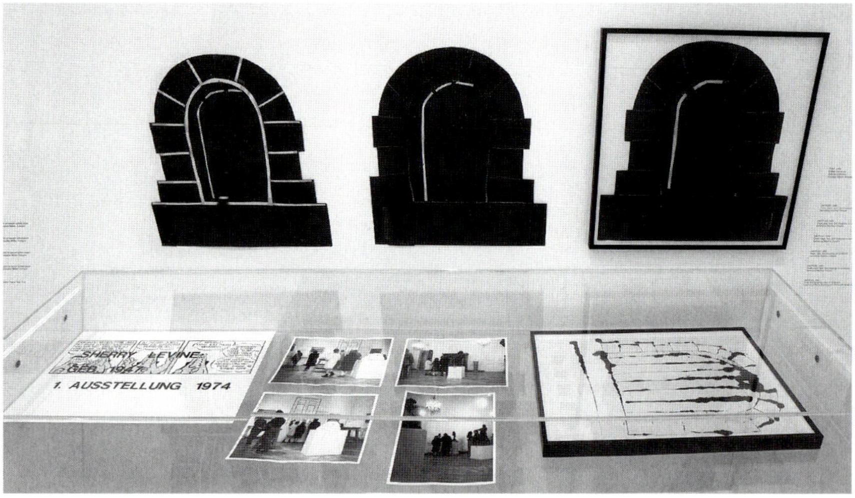

COSIMA VON BONIN, "Roger and Out," 2007, exhibition view / Ausstellungsansicht, Museum of Contemporary Art, Los Angeles.

eine solche Ausstrahlung haben, gerade neuere. Pflanzen, Heu, Stroh, Getreide. Der ganze Kosmos der materialinduzierten Bauerndichtung, der einen Teil ihrer Arbeit thematisch unterfüttert, Poesie ungewohnter und herber Präsenz.

Ebenso auffällig sind Arbeiten, die statt von Präsenz von vollkommener Absenz leben: Die erste Ausstellung (Ohne Titel, Galerie Christian Nagel, 1990), die ich je von ihr gesehen habe: fünf spröde Schwarzweiss-Photos, zu denen man sich eine Geschichte erzählen lassen konnte. Material – fast so virtuell wie das der Buchstaben.

Ich habe über diese Extreme – ostentatives Material/Nullmaterial – im Zusammenhang mit Cosima von Bonins Arbeit nie nachgedacht, weil sie weder das berührten, was das jeweils Wichtige einer Ausstellung war, noch abstrakt stark genug waren, um sich im Laufe der Zeit als System oder Schema zu sedimentieren. Mir fällt das erst jetzt in der Rückschau auf, indem ich denke, wie ein Kurator denkt, der Werke in Zusammenhänge bringt, Linien entdeckt. Und gerade in diesem Zusammenhang bekommt dieser eigentlich nur zart wahrnehmbare Zug von Kohärenz eine Bedeutung: indem er nämlich die zu nahe liegende Verbindung zerstört, die zwischen den entscheidenden Polen des Nullmaterials (Text, Idee) zu dem der Nullbearbeitung entsteht. Immer dann, wenn zum Beispiel zu einem blossen Satz oder Wort auch nichts Nennenswertes hinzukommt. Etwa bei meiner Lieblingsarbeit, einer Edition für *Texte zur Kunst*.

Es handelt sich hierbei um eine Pappschachtel im DIN-A5-Format, die je oben und unten mit «Der Buersfru» und «Ut Fresenland» bedruckt ist, jeweils etwas unregelmässig spationiert. Dazwischen steht – quasi als Titel – in Tintenversalien handgeschrieben: «Ut de Reihe: De Angeber». Öffnet man die Schachtel, liegt darin ein Blatt, auf das mit unterschiedlich dicken Filzschreibern in Handschrift geschrieben steht: «2 Kühe fahren auf dem Anhäna», auf einem Streifen Tesa-Krepp steht: «Karl ich nehme einen Schauer». Man könnte die umwerfende Wirkung dieses Meisterwerks aus dem Jahre 1993 sicher auf seine Lakonie schieben, einer Lakonie, die dem «Gegenstand», wortkarg-norddeutsch-unfreiwilliger Humor, Assoziationshof: Ostfriesland, entspricht.

Man könnte weiterhin sagen, dass das gezielt ärmlich gesetzte Material tatsächlich perfekt verstärkt und unterstreicht, was durch Sätze, Thema, Idee und so weiter vorgegeben ist. Aber eine weitere Stärke der Arbeit besteht tatsächlich darin, dass sie die mit jedem Kunstnachvollziehen verbundene, vorgestellte Produktionslogik (Einfall, Umsetzung, Materialwahl und -bearbeitung, Ergebnis – oder so) umdreht. Unabweisbar drängte sich mir damals diese Umdrehung auf: Gegeben seien ein Schachtelkarton, holzhaltiges Papier, anderswo geortete Sätze, eine bestimmte poetische Stimmung. Das hier wie nicht zum letzten Mal auftauchende «Thema» Bauern und Landleben ist nur landläufiges narratives Korrelat für eine schon anderswo fertiggestellte Lakonie und einen schon formulierten Humor. Mein Eindruck ist also der, dass das unbearbeitete Material, sei es an sich ein reiches auffälliges oder selber ein unauffälliges Nullmaterial, in Cosima von Bonins Arbeit eine gewisse Vorgängigkeit geniesst.

Dieser Eindruck oder mein rekonstruktives Gefühl beim Verarbeiten sagt ziemlich klar, dass solch unbearbeitetes, monumentales Material hier vor jeder Spezifizierung, vor jeder diskursiven Sinngebung steht. Diese kann stattfinden oder nicht stattfinden – eigentlich ist es den primär ausgesuchten Sachen egal. Was nun Verschiedenes bedeuten kann, nährt verschiedene Künstlerselbstverständnisse:

Zum einen kann man diese Vorgängigkeit der Materialebene als einen pan-ästhetischen Zugang zur Welt missverstehen, ihre Arbeit als eine Art verzauberndes Arrangieren, ein Berühren des Alltäglichen mit einem Zauberstab, durch den zu Kunst wird, was bis dahin eher spröde war. Dieser Eindruck ist ganz falsch, er würde das, was mir als primär erscheint, als beliebig deuten; der Stab könnte ja alles berühren. Es geht aber ganz leicht erkennbar nicht darum, irgendetwas normalerweise Sprödes und daher Kunstfernes zu nobilitieren, sondern es geht darum, dass bestimmte, und nur ganz bestimmte spröde, schwache und weiche Materialien mit einer bestimmten Poesie verbunden sind – also eine Sprache schon haben, eben gerade nicht verwandelt und bearbeitet werden müssen.

Sie sprechen aber auch nicht minimalistisch von sich selbst. Es geht nämlich – zum anderen – auch nicht darum, bestimmten schwachen Materialien das bisher nicht gehabte Recht zuzuerkennen, für sich zu sprechen. Denn die Materialien, um die es hier geht, sprechen zwar schon, aber nicht für sich, sondern von einem komisch-lakonischen Zusammenhang. Und das wäre die allem zugrunde liegende poetische Behauptung bei Cosima von Bonin. Oder anders gesagt: Der erschliessbare, nahe liegende und dennoch über jede denotative Bedeutung des Materials als Zeichen wie auch über jede Selbstbezüglichkeit seiner Präsenz hinausgehende Inhalt der möglichen Stoffe, Gräser und gefundenen Artefakte ergibt so etwas wie eine seltsame orchestrale Färbung. Er ist so etwas wie ein Repertoire, eine finite Menge der anspielbaren Stimmungen, ein Genre-Fächer – aber, ABER, die jeweils konventionelle Setzung, die schon fertige Verbindung von Material mit Inhalt, von Zeichen mit Denotat wird nicht übernommen, auch nicht verfremdet oder durchgestrichen. Nur die Art der Verknüpfung von Material mit einem dann neu und individuell entwickelten Inhalt stammt aus dem Gras, dem Stoff, dem Bauerndrama. Es ist der Wunsch, das ganz Neue so zu sagen wie etwas schon eher kitschig Uraltes.

Das Problem, das andere Künstler durch Getrommel auf die eigene Brust und den Bezug auf Politik zu lösen versuchen, das Legitimationsproblem, wird hier gelöst, indem erst einmal Legitimität a n s i c h zärtlich buchstabiert und wohl auch dekonstruiert wird. Weder um darauf zu verzichten, noch um wirklich auf die Ergebnisse dieses Akts vertrauen zu können, sondern eigentlich zunächst mal, um diese Herstellung von Legitimität zur wichtigsten – komplett ungelösten – Aufgabe von Kunst zu erklären. Der Rückgriff auf seltsam Vertrautes kritisiert dieses nicht, es ist eher ein Zug, den Cosima von Bonin einmal als ihre «Feigheit» benannt hat: Der Wunsch, nicht selber aussprechen und verantworten zu müssen, was der letzte Grund des Funktionierens von poetischer Setzung, Humor und Lakonie in der Materialfrage denn sei, dies lieber einer Farce von Traditionalität zu überlassen. Dies allerdings, dieser «feige» Zug, ist natürlich längst selber zu einem Teil der poetischen Welt geworden, er ist möglicherweise genau der Anteil der ganzen Anordnung, der für meine Bezeichnung «poetisch» verantwortlich ist.

2. Poesie

Trotzdem ist der Inhalt oder Bezugspunkt dieser poetischen Haltung nicht nur die Begründung von Kunst selbst, nicht nur die prinzipielle Komik der Begründung von Kunst, des Kunstanspruchs. Dies wäre eher der Bezugspunkt für einige der Künstler und Künstlerinnen, mit denen Cosima von Bonin

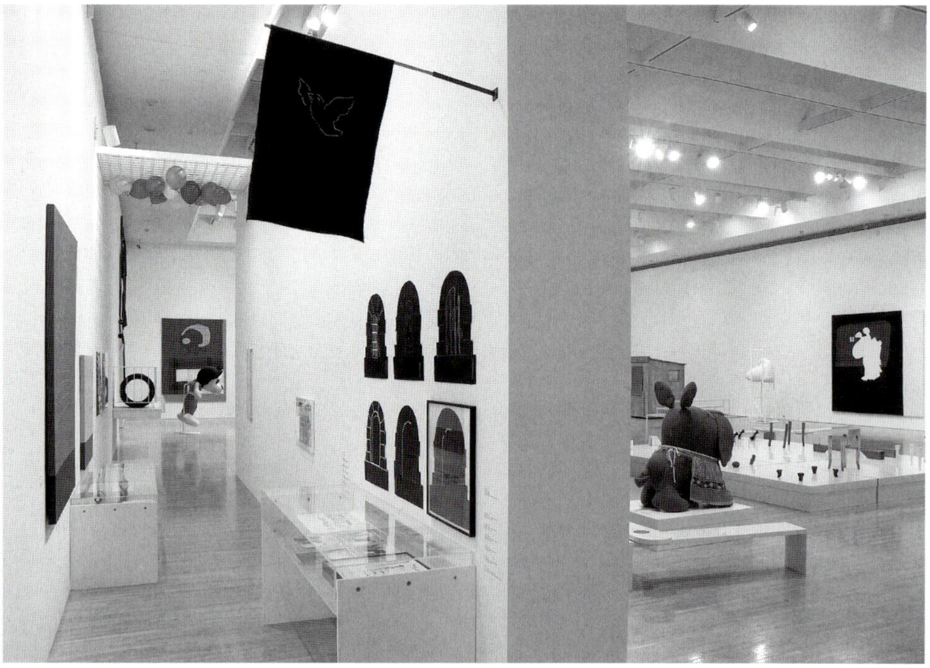

COSIMA VON BONIN, "Roger and Out," 2007, exhibition view / Ausstellungsansicht, Museum of Contemporary Art, Los Angeles.

entweder zusammengearbeitet hat, oder auf deren Werk sie sich zitierend oder in der Geste der Hommage bezogen hat.

Das Neue an ihrem Beitrag, sein Spezifikum, ist eher eine Kunst, die sich auf die Komik, Lakonie oder Melancholie in den Begründungsmöglichkeiten der Kunst bezieht – in ihren begrenzten Möglichkeiten – und materielle Zeichen einigermassen sicher oder plausibel oder geeignet mit einer möglichst offenen, aber möglichst doch klaren Bezugnahme zu verknüpfen, eben gerade zu erweitern. Und zwar um einen Inhalt. Indem sie zusätzlich thematisiert, dass nicht nur das Sagen, Sprechen, Zeigen von Arbeiten mit Kunstanspruch an sich erschüttert oder zum Lachen ist, sondern dass dies auf besondere Weise gilt, wenn es sich um ganz bestimmte Aussagen handelt, um solche Aussagen, die mit einem bestimmten Anliegen verbunden sind, sagt sie, dass der Verlust der poetischen Sprache nicht nur der Verlust eines Modus wäre, sondern eines mit gutem Grund, einem Grund, der aus seinen Gegenständen sich herleitet, gewählten Modus.

Müsste man nicht sowieso so weit gehen und sagen: Hat es denn überhaupt einen Sinn, die Krise oder den komischen Abgrund zu benennen, der klafft, wenn man Arbeit als Kunst deklariert, wenn man nicht mit benennt, wozu diese Deklaration überhaupt gut sein kann oder einmal gut war oder zu was sie gedacht war? Für manche der Künstler und Künstlerinnen, auf die sich von Bonin bezieht oder beziehen könnte (also poetische Konzeptualisten der ersten Generation von Marcel Broodthaers bis Bas Jan Ader), war dieses Wozu des in die Krise geratenen Kunstanspruchs durchaus noch eine Selbstverständlichkeit, eine, die aus den traditionellen ästhetischen Begründungen kam und deren Krise mit der generellen Krise des Kunstanspruchs zusammenfiel. Die Krise oder Komik des Kunstanspruchs war gleichzeitig die Krise der Schönheit an sich. Man konnte die verschiedenen Verluste noch für ein und denselben halten – was heute bescheuert wäre (heute kann man wissen, dass alles, was man verlieren kann, eh ständig neu begründet und erarbeitet sein muss, und dass das, was man dabei verliert, natürlich

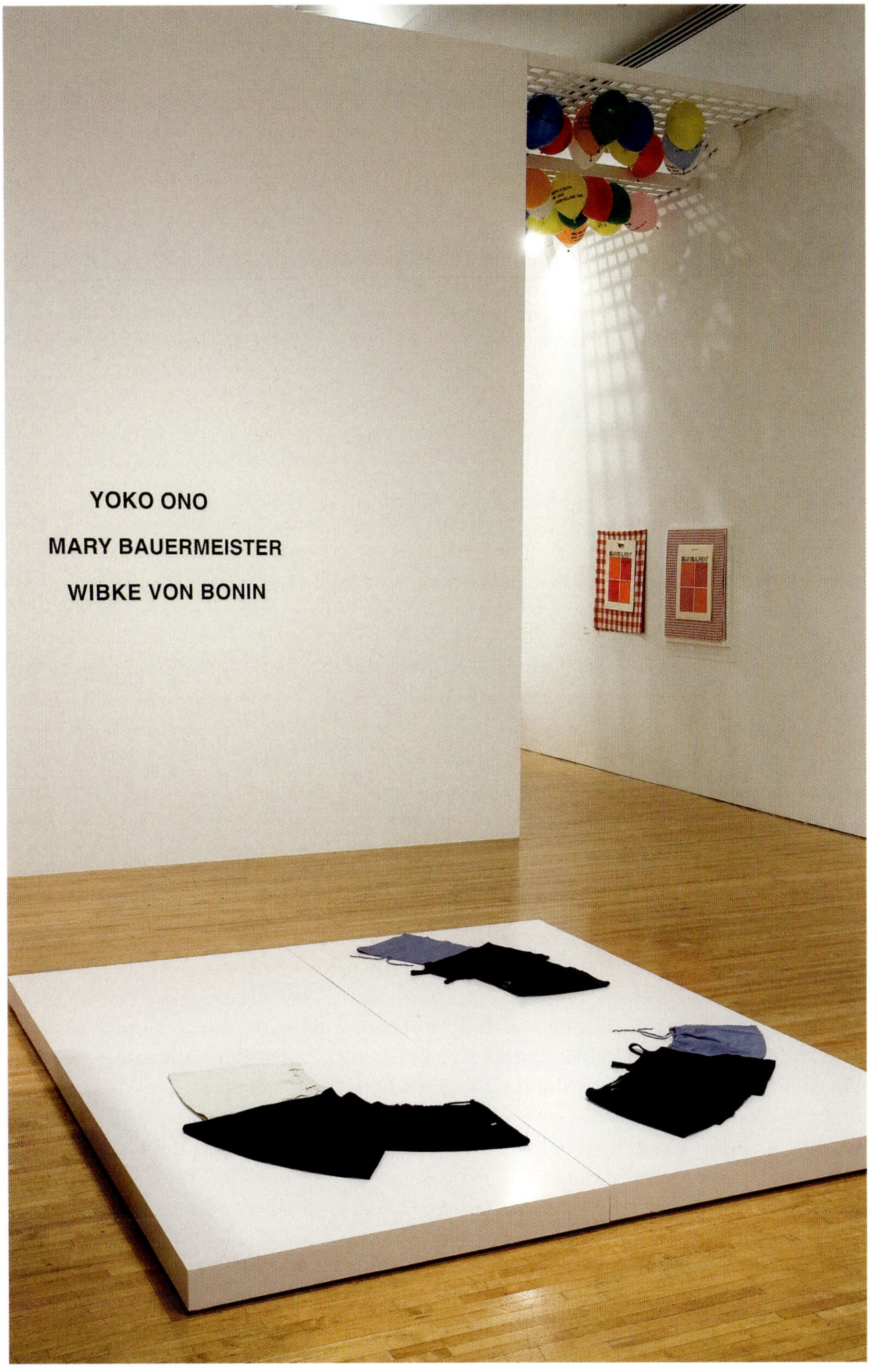

COSIMA VON BONIN, "Roger and Out," 2007, exhibition view / Ausstellungsansicht, Museum of Contemporary Art, Los Angeles.

auch eine grosse Erleichterung sein kann – aber das ist etwas anderes).

Der Generation, aus deren Erfahrungen heraus von Bonin arbeitet, begegnete dagegen die Kunst und ihr Betrieb schon immer als ein System, das Schönheit nur an seinen Rändern und oft nur unwillkürlich verursachte, als ein System, das seine Existenz – post-avantgardistisch – ganz anders begründete: politisch, zynisch-ökonomisch, kommunikationstheoretisch oder noch anders. Schönheit tauchte allenfalls in zynischen oder vulgären Reden auf. Oder eben als der metakünstlerische Formalismus, der in der Willkür der Verankerung der externen Begründungen selbst, in der Metahandschrift der individuellen Vernichtung von Individualität und Subjektivität wiederum eine melancholische Schönheit zweiter Ordnung zeigen wollte, die aber meist auf Vorstellungen künstlerischer Individualität fusste, die dann doch wieder aus der ersten Ordnung kamen oder diese zu restituieren suchten. Das war ein Thema der 80er-Jahre: das X nach dem Ende von X, das unmögliche X, das Dennoch-X, das gescheiterte, aber darum gerade schöne X etcetera. Daher gibt es dann auch bei von Bonin ständig das Subthema (aber eben auch nur Subthema), die paradoxe Aufgabe zu lösen, ganz ohne Hände, freihändig («Look Ma, no hands!»), eine handschriftliche Spur im verklärt hochmodernistischen Sinne zu hinterlassen.

Wenn man diese Lage vorfand, musste man sich zwei Dinge fragen: zum einen, ob die durch externe Begründungen (also ohne Schönheit) legitimierte Kunst nicht auch in eine Krise geraten war, wie die beschaffen war, was darin genau gefährdet war, was nicht mehr gesagt werden konnte, das zu sagen sich aber noch lohnen könnte. Zum anderen musste man sich fragen, was die Entdeckung einer melancholischen Schönheit zweiter Ordnung, eines Humors der Fortsetzung der Kunst- und Künstlerbehauptung zu bieten hatte jenseits einer nur reaktionären Rekonstruktion und einer nur defensiven Rückzugsbewegung. Meine These wäre es nun, dass die Arbeit von Cosima von Bonin sich im Wesentlichen durch die doppelte Bestimmung auszeichnet, diese beiden Herausforderungen anzunehmen, ohne über eine billige Gewissheit verfügt zu haben, die nach dialektischer Art schon dafür Sorge tragen wird, dass beide Stränge sich noch begegnen werden und zu einem guten Ende führen würden.

Entscheidend für Forschungen dieser Art war allerdings die Tatsache, dass zu Beginn ihrer öffentlichen Produktion beide Positionen nicht nur in Köln, wo sie lebt und arbeitet, jeweils ziemlich entwickelt waren. Es gab einen institutionellen (Galerien, Zeitschriften) und sub-institutionellen (Kneipen, Partys) Rahmen, der die Unentschiedenheit dieser Fragen lebte – was allerdings nichts daran änderte, dass die beschriebene Arbeitsteilung noch bis weit in die zweite Hälfte der 90er-Jahre ziemlich intakt blieb und Ansätze wie der von Cosima von Bonin singulär blieben. Wie geht nun die Verbindung dieser zwei Stränge in den frühen 90er-Jahren? Nun, zum einen gab es einen Weg, der sich auch in parallelen Kulturen wie dem Musik-Underground anbot: Der Blick auf die verehrten, wiederentdeckten oder immer noch allgemein vergessenen Vorbilder aus den 60er-, 70er- und 80er-Jahren konnte sein eigenes Fasziniertsein vielleicht einmal selber ansehen und dann andere Fragen stellen. Bei Cosima von Bonin führten diese Fragen schon 1990 zu solchen nach dem Zusammenhang zwischen Karriere und Anerkennung. Bei ihrer ersten Einzelausstellung (die sie gemeinsam mit Josef Strau ausrichtete) verwiesen auf Luftballons geschriebene Namen und Geburtsdaten von Klassikern der Konzeptkunst im Zusammenhang mit dem Datum ihrer ersten Einzelausstellung auf das prekäre Problem, Gehör zu erheischen, wenn noch von keiner offiziellen Seite Wetteinsätze platziert sind. Gleichwohl liess die materialistisch-kritische Geste, im Übrigen von einem lebenden Bild beziehungsweise einer Performance der Künstlerin ergänzt und mit Ausrufezeichen versehen, die andere Geste, nämlich die der Hommage, intakt.

Das entsprach einerseits einer bestimmten Stimmung, nach der eine beharrende, aggressive Kritik nicht nur antiquiert und peinlich sei, auch Kritik sich letzten Endes nur selbst als Geste zitieren könne, andererseits war dies auf einer viel ernsteren Ebene eine durchaus wegweisende Weichenstellung: Die respektlose Aufarbeitung einer Epoche und vor allem des immer wieder aufgeführten Aufarbeitens anderer Epochen kann nur aus der Perspektive desjenigen etwas bringen, dem an den Arbeiten, Kontinuitäten, Linien, um die es dabei geht, etwas gelegen ist. Der kritische Witz ist nur erträglich und mehr als jene ironische Unterhaltungsmusik der 90er-Jahre, wenn er mit einem ernsten, nicht relativierbaren Einsatz verbunden auftritt. Die Arbeit mit (selbst gemachten) Photos übers Angeln und exklusive englische Männer-Clubs wurde von einer Einladungskarte angekündigt, die André Cadere als einen von sich selbst geangelten Fisch zeigt.

Der zweite Schritt in der Bearbeitung und Thematisierung des Fan- und Hommage-Problems war der fast schon didaktische Hinweis auf – marginalisierte oder zumindest nicht zentrale – weibliche Produzentinnen. Die Reihe Yoko Ono/Mary Bauermeister/Wibke von Bonin war freilich so heterogen, dass sich ganz unterschiedliche Gründe für eine «Wiederentdeckung» oder einfach nur eine Würdigung oder Hommage anführen liessen. Nur Mary Bauermeister erfüllte die klassischen Kriterien für eine Abwesenheit, auf deren politischen Charakter eine feministische Kritik und Historiographie hätte eindeutig verweisen können. Schon bei Yoko Ono handelte es sich eher um eine (sexistische, aber auch anderweitig motivierte) Fehlbewertung, die auch aus der extremen Biographie der Künstlerin resultierte – die wiederum natürlich nicht (wie meist geschehen) nur als eine Sequenz von Entscheidungen eines souverän über seine Biographie verfügenden Künstlers zu lesen (...und dann lernte sie John Lennon kennen) wäre, sondern ebenfalls einer feministischen Revision bedürfte, die aber anderes aufzuarbeiten hätte als die Art und Weise, wie Mary Bauermeister, eine enorm einflussreiche Frau der 60er-Jahre-Avantgarde in New York und Köln, aus der Geschichte heraus geschrieben wurde.

Wibke von Bonin ist schliesslich eine Fernsehjournalistin, die dem Vernehmen nach mit der Künstlerin weitläufig verwandt ist. Als Kunstexpertin dürfte sie am bekanntesten für die volkspädagogische Reihe «1000 Meisterwerke» geworden sein. Ihre Einbeziehung öffnet das von den ersten beiden Namen konstituierte Feld – fehlbewertete Frauen aus dem Kunstmilieu der 60er-Jahre – trotz einiger Gemeinsamkeiten der Journalistin mit den Produzentinnen nun fast bis zur Beliebigkeit: wäre nicht der Name, der dem Namen der Künstlerin gleicht und so ihre Signatur in diese Verknüpfung mit historischen Figuren in einer Weise hineintreibt, die den unrelativierbaren Ernst aufruft, von dem oben die Rede war.

Wenn die ursprünglich humorvoll-poetische Redeweise als gegeben da ist, wird es entscheidend wichtig, eine Form zu finden, die Ernst garantiert, ohne diese gegebene Redeweise zu durchkreuzen oder zu relativieren. Plötzlich steht da der eigene Name in seiner ganzen bitterernsten anrufenden Aggressivität. Uff, zum Glück ist es nur der einer semiprominenten Kunstjournalistin, vielleicht sogar eine Witzfigur, ein Witz, dass ihr Name hier erscheint. Und es ist doch der eigene, die ganze Anmassung, sich Künstler zu nennen und neben andere Namen zu stellen, steht da, angeschrieben an die Wand einer Messekoje der Galerie Nagel. Es ist eben nicht nicht so gemeint, und trotzdem ist es möglich, ganz entschieden das Wie zu wechseln, das anzeigt, wie es gemeint ist.

Diese Wechsel sind aber auch wieder keine zufälligen Wechsel. Es geht nicht darum, geeignete Tonlagen zu finden. Es handelt sich jeweils um zwei Möglichkeitsbedingungen: ernst sein zu können und darauf zu beharren und endlos und unbeendbar komisch sein zu können; denn die Dinge hören ja nicht auf, lustig und lächerlich zu sein, wenn man es ihnen befiehlt, im Gegenteil. Dass aber diese beiden Modi einander bedingen, heisst noch nicht, dass die beiden oben genannten Stränge schon zusammengefunden hätten. Wir wissen, dass es einen Ernst gibt, der Voraussetzung dafür ist, dass es sich lohnt zu lachen (und umgekehrt), aber wie und auf was dieser Modus des Ernsten gerichtet ist, wissen wir nur andeutungsweise, auch nicht, ob seine Richtung eine Möglichkeit unter vielen ist oder die einzig mögliche oder die einzig mögliche in dem System dieser Künstlerin. Dies erfahren wir erst in den nächsten zehn Jahren. Und dafür gebe ich das Mikrophon weiter an unsere Live-Reporter.

1) Cosima von Bonin und Josef Strau, «Installation Münzstrasse Hamburg», 1990, Ausstellungsraum Münzstrasse 10, Hamburg.

Gekürzte und bearbeitete Fassung eines Textes, der unter dem Titel «Die Blumen desjenigen, das aber auch nicht Böse ist» im Katalog *The Cousins* des Kunstverein Braunschweig (2000) erschienen ist.

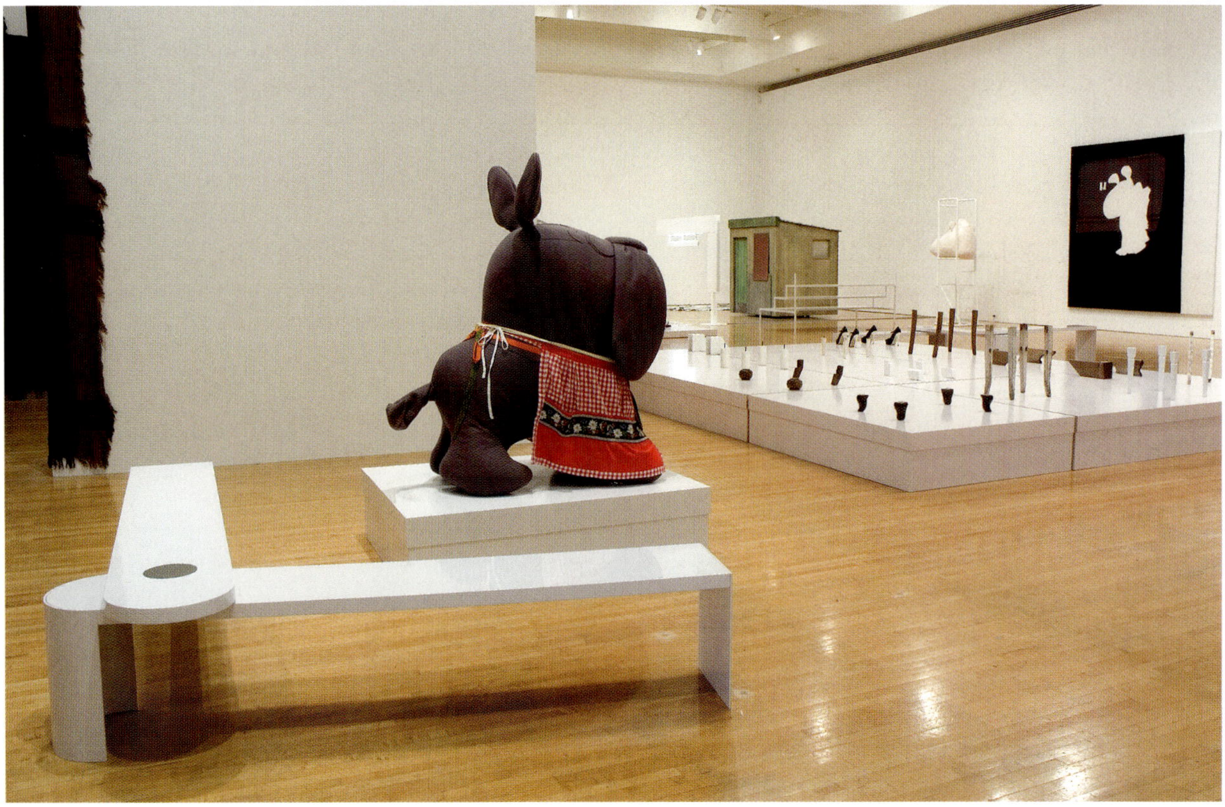

COSIMA VON BONIN, "Roger and Out," 2007, exhibition view / Ausstellungsansicht, Museum of Contemporary Art, Los Angeles.

Material and Poetry

1 Material

The first observation I would make is perhaps not entirely permissible. Most, if not all, of the works shown by Cosima von Bonin between the early 1990s and early 2000s were not so much carried out as sought out, pieced together, configured. So it would seem—at least from a considerable distance—that they are not about forming and processing materials, but about a kind of positioning. Naturally, this leads one to question the nature of what is being positioned. In this case, since it has not been processed, it must be raw, which means that the material itself must have something to offer.

But, do artists still have real relationships to materials? Is this still even a relevant first question to ask and one likely to lead to a work's distinguishing features? I've rarely asked myself that question; to me it has become increasingly inconsequential. In the end, all material things boil down to the famous "ones" and "zeros," offering no resistance and no justification for the pursuit of worthy artistic obsessions. Still, there are artists who chose to devote themselves

DIEDRICH DIEDERICHSEN writes on music, art, cinema, theatre, and politics. He lives in Berlin and teaches in Vienna and Stuttgart. His most recent publications are: *Argument Son* (2007); *Golden Years* (2006); *Musikzimmer* (2005); *Personas en loop* (2005); *Sexbeat* (new edition, 2002); *2000 Schallplatten* (2000); *Eigenblutdoping – Selbstverwertung, Künstlerromantik, Partizipation* (2008).

to the study of one particular material over a long period of time, occasionally, demonstratively, changing to another material (which is a red-letter day only to the most dedicated collectors). But the raw material most artists work with is a particular interest, a theme, or a work pattern—a different sense of the word "material," perhaps, but clearly the most fruitful in being so open-ended. What then do I aim to attribute this sense of materiality to, if anything can be described as "material"? Maybe it's no longer possible to distinguish between a work's material and its process, especially when the concept of a material completely merges with what a work is attempting to communicate.

Just as striking are the works that thrive, not on their presence, but on their sense of complete absence, as was the case in the first exhibition (Untitled, Galerie Christian Nagel, 1990) of hers I ever saw: five minimal black-and-white photographs that nevertheless compelled me to inquire about their back story. They were almost as virtual as letters of the alphabet.

Thinking about these two extremes in von Bonin's work—demonstrative materials and absent non-materials—has never been my priority, for it has never seemed relevant to a particular exhibition, nor has von Bonin developed and reinforced this idea in her work enough for it to become an apparent abstract system or schema. The dichotomy strikes me

Cosima von Bonin—the First Ten Years

DIEDRICH DIEDERICHSEN

As impatient as I am with attempts by various artists to revive a material-based aesthetic or even a metaphysical one, I have always been struck by von Bonin's works in a way that compels me to engage in a discourse about materials. What does this mean? Of course, any object placed in a space, especially a white space, can elicit such an engagement, especially given the impact that has come as a result of the "teachings" of Minimalism. And there are certain works by von Bonin that, at least superficially, create that kind of impact, especially her more recent plants, hay, straw, and grains. There is an entire universe of material-inspired "peasant" poetry—poetry with an unfamiliar, astringent presence—that feeds a portion of her work.

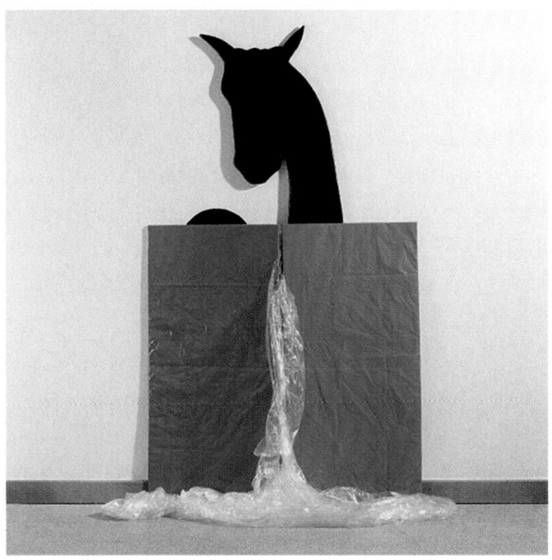

COSIMA VON BONIN, PLASTIC & RICE, 1991, styrofoam, plastic foil, 67 x 39 3/8" / PLASTIK & REIS, Styropor, Plastikfolie, 170 x 100 cm.

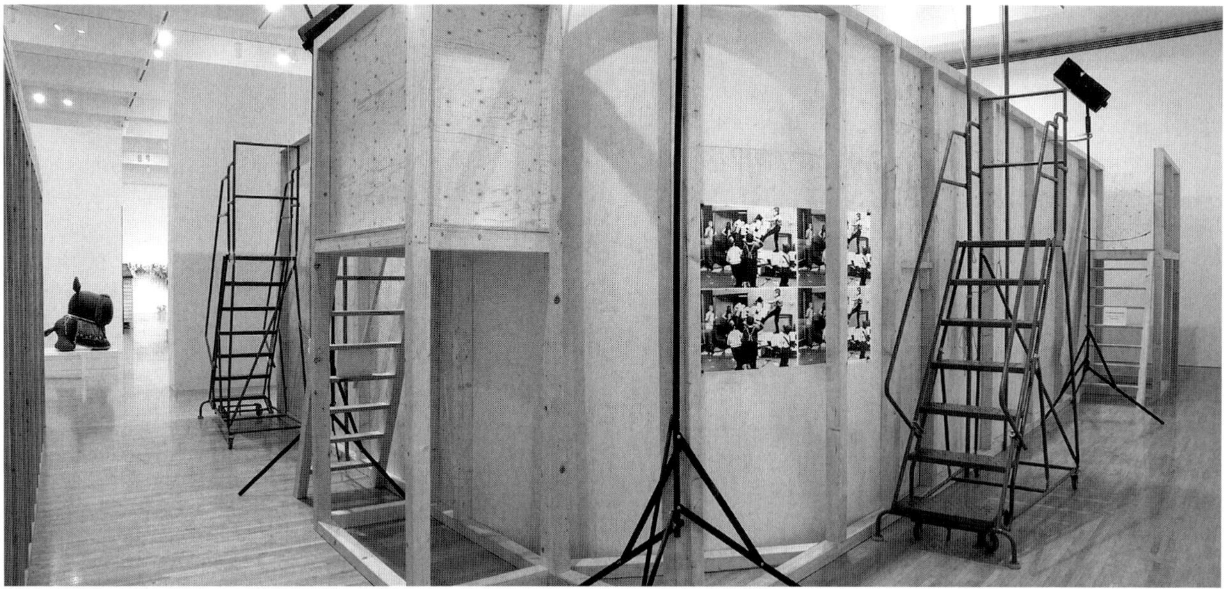

COSIMA VON BONIN, "Roger and Out," 2007, exhibition view / Ausstellungsansicht, Museum of Contemporary Art, Los Angeles.

only in hindsight, as I find myself thinking as a curator does, attempting to establish connections between works and opening myself to the discovery of new connecting conduits. And it is only then that a sense of coherence, though just barely perceptible, can become extremely important in that it may sneak up and overshadow another more obvious link between decisive poles—the non-materials (texts, ideas) on one end, and the non-processing of materials on the other.

Take, for example, one of my favorite von Bonin works, an edition she made in 1993 for *Texte zur Kunst.* Initially, I found little of note in this work except for the occasional sentence or word. The piece is easy to dismiss; it is a mere cardboard box with the words "Der Buersfru" (The Farmer's Wife) and "Ut Fresenland" (From Friesland) printed on its top and bottom in irregularly spaced letters, and a title that reads "Ut de Reihe: De Angeber" (From the Series: The Braggard) written in capital letters with ink. The box contains a sheet of paper covered with handwriting in felt tip pens of various widths. The text reads "2 Kühe fahren auf dem Anhäna" (2 cows traveling on a trailer). On a strip of sticky tape are the words "Karl ich nehme einen Schauer" (Karl I'm taking a shower). One might attribute the dumbfounding effect of this piece to its laconic style—in perfect keeping with the object, as well as to its pithy North German inadvertent humor, which is associated with East Friesland, especially by using an extremely funny fantasy dialect that outsiders could take for being Frisian.

One might also say that the work's deliberately meager physical presence strongly reinforces what it is trying to convey through language. But another of the work's strengths is that it reverses the normal logic of production, where an idea is followed by a choice in implementation. In this work the process and material are reversed in a way that invites an empathetic response. When I first saw the work, I couldn't help but be struck by this surprising inversion: a cardboard box, wood-based paper, sentences from elsewhere, a distinctly poetic mood. I was met, once again, with the theme of farmers and rural life, a run-of-the-mill narrative, but told with a laconic streak and a dash of humor. The piece creates the impression that to von Bonin the un-worked material—be it innately rich and memorable or forgettable and unimpressive—enjoys a certain precedence.

While I realize this impression may have been reconstructed in retrospect, it tells me that the unworked material precedes the artist's specific, discursive inference. The artist's meaning, thus, may or may not occur, without having any bearing on which items von Bonin chooses to use in her art. Materials that have a number of potential interpretations, meanwhile, nurture a variety of meanings and cast numerous inferences back onto the artist.

This precedence of material could be understood as a pan-aesthetic approach to the world, the work itself becoming a kind of enchanting arrangement where, by touching ordinary things with a wand, the artist may transform them magically into art. This impression does not apply to von Bonin. If it were true, my fundamental understanding of the work would be cast in a far more precarious light. After all, if von Bonin were to be employing a "magic wand" affect, the wand could touch just about anything. On the contrary, it's easy to see that her work is not about ennobling anything otherwise unyielding and far-removed from art. It is about the notion that particular unyielding, weak, or soft materials already possess a particular poetic quality, in a language that does not need to be transformed or processed any further.

Von Bonin's materials do not reference Minimalism; they do not reveal themselves with such grandeur. Nor is her work about endowing weak materials with the right to speak for themselves. While her materials have their own voice, rather than speak about themselves they articulate von Bonin's brand of comic-laconicism, a terse interconnectedness forming the poetic undertone at the root of all of her work. Or, put another way, the potential contents of her materials—open as they are to interpretation, obvious as they are, and yet far greater than any denotative meaning of the material as a sign or of any conceivable self-reference—gives the work a strangely orchestral color. It's as if von Bonin has a repertoire, a finite number of playable moods, an array of genres. But the works do not avail themselves of expected links between material and content, between a sign and what that sign denotes. Nor do they alienate or dismiss the latter. Von Bonin manages to tie each material to a range of contents that leads back to the expression of some kind of grassroots rural drama. This stems from her desire to express something new, but as if it was ancient or even kitschy.

Some artists try to legitimize their work by beating loudly on their chest and citing politics. Here, the problem of legitimization is solved by gently spelling out or by deconstructing the notion of legitimacy *per se.* It is a quest, and von Bonin can neither get by without this quest nor trust its outcome. But the declaration of her legitimacy—as unresolved as it may seem to be—is still a major task facing her art. Yet von Bonin often falls back on something vaguely familiar in a way that undermines her quest to define a politic. She describes this as her own "cowardliness." She also expresses a desire not to feel responsible for the ultimate position of her work, politically, or poetically (for its function as humor and its laconicism), but prefers instead to leave it to the farce of traditionalism. This "cowardliness" has since become a recognizable aspect of von Bonin's work; it may well be precisely this component that prompts my description of her work as "poetic" in the first place.

2 Poetry

The content, or point of reference, of this poetic stance may be the basis of her art, the source of its underlying comedy and its need for justification. If anything, it is this same point of reference that can be seen in some of the artists that von Bonin has either collaborated with or whose work she has cited or paid allegiance to over the years.

By contrast, her work's innovativeness, its *specificum,* is seen in how one reacts to its inherent comedic laconicism or melancholy. It links material signs and extends their range to meet a plausible or suitable reference. It expands and clears the scope for possible references, which is to say, it adds content. It demonstrates that when laying claim to the distinction of art *per se,* it is not only the saying, speaking, and showing of a work that causes it to be regarded as a laughing matter. When it comes to the

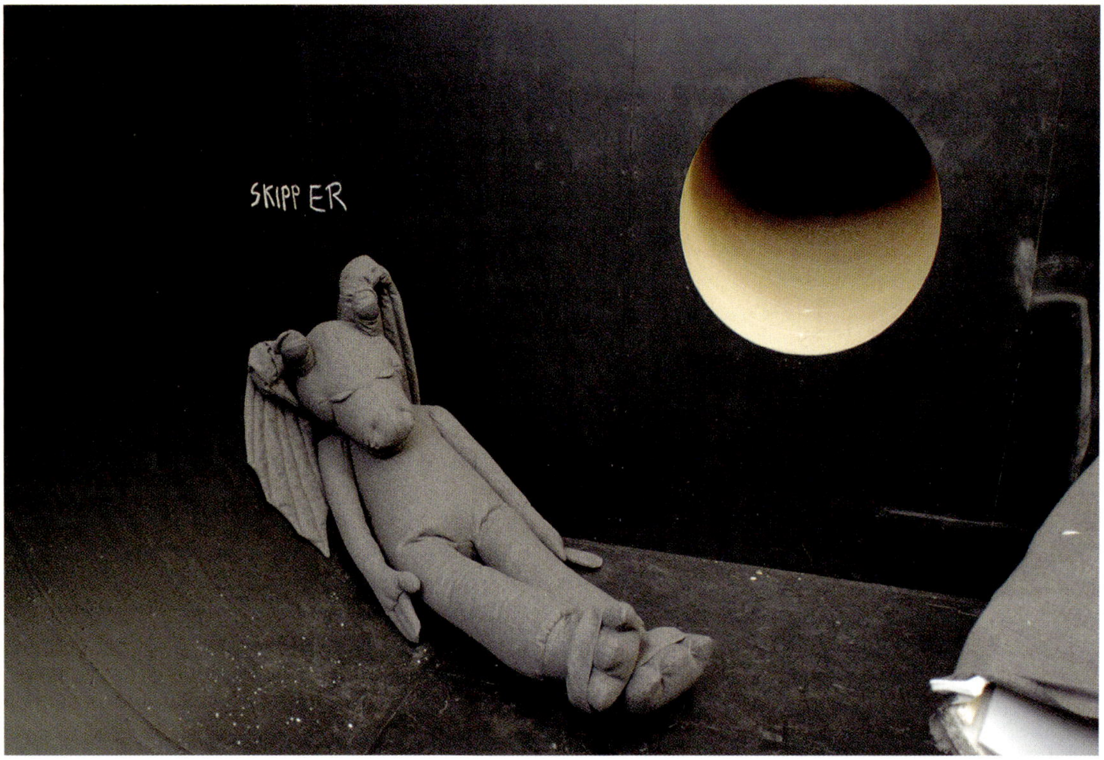

COSIMA VON BONIN, "Roger and Out," 2007, exhibition view / Ausstellungsansicht, Museum of Contemporary Art, Los Angeles.

specificity of her statement, meaning has a specific agenda. Von Bonin, in this regard, may be saying that the loss of poetic language is not only the loss of a *modus*, but of a *modus* that was chosen with good reason, as a purpose that arises from its objects.

Is there a point in identifying the crisis or the comedic chasm that gapes open when one declares something to be a "work of art," if one doesn't also point out what the good of such a declaration can be? For some of the artists that von Bonin refers to (first generation poetic conceptualists, from Broodthaers to Bas Jan Ader), this crisis-ridden "claim to art" is still very much a given, one that has arisen from an aesthetic tradition. Historically, the crisis, or comedy, of this "claim to art" has always been a crisis of beauty. At the same time, a variety of disconnected losses could all be taken as one and the same. Today, such a view would be nonsense, for anything that can be lost has to be justified and worked out all over again. And—although this is another issue entirely—in the process of making art, what gets lost or discarded can also be a tremendous relief.

Von Bonin draws on a generation that only regards art (and the art business) as a system whose purpose it is to generate beauty on its periphery and by coincidence. This post-avant-garde system justifies its own existence through politics and a rather cynical focus on financial matters, by using, for example, theories of communication to strengthen its polemic. Beauty, in this model, only arises as a vulgarity. It is employed when a meta-artistic formalist wants to display a melancholy sense, a secondary "beauty," an arbitrary external justification. Or as a tool for the meta-handwriting used for the elimination of individuality and subjectivity. But even this "handwriting" is rooted in notions of artistic individuality and originality that originated in the old avant-garde for use by artists seeking to reinstate those values. This was a recurrent theme in the 1980s: X after the end of X, impossible X, despite-everything X, failed but beautiful because of that X... In von Bonin's work there is always a subplot about solving the paradoxical task, as if riding a bicycle without using one's hands. Freewheeling ("Look Ma, no hands!"), and in a transfigured high modernist sense, leaving behind a definite trace of one's handwriting.

Coming upon this situation, one has to ask two things. Firstly, was the art, legitimized on the basis of external justifications—without beauty, that is—not also in crisis? Was what it consisted of, exactly what was at risk—what could no longer be said, but was still worth saying? Secondly, does this discovery of a melancholy, secondary beauty—a humor in the continuing claims to art and to being an artist—have anything to offer beyond a purely reactionary reconstruction and defensive maneuver of withdrawal? My contention is that von Bonin's work is distinguished by its double determination to take on both of these challenges at once, without recourse to a cheap certainty that would, in a dialectic manner, ensure that the two strands arrive at a happy, but merely sufficient convergence.

A crucial element in von Bonin's research into these matters lies in the fact that when she first began producing art for public consumption, both of these positions were already well established in Cologne (where she still lives and works), where an institutional (galleries, magazines) and a sub-institutional (bars, parties) framework was firmly in place that thrived on a certain open-endedness. However, this did not affect the "division of labor," described above, which remained relatively intact until well into the second half of the nineties. The result was that approaches like von Bonin's were still the exception. So what was the connection between these two strands in Cologne in the early 1990s? It can also be seen to have existed in parallel cultures like the underground music scene where forgotten role models from the sixties, seventies, and eighties were constantly being revived. Such rediscoveries could then

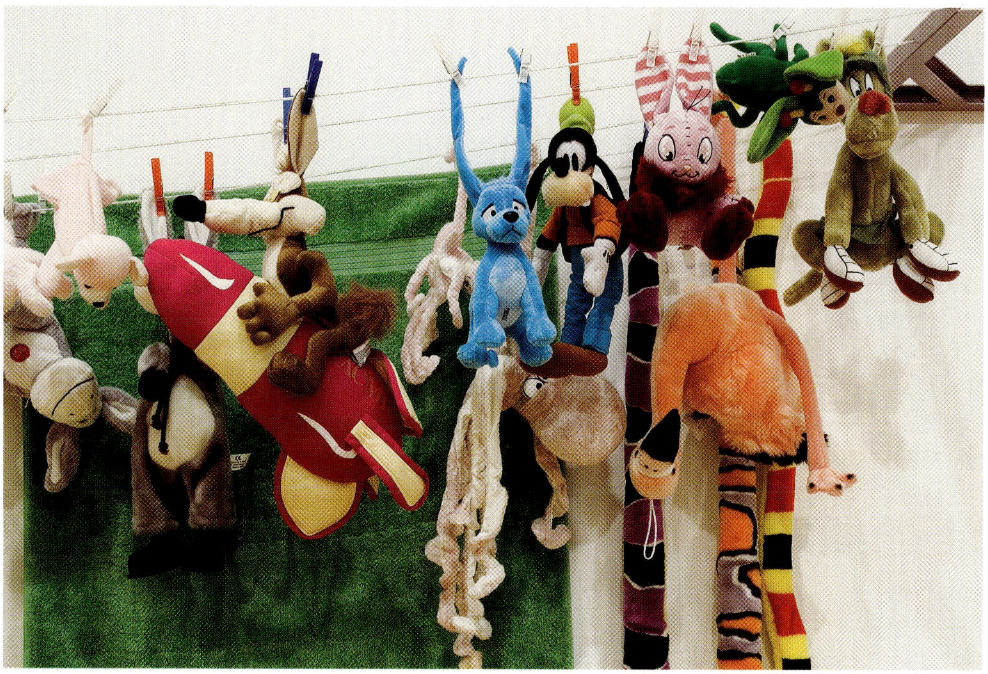

COSIMA VON BONIN, MARATHON #1, 2007, *clothesline fixtures of powder coated steel, clothesline, stuffed animals, clothespins, dimensions variable / Wäscheleinen-Halterung aus pulverbeschichtetem Stahl, Wäscheleine, Stofftiere, Wäscheklammern, Masse variabel.*

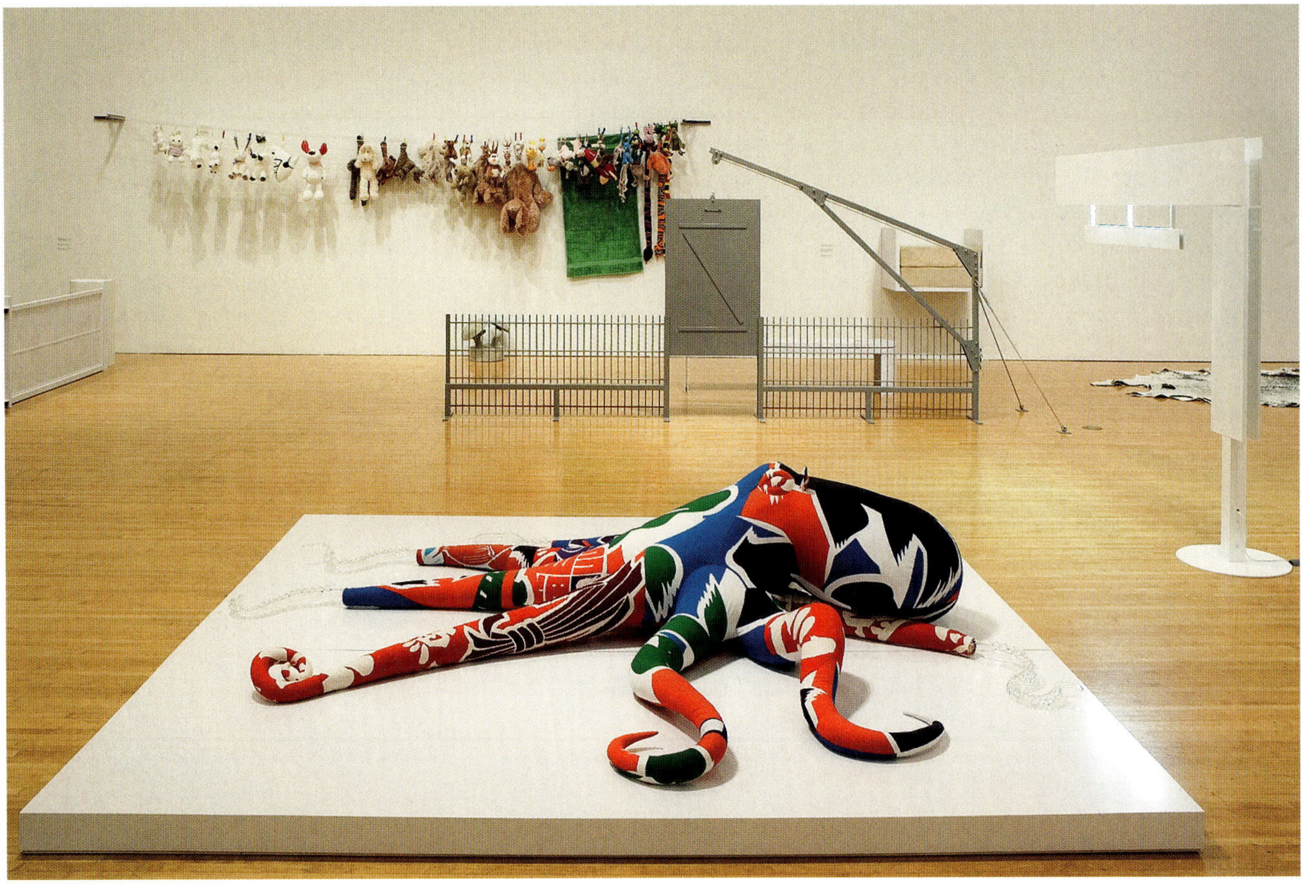

be redirected towards one's own fascinations and interests, in turn leading to other questions. For von Bonin, issues of this kind, such as the connection between career and recognition, were being raised as early as 1990. At her first solo exhibition entit led "Installation Münzstrasse Hamburg,"[1)] which included the work of her collaborator Josef Strau, the artists wrote the names and dates of birth of classic exponents of the Conceptual Art movement and of other admired artists, plus the dates of their first solo exhibitions, on balloons. This installation exposes the delicate problem of having one's voice heard before any official bets have been made. Nevertheless, the materialist-critical gesture, underpinned by the living exclamation mark in the gallery in the shape of the artist, didn't detract from the other gesture, which was about paying one's allegiance to art history.

COSIMA VON BONIN, "Roger and Out," 2007, exhibition view / Ausstellungsansicht, Museum of Contemporary Art, Los Angeles.

On the one hand, this was in keeping with a particular mood that regarded any persistent, aggressive critique as not only antiquated but also embarrassing, for ultimately critique was itself only another secondary gesture. On a much more serious level, this show marked a highly significant change of direction in the Cologne scene. Repetitious, disrespectful reexaminations of epochs are only of benefit to those who attach importance to the works, continuities, and lineage itself. Critical wit (like all the ironic pop music of the 1990s) is only bearable if accompanied by a serious, single-minded approach. Take, for example, von Bonin's use of a card with a photograph of herself fishing together with a picture of an exclusive men's club in England and one of André Cadere portrayed as a fish that had caught itself as an announcement for a show.

The second step in the reexamination and thematization of the fan and homage problem was the near-didacticism in referencing marginalized—and in some cases not so major—female artists. Admittedly, the sequence Yoko Ono/Mary Bauermeister/Wibke von Bonin was so heterogeneous that there began to be far too many reasons for a "rediscovery" or even just for a celebrating gesture of homage. Only Mary Bauermeister fulfilled the classic criteria for an absence worthy of rediscovery, and one that feminist critics could have described as political. In the case of Yoko Ono's absence, the reasons were much more sexist, but also motivated by serious misjudgment resulting from the extreme nature of her own life story (a series of decisions made by an artist fully in control of her own fate until she met John Lennon)—which in itself is in need of a feminist revision. But Yoko Ono needs to be reconsidered differently than Mary Bauermeister, who was a hugely influential woman in the 1960s avant-garde in New York and Cologne, and who was, in effect, written out of history.

Wibke von Bonin is a television journalist who, it would seem, is distantly related to the artist. She is possibly best known, as an art expert, for her popular TV program *1000 Meisterwerke* (1980–1994). Despite some similarities between the journalist and the two artists, her inclusion here infinitely opens up the field denoted by the first two names, merely by virtue of her name. It is so close to the artist's own, that it suggests a connection between her own signature and historic figures in a way that invokes the single-minded seriousness we touched on here a few moments ago.

If the humorous poetic mode of speech is a given, it then becomes crucially important that a form be found that will guarantee a level of seriousness without undermining or qualifying this humor. Suddenly, von Bonin inserts her own name, with all its deadly serious, evocative, and aggressive connotations. Luckily, Wibke von Bonin is only a semi-prominent art journalist. Perhaps it is a joke that the von Bonin name appears here. And yet it can be seen as the full presumption of calling oneself an artist and putting one's name next to other names, and it is written in clear view on the wall in a trade-fair stand belonging to the Galerie Nagel. Even if we do not know for sure how she meant it to be read, it is perfectly possible to change the "how" that shows how it is meant to be read.

Any such changes would not be coincidental changes. It is not a question of finding the right tone. There are always two possibilities: to be able to be serious and to be able to be comic. But things don't stop being funny and ridiculous when you tell them to. Even as the two modes impinge on each other, it does not mean that they have become one. We know that there is a seriousness without which it would not be worth laughing (and vice versa). But we only have a vague sense of how and towards whom (or what) this serious mode is being directed. Nor do we know whether that direction is one of many possible directions or the only possible one, or the only possible one in the system of this artist. We'll find that out during the course of the next ten years. So I'll hand the microphone over to our live reporter.

(Translation: Fiona Elliott)

1) Cosima von Bonin and Josef Strau, "Installation Münzstrasse Hamburg," 1990, exhibition space Münzstrasse 10, Hamburg.

Revised excerpt of a previously published text by Diedrich Diederichsen, "The Flowers of Something that Is Also Not Evil" in the exhibition catalogue *The Cousins*, Kunstverein Braunschweig, 2000.

A DOG'S LIFE

BENNETT SIMPSON

Writing about the exquisitely complex paintings of Albert Oehlen, Diedrich Diederichsen once observed that viewers may "go through" such art as through the conflicts of life, since it "contains as much of the world as possible, but is itself clearly a treatment."1) In so doing one emerges "better equipped back in the social world," with a new and perhaps sympathetic understanding of things as they are. Diederichsen was pointing to a horizon of interpretation—a possible method of criticism. But I have always wanted to invert his observation. Is it not also true that many artists "go through" their lives in their works, imbuing the latter with all the conflicts, pleasures, and complexities that lived experience affords? To ask this is to seek meaning from an artist's relation to his or her social and psychological context. "Going through" implies process and duration, submission and transformation. It implies difficulty as well, as in "she's going through something." And, ultimately, it implies a therapeutic function. For to "go through" art and come out better prepared for life is to suggest life deficiencies that art might redress.

In the past few years, Cologne-based artist Cosima von Bonin has presented audiences with her own version of this "going through" scenario. Her work, comprising sculpture, installation, video, and stitched fabric "paintings," along with numerous less categorizable forms, has been the subject of recent museum exhibitions in Hamburg, Cologne, and now Los Angeles, which last autumn presented its first large-scale survey in the United States, entitled "Roger and Out." It was featured prominently in last year's documenta 12, alongside curator Roger Buergel's scant few other examples of contemporary work, and it has been included in numerous high-profile group shows dealing with German art of the past decades. What all of this means, in a literal sense, is that many people in many places have been looking at—and wondering what to make of—von Bonin's quite various output.

As an American curator and critic of von Bonin's work, culturally removed from its native reception, I have often found this looking and wondering to be accompanied by a degree of confusion that transcends the banal "I don't get it" of idle museum viewers. It is frequently remarked upon, by those sympathetic to its challenges, that von Bonin's art is extraordinarily rich in "context" and that, indeed, some vestige of biographical "back-story" clings to its potential to communicate. Like that of Martin Kippenberger, an older but close associate, her work is all too readily employed as a case study in recent art-social history, especially as it relates to the mythical Cologne scene of the past two decades.2) I have often

BENNETT SIMPSON is Associate Curator at the Museum of Contemporary Art, Los Angeles.

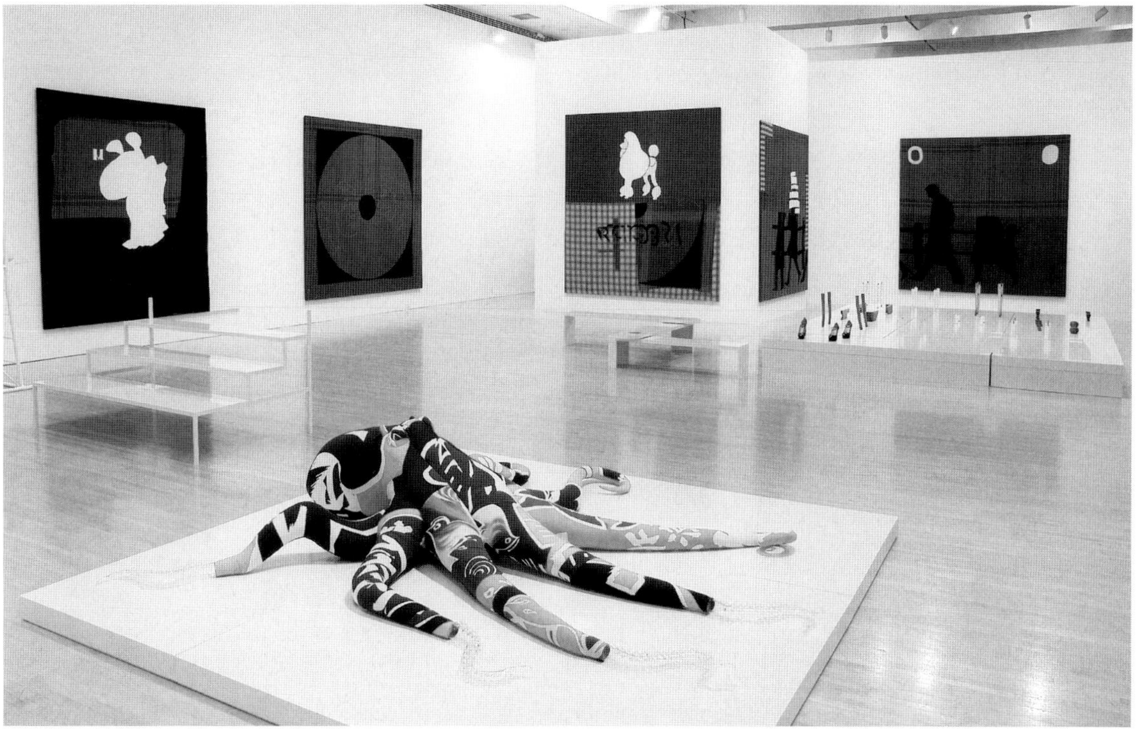

COSIMA VON BONIN, "Roger and Out," 2007, exhibition view / Ausstellungsansicht, Museum of Contemporary Art, Los Angeles.

been in the position of discussing a given installation and felt compelled to launch into third-hand anecdotes, personal extrapolations, and condensations of art genealogy that are absolutely foreign to American viewers. One thinks that surely this is justified since von Bonin so often produces in collaboration, weaving the efforts and even the artworks of other artists into her own exhibitions. Certainly spelling this out, picking apart this membrane of reference, would be necessary to fully express von Bonin's work.

My conjuring routine has barely commenced, however, when a deeper type of frustration occurs. "How are we supposed to know this?" the audience will balk. "You ask us to consider von Bonin, but now also Michael Krebber and Josef Strau, the hierarchies and attitudes of far-away Cologne, all these personal relationships?" And immediately, it would seem, I am trapped. I must distinguish, as if this were possible, von Bonin's life—not just with these artists, one of whom (Krebber) she has been married to for years, but with a changing host of many others—from the specific meaning of their interactions, their *habitus*, as Pierre Bourdieu would call it. And before long I have found myself speaking about bars and galleries that no longer exist, that I certainly never knew, legends about legends: that is, I have found myself in a place very far removed from the immediate possibilities of engaging with the work at hand. Though social facticity barks and breathes through von Bonin's art in the most manifest ways, it is this same specificity that so often provokes cries of opacity and insiderness. To insist on this degree of detail, as a "correct way in," becomes a game of pedants.

Of course it is and isn't. For some context excludes, for others it enlightens and gives entry. Eventually, however, this problem becomes a sort of red herring. One way viewers may access von Bonin's work—one way that much art may be accessed, but

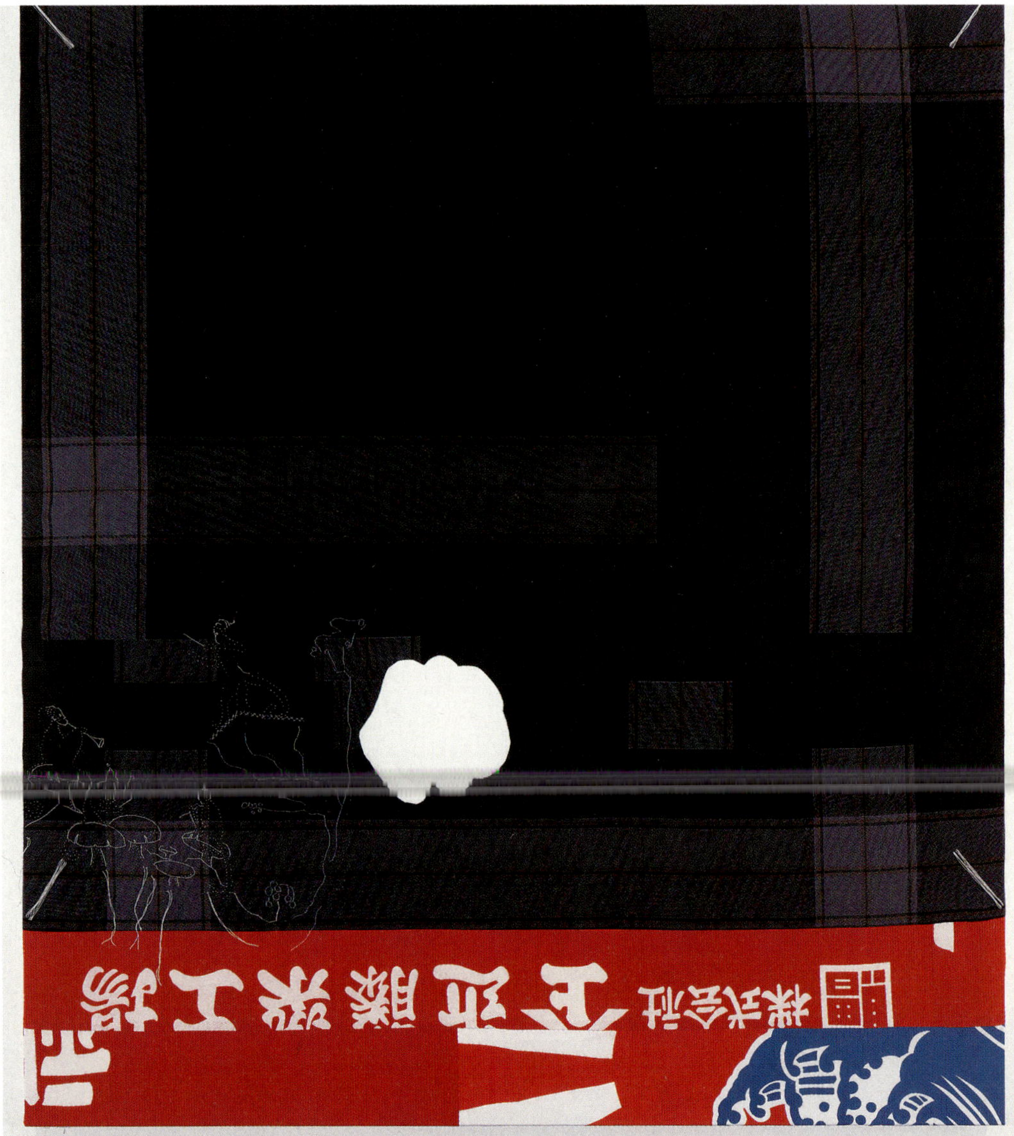

COSIMA VON BONIN, CAN CRY AT WILL, 2007, cotton, wool, 66 1/2 x 59 3/4"/
KANN AUF BEFEHL WEINEN, Baumwolle, Wolle, 169 x 152 cm.

rarely is—is to ask how it is common to one's own experience rather than specific to a context that is perceived to be different. In our desire to know and by extension to possess what is foreign, we often overcomplicate what is most evident about her art. This misprision is not without its own symptomatic truth. Exceptional "Cologne," whatever it actually was, has become a vaunted short hand for an art world in which social values of context and relationship are paramount to values of aesthetics or art history. This situation is increasingly expedient for a globalized sphere of art reception that has rendered the latter values nearly irrelevant anyway: obstacles to participation rather than substantive categories of appreciation. If we are to avoid the "contextual trap" in von Bonin's work, it seems, we must begin by acknowledging our own individual participation in social life, so that art may become an analogous, albeit new and autonomous, window onto the familiar.

Simply looking around a room of von Bonin's work one cannot but notice the many instances of control, domination, subordination, and friendship presented literally and metaphorically. INSTALLATION MÜNZSTRASSE HAMBURG (1990), for instance, von Bonin's first work of art made in collaboration with Strau, consists of numerous brightly colored balloons printed with the names, birth dates, and first exhibition dates of older artists (a modified roster of Harald Szeemann's "When Attitudes Become Form" exhibition). If this direct reference to an artistic field—one that might float or burst a beginner's entrance—seems incongruous next to von Bonin's more hermetic recent works, one need only take a step back. The architectural sculptures that have been a staple of her practice for the past half-decade also speak of entry and confinement, with their obvious allusions to gates, fences, surveillance platforms, classrooms, and prison cells. Even abstracted, the slick metallic construction of these objects, their grills and enameled surfaces, suggests an anxiety about being where one is but menaces the thought of going elsewhere. A viewer could be heartened therefore by von Bonin's use of softer, "friendlier" animal motifs, especially by the giant tweed-covered stuffed bulldogs or the plaid fabric "paintings" stitched with cartoon hounds. But here again it does not take a contextualist read to sense what is crucial about these figures: dogs are lowly, subordinate companions; their rowdiness demands training, their affections serve. Like the "young" artist implied by her balloons or the viewer confined by her gates, von Bonin's dogs are subjects defined by others' control of them. Although her specific experience must contribute to the formation of such a metaphor, few do not get a dog's life.

In her 2004 opus exhibition "2 Positionen auf einmal" (2 Positions at Once), which incorporated a pair of video works entitled KAPITULATION (2004) and HUNDESCHULE (*Obedience School,* 2004), as well as the sets and props used in their making, von Bonin's dogs are met by another enduring figure, a large, ungainly catamaran that over the years has functioned as a kind of self-surrogate for the artist. Too complex to describe here in detail, the videos' narratives revolve around the fate of this boat, set upon by a group of young people attempting to turn it—to make it fit—within the tight confines of a room (which may be a kind of classroom). Off to the side, guided by handlers in judo robes and plastic hound dog masks, a pair of small but stout French bulldog's looks on, witnesses to this strange lesson in subordination. However else they are linked by von Bonin, dogs and boats are each made to heel, each mastered. The videos picture this process as both painful and necessary; it is simply what happens. As with Oehlen and Kippenberger in Cologne, as with so many artists in any context, the yoke of subjectivity weighs heavy. But this should not be a burden. It is the special province of art to show us what we already know in a way that is absolutely new and absolutely common all at once.

1) Diedrich Diederichsen, "Triumphs, Setbacks, Rear Exits, and Cease Fires: Some Aesthetic Issues Concerning Albert Oehlen, and Some Architectural and Musical Comparisons" in *Oehlen Williams 95* (Columbus, Ohio: Wexner Center for the Arts, The Ohio State University, 1995), p. 117.

2) An exhibition curated by this author, "Make Your Own Life: Artists in and out of Cologne" (Institute of Contemporary Art, Philadelphia, 2006), could be accused of such an illustrating impulse, were it to be taken as "straight" documentary. Suffice it to say, the exhibition's conflation of times, contexts, practices, and thematics sought a more anticipatory and polemical relation to history.

EIN HUNDELEBEN

BENNETT SIMPSON

Im Zusammenhang mit den höchst komplexen Bildern von Albert Oehlen bemerkte Diedrich Diederichsen einmal, dass Betrachterinnen und Betrachter solche Kunstwerke «durchleben» können wie kritische Lebenssituationen, da sie «so welthaltig wie möglich seien, aber selbst eindeutig ein Heilverfahren darstellten».[1] Lässt man sich darauf ein, so lernt man die Dinge, wie sie nun einmal sind, neu, vielleicht auch verständnisvoller zu betrachten und kehrt «besser gerüstet in die Gesellschaft zurück». Diederichsen verwies auf einen Deutungshorizont – eine mögliche Methode der Kritik –, doch ich wollte diese Aussage schon immer auf den Kopf stellen. Denn trifft es nicht ebenso zu, dass viele Künstler in ihren Werken ihr Leben noch einmal «durchleben» und sie dadurch mit allen Konflikten, Freuden und der ganzen Komplexität gelebter Erfahrung aufladen? Diese Frage zu stellen heisst, dem Verhältnis des Künstlers/der Künstlerin zu seinem/ihrem gesellschaftlichen und psychologischen Kontext eine Bedeutung abgewinnen zu wollen. «Durchleben» impliziert einen Prozess und eine Dauer, ein Sich-Unterwerfen und eine Verwandlung. Es impliziert auch eine Schwierigkeit, wie in «sie macht gerade etwas durch». Und schliesslich impliziert es auch eine therapeutische Funktion. Denn das «Durchleben» von Kunst, um danach besser für das Leben gerüstet zu sein, lässt auf Defizite des Lebens schliessen, die vielleicht durch Kunst behoben werden könnten.

Im Lauf der letzten Jahre hat die in Köln lebende Künstlerin Cosima von Bonin das Publikum wiederholt mit ihrer eigenen Version dieses «Durchleben»-Szenarios konfrontiert. Ihrem Werk, das Skulpturen, Installationen, Videos und genähte Stoffbilder umfasst, aber auch Kunstformen, die sich weniger klar einordnen lassen, wurden jüngst Museumsausstellungen in Hamburg und Köln zuteil, jetzt auch in Los Angeles, wo letzten Herbst unter dem Titel «Roger and Out» die erste grosse Überblicksausstellung der Künstlerin in den USA stattfand. Unter den von Kurator Roger Buergel äusserst knapp bemessenen zeitgenössischen Beiträgen an der letztjährigen documenta nahm von Bonins Arbeit einen bedeutenden Platz ein, und auch in zahlreichen wichtigen Gruppenausstellungen deutscher Kunst der letzten Jahrzehnte war sie jeweils vertreten. Das bedeutet

BENNETT SIMPSON ist Kurator am Museum of Contemporary Art in Los Angeles.

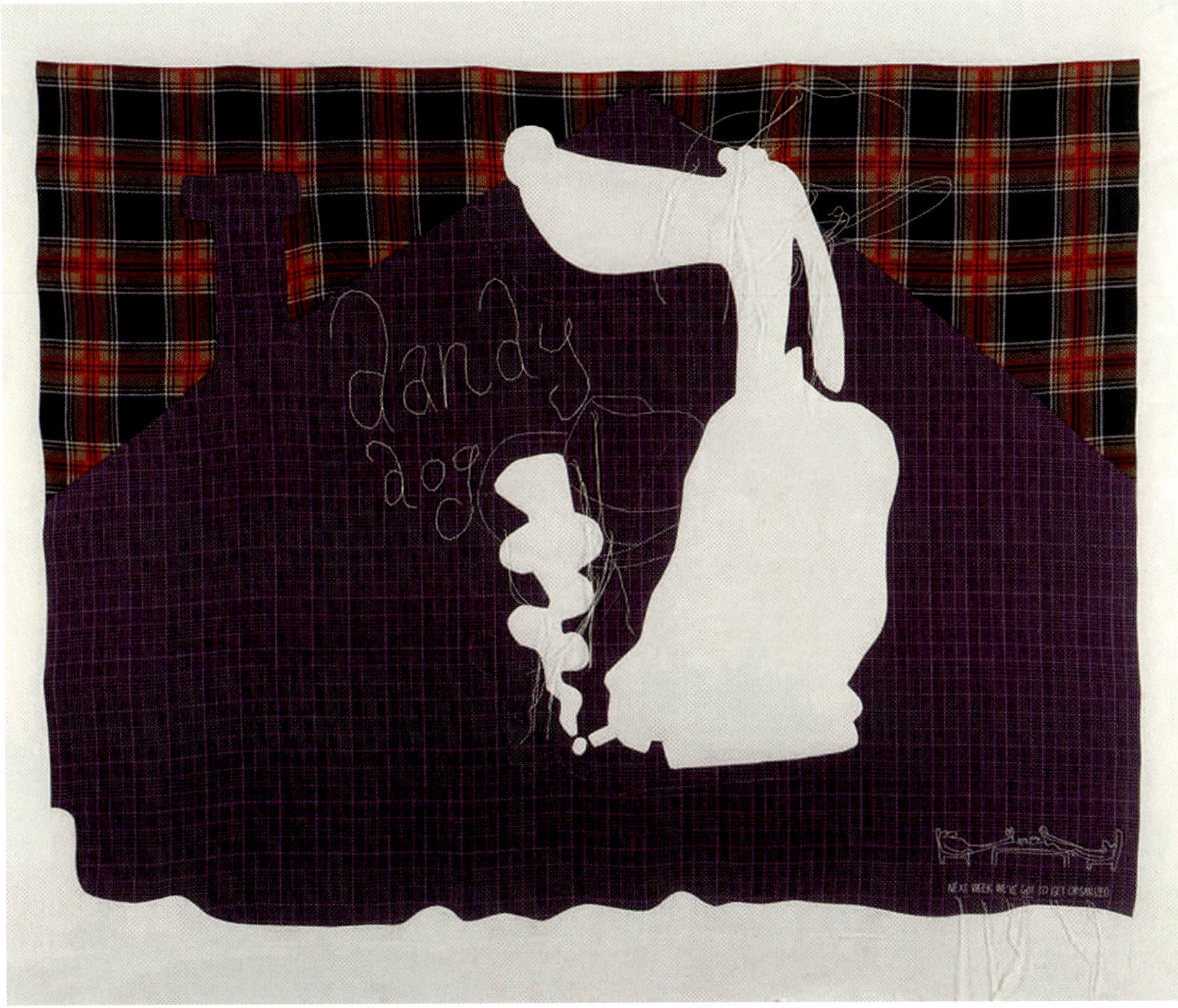

COSIMA VON BONIN, HOME & DOG (LOOP #1), 2007, tweed, cotton, 43 x 54 1/4" /
HAUS & HUND (LOOP #1), Tweed, Baumwolle, 109 x 138 cm.

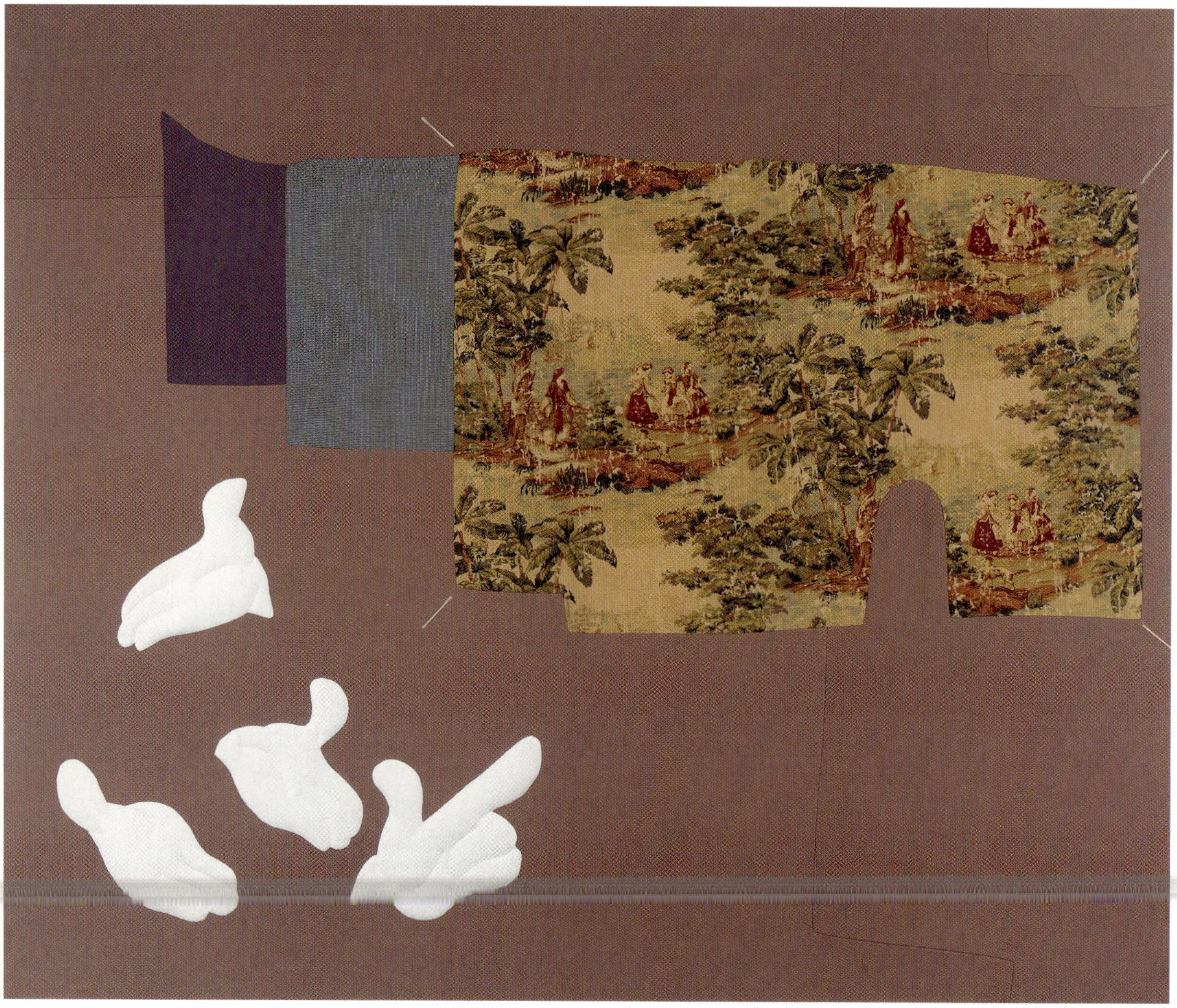

COSIMA VON BONIN, CONDITION REPORT, 2007, tweed, cotton, 80 3/4 x 96" / ZUSTANDSBERICHT, Tweed, Baumwolle, 205 x 245 cm.

ganz konkret, dass viele Leute an vielen Orten die sehr vielseitige Produktion dieser Künstlerin gesehen und sich gefragt haben, was sie damit anfangen können.

Als amerikanischer Kurator und Kritiker der Kunst Cosima von Bonins – und damit aus einer gewissen kulturellen Distanz zu deren Rezeption im Ursprungsland – habe ich oft erlebt, dass dieses Schauen und Staunen mit einer Verwirrung einherging, die über das übliche «Das kapier ich nicht» passiver Museumsbesucher hinausging. Von denen, die der Herausforderung dieser Kunst positiv gegenüberstehen, wird oft angeführt, dass von Bonins Kunst eine ausgesprochene Kontextdichte aufweise und dass ihr kommunikatives Potenzial tatsächlich mit Spuren eines «biographischen Hintergrundes» durchsetzt sei. Wie die Kunst von Martin Kippenberger, einem älteren, aber durchaus geistesverwandten Kollegen, wird ihr Werk nur zu gern als Fallstudie der neuesten Sozialgeschichte der Kunst bemüht, umso mehr, als es mit der legendären Kölner Szene der letzten zwei Jahrzehnte verknüpft ist.[2)] Ich war schon oft in der Lage über irgendeine Installation sprechen zu müssen und fühlte mich dabei genötigt, Anekdoten aus dritter Hand, persönliche Rückschlüsse und Abrisse der kunsthistorischen Vorgeschichte zum Besten zu geben, die dem amerikanischen Publikum vollkommen fremd sind. Dies gilt allgemein als absolut gerechtfertigt, da von Bonin oft mit anderen Künstlern zusammenarbeitet und die Anstrengungen, ja sogar die Werke anderer Künstler in ihre eigenen Ausstellungen einbezieht. Gewiss ist es notwendig, dies auszubuchstabieren und ihre Bezugnahmen zu erklären, um von Bonins Arbeit in ihrer ganzen Fülle zu veranschaulichen.

Kaum hat mein Erläuterungsprogramm jeweils begonnen, macht sich jedoch noch grössere Frustration breit. «Woher sollen wir das wissen?», bockt das Publikum. «Sie wollen, dass wir von Bonin anschauen, aber jetzt auch noch Michael Krebber und Joseph Strau, die Machtverhältnisse und Positionen im fernen Köln, all diese persönlichen Beziehungen?» Und schon, so scheint es, sitze ich in der Falle. Als ob dies möglich wäre, muss ich eine differenzierte Darstellung liefern von Cosima von Bonins Leben – nicht nur mit den genannten Künstlern, mit Michael Krebber ist sie verheiratet, sondern auch mit einer wechselnden Schar unzähliger anderer – einschliesslich der besonderen Bedeutung ihrer Interaktionen, ihres Habitus, wie Pierre Bourdieu es nennen würde. Kurz darauf ertappe ich mich dabei, wie ich von Bars und Galerien erzähle, die nicht mehr existieren und die ich natürlich auch nicht gekannt habe, Legenden über Legenden: Ich habe mich also sehr weit von der unmittelbaren Möglichkeit, mich mit dem vorliegenden Kunstwerk zu beschäftigen, entfernt. Obwohl uns die gesellschaftliche Realität aus von Bonins Kunst ausgesprochen handfest entgegenschlägt, löst ebendiese Besonderheit häufig den Vorwurf aus, es handle sich um eine unverständliche Kunst für Insider. Auf dieser Detailgenauigkeit als «korrektem Einstieg» zu beharren erweist sich als ein Spiel für Pedanten.

Natürlich ist es dies – und doch auch wieder nicht. Einige fühlen sich durch den Kontext ausgeschlossen, für andere ist er aufschlussreich und er ebnet ihnen den Zugang. Letzten Endes führt uns dieses Problem jedoch auf eine falsche Spur. Ein Weg, auf dem man sich von Bonins Werk nähern kann – ein Weg, der Zugang zu vielen Kunstwerken bietet, aber selten beschritten wird –, besteht darin, sich zu fragen, was diese Kunst mit unserer eigenen Erfahrung verbindet, statt zu fragen, wie sie mit einem Kontext zusammenhängt, den wir als fremd wahrnehmen. Durch unsere Sehnsucht das Fremde kennen und in der Folge auch besitzen zu wollen komplizieren wir das in dieser Kunst offensichtlich zutage Tretende unnötig. Diese Fehlleistung ist nicht frei von einer eigenen verräterischen Wahrheit. Das aussergewöhnliche «Köln», was immer es in Wahrheit gewesen sein mag, ist zu einer beliebten Kurzformel für eine Kunstwelt geworden, die gesellschaftliche Werte, wie Kontext und Beziehung, höher einschätzt als ästhetische oder kunsthistorische. Dieser Sachverhalt trifft je länger, je mehr auch für eine globalisierte Sphäre der Kunstrezeption zu, welche diese Werte hat nahezu irrelevant werden lassen, nämlich eher zu Hindernissen für die Partizipation als zu wesentlichen Urteilskriterien. Wenn wir die «Kontextfalle» in von Bonins Werk vermeiden wollen, müssen wir, so scheint es, damit beginnen, uns unsere eigene Rolle in der Gesellschaft bewusst zu machen, damit die Kunst zu einem analogen, aber neuen und eigenständigen Fenster auf das Vertraute werden kann.

Sieht man sich in einem Raum mit Arbeiten Cosima von Bonins um, so springen einem unweigerlich die vielen direkten und metaphorischen Beispiele von Kontrolle, Herrschaft, Unterwerfung und Freundschaft ins Auge. INSTALLATION MÜNZSTRASSE HAMBURG (1990) etwa, das allererste Werk der Künstlerin, das in Zusammenarbeit mit Strau entstand, besteht aus vielen leuchtend bunten Ballons, die mit den Namen, Geburtsdaten und ersten Ausstellungsdaten älterer Künstler bedruckt sind (eine Abwandlung des Musters von Harald Szeemanns Ausstellung «When Attitudes Become Form»). Wenn diese direkte Anspielung auf einen künstlerischen Bereich – die den erfolgreichen Start eines Newcomers ebenso fördern wie vereiteln kann – überhaupt nicht zu von Bonins aktuellen, hermetischeren Werken zu passen scheint, so muss man nur einen Schritt zurückgehen. Die architektonischen Skulpturen, die in den letzten fünf Jahren den Hauptteil ihrer Tätigkeit ausmachten, künden mit ihren offensichtlichen Anspielungen auf Tore, Zäune, Überwachungsplattformen, Schulzimmer und Gefängniszellen ebenfalls von Zugängen und vom Eingesperrtsein. Selbst in der Abstraktion deuten die glatten Metallkonstruktionen dieser Objekte, ihre Gitterroste und lackierten Oberflächen, eine Unsicherheit darüber an, wo man sich eigentlich befindet, und jagen einem gleichzeitig Angst davor ein, auch nur daran zu denken, woandershin zu gehen. Der Betrachter könnte sich daher durch von Bonins Verwendung sanfterer, freundlicherer Tiermotive ermuntert fühlen, insbesondere durch die riesigen mit Tweed überzogenen ausgestopften Bulldoggen oder die Schottenstoff-Bilder mit aufgenähten Cartoon-Hunden. Aber auch hier bedarf es keiner kontextbezogenen Interpretation, um herauszuspüren, was das Entscheidende dieser Figuren ist: Hunde sind demütige, unterwürfige Begleiter; ihre Rauflust verlangt nach Dressur, ihre Neigungen sind nützlich. Wie der «junge» Künstler, den die Ballons implizieren, oder der Betrachter, der sich durch ihre Tore eingeschlossen fühlt, sind auch von Bonins Hunde Subjekte, die dadurch definiert sind, dass sie von anderen kontrolliert werden. Zwar muss ihre persönliche Erfahrung zur Bildung einer solchen Metapher beigetragen haben, aber nur wenige führen k e i n Hundeleben.

In der Werkausstellung «2 Positionen auf einmal», 2004 – sie besteht aus den beiden Videoarbeiten KAPITULATION und HUNDESCHULE sowie den beim Drehen verwendeten Kulissen und Requisiten –, treffen von Bonins Hunde auf eine weitere dauernd wiederkehrende Figur, einen grossen, plumpen Katamaran, der über Jahre hinweg als eine Art Stellvertreter der Künstlerin gedient hat. Die Handlung, zu komplex, als dass sie hier im Detail beschrieben werden könnte, kreist um das Schicksal dieses Bootes, ausgehend von einer Gruppe junger Leute, die es in einem etwas beengten Raum (es könnte ein Schulzimmer sein) umzudrehen versuchen – um es wieder flott zu machen. Von der Seite her schauen zwei kleine, aber stämmige Französische Bulldoggen dem Treiben zu – in Begleitung von Hundeführern in Judokleidung und Plastik-Hundemasken – und werden Zeugen dieser seltsamen Lektion in Sachen Unterordnung. Wie immer die Künstlerin sie auch sonst noch miteinander verknüpfen mag, Hunde wie Boote sind dafür geschaffen, kontrolliert und beherrscht zu werden. Die Videos setzen dies als ebenso schmerzhaften wie notwendigen Prozess ins Bild; so, wie es sich eben abspielt. Wie bei Oehlen und Kippenberger in Köln und wie bei vielen anderen Künstlern in beliebigen Kontexten wiegt das Joch der Subjektivität schwer. Aber es sollte keine Last sein. Es ist die besondere Aufgabe der Kunst, uns auf zugleich vollkommen neue und vollkommen vertraute Art und Weise zu zeigen, was wir bereits wissen.

(Übersetzung: Suzanne Schmidt)

1) Diedrich Diederichsen, «Triumphs, Setbacks, Rear Exits, and Cease Fires: Some Aesthetic Issues Concerning Albert Oehlen, and Some Architectural and Musical Comparisons», in: *Oehlen Williams 95,* Wexner Center for the Arts, The Ohio State University, Columbus, Ohio, 1995, S. 117. (Zitat aus dem Engl. übersetzt.)

2) Die vom Autor kuratierte Ausstellung «Make Your Own Life: Artists in and out of Cologne» (Institute of Contemporary Art, Philadelphia, 2006) könnte man einen ähnlich illustrativen Ansatz vorwerfen, sofern man die Ausstellung «strikt» dokumentarisch versteht. Dem sei hier nur entgegengehalten, dass sie durch ihr Verschmelzen von Zeiten, Kontexten, Praktiken und Themen vielmehr ein antizipatorisches und polemisches Verhältnis zur Geschichte im Visier hatte.

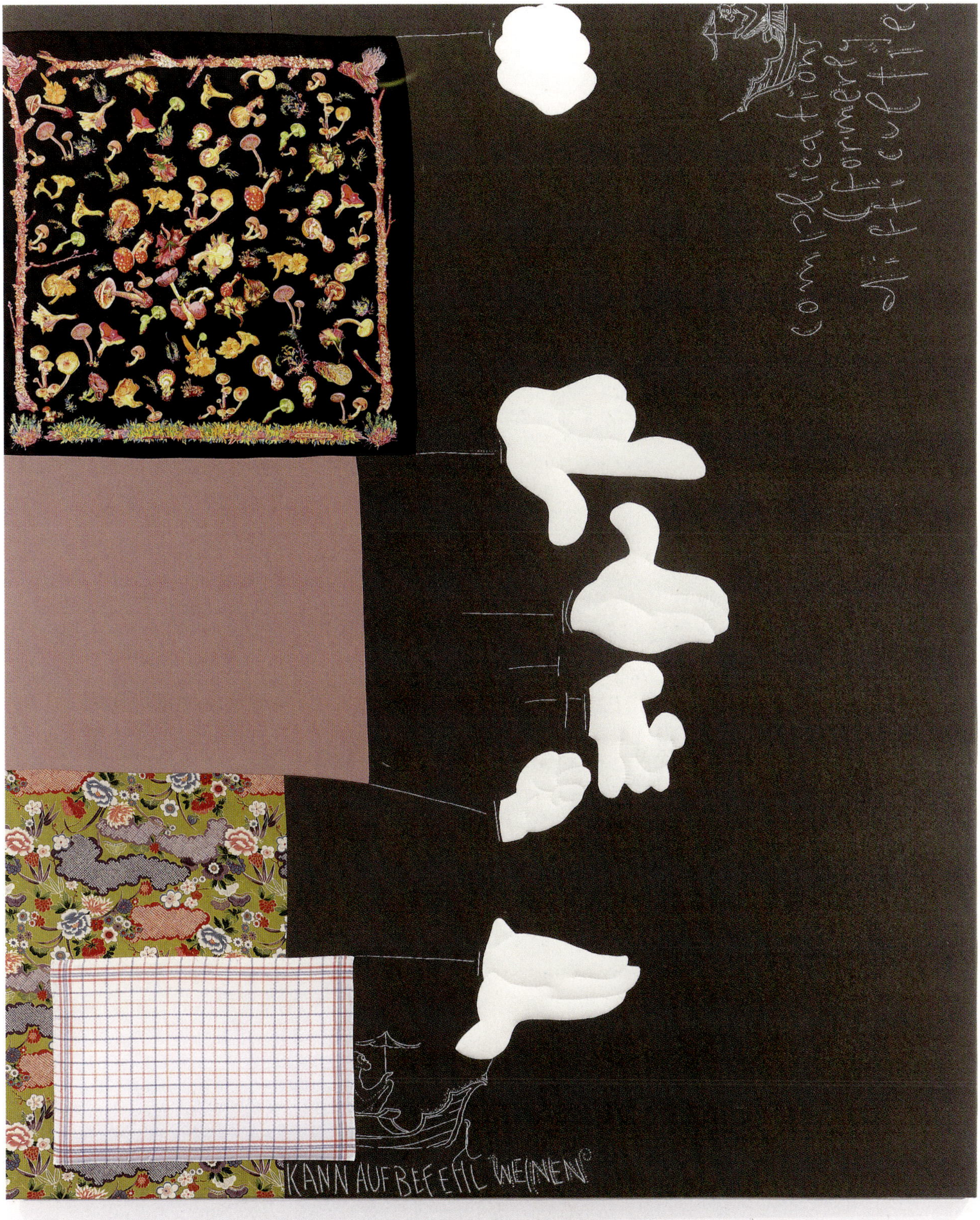

COSIMA VON BONIN, *CAN CRY AT WILL*, 2007, *cotton, silk, felt, fleece, 96 3/4 x 81 1/2" /* KANN AUF BEFEHL WEINEN, *Baumwolle, Seide, Filz, Gewebe, 246 x 207 cm.*

EDITION FOR PARKETT 81

COSIMA VON BONIN

COLOR WHEEL, 2007

Stainless steel, Polypropylen handles, enameled in 7 colors, 18 $^{1}/_{2}$ x 2 $^{1}/_{4}$", production by Saygel & Schreiber, Berlin. Edition of 45 / XXV, signed and numbered certificate.

Edelstahl, Griffe aus Polypropylen, lackiert in 7 Farben, 47 x 6 cm, Produktion: Saygel & Schreiber, Berlin. Auflage 45 / XXV, signiertes und nummeriertes Zertifikat.

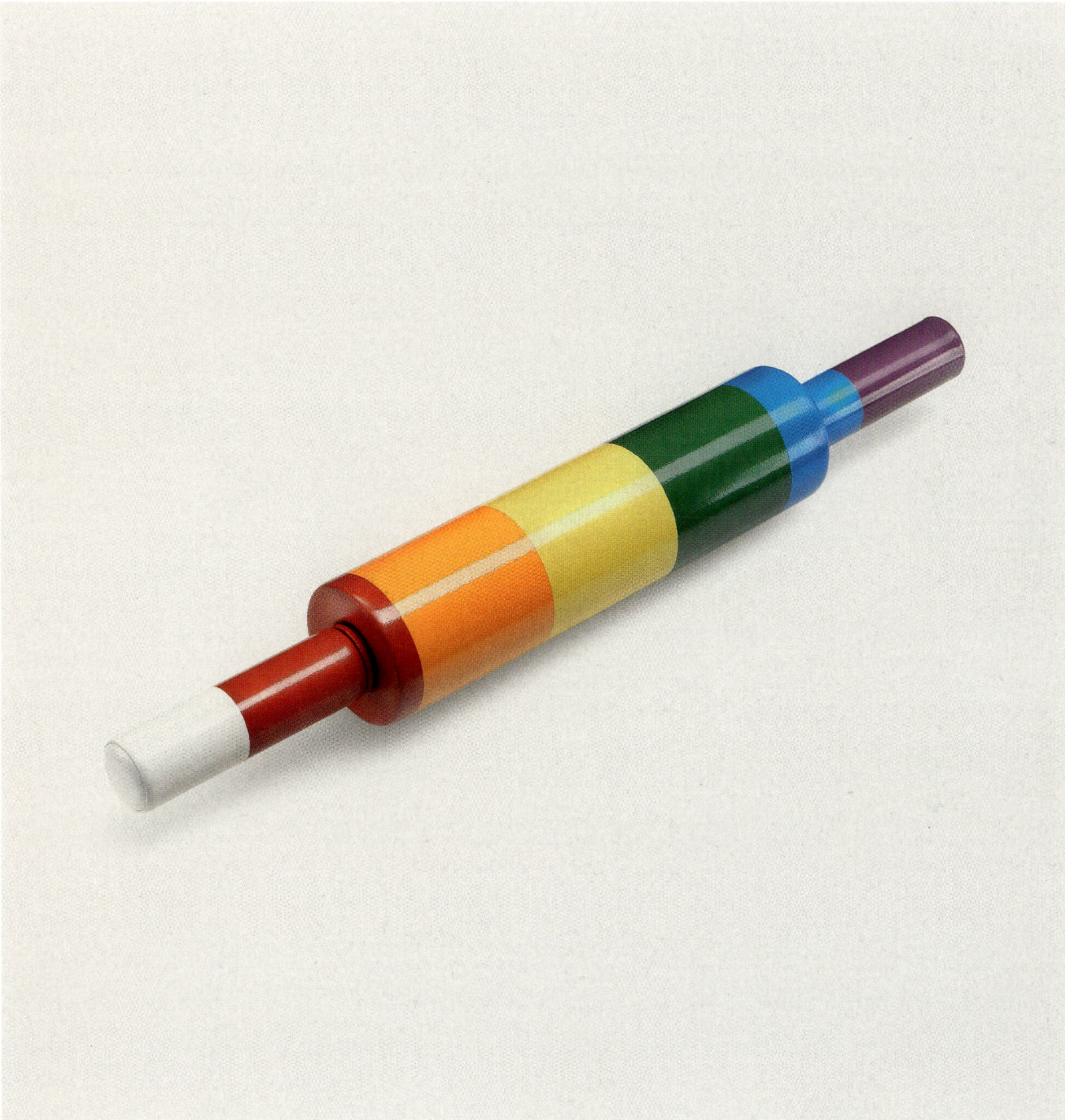

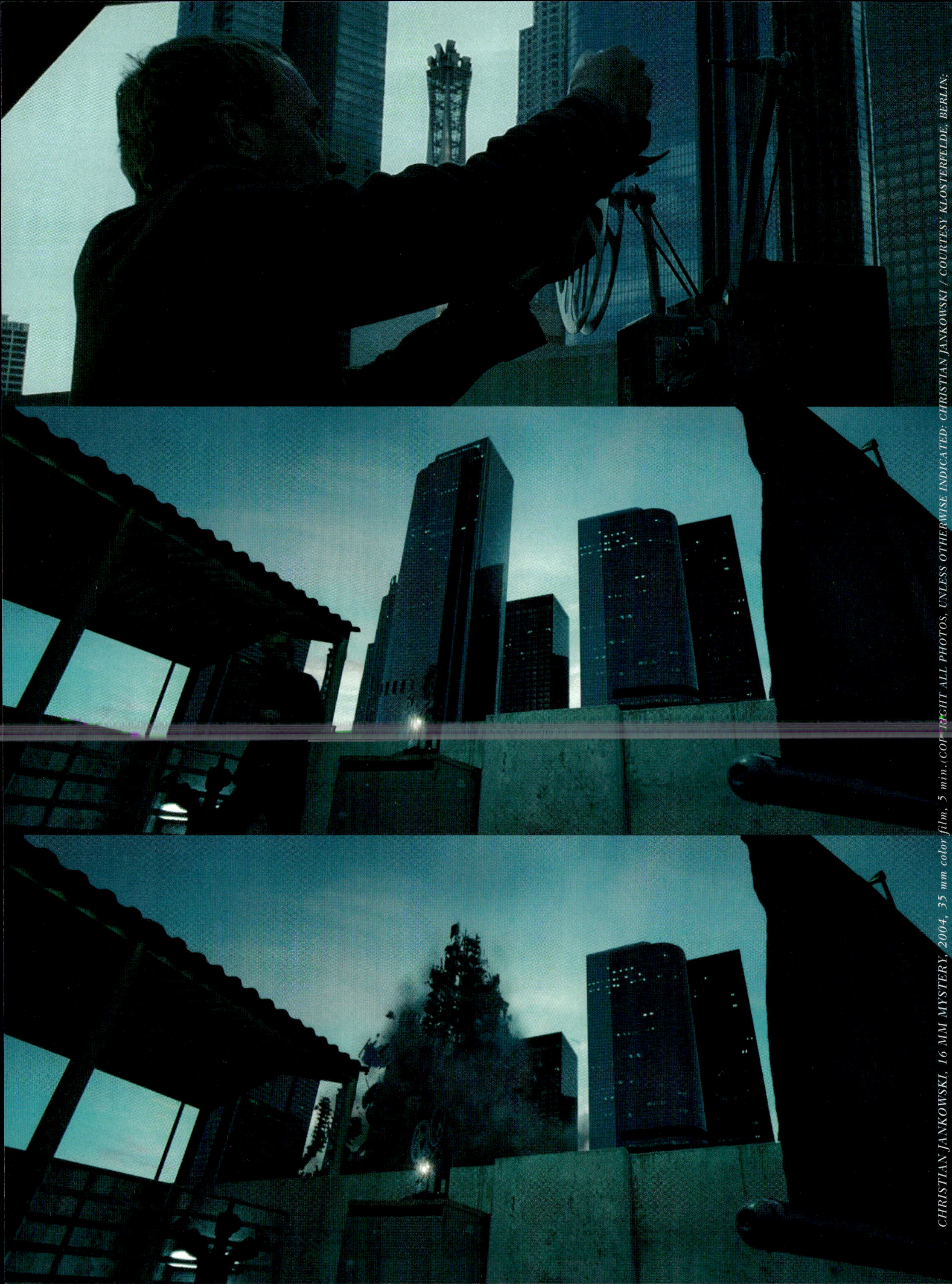

CHRISTIAN JANKOWSKI, *16 MM MYSTERY*, 2004, 35 mm color film, 5 min. (COPYRIGHT ALL PHOTOS, UNLESS OTHERWISE INDICATED: CHRISTIAN JANKOWSKI / COURTESY KLOSTERFELDE, BERLIN; MACCARONE INC., NEW YORK; LISSON GALLERY, LONDON; REGEN PROJECTS, LOS ANGELES)

CHRISTIAN JANKOWSKI, THE HUNT, 1992/1997, single-channel video, color, sound, 1 min. 11 sec. / DIE JAGD, 1-Kanal-Video, Farbe, Ton.

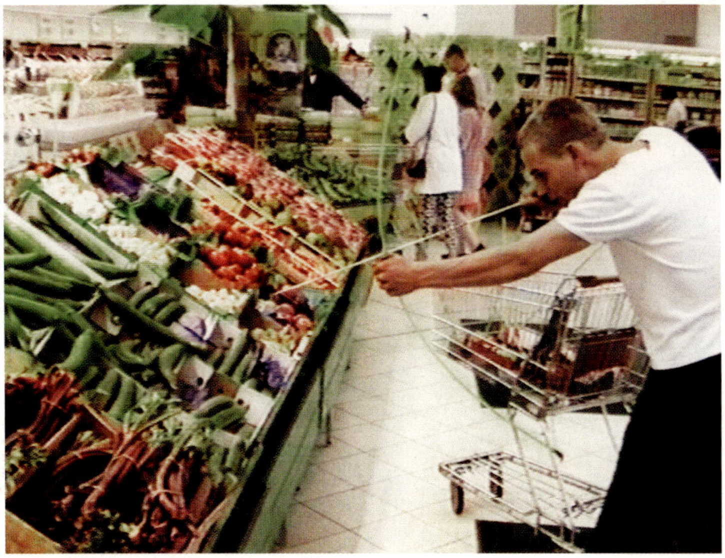

CHRISTIAN JANKOWSKI

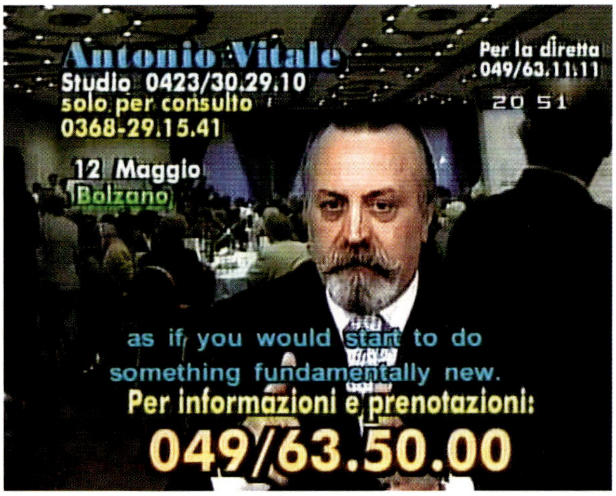

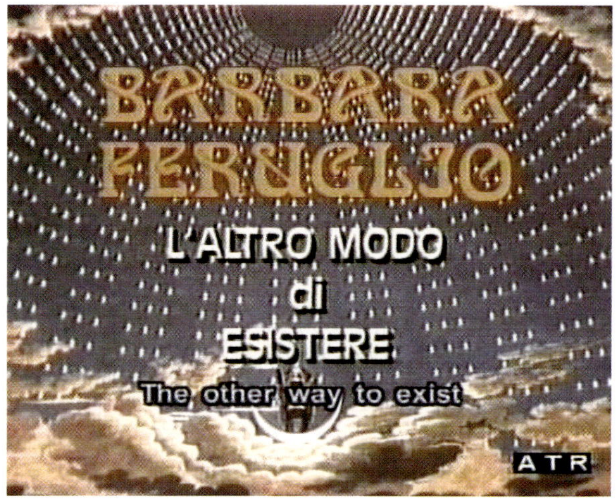

DANKE, GOTT. DANKE.

CHRISTIAN JANKOWSKIS BEITRAG ZUR PATHOLOGIE DES KUNSTBETRIEBS

HARALD FALCKENBERG

«Wir sind doch nicht im Begriff, etwas zu bedeuten?» Das ist die grösste Angst von Hamm und Clov, den Überlebenden einer Katastrophe, die nichts übrig gelassen hat als einen kleinen Raum, die Bühne ihrer kuriosen, sinnlosen Rituale. Die Vorräte gehen zu Ende, die Dinge nehmen ihren Lauf. Hamm ist blind und an den Rollstuhl gefesselt. Clov, der Diener, der nicht sitzen kann, hasst seinen Herrn und möchte Hamm verlassen, aber es fehlt ihm die Kraft. Er ist vernünftig, bis zur Pedanterie ordentlich und unterwirft sich jeder Anweisung. Schliesslich ergibt sich Hamm seinem Schicksal: «Es ist zu Ende, Clov, wir sind am Ende. Ich brauche dich nicht mehr.»[1)]

Es ist über Christian Jankowski zu berichten, den Künstler, Schauspieler, Performer, Zauberer, Verführer, Dieb, Schelm und Scharlatan. Er hat sich aufgemacht, einer von Überzeugungen und Visionen entbundenen postmodernen Gesellschaft mit ihren undurchschaubaren Hierarchien und Ausbeutungszusammenhängen den Spiegel vorzuhalten. Slapstick mit den Protagonisten Marcel Duchamp, Charlie Chaplin und Buster Keaton ist ein zentrales Thema der heutigen Kunst und ein Grundelement von Jan-

HARALD FALCKENBERG ist Sammler zeitgenössischer Kunst und Präsident des Kunstvereins in Hamburg.

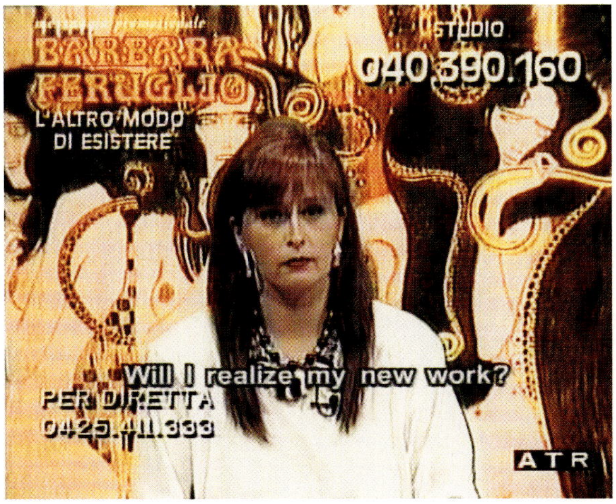

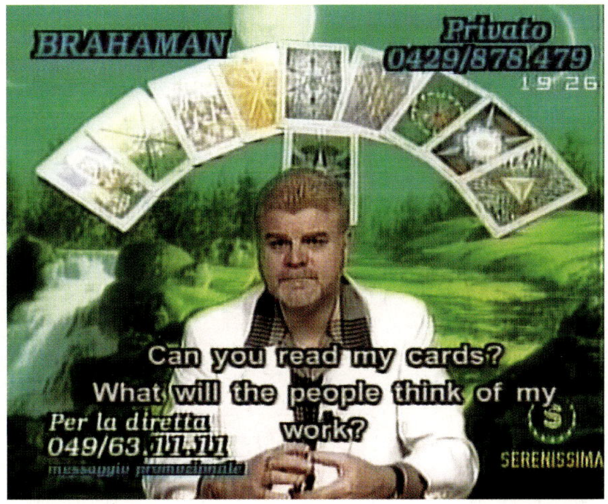

CHRISTIAN JANKOWSKI, TELEMISTICA, 1999, television broadcast and color DVD, 22 min. / Fernsehsendung und DVD in Farbe.

kowskis Werk. In einer unlängst erschienenen Publikation hat sich Jörg Heiser, Chefredakteur von *Frieze*, ausführlich mit der Bedeutung des Slapstick für die zeitgenössische Kunst befasst.[2)] Sein Fazit ist, dass die brüchige Balance zwischen Lächerlichkeit und Pathos nicht nur durch ein eingefrorenes Grinsen behauptet werden dürfe. Künstler, die sich nur einrichteten in der Methode Slapstick, hätten deren prinzipielle Beweglichkeit bereits verraten.

Die Balance Christian Jankowskis liegt in seinem Charme, seinem Lächeln. Er sieht blendend aus und gibt sich cool wie James Stewart oder Gary Cooper. Auf den Kunstbetrieb bezogen, bedeutet sein Charme immer zweierlei. Es ist seine entwaffnende Art, mit der er Menschen zur Teilnahme an seinen Aktionen überzeugt und dazu bringt, sich zu outen. Er selbst bleibt bedeckt, sein Lächeln ist Schutzwall und lässt keine persönlichen Rückschlüsse zu.

Jankowski könnte der ideale Schwiegersohn sein, aber er ist es nicht. Seine Persönlichkeitsstruktur ist durch ein Dabeisein-Wollen geprägt, zugleich jedoch ein ebenso konsequentes wie nonchalantes Sich-aus-dem-Staub-Machen. Eine Rolle, die James Stewart in dem legendären Western *Der grosse Bluff* (1939) perfekt dargestellt hat. Auf einer Durchreise irgendwie reingerutscht in die Rolle des Sheriffs, hat er es mit Marlene Dietrich zu tun, einem Vamp der Saloon-Szene. Wenn es schwierig wird, und das einige Male, zieht Stewart keine Colts. Er gibt sich milde und verlegen, schnitzt beiläufig an einem immer verfügbaren kleinen Holzstück und entgegnet seinen verblüfften Widersachern: «Ich hatte mal einen Freund ...» Selbstverständlich setzt sich Stewart durch – mit der Dietrich als geläuterte, längst auch in ihn verliebte Streitgefährtin. Bei seiner Abreise wagt sie zu fragen, ob sie mit ihm ziehen könne. Er lakonisch: «Ich hatte mal einen Freund ...» So oder so ähnlich erleben wir Christian Jankowski, ein *travelin' man*, immer auf der Jagd nach etwas, immer aber auch gejagt und eingeholt von der Wirklichkeit. In seinem ersten Video-Clip (DIE JAGD) von 1992, das sein Markenzeichen werden sollte, verwandelt Jankowski einen Supermarkt in einen Abenteuerspielplatz und schiesst seinen Einkauf mit Pfeil und

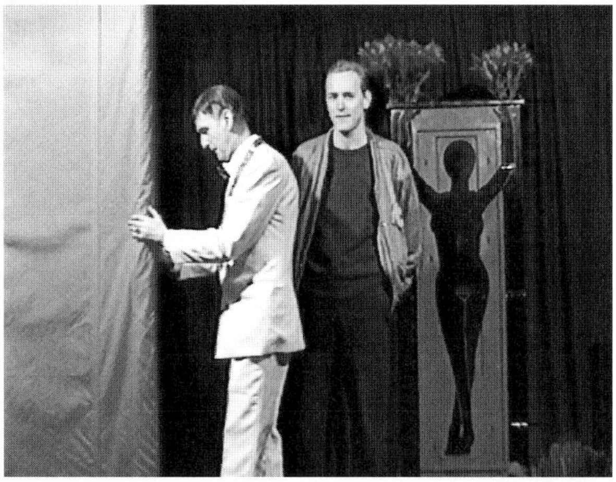

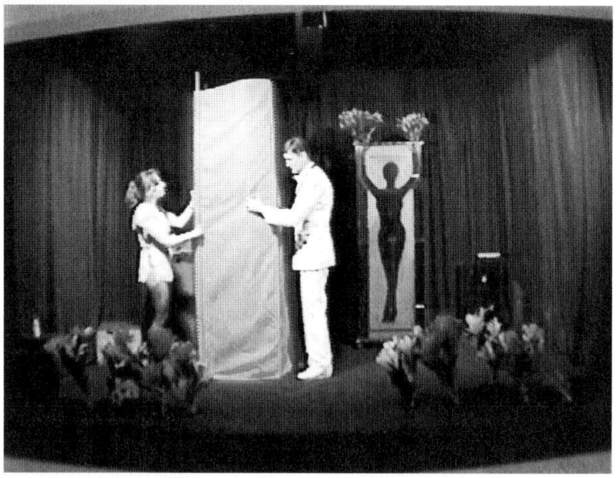

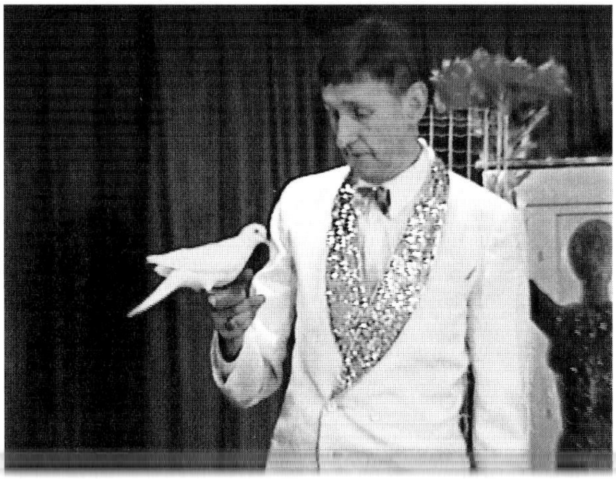

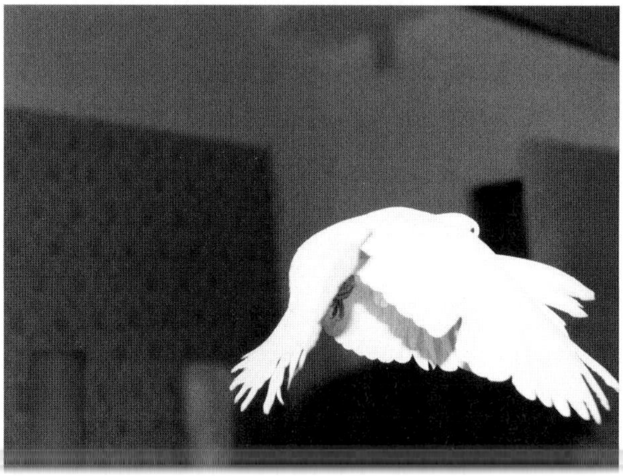

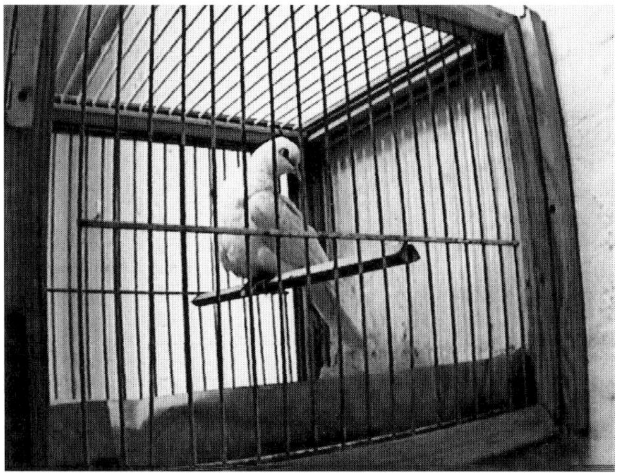

CHRISTIAN JANKOWSKI, MY LIVE AS A DOVE, 1996, performance at Lokaal 01, Antwerp, color DVD, 5 min. 41 sec., 5 posters / MEIN LEBEN ALS TAUBE, Performance bei Lokaal 01, Antwerpen, DVD in Farbe, 5 Plakate.

Bogen. Der Clou ist die Dame an der Kasse, die völlig unberührt von allem die Einkäufe behutsam am Pfeil aus dem Korb hebt und über die Registrierautomatik schiebt. Ja, irgendwann ist Schluss mit lustig und es wird abgerechnet. Jankowski kennt auch diesen letzten, bitterernsten Teil des Spiels.

Der belgische Konzeptkünstler Guillaume Bijl, der auf die Untersuchung des Phänomens der Supermärkte als Massenkultur spezialisiert ist, sah das Video und lud Jankowski 1996 zu einer Gruppenausstellung Hamburger Künstler nach Antwerpen ein. Jankowski kam und er kam doch nicht. Er erschien als weisse Taube. Der Auftritt in Antwerpen war der Durchbruch für Jankowski. MEIN LEBEN ALS TAUBE war 1996 zugleich die erste Ausstellung in der Berliner Galerie Martin Klosterfelde und Auftakt einer bis heute andauernden Zusammenarbeit mit diesem Galeristen. Es folgten Einladungen von Harald Szeemann auf die Biennale Lyon (1997) und die Biennale Venedig (1999). Das lässige Auftreten Jankowskis darf nicht darüber hinwegtäuschen, dass in ihm ein harter Arbeiter steckt. In den elf Jahren von 1996 bis 2007 hat er rund um den Globus über 50 Einzel- und 180 Gruppenausstellungen absolviert.

Leicht macht es Jankowski auch den Beteiligten nicht. Die Teilnehmer seiner Aktionen müssen jederzeit damit rechnen, reingelegt zu werden, das heisst genau gesagt, Jankowski schafft Situationen, in denen sich die Akteure selbst reinlegen. So etwa 1998 bei seinem Auftritt im Portikus Frankfurt. MEIN ERSTES BUCH, Jankowski hatte sich in den Kopf gesetzt, während der Ausstellung ein Buch zu schreiben. Dazu lud er Literaturexperten ein, um sie zu befragen, wie man so etwas macht. Die Antworten der Fachleute waren erwartungsgemäss verheerend und dementsprechend konnte auch der von Jankowski – nein, von seiner Ghostwriterin Cathrin Backhaus – verfasste autobiographische Teil des Buches nicht besser ausfallen. Bei aller Häme über andere, immer steckt auch ein gutes Stück Selbstironie in Jankowski. Er hatte ganz ernsthaft versucht, sich in ein neues Metier hineinzufinden, aber der *Genius Loci* der Buchstadt Frankfurt wollte nicht überspringen. Trotz und gerade wegen aller Bemühungen, es richtig zu machen, war das Scheitern vorprogrammiert und in Anbetracht des gewaltigen Aufwands grandios. Wir gehen einmal davon aus, dass dieses erste auch sein letztes Buch war.

Die Strategie der Unbestimmtheit kann Ausstellungsmacher an den Rand des Wahnsinns treiben. Es ist nie ganz sicher, wann Jankowski kommt. Häufig erscheint er dann mit der Bemerkung, dass er noch gar nicht genau wisse, was er machen wolle. In Venedig soll er tagelang durch die Stadt gestreift sein auf der Suche nach Inspiration. Schliesslich erwischte es ihn, Gott sei Dank, im Hotelzimmer beim Fernsehen. Die Wahrsager der lokalen Fernsehstationen hatten es ihm angetan und so entstand TELEMISTICA. Jankowski liess von fünf VertreterInnen der Zunft die Aussichten der Produktion und Rezeption seines künstlerischen Werkes beurteilen. Für die Ausstellung «Grotesk! 130 Jahre Kunst der Frechheit» (2003 in der Schirn Kunsthalle Frankfurt und im Haus der Kunst München) hatte ich einen Katalogbeitrag über die Rolle des Grotesken in der Gegenwartskunst und eben auch über das von Jankowski geplante Video zu verfassen. Max Hollein, Leiter der Schirn, konnte mir knapp zehn Wochen vor der Eröffnung keine präzisen Hinweise geben. Angeblich war der Plan, die Besucher der Ausstellung mit Kommentaren zu konfrontieren, die Kinobesucher an ganz anderer Stelle nach einer Filmvorstellung abgegeben hatten. Die Reaktionen der Ausstellungsbesucher darauf sollten als Werbetrailer für die Ausstellung wiederum im Kino gezeigt werden. Kein schlechter Gedanke, Reaktionen auf Reaktionen über Reaktionen aufzufangen. Aber ich wollte etwas mehr wissen. Die Berliner Stammgalerie teilte mit, dass sich Jankowski in den USA befinde und dort über Michele Maccarone, die junge New Yorker Galeristin und Sub-Agentin, zu erreichen sei. Also ticke ich Michele Maccarone an, meine umtriebige und niemals um ein Wort verlegene Freundin. Keine Antwort. Offenbar sehr intensive Arbeit mit Christian. Dann doch ein Zeichen. Die damalige Direktorin der Galerie, Angela Kotinkaduwa, meldet sich: «Christian ist zurzeit in Pittsburgh und arbeitet an einem Projekt. Am Mittwoch fliegt er nach Rom. Telephonisch ist er nicht erreichbar, auch über E-Mail ist es zwecklos. Ich habe ihm Ihre Nachricht weitergeleitet, aber bevor er in Rom ankommt, wird er nicht antworten können.»

Christian Jankowski, geboren 1968 in Göttingen, lebt heute in Berlin und New York, im Grunde genommen überall auf der Welt. Der internationale Kunstbetrieb mit über 50 Biennalen und Triennalen und einer Unzahl von Wechselausstellungen in Museen und Kunsthallen verlangt von Künstlern ein Reiseprogramm, das kaum Luft lässt: von Berlin über Venedig nach Sarajevo, dann von Lyon über São Paulo, Tokio zurück nach Helsinki, Stockholm und Brüssel. Es ist diese Welt des modernen Nomadentums, in der die deutschen Künstler Christian Jankowski, John Bock und Jonathan Meese ihre Kreise ziehen. Die drei Künstler verbindet viel und trennt einiges. Vor allem haben sie gemeinsam, dass sie Mitte der 90er-Jahre an der HfbK, der Hochschule für bildende Künste in Hamburg, studierten. Zeit und Ort haben ihrer Arbeit einen prägenden Stempel aufgedrückt.

Traditionell sind Köln und Düsseldorf die Hochburgen avancierter Kunst in Deutschland. Ende der 70er-Jahre wandelte sich das Bild. Hamburg und später Berlin wurden zur bevorzugten Anlaufstation junger Künstler wie Stefan Balkenhol, Werner Büttner, Georg Herold, Martin Kippenberger, Albert Oehlen und Bernhard Prinz. In den 80er- und 90er-Jahren kamen Franz Ackermann, Daniel Richter, Andreas Slominski, Wolfgang Tillmans und das genannte Dreigespann hinzu. Die Ursachen für diese Umorientierung sind bislang nicht untersucht. Es mag daran gelegen haben, dass die Künstler den festgefahrenen rheinischen Zirkeln und Klüngeln entkommen wollten. Sicherlich war auch von Bedeutung, dass Hamburg als Hafenstadt eine breit gefächerte subkulturelle Szene mit schrägen Spelunken und alternativer Musik, von Punk bis Panik, aufwies.[3] Die entscheidenden Impulse gingen aber von der HfbK aus. Die Hochschule ist seit jeher ein merkwürdig unorganisiertes Haus und die wohl freieste und experimentierfreudigste Kunstakademie der Republik. Angesagt sind weniger das Erlernen von Mal- und sonstigen Techniken der Erstellung von Kunstwerken. Es geht um Haltung. Einerseits eine politische, links bis kommunistisch ausgerichtete Positionierung. Immer aber schon um die Gegenfraktion, die es darauf anlegt, die Ordnungen moderner Systeme und technischer Intelligenz durch ein Lachen wider alles und höhere Formen der Narretei zu unterlaufen. Richtungsweisend in den 60er-Jahren die Hochschullehrer Gerhard Rühm, der Wiener Schmäh verbreitete, und der «teutsche Herkul» Bazon Brock mit seiner These vom Scheitern als Prinzip. Hinzu kamen in den 70er- und 80er-Jahren Hüpftänzer Sigmar Polke im Schulterschluss mit Achim Duchow, Bohemien Klaus Boehmler, der schalkhaft-listige Franz Erhard Walther, der rabiate Performer Mike Hentz[4] und der Ironiker Werner Büttner. An der HfbK ist durch diese Lehrer eine bis heute wirkende, in ihrer Form einmalige Schule des subversiven Humors begründet worden.

Die Kunststudenten der frühen 90er-Jahre befanden sich in einer extrem schwierigen Situation. Der Kunstmarkt war zusammengebrochen, von der neoexpressionistischen Malerei der Jungen Wilden[5] war keine Rede mehr. Es war die Zeit der Theoretiker. Die Konzeptkunst – eine Blüte des Poststrukturalismus – befasste sich mit institutionskritischen und orts- und gruppenspezifischen Zusammenhängen und der sozialen Praxis als Modell autonomer Künstlergruppen.[6] Systemtheorien über die Funktionszusammenhänge – von Thomas Wulffen in seiner einflussreichen Dissertation über das *Betriebssystem Kunst*[7] zusammengefasst – machten die Runde. Es schien der Weg eines Kunstwerks vom Entwurf durch den Künstler bis in die Hände des Abnehmers genau vorgezeichnet. Aber es war natürlich nicht so einfach. John Bock stellte in seiner ersten Performance in der HfbK (1992) die Frage: «Wie werde ich berühmt?» Christian Jankowski pflegt seine Zweifel über den richtigen Weg bis heute. In Graz suchte er zur Ausstellung «Zonen der Verstörung» einen Psychoanalytiker auf, um sein Problem – KUNSTWERK VERZWEIFELT GESUCHT (1997) – zu lösen.

Einen Ausweg für Künstler der 90er-Jahre, die sich der Theorie verweigerten, bot nur der aufkeimende Kunst- und Kulturbetrieb dieser Zeit. John Bock, Jonathan Meese und Christian Jankowski verdingten sich den neuen Herren, den Kuratoren, Sponsoren und Veranstaltern der Kulturevents. Die Künstler wussten genau, worauf sie sich einliessen. Sie bedienten den Kunstbetrieb und konterten ihn zugleich aus. An der HfbK waren sie bestens auf diese Aufgabe vorbereitet worden. Auch die Rollenverteilung passte: Bock als *nutty* Professor, Meese als Mythologe und Spezialist für Triebtäter der Geschichte und Jankowski, der Fachmann für Massenkommunikation und ihre Störungen.

Die Geschichte hat uns die verschiedensten Typen von Narren beschert, den Schelm, den Clown, den Hofnarren, den dämonischen und den heiligen Narren.[8] Der heutige Kunst- und Kulturbetrieb hat zu einer Refeudalisierung des Verhältnisses Künstler/Auftraggeber geführt. Bock, Meese und Jankowski unterminieren das neue System, sind aber als kreative Störenfriede und unersetzliche Reinigungskräfte, eben moderne Hofnarren, gern gesehen und anerkannt.

Das listige Ausnutzen der Bezüge und das unbändige, keine Grenzen kennende Umherschweifen rückt Jankowski in die Nähe der schon in alten Kulturen bekannten Figur des Tricksters.[9] Für ihn wie für alle Vertreter des Narrentums und des Slapsticks gilt die Regel, dass sich ihre Kunst nicht fest im System einrichten darf, sondern in Bewegung bleiben muss. Die List darf nicht zu einem Gag verkommen. Auch muss der Automatik der Selbstüberbietung in einem Kulturbetrieb, der die Attraktivität der Events durch immer grössere und schrillere Kunst zu steigern sucht, Widerstand entgegengesetzt werden. Unter diesem Gesichtspunkt ist Jankowskis Ausstellung «Us and Them» (2006) mit zwei Video- und einer Filmarbeit aus dem Horror-Genre nicht unbedenklich.[10] Im Grenzbereich von Komplizenschaft und Kritik liegt THE HOLY ARTWORK (2001). Jankowski hatte den Prediger Peter Spencer der texanischen Harvest Fellowship Church überredet, eine Folge seiner halbstündigen wöchentlichen Fernsehsendung dem Thema Kunst und Religion zu widmen. In seiner salbungsvollen Ansprache erklärte Spencer, dass sich in der Beziehung zwischen Kunst, Religion und Fernsehen die alte Dreidimensionalität der heiligen Dreieinigkeit, Vater, Sohn und Heiliger Geist, widerspiegele. Jankowski sinkt während der Predigt zu Boden und verharrt dort reglos. Als die Ansprache ein Ende gefunden hat, erhebt er sich mit den Worten: «Thank you, God. Thank you for making this possible.» Etwas zu dick aufgetragen? Etwas viel Pathos? Mir hat es jedenfalls gefallen. Auch wenn die Aufnahme des freundlich-undurchdringlichen Lächelns Jankowskis ein Schluss gewesen wäre, der der Logik von Narrentum und Slapstick eher entsprochen hätte.

Es ist viel und treffend über die facettenreiche Arbeit Christian Jankowskis berichtet worden.[11] Er verwickelt sich und seine Akteure in heillose Verwirrspiele, in die – und das scheint ein entscheidendes Kriterium seiner Arbeit zu sein – der Rezipient wie bei kaum einem anderen Künstler einbezogen ist. Hier wird einmal Ernst gemacht mit der These, dass Kunstwerke ohne den Betrachter nicht denkbar sind. Der Narr beschreibt nicht nur eine groteske Welt. Er schliesst den Graben zwischen Bühne und Zuschauerraum und wendet sich an die Besucher als aktive Teilnehmer seines Totaltheaters. Am besten sind Jankowskis Arbeiten immer dann, wenn sie nicht durchkonzeptioniert sind, sondern in einem freien experimentellen Spiel aller Beteiligten einschliesslich der Rezipienten ins Leere laufen.

Musterbeispiel ist das Projekt DRAMENSATZ im Museum für Gegenwartskunst Basel (2003). In der Publikation zur Ausstellung bietet der Kurator Philipp Kaiser einen Überblick über die gezeigten Arbeiten, nüchtern und gründlich, wie man es von Ausstellungsmachern in einem Schweizer Museum erwartet. Der folgende Beitrag, der Abdruck eines «streng vertraulichen» Briefes, den der Kunsttheoretiker Massimiliano Gioni an den Verleger des geplanten Bandes im Vorfeld der Ausstellung gerichtet hat, verblüfft. Es ist eine Schmährede auf Jankowski. Gioni bittet den Verleger dringend darum, jeden Kontakt zum Künstler zu unterlassen. Dieser sei ein Scharlatan. Oft schon habe er den Elfenbeinturm des Wissens gestürmt und ein Trümmerfeld hinterlassen. Mit seiner Erscheinung, seinen einschmeichelnden Manieren und seinem gezielt eingesetzten deutschen Akzent sei es ihm gelungen, viele Menschen aus ganz unterschiedlichen Lebensbereichen der Lächerlichkeit und Demütigung preiszugeben. Schliesslich ist die Antwort des Verlegers abgedruckt. Er bedankt sich höflich für die Warnung, stellt aber fest, dass der Verlag volles Vertrauen zu Herrn Kaiser habe, den man als wissenschaftlich fundiert arbeitenden Kunsthistoriker und Museumsleiter kenne. Dieser werde schon dafür sorgen, dass Christian Jankowski keine Rechte Dritter verletze.

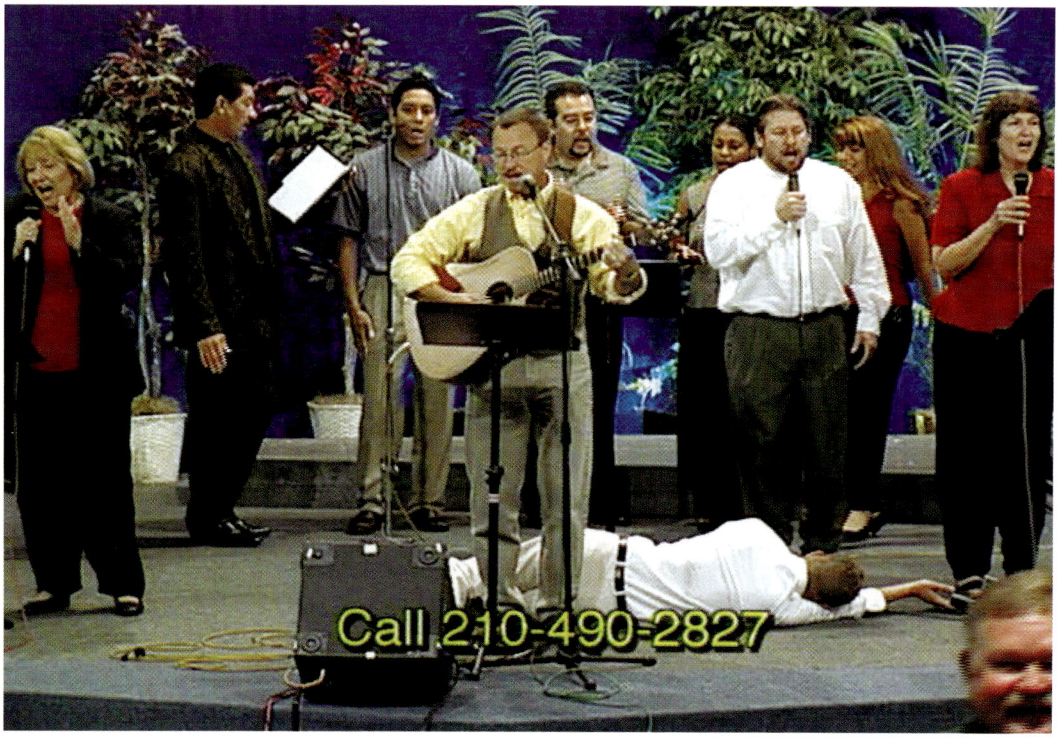

CHRISTIAN JANKOWSKI, THE HOLY ARTWORK, 2001, television broadcast, performance, color DVD, 15 min. 52sec.,
DAS HEILIGE KUNSTWERK, Fernsehsendung, Performance, DVD in Farbe,

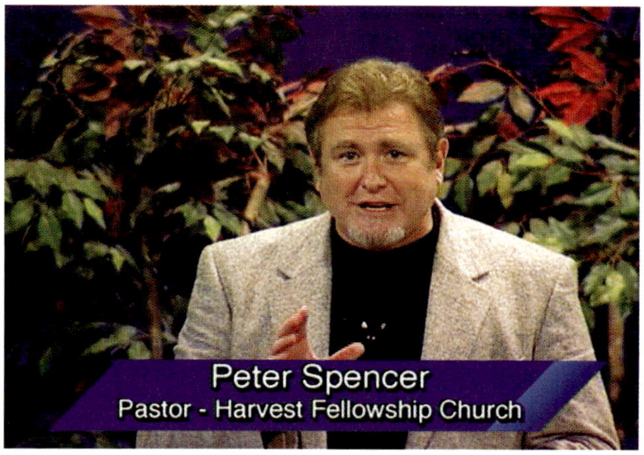

Man sei gespannt auf die Publikation und würde Herrn Gioni nach Erscheinen gern ein Gratisexemplar zukommen lassen.

Der Leser der Publikation fragt sich, was echt und was Fake ist. Hat wenigstens der Verleger eine ehrliche Antwort gegeben? Wahrscheinlich, vielleicht, vielleicht aber auch nicht. Wir dürfen rätseln. Und auf weitere Tricks und Bluffs des dienstleistenden Jankowski gespannt sein. Lang lebe der Kulturbetrieb! Bleibt anzumerken, dass der seinerzeit in Basel wirkende Meister spätmittelalterlicher Moralsatire Sebastian Brant dieses Jahr seinen 550.sten Geburtstag begangen hätte. Sein Traktat *Narrenschyff ad Narragonien* (1494) mit 73 Holzschnitten des jungen Albrecht Dürer[12] über die Laster, Torheiten, Lügen und alle sonstigen Formen typisch menschlichen Fehlverhaltens hatte in Europa Furore gemacht – mit einer Wirkungsgeschichte bis heute.

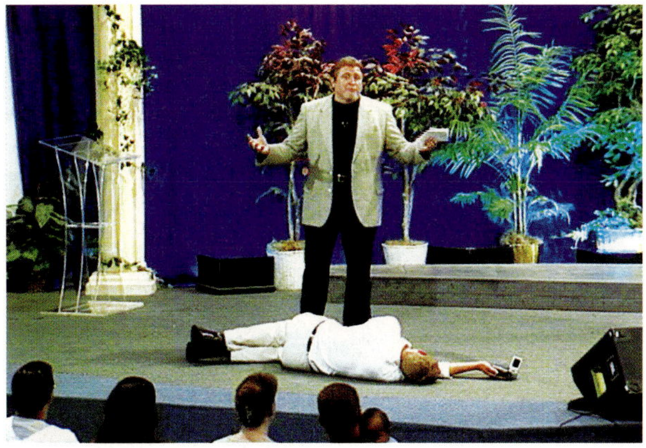

1) Samuel Beckett, *Endspiel*, Suhrkamp, Frankfurt am Main 1964, S. 55 und S. 131.
2) Jörg Heiser, *Plötzlich diese Übersicht, Was gute zeitgenössische Kunst ausmacht*, Claassen, Berlin 2007, S. 16–117. In der Oktoberausgabe 2007 hat *Frieze* die «Slapstick Methode» mit Beiträgen von Brian Dillon, Melissa Gronlund, Jörg Heiser, Christy Lange, Sally O'Reilley und Jan Verwoert zum zentralen Thema erhoben.
3) Panik bezieht sich auf die zu dieser Zeit angesagte Rockmusik des in Hamburg lebenden Sängers Udo Lindenberg und sein Panik-Orchester. Christian Jankowski hatte in Göttingen Jahre lang Hardrock gespielt, in Bands, die so schöne Namen trugen wie Namenlos und Mephista. Er war, wie er in seiner sogenannten Autobiographie bekennt, Udo-Lindenberg-Fan, ein Grund mehr, von Göttingen nach Hamburg zu ziehen. Christian Jankowski, *Mein erstes Buch*, Portikus Frankfurt am Main 1998, S. 140–141.
4) Bei Hentz hat Jankowski seine Grundklasse an der HfbK absolviert.
5) Zu denen die fälschlicherweise oft dazu gezählten Künstler um Werner Büttner, Martin Kippenberger und Albert Oehlen nicht gehörten. Sie hatten ganz im Sinne des Slapstick eine Gegenposition bezogen, die sich mit den absurden Alltagsfragen der Menschen in unserer Gesellschaft befasste.
6) Einer der führenden Vertreter war Stephan Schmidt-Wulffen, der Hamburg in seiner Zeit als Direktor des Kunstvereins (1992–2000) zu einem Zentrum der Konzeptkunst machte. In der Gruppenausstellung «Fast Forward – Body Check» des Kunstvereins von 1998 bestand Christian Jankowskis Beitrag DIREKTOR PUDEL darin, Schmidt-Wulffen für die Dauer der Eröffnung der Ausstellung durch einen Zauberer in ein Exemplar dieser gelehrigen Hunderasse zu verwandeln. Besonderes Interesse zeigte der Pudel für ein Elke-Krystufek-Porträt und die glitzernden Bonbons von Felix Gonzalez-Torres. Der Versuchung, einer geknickten Laterne Martin Kippenbergers näher zu treten, widerstand er.
7) Mit Bazon Brock als Doktorvater. In: *Kunstforum International*, Bd. 125, 1994, S. 50ff, sind die Hauptthesen zusammengefasst. Thomas Wulffen ist der jüngere Bruder Stephan Schmidt-Wulffens (Fussnote 6).
8) Burkhard Schnepel, «Meister und Narren», in *Geist, Bild und Narr.* Zu einer Ethnologie kultureller Konversionen, Festschrift für Fritz Kramer, Philo-Verlagsgesellschaft, Berlin/Wien 2001, S. 97–118.
9) Ebenda, S. 101–102.
10) Auch die letzten Arbeiten – Videofilme – von John Bock sind in der Horrorszene angesiedelt. Hier wird, man denke an eine vergleichbare Entwicklung bei Paul McCarthy, offenbar einem Trend Rechnung getragen.
11) Hervorzuheben sind die Beiträge von Jörg Heiser, «Looking back at the future perfect on Christian Jankowski's work as work», in *Play*, Ausstellungskatalog, Amsterdam (De Appel Foundation) 2001, S. 112–118; Melissa Ragona, «The Violence of Theory: Christian Jankowski's Horror Trilogy», in *Christian Jankowski, Frankenstein Set*, Christoph Keller Editions und JAP/Ringier-Kunstverlag, Zürich 2007, S. 222–274; Marc Spiegler, «Wing and a Player», ARTnews, Sommer 2006, S. 150–151.
12) In dem Gemälde NARRENSCHIFF von Hieronymus Bosch (um 1495) aufgenommen.

THANK YOU, GOD. THANK YOU FOR MAKING THIS POSSIBLE.

CHRISTIAN JANKOWSKI'S CONTRIBUTION TO THE PATHOLOGY OF THE CULTURE INDUSTRY

HARALD FALCKENBERG

"We're not beginning to... mean something?" This is the greatest fear of Hamm and Clov, the survivors of a cataclysmic event that has left nothing but a small room, the stage for their strange, nonsensical rituals. Supplies are running out, things are taking their course. Hamm is blind and tied to his wheelchair. Clov, the servant who cannot sit down, hates his master and would like to leave Hamm, but he lacks the strength. He is sensible, tidy to the point of pedantry, and he obeys every command. Finally, Hamm submits to his fate: "It's the end, Clov, we've come to the end. I don't need you anymore."[1)]

Our subject here is the artist, actor, performer, magician, seducer, thief, knave, and charlatan Christian Jankowski. He set out to hold up a mirror to a postmodern society cut adrift from convictions and visions with its inscrutable hierarchies and systems of exploitation. Slapstick in the vein of Marcel Duchamp, Charlie Chaplin, and Buster Keaton remains a central theme in art today, and a key element in Jankowski's work. *Frieze* editor Jörg Heiser deals at length with the significance of slapstick in contemporary art in his recently published book.[2)] He concludes that the fragile balance between ridiculousness and pathos cannot simply be proclaimed with a frozen grin. Artists who simply set up shop in the slapstick method have already betrayed its fundamentally mercurial nature.

In Jankowski's case, this balance lies in his charm, in his smile. He looks fabulous and he acts cool, like James Stewart or Gary Cooper. With respect to the art world, this charm is always double-edged. It is his disarming way of persuading people to take part in

HARALD FALCKENBERG, born 1943, is a collector of contemporary art and president of the Kunstverein in Hamburg.

his actions and expose themselves, while the artist himself keeps a low profile. His smile is a protective wall allowing no conclusions to be drawn on a personal level.

Jankowski could be the ideal son-in-law, but he isn't. His personality is marked by a desire to be in on the act, but also by an evasiveness as resolute as it is nonchalant. This role is played to perfection by James Stewart in *Destry Rides Again* (1939), a western that subverts the American myth of the western. James Stewart, somehow slipping into the role of the sheriff as he passes through town, has to deal with Marlene Dietrich, who plays a saloon vamp. When things get difficult, which happens several times, Stewart doesn't draw a Colt. He acts soft and embarrassed, whittles away at a scrap of wood, and tells his baffled adversaries: "I used to have a friend…" Of course, Dietrich, his unrelenting opponent, falls in love with him and mends her ways. As Stewart is leaving, she dares to ask if she can go with him. His laconic reply: "I used to have a friend…" Christian Jankowski's persona is not unlike this, a traveling man, always hunting something, but also being hunted and caught by reality. In his first video (THE HUNT) from 1992, in what was to become his trademark style, Jankowski transforms a supermarket into an adventure playground and shoots his purchases with a bow and arrow. The punch line is when the cashier, completely unfazed, carefully lifts the items out of the trolley on the arrow and pushes them past the barcode reader. Yes, there comes a moment when the fun is over, the hour of reckoning. Jankowski is also familiar with this last, deadly serious part of the game.

The Belgian conceptual artist Guillaume Bijl, who specializes in studying the phenomenon of supermarkets as mass culture, saw the video and invited Jankowski to a group show of Hamburg artists in Antwerp in 1996. Jankowski came, but not in person. He appeared as a white dove. This Antwerp exhibition was Jankowski's breakthrough. MEIN LEBEN ALS TAUBE (My Life as a Dove, 1996) was his first show at Klosterfelde in Berlin and the beginning of his ongoing partnership with the gallery. This was followed by invitations from Harald Szeemann to the Lyon Biennial (1997) and the Venice Biennial (1999). Jankowski's casual approach should not be allowed to obscure the fact that he is a hard worker. In the eleven years between 1996 and 2007, his work has featured in over 50 solo shows and 180 group shows around the globe.

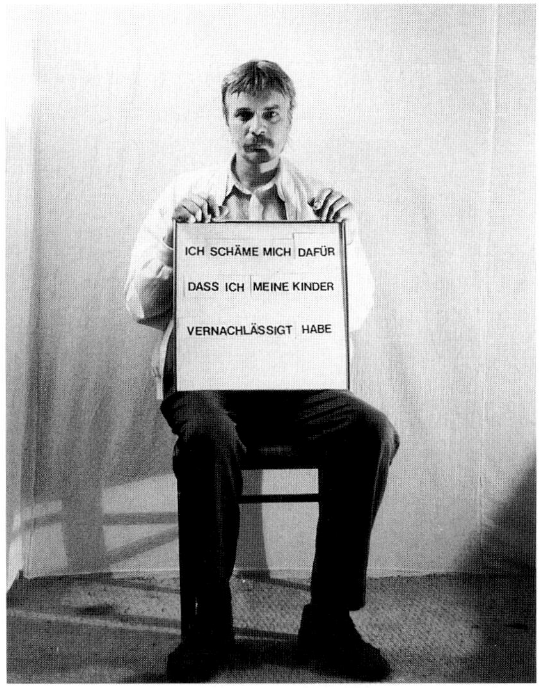

CHRISTIAN JANKOWSKI, SHAMEBOX, "I am ashamed of having neglected my children," 1992, performance, color video, 120 min., 34 black-and-white photographs / SCHAMKASTEN, Performance, Farbvideo, 34 Schwarzweiss-Photographien.

Jankowski doesn't make it easy for those who participate in his actions. They must reckon with being taken for a ride at any time; to be precise, Jankowski creates situations in which the protagonists take themselves for a ride. In MEIN ERSTES BUCH (My First Book, 1998) at Portikus in Frankfurt, for instance, Jankowski decided to write a book over the course of the show. He invited literature experts and quizzed them on how to proceed. Predictably, the answers were dreadful and as a result, the "autobiographical" section of the book—actually written by his ghostwriter Cathrin Backhaus—could not be expected to be any better. For all Jankowski's mock-

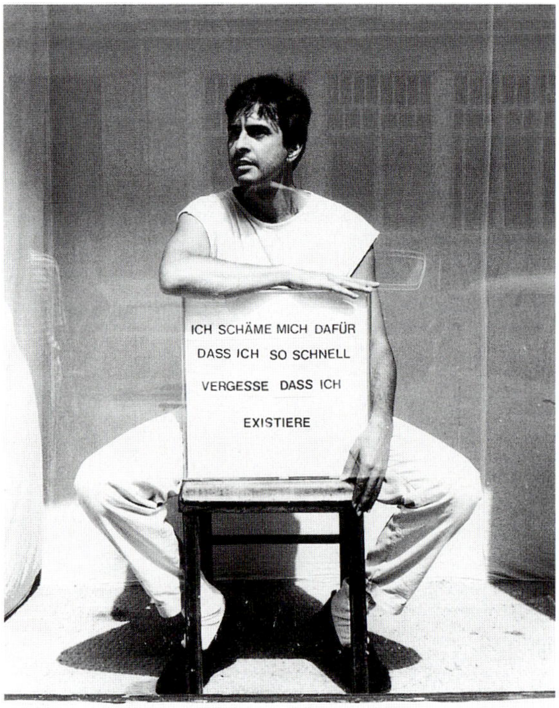

CHRISTIAN JANKOWSKI, SHAMEBOX, "I am ashamed of forgetting fast that I exist," 1992, performance, color video, 120 min., 34 black-and-white photographs / SCHAMKASTEN, Performance, Farbvideo, 34 Schwarzweiss-Photographien.

ery of others, there is always also a good dose of self-irony. This performance in Frankfurt is among the artist's strongest. He tried in all earnest to feel his way into a new profession, but the *genius loci* of Frankfurt as a city of books refused to rub off. He tried so hard to get it right that the undertaking was doomed to fail from the outset, and given the effort involved, it did so on a grand scale. We can assume that this first book was also his last.

The strategy of indeterminacy can drive curators to the verge of insanity. No one is ever quite sure when Jankowski will arrive. Then he often turns up saying he has no idea what he wants to do yet. In Venice he is supposed to have wandered the city for days in search of inspiration. Finally it found him, thank God, watching television in his hotel room. The fortune tellers on the local channels appealed to him and so he made TELEMISTICA (1999): Jankowski asked two women and three men in this line of business to assess the outlook for his artistic oeuvre in terms of production and reception. For the exhibition "Grotesk! 130 Jahre Kunst der Frechheit" (Grotesque! 130 Years of Impertinent Art, Schirn Kunsthalle, Frankfurt, and Haus der Kunst, Munich, 2003), I was asked to write a catalogue text on the role of the grotesque in contemporary art and on the video work being contributed by Jankowski. Ten weeks before the show was due to open, Schirn director Max Hollein was unable to give me any precise details. Allegedly, the plan was to confront the show's visitors with audience comments that had been submitted somewhere entirely different after a cinema screening. Conversely, the reactions of visitors to the gallery were to be used as a cinema advertising trailer for the "Grotesk!" show. Not a bad idea, capturing reactions to reactions about reactions. But I wanted to know a little more. The artist's Berlin gallery informed me that Jankowski was in the United States, where he could be contacted through Michele Maccarone, a young New York gallerist and sub-agent. So I contact my busy friend Michele Maccarone, who's never at a loss for words. No reply. Obviously hard at work with Christian. Then a sign of life arrives. The gallery's then director, Angela Kotinkaduwa, replies: "Christian is currently in Pittsburgh working on a project and leaving for Rome on Wednesday. At this time he has no telephone nor does he have access to his e-mail. I have forwarded your e-mail to his account but unfortunately he won't be able to read it or to respond until he arrives in Rome."

Christian Jankowski, born in 1968 in Göttingen, lives in Berlin and New York. But, ultimately, he lives all over the world. With over fifty bi- and triennials, and its countless museum and gallery exhibitions, the international art business imposes a travel schedule on artists that barely leaves them time to breathe: from Berlin via Venice to Sarajevo, from Lyon via São Paulo and Tokyo back to Helsinki, Stockholm, and Brussels. This world of modern nomadism is the world of Christian Jankowski, John Bock, and Jonathan Meese. These three German artists have much in common and much that sets them apart. What links them above all is their time spent studying together at the Hochschule für bildende Künste (Hamburg Academy of Fine Arts) in the mid-1990s—a time and a place that left a deep impression on their work.

Traditionally, Cologne and Düsseldorf have been the bastions of advanced art in Germany. In the late 1970s, this began to change. Hamburg and later Berlin became magnets for young artists like Stefan Balkenhol, Georg Herold, Martin Kippenberger, Albert Oehlen, and Bernhard Prinz. In the 1980s and 90s, they were joined by Franz Ackermann, Daniel Richter, Andreas Slominski, Wolfgang Tillmans, and the above-mentioned trio. To date, the reasons for this reorientation have not received much attention. It may have been that the artists wanted to escape the same old circles and cliques on the Rhine. Another important factor was certainly Hamburg itself, a port with a diverse subculture, bizarre dive bars, and alternative music from punk to "Panik."[3] But the key stimuli came from Hamburg's art academy, which has always been a peculiarly unorganized institution and probably the art school in Germany that is the freest and most open to experiment. The emphasis here is not so much on learning painting and other techniques for the creation of artworks. It's about attitude. On the one hand a political position, leftist through communist. But there was always another faction whose aim was to subvert the order of modern systems and technical intelligence via defiant laughter and higher forms of tomfoolery. In the 1960s, the way forward was shown by two professors: Gerhard Rühm, who brought a brand of snide humor peculiar to Vienna, and the "German Hercules" Bazon Brock with his theory of failure as a fundamental principle. In the 1970s and 80s, they were joined by the pogo-dancer Sigmar Polke in league with Achim Duchow, the bohemian Klaus Boehmler, the roguishly cunning Franz Erhard Walther, the savage performer Mike Hentz,[4] and the ironist Werner Büttner. These teachers founded a unique school of subversive humor at Hamburg's art academy whose influence is still alive today.

Art students in the early 1990s found themselves in an extremely difficult situation. The art market had collapsed, people had stopped talking about the neo-Expressionist painting of the "Junge Wilde."[5] It was the hour of the theorists. Conceptual Art—a child of Post-Structuralism—focused on institutional critique and site/group-specificity and social praxis as a model for autonomous artist groups.[6] Systems theories about functional apparatuses—summarized by Thomas Wulffen in his influential PhD thesis on the "art operating system"[7]—made the rounds. The path of an artwork from its conception by the artist to the hands of the buyer seemed to have been mapped out to the last detail. But of course things were not so simple. In his first performance at the Academy in 1992, John Bock asked: How do I become famous? To this day, Christian Jankowski still harbors doubts over the right approach. For the "Zones of Destruction" exhibition in Graz in 1992, he visited a psychoanalyst to solve his problem: desperately seeking an artwork.

For artists in the 1990s who refused theory, the only way out was the burgeoning art and culture industry of the time. John Bock, Jonathan Meese, and Christian Jankowski went into service with the new masters: the curators, sponsors, and organizers of cultural events. The artists knew exactly what they were letting themselves in for. They served the art business at the same time as counteracting it. The Hochschule für bildende Künste in Hamburg had prepared them superbly for this task. Even the allocated roles were fitting: Bock as a nutty professor, Meese as a mythologist and expert on maniacs down the ages, and Jankowski as a specialist on mass communication and its disorders.

History has given us many different types of fool: the knave, the clown, the court jester, the demonic trickster, and the Holy Fool.[8] Today's art business has led to a re-feudalization of the relationship between artist and client. Bock, Meese, and Jankowski subvert these new power relations as fools and indispensable cleansing agents. They can thus be understood as modern court jesters who hold up a mirror to the rulers.

His cunning exploitation of references and his unbridled, uncontainable meanderings bring Jankowski close to the figure of the trickster familiar from earlier cultures.[9] For him, as for all other proponents of foolery and slapstick, the rule applies that, instead of settling down in the system, their art

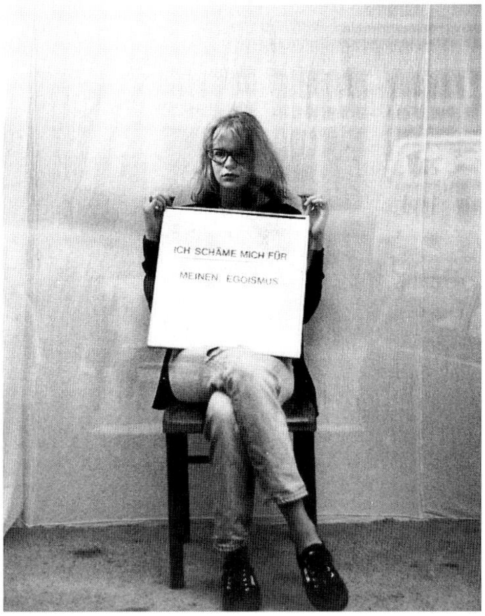

CHRISTIAN JANKOWSKI, SHAMEBOX, "I am ashamed of my egoism," 1992, performance, color video, 120 min., 34 black-and-white photographs / SCHAMKASTEN, Performance, Farbvideo, 34 Schwarzweiss-Photographien.

must remain in motion. Trickery must not be reduced to a gag. It is also imperative to oppose the constantly self-surpassing logic of a culture industry that tries to enhance the attractiveness of events with art that is bigger and bigger, shriller and shriller. In this light, Jankowski's exhibition "Us and Them" trilogy (2006), with two videos and one film in the horror genre, is not unproblematic.[10] THE HOLY ARTWORK (2001) treads the line between complicity and criticism. Jankowski persuaded televangelist Peter Spencer from the Texan Harvest Fellowship Church to devote one of his weekly half-hour broadcasts to the theme of art and religion. In his unctuous address, Spencer explains that the relationship between art, religion, and television reflects the old three-dimensionality of the Holy Trinity of Father, Son, and Holy Ghost. During the sermon, Jankowski sinks to the floor and stays their motionless. When the sermon has come to an end, he gets up with the words: "Thank you, God. Thank you for making this possible." Over the top? Too much pathos? Well, I liked it. Even if a shot of Jankowski's friendly, inscrutable smile might have been a conclusion more in keeping with the logic of foolery and slapstick.

Much has been written about Christian Jankowski's work, much of it illuminating.[11] He gets himself and his collaborators tangled up in scenes of hopeless confusion where—and this seems to be a key factor in his work—the people he involves are implicated to a degree rarely seen with other artists. Here is someone who takes seriously the assumption that without the viewer, artworks are inconceivable. The fool not only describes a grotesque world; he also closes the gap between stage and auditorium, addressing visitors as active participants in his total theater. Jankowski's works are always best when, rather than being planned out to the last detail, they develop by the free experimentation of all those involved, including the audience, and end up going nowhere.

A perfect example of this is the "Dramensatz" project at the Museum of Contemporary Art in Basel (2003). In the accompanying publication, curator Philipp Kaiser gives an overview of the works on show, thorough and matter-of-fact, as one would expect from someone organizing a museum exhibition in Switzerland. This is followed by a puzzling item, the reproduction of a "strictly confidential" letter sent by art theorist Massimiliano Gioni to the publisher of the planned catalogue before the exhibition. It is a diatribe against Jankowski. Gioni urges the publisher to avoid any form of contact with the artist, saying he is a charlatan who has often stormed the ivory tower of knowledge and left everything in ruins. With his appearance and flattering manners, the letter continues, and by deliberate use of his German accent, he has succeeded in exposing many people from very different walks of life to ridicule and humiliation. After this, the publisher's reply is printed. He politely thanks Gioni for the warning, but points out that the publishing house has full confidence in Mr. Kaiser, who is known as a competent and qualified art historian and museum director, someone who can be trusted to make sure that Christian Jankowski does not violate the rights of any third parties. The publisher concludes by saying how much he is looking forward to seeing the finished book and offering to send Mr. Gioni a complimentary copy.

Readers of the publication ask themselves what is real and what is fake. Did the publisher at least give an honest answer? Probably, maybe, maybe not. That's for us to puzzle over. And we can look forward to more tricks and bluffs from Jankowski, the service provider. Long live the culture industry! It remains to point out that Sebastian Brant, the Basel-based master of late-medieval moral satire, would have celebrated his 550th birthday this year. His treatise *Narrenschyff ad Narragoniem* (The Ship of Fools, 1494, with 73 woodcuts by the young Albrecht Dürer),[12] dealing with vice, stupidity, deceit, and all other forms of typically human misconduct, caused a sensation in Europe at the time—and its impact is still being felt today.

(Translation: Nicholas Grindell)

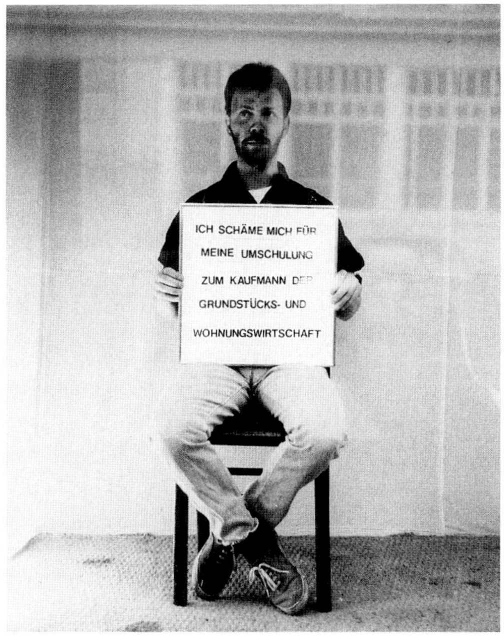

CHRISTIAN JANKOWSKI, SHAMEBOX, "I am ashamed of my re-education as a real estate agent," 1992, performance, color video, 120 min., 34 black-and-white photographs / SCHAMKASTEN, Performance, Farbvideo, 34 Schwarzweiss-Photographien.

1) Samuel Beckett, *Endgame*, 1956 (New York: Grove Press, 1958) p. 32 and p. 79.
2) Jörg Heiser, *Plötzlich diese Übersicht. Was gute zeitgenössische Kunst ausmacht* (Berlin: Claasen, 2007), pp. 116–117.
3) "Panik" refers to the rock music of the Hamburg-based singer Udo Lindenberg and his "Panik-Orchester" that was very popular at the time. In Göttingen, Christian Jankowski played for many years in hard rock bands with lovely names like "Namenlos" (Nameless) and "Mephista." And as he admits in his "autobiography," he was a fan of Udo Lindenberg—one more reason to move from Göttingen to Hamburg. Cf. Christian Jankowski, *Mein erstes Buch* (Frankfurt am Main: Portikus, 1998), pp. 140–141.
4) Jankowski was in Hentz's foundation course at the Academy.
5) A group that did not include, as is often falsely claimed, the artists associated with Werner Büttner, Martin Kippenberger, and Albert Oehlen, who, in the spirit of slapstick, adopted a counter-position dealing with the absurd everyday concerns of people in our society.
6) A leading figure here was Stephan Schmidt-Wulffen; during his tenure as director of Hamburg's Kunstverein (1992–2000) he made the city a center of Conceptual Art. For the group show "Fast Forward – Body Check" at the Kunstverein in 1998, Jankowski's contribution DIRECTOR POODLE consisted of having a magician turn Schmidt-Wulffen into an example of this sagacious breed of dog for the duration of the show's opening. The poodle showed particular interest in an Elke Krystufek portrait and in Felix Gonzalez-Torres' sparkling candy. It resisted the temptation to step up to Martin Kippenberger's buckled streetlamp.
7) With Bazon Brock as his supervisor. In *Kunstforum International*, issue 125, 1994, pp. 50. Thomas Wulffen is the younger brother of Stephan Schmidt-Wulffen (see note 6).
8) Burkhard Schnepel, "Meister und Narren," *Geist, Bild und Narr. Zu einer Ethnologie kultureller Konversionen, Festschrift für Fritz Kramer* (Berlin: Philo, 2001), pp. 97–118.
9) Ibid, pp. 101–102.
10) John Bock's most recent works—video films—are also rooted in horror. In view of a similar development in the work of Paul McCarthy, this clearly reflects a trend.
11) Of particular interest here are the following: Jörg Heiser, "Looking Back at the Future Perfect: On Christian Jankowski's Work as Work," *Play* (Amsterdam: De Appel, 2001), pp. 112–118; Melissa Ragona, "The Violence of Theory: Christian Jankowski's Horror Trilogy" in *Christian Jankowski, Frankenstein Set* (Zurich: Christoph Keller Editions published by JRP/Ringier Kunstverlag AG, 2008), pp. 222–274; Marc Spiegler, "Wing and a Player," *ARTnews* (Summer 2006), pp. 150–153; James Trainor and Ana Paula Cohen, "Poisoned Arrow," *Frieze* 66 (April 2002), pp. 70–73.
12) Also featured in the painting of the same name by Hieronymus Bosch (circa 1495).

Bis in alle Ewigkeit

JÖRG HEISER

CHINA PAINTERS

Shenzhen, Megametropole der südchinesischen Sonderwirtschaftszone: Wohnblocks und Bürotürme, soweit das Auge reicht. Erst nach knapp einstündiger Fahrt, von Hongkong kommend, taucht auf dem Strassenschild «Dafen Oil Painting Hamlet» auf. Das vermeintliche «Dorf» entpuppt sich als geplantes Kleinstadt-Idyll mit Fussgängerzonen und mehrstöckigen Häuserblocks, angeordnet um einen Platz mit einer Büste Da Vincis. An die zehntausend Kopistenmaler sollen hier arbeiten und etwa fünf Millionen Ölbilder pro Jahr produzieren, für Hotellobbies, Büros und Privatwohnungen in aller Welt.

In täglicher Routine werden Klassiker der Malereigeschichte, chinesische Landschaften oder Familien- und Politiker-Porträts nach Photovorlage seriell gemalt und konkurrenzlos billig verkauft. Viele der Kopisten haben direkt nach der Schule begonnen, andere haben an der Akademie studiert (in der chinesischen Tradition hat die Kunst der pefekten Kopie einen sehr hohen Stellenwert).

Direkt neben dem «Ölmalerdorf» taucht ein futuristischer Fremdkörper auf – wie ein schwarzer Stealthbomber. Der kantige, flachgestreckte Bau – konzipiert vom hiesigen Architektenbüro Urbanus – ist im Inneren durchbrochen von vertikalen Bauele-

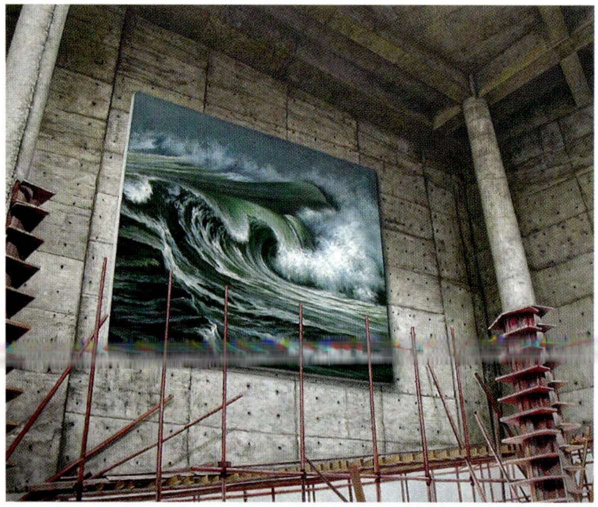

CHRISTIAN JANKOWSKI, CHINA PAINTERS, THE WAVE, 2007, oil and acrylic on canvas, 70 x 57" / DIE WELLE, Öl und Acryl auf Leinwand, 178 x 145 cm.

JÖRG HEISER ist Redaktor der Kunstzeitschrift *Frieze* und lebt in Berlin.

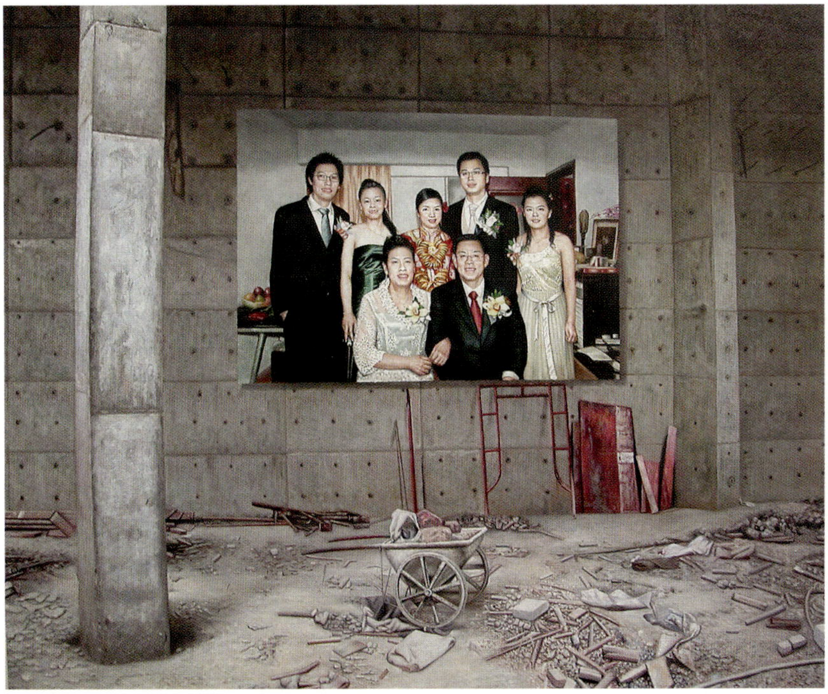

CHRISTIAN JANKOWSKI, CHINA PAINTERS, FAMILY, 2007, oil and acrylic on canvas, 105 x 87" / FAMILIE, Öl und Acryl auf Leinwand, 267 x 221 cm.

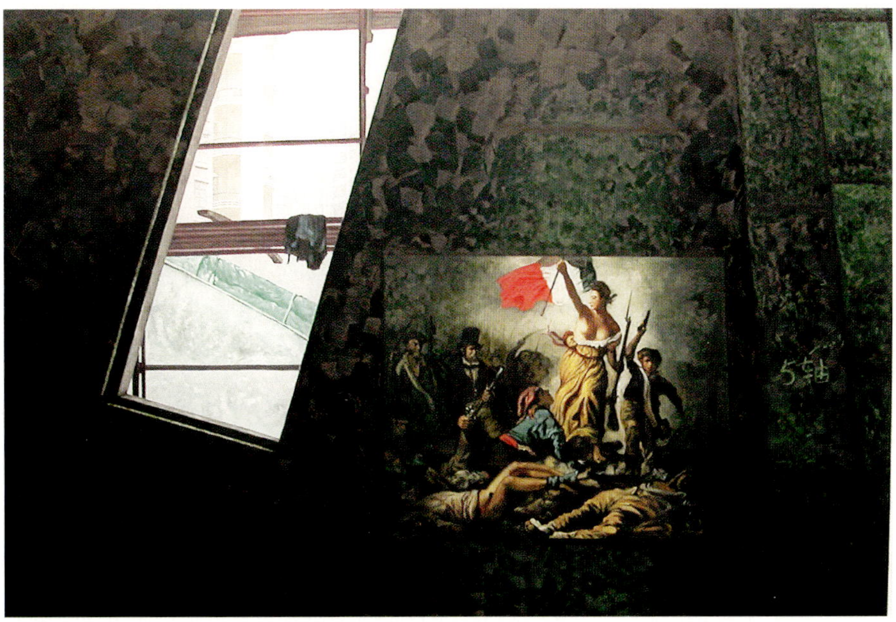

CHRISTIAN JANKOWSKI, CHINA PAINTERS, LIBERTY, 2007, oil and acrylic on canvas, 78 x 51 1/2" / FREIHEIT, Öl und Acryl auf Leinwand, 198 x 131 cm.

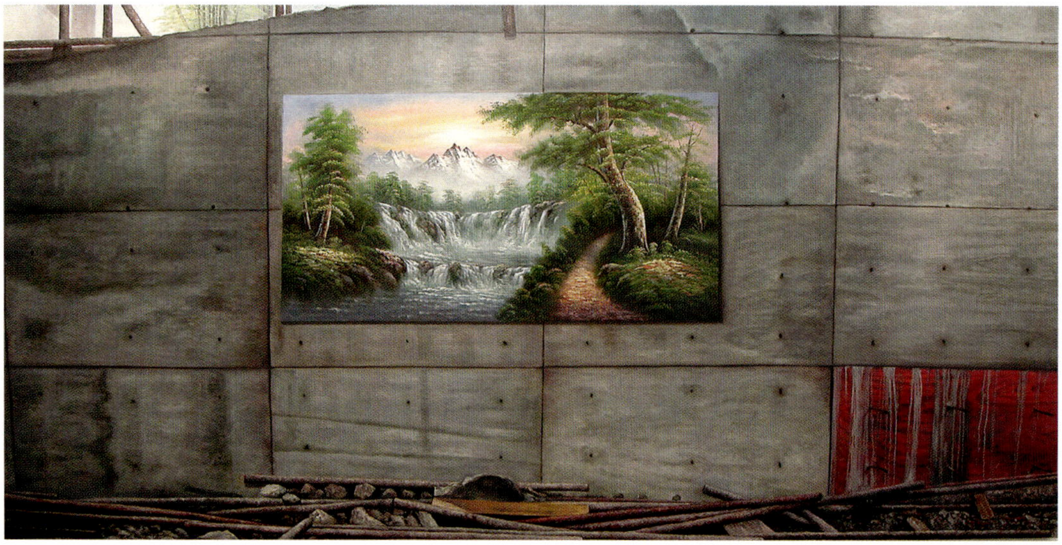

CHRISTIAN JANKOWSKI, CHINA PAINTERS, CADENCE - RHYTHM, 2007, oil and acrylic on canvas, 195 x 96" / KADENZ - RHYTHMUS, Öl und Acryl auf Leinwand, 495 x 244 cm.

menten, die als hoher Raum oder Lichtschacht die umgebenden Wohnblocks noch einmal zitieren. Es handelt sich um das Dafen Art Museum. Sollen hier neben den Kopien aus den angrenzenden Galerien die Originale gezeigt werden? Oder sollen die Kopisten selbst aussen vor bleiben? Im Inneren ist bis auf eine Putzkolonne nichts zu sehen, das kürzlich eröffnete Museum mit seinen dramatisch schrägen Wänden und desorientierenden Raumfolgen ist leer, es ist keine Sammlung und keine Ankündigung kommender Ausstellungen in Sicht. So ist es mit vielen der zahlreichen neuen Museumsbauten in China – sie sind leere Platzhalter der Demonstration des Machbaren im Zuge des beispiellosen Bau-, Wirtschafts- und Kunstbooms in China.

Christian Jankowski kam im Winter 2006/2007 mit der Absicht nach Hongkong und Shenzhen, ein Projekt mit Kopistenmalern zu realisieren. Er hatte etwa zwei Jahre vorher in der *South China Morning Post* über das Phänomen gelesen. Nun hörte er vom gerade entstehenden Dafen Art Museum. Das Architekturbüro ermöglichte ihm eine Begehung der Baustelle. Es entstanden Hunderte von Photos der unfertigen Räume mitsamt der noch sichtbaren Gerüste, Geräte und Baustoffe. Von Bildausschnitten, in denen man sich bereits die Hängung eines Bildes vorstellen konnte, machte Jankowski Abzüge, die er einer Reihe von Kopistenmalern vorlegte, nachdem er vorbereitende Gespräche mit ihnen geführt hatte, um sie mit der für die allermeisten ungewohnten Aufgabe vertraut zu machen, selbst ein Bild zu erfinden. «Mein Auftrag an sie lautete: Wenn ihr die Macht hättet, ein Bild in das neue Museum von Dafen zu hängen, welches würde es sein?»[1)]

Darin bestand Jankowskis entscheidende Verknüpfung: Was, wenn die Kopistenmaler selbst in die Lage kämen, und sei es nur malerisch-imaginativ, ein Bild in dieser noch im Entstehen befindlichen Museumsarchitektur zu platzieren? Woraus sich wiederum die Frage ergibt: Wie verhält sich die Tätigkeit der Dafen-Maler eigentlich zur zeitgenössischen Kunst? Jankowski lässt – im Gegensatz zu manchem künstlerischen Zeitgenossen – das «Anzapfen» billiger kunsthandwerklicher Herstellung nicht im vagen Hintergrund einer resultierenden Arbeit, die zu allererst auf spektakuläre visuelle und physische Präsenz abzielt (wenn's sein muss noch geadelt durch einen «letzten Strich» des Künstlers). Er belässt es auch nicht bei der konzeptuellen Zurückweisung malerischer Handschrift, fussend auf einer Tradition, zu der John Baldessaris von Sonntagsmalern gefertigte «Commissioned Paintings» (1969) ebenso gehören wie Martin Kippenbergers Serie «Lieber Maler, male mir» (1981), für die er mit einem Plakatmaler zusammenarbeitete. Und er will auch nicht wie beispielsweise Daniel Richter (der im Sommer 2007 vor dem Centre Pompidou für einen Tag als Strassenmaler Porträts anfertigte) für einen kurzen Moment die Rolle des Gebrauchskünstlers einnehmen, um der eigenen spezialisierten Produktion einen ironischen Schuss *street credibility* zu verleihen.

Bei CHINA PAINTERS werden die Gebrauchskünstler nicht bloss eingesetzt (oder ersetzt), sondern sie werden selbst – und sei es ihnen unbehaglich – zu einem Teil in die Rolle des zeitgenössischen, konzeptuell, kuratorisch denkenden Künstlers versetzt. Neben den darstellungstechnischen Problemen – sei es zum Beispiel, dass der Spezialist für Blumenbilder es nicht gewohnt ist, seine Motive raumperspektivisch verzerrt darzustellen – zwingt das die Kopistenmaler zur Demonstration ihres Selbstverständnisses: zwischen handwerklich und künstlerisch, kommerziell und idealistisch. Man spürt es in den Antworten auf Fragen, die Jankowski ihnen gestellt hat (warum sie das betreffende Gemälde für das Museum auswählten und warum es wichtig für sie sei), ebenso wie in den resultierenden Bildern. Der Maler einer idyllischen Landschaftsszene (CADENCE /RHYTHM, 2007) sagt, es gehe um die Schönheit der Natur und darum, dass er dieses Landschaftsmotiv bereits tausendmal gemalt habe und seine Platzierung im Museum seinem Meister huldige – er vertraut auf das Gewohnte. Der Maler einer formal konservativen Kopie von Eugène Delacroix' LA LIBERTÉ GUIDANT LE PEUPLE (1830) platziert diese in einer düsteren Ansicht des Museumrohbaus, was natürlich als Kommentar zur bislang ausgebliebenen demokratischen Öffnung Chinas zu verstehen ist; entsprechend sagt er, es gehe bei Kunst nicht um ästhetisches Wohlgefallen, sondern um den Ausdruck des Denkens, und er habe schon immer die westlichen alten Meister dafür bewundert, wie sie zur Gesellschaft Stellung genommen hätten. Ein ideologisch entgegengesetzt motivierter Kollege zieht es vor, drei Grössen chinesischer Politik – Deng Xiao Ping, Hu Jintao und Jiang Zemin – in altbewährter Verklärungsmanier darzustellen (THREE LEADERS, 2007), doch die chaotisch herumliegenden Gerüststangen am Boden unterminieren die geordnete Vision des Triumvirats. Wieder ein anderer spielt auf den Malauftrag selbst an: eine absurd-kitschige SEXY PAINTING MACHINE (2007) mit frivolem Frauenbein, die ein groteskes Porträt Salvador Dalís ausspuckt; vielleicht der deutlichste Versuch, der Vorstellung einer zeitgenössischen künstlerischen Geste zu entsprechen (die Bilder sind im Übrigen mit den Signaturen der Maler versehen, nicht mit Jankowskis – nur ein Zertifikat belegt gleichzeitig deren Zugehörigkeit zu seinem Werk).

LIVING SCULPTURES

Etwa im gleichen Zeitraum wie das Projekt CHINA PAINTERS entstanden auch drei Bronzeskulpturen, LIVING SCULPTURES, die unmittelbar auf Strassenkünstler zurückgehen, die in Fussgängerzonen – in diesem Fall der Hauptflaniermeile von Barcelona, La Rambla – unbeweglich als lebende Statuen für Passanten verharren: einer als Che Guevara, einer als römischer Legionär (er bezeichnet sich selbst als Cäsar), sowie einer als Salvador Dalís surreale Frau-als-Kommode. Diese Darsteller wurden mitsamt ihrem Kostüm in Gips abgenommen und in Bronze gegossen; das Ergebnis wurde an verschiedenen Orten im Verlauf des Jahres 2007 aufgestellt.

Die Subkultur der «lebenden Statuen» geht auf den alten Pygmalion-Mythos der zum Leben erwachenden Statue zurück, auf die alttestamentarische Geschichte von Lots zur Salzsäule erstarrten Frau, auf die alten Traditionen des Strassengauklertums und des höfischen *Tablaux Vivants* (das allerdings mehr mit Malerei als mit Skulptur zu tun hat), aber auch auf die jüngere Geschichte der Performance (besonders Gilbert & Georges LIVING SCULPTURE von 1971). Zugleich geht es aber einfach um den schlichten Täuschungseffekt zur milden Belustigung, um dafür ein paar Münzen als Belohnung einzustreichen.

Bei den Bildern der CHINA-PAINTERS-Serie wird die Frage des Display – die imaginäre Platzierung im Museum – schon im Bild beantwortet, so dass ich auf die Frage nach der Produktionsweise stosse: Wie sind die kreativen Entscheidungen bei der Herstellung zwischen Jankowski und den Malern wohl verteilt? Bei den LIVING SCULPTURES ist es genau umgekehrt: Hier wird die Frage der Produktion – ist es ein still verharrender Mensch oder eine Bronzeskulptur?

– schon in der physischen Beschaffenheit beantwortet. Stattdessen die Frage des Displays: Welche Unterschiede ergeben sich, wenn die drei Statuen auf der belebten Flaniermeile vor dem Centre d'Art Santa Mònica in Barcelona aufgestellt sind; in der Galerie Maccarone in New York; vor der Neuen Nationalgalerie in Berlin; inmitten eines Aussenskulptur-Ensembles während einer Blockbusterausstellung; oder im Regent's Park in London im Rahmen der Aussenskulpturpräsentation der Frieze Art Fair? Diese vier Varianten ergeben eine Dramaturgie: Bei La Rambla steht noch am stärksten die Frage im Raum, ob es sich um die «echten» Living Sculptures handelt oder um Bronzekopien. In der Galerie dagegen scheint am klarsten, dass es sich um Statuen handeln muss, und so verschiebt sich der Akzent auf die Frage nach ihrem kulturellen Stellenwert zwischen *High* und *Low*; und auch vor dem Museum in Berlin mag der kurze Anflug der Möglichkeit, es könne sich um Gaukler handeln, die die Schlangestehenden unterhalten, schnell verfliegen angesichts der Tatsache, dass neben ihnen modernistische Skulpturen platziert sind, wie Barnett Newmans BROKEN OBELISK (1963). Im Park treten die LIVING SCULPTURES wiederum in einen anderen Aggregatzustand über: Man erblickt sie plötzlich, wie ein scheues Tier – der Römer hinter einem Baum, Che und die Dalí-Frau jeweils zwischen Büschen. Wie bei klassischen Parkstatuen erzeugt das den eigenartigen Effekt der Belebung. Der Römer ist plötzlich wie ein Don Quichotte, der sich nicht in die Ritterzeit, sondern eine imaginäre Antike hineingesteigert hat und nun tatsächlich wie vom Blitz getroffen hier verharrt. Zugleich weiss man, dass es sich um eine Skulpturenpräsentation im Rahmen einer Kunstmesse handelt, allerdings in einem Bereich, der auch für alle anderen Parkbesucher zugänglich ist. Im Betrachten der Arbeiten vermengen sich also vollends ihre möglichen Aggregatzustände als einerseits metallharte, objekthafte Kunstware, den hochkulturellen Werten von Exklusivität und Kritik verpflichtet, und andererseits performativ-flüchtige Unterhaltungsform, Ausdruck der populärkulturellen Werte von Zugänglichkeit und Empathie: Und so klettern Kinder, während Sammler noch die Materialbeschaffenheit taxieren, auf ihnen herum.

WAS FÜR WEN UND WIE

Die beiden Serien Jankowskis liessen sich oberflächlich einordnen als künstlerische Appropriationen in der Nachfolge Duchamps, Warhols und Koons', verwirklicht in den ausgeleierten Ästhetiken längst millionenfach reproduzierter «klassischer» Motive. Bleibt angeeigneter Kitsch nicht dennoch einfach Kitsch? Es gibt zwei entscheidende Kriterien für Kitsch: Es handelt sich erstens um einen eindimensionalen Ausdruck, der – etwa durch Verniedlichung oder Überhöhung – einen eindimensionalen Affekt (milde Belustigung, Rührung, Pathos) erzeugen soll; und es handelt sich zweitens – daran verrät sich das Berechnende – um eine massenhafte, oft verfälschende Ausschlachtung früherer Kulturleistungen (Mona Lisa als T-Shirt, Van Goghs Sonnenblumen auf der Kaffeetasse).

Kein Zweifel also, Jankowski begibt sich mit LIVING SCULPTURES und CHINA PAINTERS wissentlich auf das Terrain des Kitsch – ohne es sich dort mit den Signalen des ironischen Zelebrierens oder des Zynismus bequem zu machen. Denn es geht nicht darum, die aus der Kunstgeschichte in die Populärkultur entlehnten Motive lediglich zurück in die Kunst zu transferieren. Entscheidend ist vielmehr, dass die Bedingungen des Machens, Zeigens und Betrachtens von zeitgenössischer Kunst einerseits und Gebrauchs- und Strassenkunst andererseits zueinander in Beziehung gesetzt werden, um die Transformationsspuren sichtbar zu machen – was zugleich einen «Entkitschungseffekt» hat. Dies kann Jankowski nur gelingen, indem er eine Zusammenarbeit in Gang setzt, im Verlauf derer er einen Teil seiner künstlerischen Kontrolle den involvierten Strassen- und Gebrauchskünstlern überträgt.

Dieses Überlassen kreativer Entscheidungen – und nicht nur die «blosse» Zusammenarbeit – ist eine vielfach beschriebene, durchgängige Methodik in Jankowskis Werk. Bei KUNSTWERK VERZWEIFELT GESUCHT (1997) wandte sich Jankowski wegen einer kreativen Blockade an einen Psychologen, der ihm durch eine Therapie – deren Verlauf wesentlich von diesem bestimmt wurde – zu einem Kunstwerk verhalf, das die Therapie selbst zur Grundlage einer Videoarbeit machte. Bei TELEMISTICA (1999) wurde ebenfalls ein Dialog – dieses Mal mit italienischen

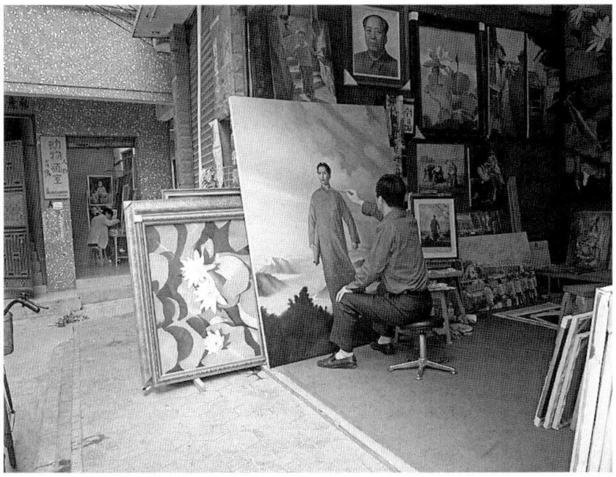

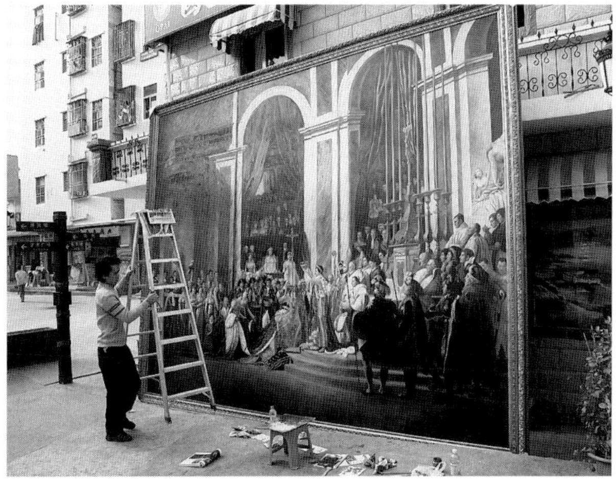

CHRISTIAN JANKOWSKI, photos from Dafen, January 2007 / Photos aus Dafen.

Fernseh-Hellsehern – verarbeitet. Auch hier bestand die Pointe darin, eine Art *self-fulfilling Prophecy* in Gang zu setzen, im Verlauf derer die involvierten Akteure durch ihre gewohnte Tätigkeit das dokumentierende Video mitproduzierten – in diesem Fall durch hellseherische Antworten auf Fragen nach der Realisierung eben dieser Arbeit und der künstlerischen Zukunft Jankowskis. THE HOLY ARTWORK (2001) treibt das Abtreten der «kreativen Leistung» auf die Spitze, da Jankowski sich hier selbst zum «Spielball» des texanischen TV-Predigers Peter Spencer macht, indem er sich während der Live-Übertragung eines Gottesdienstes mit seiner Videokamera nach vorne bitten lässt, damit die Gemeinde das «Wunder der Kunst» besser verstehe. Er bricht zu Füssen Spencers wie in Trance zusammen, während der Prediger fortfährt, die Kunst, personifiziert in Jankowski, vollkommen zum Teil seiner religiösen Botschaft zu machen. Für ANGELS OF REVENGE (Racheengel, 2006) – um ein Beispiel aus jüngerer Zeit zu nennen – bat Jankowski Teilnehmer eines Kostümwettbewerbs, der im Rahmen einer Horror-Messe in Chicago stattfand, in ein improvisiertes Filmstudio, um – verkleidet als grünes Monster oder blutdürstiger Metzger – ihre Rachephantasie in Bezug auf jene Person zu schildern, die ihnen in ihrem Leben am meisten unrecht getan habe. (Das grüne Monster will komischerweise ein kleines Messerchen zur Anwendung bringen; der Metzger, menschliche Körperteile unter dem Arm tragend, will sein Opfer mit Photos anschwärzen.)

All diese Arbeiten haben gemeinsam, dass Christian Jankowski als eine Art *Agent Provocateur* in einen kunstfremden Bereich, eine Subkultur oder einen institutionellen Zusammenhang eintritt – sei es Psychotherapie, Hellseherei, Fernsehpredigertum, Horror-Fankultur – und die jeweiligen Szenerien mit seinem konzeptuell-performativen «Auftrag» konfrontiert, um dann das Ergebnis als Video (oder auch Film, Buch, Installation, Photographie und so weiter) zu zeigen. Sie leben nicht zuletzt davon, dass eine produktive «Verwechslung» entsteht zwischen Werten und Parametern dieser jeweiligen Kontexte – vermittelt durch die aktive Teilnahme der anderen Akteure – und denen der zeitgenössischen Kunst.

Bei den CHINA PAINTERS und den LIVING SCULPTURES kann man zwar deutlich sehen, dass sie sich auf andere Kontexte als die der zeitgenössischen Kunst beziehen. Sie stehen aber dennoch in einer spezifischen, engen Beziehung zu ihr, sei es, weil die chinesischen Kopistenmaler (oder Auftragsbildhauer) längst zum «geheimen» Zulieferer vieler zeitgenössischer Kunstproduktionen in China und über die Grenzen des Landes hinaus geworden sind, oder weil die Strassendarsteller von LIVING SCULPTURES sich bewusst oder unbewusst auf die Performancekunst der letzten vierzig Jahre beziehen (auch wenn sie in erster Linie auf «alte Kunst» rekurrieren). Hinzu kommt, dass Jankowski diesmal nicht mit Video arbeitet,[2] sondern zum ersten Mal mit den traditionellen Formen der figurativen Malerei und der figurativen Skulptur. Treffenderweise hiess die Präsentation der beiden Werkgruppen in der New Yorker Galerie auch «Superclassical»: die Kunst kann sich hier nicht mehr missverstehen lassen als ironische Aneignung vermeintlich so fremder Felder wie Fernsehreligion oder Horror-Fankultur, sondern muss in die «Niederungen» ihrer eigenen superklassischen Geschichte vordringen.

Sosehr die Arbeiten den Reflex des Verdachts provozieren (und dieser «Verdacht» wird meist nur bei Künstlern geäussert, die sowieso mit performativ-konzeptueller Praxis bekannt wurden), ein Zugeständnis an den Kunstmarkt und sein Verlangen nach den «superclassical» Medien zu sein, so sehr zwingen sie einen auf so drollige wie dringliche Weise, ständig nach den Bedingungen zu fragen – den Bedingungen des Machens, Zeigens, Betrachtens und Besitzens. Ein weiterer durch die Vorgehensweise unweigerlich provozierter «Verdacht» zeigt sich darin, dass man Jankowski fragt, was er den Kopistenmalern gezahlt habe (deutlich mehr als die China-üblichen Preise, zwischen einigen Hundert und deutlich mehr als tausend Euro), aber die gleiche Frage würde man bei berühmten zeitgenössischen Malern höchstwahrscheinlich nicht stellen (wenn diese überhaupt zugeben, dass sie mit Assistenten arbeiten, die tatkräftig an der Ausführung ihrer Werke beteiligt sind). Jankowski weist letztlich auf diese Doppelbödigkeit hin: Während wir es gewohnt sind, bei konzeptuellen, performativen und filmischen Werken die Entstehungsbedingungen auch dann mitzudiskutieren, wenn die Arbeiten selbst sie nicht thematisieren, bleiben wir oft genug bei Malerei und Skulptur an deren Materialität hängen und diskutieren nur das, was zu sehen ist, nicht das, was dahin geführt hat.

IN EWIGKEIT, AMEN

In einem früheren Text über Jankowski[3] hatte ich die These vertreten, dass viele seiner Arbeiten vier Merkmale erfüllen, die alle auch auf den neoliberal flexibilisierten Arbeitsbegriff zutreffen: dass erstens kein lineares, sondern ein *gebrochen-zirkuläres Zeitmodell* zugrunde liegt, die Struktur einer *self-fulfilling prophecy*; dass zweitens das projektbezogene *Delegieren* als Abgeben von Verantwortung zum Tragen kommt; dass drittens eine fortwährende *Transformation* nicht nur des Gegenstands der Arbeit, sondern auch der Mitwirkenden stattfindet (wer hat die kreative Verantwortung, wer ist «nur» Erfüllungsgehilfe); und viertens eine ständige *Revision* zugrunde liegt, der zufolge jedes neue Projekt auch völlig neuer Überlegungen, Fertigkeiten und Mitwirkender bedarf.

Die Pointe bei diesem Vergleich zwischen seiner künstlerischer Praxis und der allgemeinen Veränderung der Arbeitswelt bestand nicht darin, ihm – und einer ganzen Reihe anderer Künstler – nachzuweisen, sie bildeten unfreiwillig die Avantgarde für neue Arbeitsformen, die über die Unsicherheit flexibilisierter Bedingungen damit hinweg trösten, dass sie kreative Selbstverwirklichung versprechen. Die Pointe war vielmehr aufzuzeigen, dass Künstler wie Jankowski nicht bloss die «Manager» ihrer Projekte sind und diese je nach Bedarf flexibel hinter sich lassen können, sondern dass sie – und da kommt ein «konservatives», erinnerndes, aufbewahrendes Element der Kunst allgemein ins Spiel – im Gegensatz zu Managern auf lange Sicht immer für ihr Œuvre verantwortlich bleiben, für die «Hits» wie die «Flops». Jankowski implantiert in die Flexibilisierung das langfristige Gedächtnis der Kunst und seines seit den frühen 90er-Jahren sich entwickelnden Werks. Bei den CHINA PAINTERS und den LIVING SCULPTURES tritt nun – und das erscheint nur konsequent als konzeptuelle Zuspitzung – das Langfristige auf humorvolle Weise in der physischen Qualität der Arbeiten selbst auf: Öl und Bronze, gemacht für die superklassische Ewigkeit.

Dank an Christina Li, Tobias Berger und Fei Teng für wertvolle Hilfe in Hongkong und Shenzhen.

1) Aus Gesprächen des Autors mit dem Künstler.
2) Im Fall von LIVING SCULPTURES war das zunächst geplant: Eine frühe Idee sah vor, dass sich die LIVING SCULPTURES über Probleme zeitgenössischer Bildhauerei unterhalten sollten.
3) Jörg Heiser, «Looking Back at the Future Perfect: On Christian Jankowski's Work as Work», in Edna van Duyn (Hrsg.), *Christian Jankowski. Play*, Amsterdam: De Appel Foundation, 2001.

From There to Eternity

JÖRG HEISER

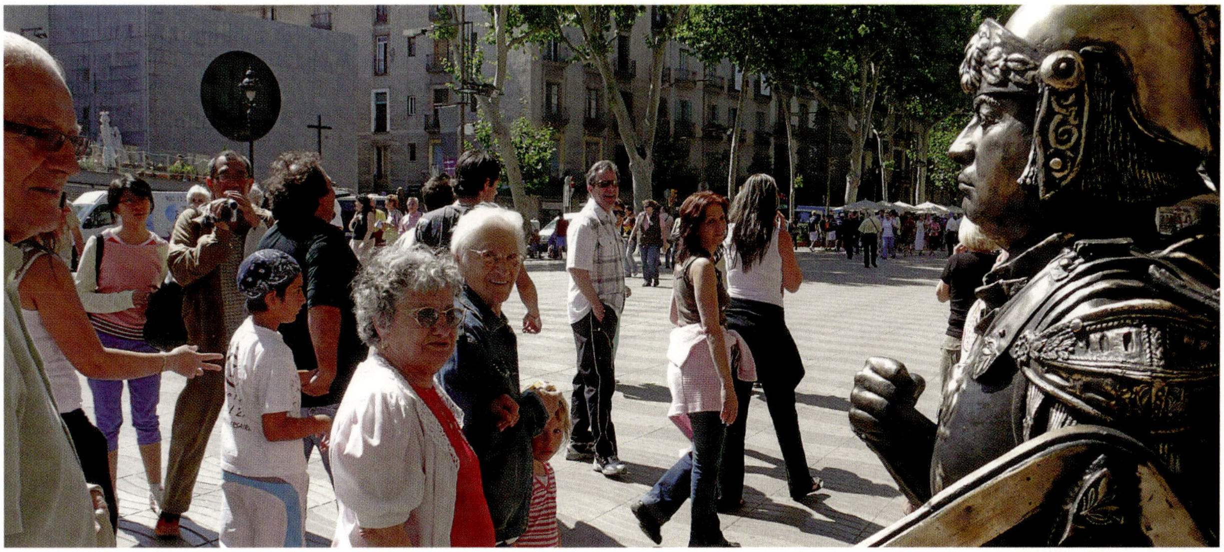

CHRISTIAN JANKOWSKI, LIVING SCULPTURES, CAESAR, 2006 - 2007, bronze, installation view at La Rambla, Barcelona, May 2007, 112 x 62 1/2 x 52" / LEBENDE SKULPTUREN, Bronze, Installationsansicht, 284 x 159 x 132 cm.

CHINA SCULPTURES

Shenzhen, megametropolis and southern Chinese Special Economic Zone: apartment blocks and office towers as far as the eye can see. After just under an hour's drive from Hong Kong, we see the first sign for the Dafen Oil Painting Hamlet. The would-be "hamlet" is an urban planner's small-town dream with pedestrian zones and multi-story apartment blocks arranged around a square with a bust of Leonardo da Vinci. It's said that a good ten thousand copyists work here, producing around five million oil paintings per year for hotel lobbies, offices, and private homes all over the world. Day after day, classic paintings, Chinese landscapes, and portraits of family members and politicians made from photographs are turned out by the series and sold at knock-down prices. Many of the copyists start work straight after leaving high school, others study at art academies (in China the art of producing a perfect copy is very highly regarded).

Next to the Oil Painting Hamlet, a futurist foreign body looms into sight like a black stealth bomber. An angular, flatly elongated structure—designed by Urbanus—with its interior perforated by tall vertical spaces and light shafts that echo the surrounding apartment blocks. It's the Dafen Art Museum. Will the originals be shown here alongside the copies from the neighboring galleries? Or are the copyists supposed to stay away? Inside the building, with

JÖRG HEISER is co-editor of the art journal *Frieze* and lives in Berlin.

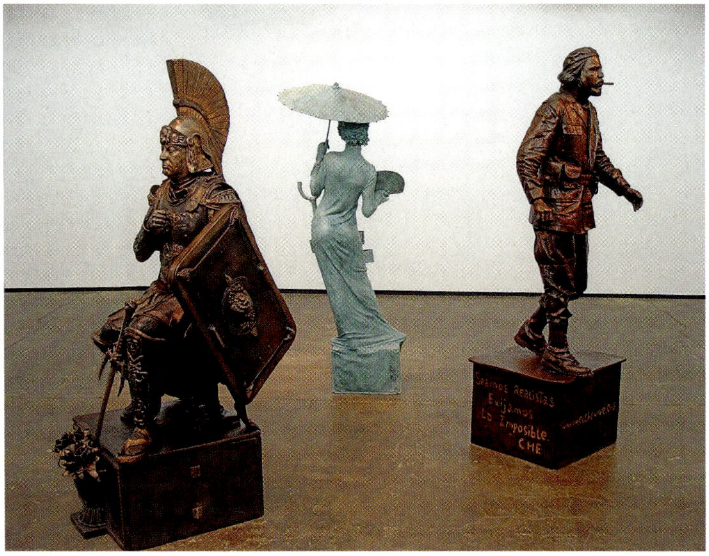

CHRISTIAN JANKOWSKI, LIVING SCULPTURES, CAESAR, DALÍ WOMAN, EL CHE, bronze sculptures, installation view Maccarrone, Inc. New York, February 2007 / LEBENDE SKULPTUREN, Bronzeskulpturen, Ausstellungsansicht.

its dramatically sloping walls and disorienting sequences of rooms, there's nothing to be seen apart from the cleaning crew: no collection, no announcements for upcoming exhibitions. The same could be said of many of the numerous new museum buildings in China—empty markers demonstrating what is now possible under the sway of the matchless building, economic, and art boom now gripping the Chinese Republic.

In the winter of 2006–07 Christian Jankowski went to Hong Kong and Shenzhen to work on a project with copy painters. He had learnt of their existence about two years previously from an article in the *South China Morning Post.* And later he also heard about the Dafen Art Museum, still under construction. The architects gave him permission to visit the building site. There he took hundreds of photographs of the as yet unfinished rooms, still cluttered with scaffolding, tools, and building materials. Jankowski made prints of shots where you could already imagine hanging a picture within the picture and showed these to some of the copy painters, but only after preliminary conversations where he put to them the idea—a novel idea for most copyists—of inventing a painting of their own. "My challenge to them was: if you had the authority to hang a painting in the new museum in Dafen, what would it be?"[1]) Jankowski's crucial point was: what if the copyists were in the position—even only in their painterly imaginations—to place a picture in the unfinished museum building? Which leads to another question: how does the work of the Dafen painters actually relate to contemporary art? As a concept, this approach has much to be said for it. Unlike some of his fellow artists, Jankowski doesn't "tap into" cheap craft production only to leave it in the vague background of a finished piece which is primarily aimed at making a spectacular visual and physical impact (if necessary, ennobled by the artist's "finishing touch"). He is not satisfied with the conceptual suppression of a painterly signature, as in a tradition that includes John Baldessari's *Commissioned Paintings* (1969), painted by amateurs, and Martin Kippenberger's series *Lieber Maler, male mir* (Dear Painter, Paint for Me, 1981) that he worked on with a poster artist. Nor does he wish, like Daniel Richter, for instance (who spent a day as a street artist in the summer of 2007 painting portraits outside the Centre Pompidou), to slip fleetingly into the role of the commercial artist in order to give his own specialized work an ironic dash of street cred.

In CHINA PAINTERS (2007) the commercial artists are not just imposed upon (or deposed) but are also transposed, to a certain extent, into the role of

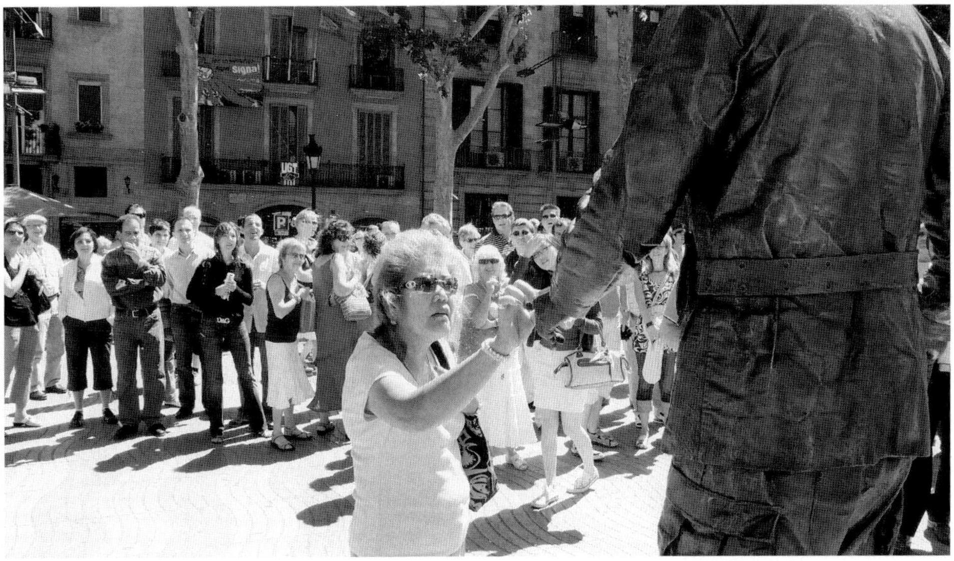

CHRISTIAN JANKOWSKI, LIVING SCULPTURES, EL CHE, 2006 - 2007, bronze, installation view La Rambla, Barcelona, 112 x 62 1/2 x 52" / LEBENDE SKULPTUREN, Installationsansicht, 284 x 159 x 132 cm.

the contemporary, conceptual, "curatorially" minded artist. Besides dealing with issues arising from questions of painterly technique—for instance when the specialist in flower paintings is not accustomed to distorting his motifs for the sake of perspective—the copyists are compelled to reveal how they see themselves: whether their tendency is more towards craft skills or artistic expression, commercial or idealistic. One senses this in the answers to Jankowski's questions (why they chose a particular painting for the museum, and why it was important to them) and in the paintings they themselves produced. The painter of an idyllic landscape (CADENCE / RHYTHM, 2007) says it is about the beauty of nature, that he has already painted this landscape motif a thousand times, and placing it in the museum does honor to his master; he has thus put his trust in the familiar. The painter of a formally conservative copy of Eugène Delacroix's LA LIBERTÉ GUIDANT LE PEUPLE (1830) places his painting in a dark corner of the unfinished museum, which can of course be read as a commentary on the still distant democratic opening of China. Accordingly, he adds that art is not about generating aesthetic pleasure but about expressing a thought, and that he always admired the Old Masters in the West for the way that they took a stand with regard to society. Meanwhile, a fellow copyist with a diametrically opposed ideology prefers to cast the three giants of Chinese politics—Deng Xiao Ping, Hu Jintao, and Jiang Zemin—in the time-honored light of transfigurement (THREE LEADERS, 2007), although the chaotic mess of scaffolding poles on the floor undermines the ordered vision of the triumvirate. Yet another copyist plays on the task at hand: an absurdly kitschy SEXY PAINTING MACHINE (2007), with a frivolous woman's leg, spitting out a grotesque portrait of Salvador Dalí: perhaps the clearest attempt to match up to the notion of a contemporary artistic gesture. (The paintings, it should be said, are signed by the artists, not by Jankowski—an additional certificate authenticates them as belonging to his oeuvre.)

LIVING SCULPTURES

At around the same time as the CHINA PAINTERS (2007) project was under way, Jankowski also produced his LIVING SCULPTURES, directly derived from street artists working in La Rambla, the main pedestrian thoroughfare in Barcelona, who stand stock still, like living statues, for the entertainment of the passersby: one as Che Guevara, another as a Roman legionnaire (who calls himself Caesar), and one as Salvador Dalí's surreal woman-as-chest-of-drawers. Plaster molds were made of these perform-

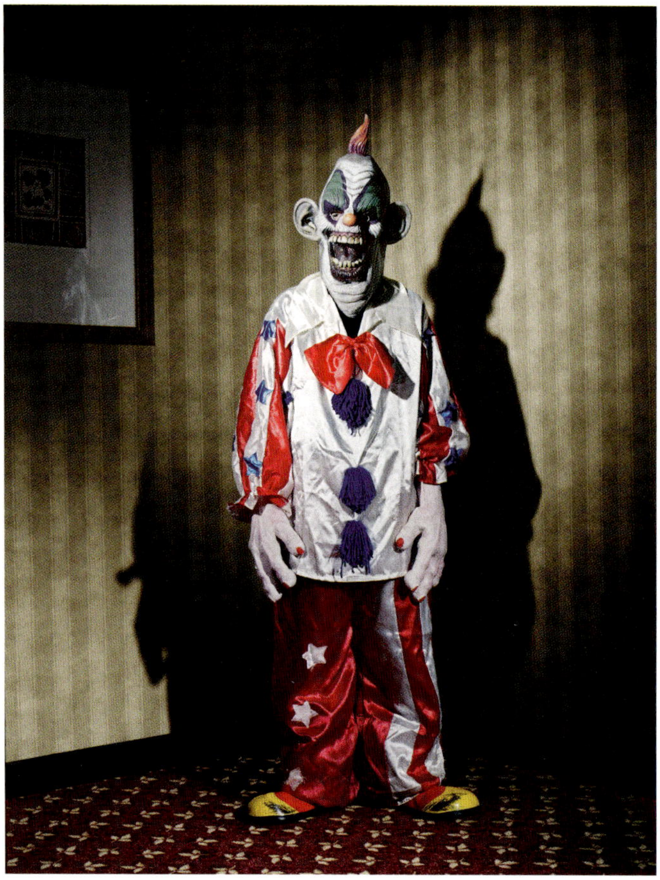

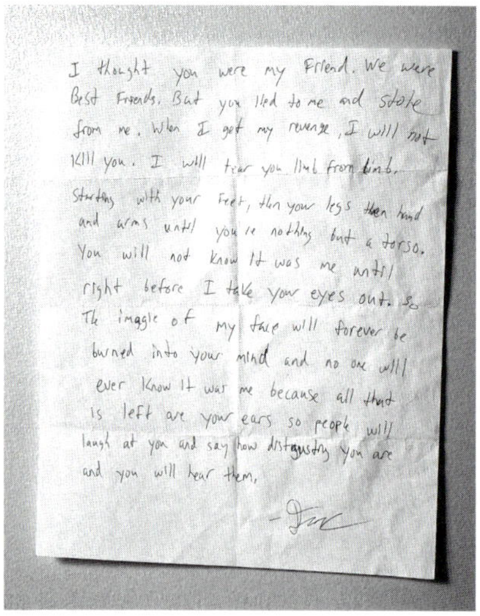

I thought you were my Friend. We were Best Friends. But you lied to me and stole from me. When I get my revenge, I will not kill you. I will tear you limb from limb. Starting with your feet, then your legs then hand and arms until you're nothing but a torso. You will not know it was me until right before I take your eyes out. So the imagle of my face will forever be burned into your mind and no one will ever know it was me because all that is left are your ears so people will laugh at you and say how distgusting you are and you will hear them.

CHRISTIAN JANKOWSKI, ANGELS OF REVENGE, CLOWN, 2006, C-prints, 30 x 34" each / RACHE-ENGEL, C-Prints, je 76,2 x 86,4 cm. (PHOTO: STEPHANIE FOYER)

ers, in costume, and cast in bronze. The finished pieces were shown in various locations during the course of 2007.

The subculture of the "living statue" goes back not only to the ancient Pygmalion myth of the statue come to life, the Old Testament story of Lot's wife turned into a pillar of salt, or a long tradition of street performers and courtly *tableaux vivants* (although these had more to do with painting than with sculpture), but also to the more recent history of performance art (in particular Gilbert & George's *Living Sculpture* of 1971). But it is also about a simple, mildly amusing illusion that will earn the perpetrator a few coins.

In the case of the pictures in the CHINA PAINTERS series, the question of display—their imaginary placement in a museum—is already answered in the painting, where the question of the production method is: how were creative decisions shared between Jankowski and the painters during the production process? But in the case of the LIVING SCULPTURES, exactly the opposite applies: here the question of production—is it a perfectly still person or a bronze sculpture?—has already been answered by the physical make-up of the pieces. Instead we are faced with the question of display: what difference does it make when the three statues are presented either in the busy pedestrian zone outside the Centre d'Art Santa Mònica in Barcelona, in the Maccarone Gallery in New York, outside the Neue Nationalgalerie in Berlin in the midst of a sculpture ensemble during a blockbuster exhibition, or in Regent's Park in London as part of the Frieze Art Fair? Each of these four possibilities has its own story. But it is at

La Rambla that the question as to whether these are "real" living sculptures or bronze copies, seems to be the most urgent. By contrast, it is very obvious in the gallery that these are statues, so the main interest shifts to the matter of their cultural status on the high-to-low scale; and outside the museum in Berlin the fleeting suggestion that these could be live performers out to entertain the visitors standing in line is quickly dispelled by the fact that they are located next to a number of modern sculptures, including Barnett Newman's BROKEN OBELISK (1963). In the park, the LIVING SCULPTURES enter yet another state: they suddenly come into view like shy wild animals—the Roman behind a tree, Che and the Dalí-woman between shrubs. As it is with classic parkland statues, this location strangely seems to make them come alive. All at once the Roman has the air of a Don Quixote, not enacting a role in the age of chivalry, but as an occupant of his own imaginary Age of Antiquity who has stopped dead here for a moment, as though struck by lightning. At the same time we know that this is a sculptural exhibit presented in conjunction with an art fair, albeit in a park that is open to the public at large. Gazing at the pieces, it is as though we see their possible states converging. We see hard, metal art products that subscribe to highbrow values of exclusivity and critique become one with an ephemerally performative form of entertainment, reflecting the pop-cultural values of accessibility and empathy; and while collectors appraise the material used in the production process, children clamber all over the figures.

WHAT FOR WHOM AND HOW

These two series by Jankowski can loosely be classed with the various forms of artistic appropriation that followed in the wake of Duchamp, Warhol, and Koons, realized in the sagging aesthetics of "classical" motifs reproduced millions of times. Isn't appropriated kitsch still just kitsch? The two main criteria that apply to kitsch are, firstly, it has to be simplistic in its expression which—either by prettification or exaggeration—will induce a one-dimensional effect (mild amusement, false emotions, distorted pathos, sentimentality) and, secondly—revealing the level of calculation that is also intrinsic to kitsch—it has to involve the often corrupting exploitation of cultural icons from the past (Mona Lisa T-shirts, Van Gogh sun flowers on coffee cups).

So there is no doubt that with his LIVING SCULPTURES and CHINA PAINTERS Jankowski is knowingly venturing into the realm of kitsch—without making things easier for himself by signaling either ironic celebration or cynicism—for these series are not about reinstating motifs that have been borrowed from art history by the makers of pop culture. They have much more to do with creating a connection between the conditions surrounding the making, exhibiting, and viewing of contemporary art, on the one hand, and commercial and street art on the other, in order to reveal traces of the process of transformation—which also has a "de-kitschifying" effect. But Jankowski can only achieve this aim if he sets up a form of collaboration that involves handing over a degree of artistic control to the street artists and commercial artists he is working with.

The delegation of creative decision-making—rather than engagement in "mere" collaboration—is a much-described strategy that permeates Jankowski's work. In the case of KUNSTWERK VERZWEIFELT GESUCHT (Desperately Seeking an Artwork, 1997) Jankowski, faced with a creative block, turned to a psychologist who put him through a course of therapy—largely determined by the latter—that helped him back on the road to making a work of art, specifically a video piece based on the therapy he was undergoing. For TELEMISTICA (1999) Jankowski again took a dialogue between himself and others as his material—in this instance the dialogue was with mediums working for Italian television. Once more, the point was to set in motion a kind of self-fulfilling prophecy during the course of which the other participants, engaging in their usual work, co-created a documentary video—in this case by answering questions about the making of this video and Jankowski's future as an artist. THE HOLY ARTWORK (2001) takes the abdication of "creative input" to the limit: Jankowski turns himself into the "plaything" of the Texan televangelist Peter Spencer by coming forward with his video camera during a live broadcast of a religious service, so that the congregation can better understand the "miracle of art." He falls to the ground at Spencer's feet, as though in a trance; meanwhile, the preacher incorporates the subject of art, personified in the figure of Jankowski, into his own religious message. For ANGELS OF REVENGE (2006)—to take a more recent example—Jankowski invited two participants in a costume contest at the Horror Fair in Chicago to come to an improvised film studio. Dressed as a green monster and a bloodthirsty butcher they were then encouraged to act out revenge fantasies on whoever had done them the greatest injustice during the course of their lives. (Oddly enough, the green monster wants to make play with a small knife, while the butcher, carrying human body parts under his arm wants photographs, to blacken his victim's name.)

In each of these works Jankowski appears as something of an agent provocateur in a non-art environment, in a subculture or a non-institutional context—be it in the realms of psychotherapy, second sight, televangelism, the cult of horror movies—and confronts the different scenarios with his conceptual-performative "task," which he records and exhibits as a video (or as a film, a book, an installation, a photograph, and so on). These end-products thrive not least on the fruitful "confusion" that arises from the juxtaposition of the values and parameters of any one of these contexts—established by the active involvement of the other participants and those of contemporary art.

Although it is clear that CHINA PAINTERS and LIVING SCULPTURES relate to contexts other than that of contemporary art, there is still a specific, close relationship to it, either because the Chinese copy painters (or sculptors) have long since been active as the "secret" suppliers of a wide range of contemporary art in China and beyond, or because the street artists on whom the LIVING SCULPTURES are based consciously or unconsciously relate to the performance art of the last forty years (even if they primarily refer to "old art"). Additionally, there is the fact that in these two instances Jankowski does not use video,[2] but turns for the first time to the traditional forms of figurative painting and figurative sculpture. When these two ensembles were presented in the New York gallery, the presentation was aptly titled "Superclassical": in these circumstances art can no longer allow itself to be misunderstood as an ironic appropriation of such supposedly alien realms as televangelism or the cult of horror movies, but instead has to advance into the "depths" of its own "superclassical" history.

However much these works provoke the suspicion that they are making some kind of a concession to the art market and its demand for "superclassical" media (a "suspicion" that is generally only aroused by artists who have made a name for themselves as performative-conceptual practitioners) they, nevertheless, drolly yet urgently, compel the viewer to constantly consider the circumstances surrounding the work—the circumstances of their production, presentation, viewing, and ownership. And another "suspicion" that is inevitably provoked by this mode of art production is that people ask Jankowski what he paid the copy painters (much more than the usual fee in China, ranging from several hundred to well over a thousand euros), although no-one would put the same question to famous contemporary painters (assuming that they would admit they have assistants who actively have a hand in the execution of their work). Jankowski ultimately points to the double standards that apply here: Although we are in the habit of discussing the conditions surrounding the production of conceptual, performative, and filmed work, even if these are not highlighted within the work itself, when it comes to painting and sculpture we often stop short at the material appearance of the piece and only discuss what we can see and not how the work has arrived at this point.

IN ETERNITY, AMEN

In an earlier text on Jankowski[3] I suggested that many of his works fulfill four conditions, all of which comply with a neo-liberal concept of flexible working practices: firstly, that they are not linear but based on a "fragmentary-circular time" model, the structure of a "self-fulfilling prophecy"; secondly, that the necessary "delegation" of decision-making during the course of the project looks like an abdication of responsibility; thirdly, that there is an ongoing process of "transformation" not only of the object of the work, but also of the participants (who has creative responsibility? who is "only" assisting in the

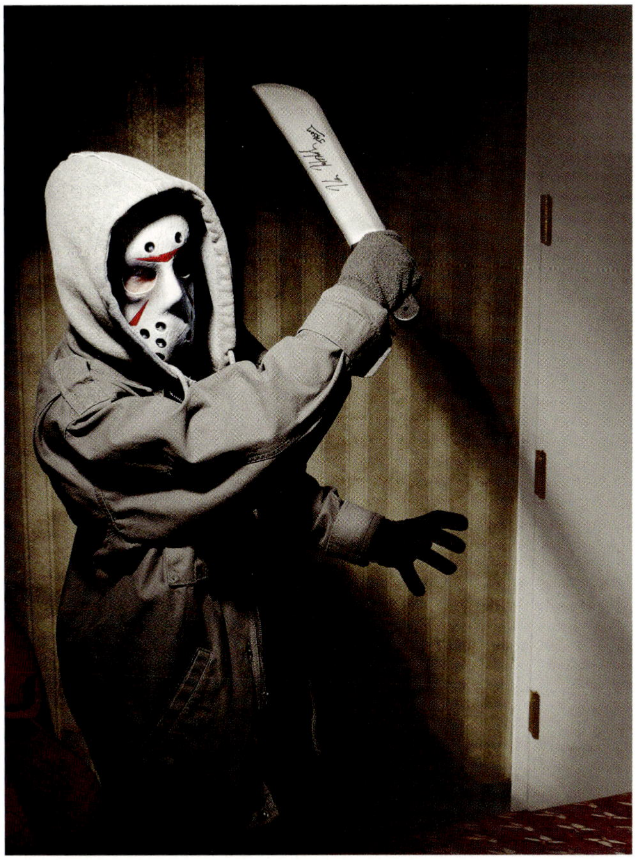

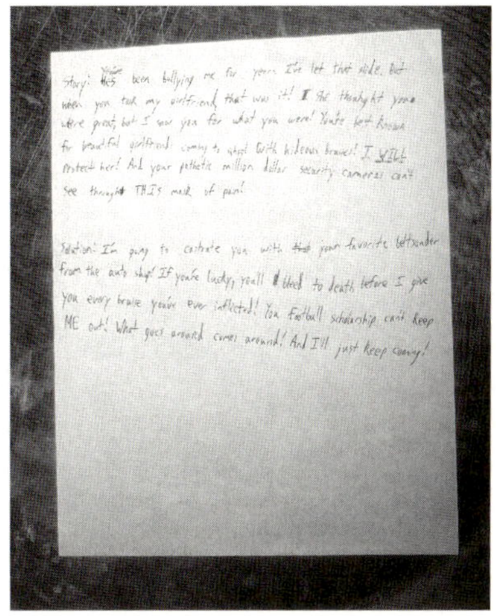

CHRISTIAN JANKOWSKI, ANGELS OF REVENGE, JASON 1, 2006, C-prints, 30 x 34" each / RACHE-ENGEL, C-Prints, je 76,2 x 86,4 cm. *(PHOTO: STEPHANIE FOYER)*

piece's execution? etc.); and, fourthly, that there is constant "revision," which means that each new project also requires a completely new approach, new skills, and participants.

The point of this comparison between Jankowski's artistic praxis and wider changes in the world of work was not to prove to him—and a number of other artists—that they were involuntarily forming the avant-garde of new modes of work that make up for the uncertainty of "flexibilized" conditions by promising creative self-fulfillment. The point was rather to show that artists such as Jankowski do not merely "manage" their projects and can easily move on from them, as the need arises, but that they—and here a "conservative," remembering and preserving aspect of art comes into play—unlike managers, will in the long run always remain responsible for their oeuvre, for the "hits" and for the "flops." Jankowski implants into these flexible conditions the long-term memory of art and of the work he has been developing since the early 1990s. In CHINA PAINTERS and LIVING SCULPTURES—with perfect conceptual logic—the long term makes a witty appearance in the physical makeup of the works: oils and bronzes, made for superclassical eternity.

(Translation: Fiona Elliott)

With thanks to Christina Li, Tobias Berger and Fei Teng for their generous help in Hong Kong and Shenzhen.

1) From conversations between the author and the artist.
2) This was part of the original plan for the LIVING SCULPTURES: at an earlier stage in the work, the idea was that the LIVING SCULPTURES should address certain issues pertaining to contemporary sculpture.
3) Jörg Heiser, "Looking Back at the Future Perfect: On Christian Jankowski's Work as Work" in Edna van Duyn (ed.), *Christian Jankowski. Play* (Amsterdam: De Appel Foundation, 2001).

JANKOWSKI'S ACT

CAY SOPHIE RABINOWITZ

In pages from the centerfold of a book published in conjunction with Christian Jankowski's 2003 exhibition at the Museum für Gegenwartskunst Basel, a series of snapshots that seem to have been taken from family albums portray the artist in various settings and in numerous styles and stages of his development. He appears casual, as he would to those who know him well—friends and family, not necessarily the art public.[1)] The person in these pictures is Christian Jankowski, posing as a fashion model hopeful, a long-haired glam rocker, a game show contestant. Because Jankowski so often puts himself in his work—as a true representation of himself or as some other person—these pages present something seemingly more significant than a location for the average biographical documentation.

Jankowski's method of portraying himself thoroughly as himself or as someone other is conceived and structured in a manner similar to the teachings of Lee Strasberg (and Constantin Stanislavski) whose approach to "method acting" involves the character's attempt to replicate the emotional conditions of real life in order to create a realistic performance. Among Strasberg's students were many of America's most famous actors of the latter half of the twentieth century, including Marlon Brando, James Dean, Marilyn Monroe, Jack Nicholson, and many others.

CAY SOPHIE RABINOWITZ is the Artistic Director of Art Basel and Art Basel Miami Art Fairs.

Just as method acting is a technique in which the performer aims to recreate the psychological conditions of the role to be played, Jankowski entirely transforms himself and his environment. He allows for almost no discrepancy between a real-life scenario and its displacement as a work of art. It is the totality of the method actor's commitment, the vulnerability entailed in achieving such believability that compels Jankowski to present himself to his viewers in such altered states.

In 1996, Jankowski was invited to Antwerp to participate in an exhibition in the artist run gallery, Lokaal 01. The work he installed, titled MY LIFE AS A DOVE (1996), was completed with the hired assistance of a magician, who was asked to transform the visiting artist into a dove. Jankowski was thus present in the gallery during the entire course of the exhibition, but in his newly assumed fine-feathered form. A polaroid camera and guest book were left in the exhibition space, allowing visitors to document the artist in his temporary life as a dove.

In 1998, Jankowski set up a series of installations at Portikus in Frankfurt with the express purpose of writing a book. In his resulting MEIN ERSTES BUCH (My First Book), Jankowski composed six chapters during the six-week exhibition, each in the style of a different genre: novel, play, autobiography, poetry. Every Sunday, a literary professional would arrive at the exhibition space and converse with Jankowski in a stage-like setting among relics the artist had chosen

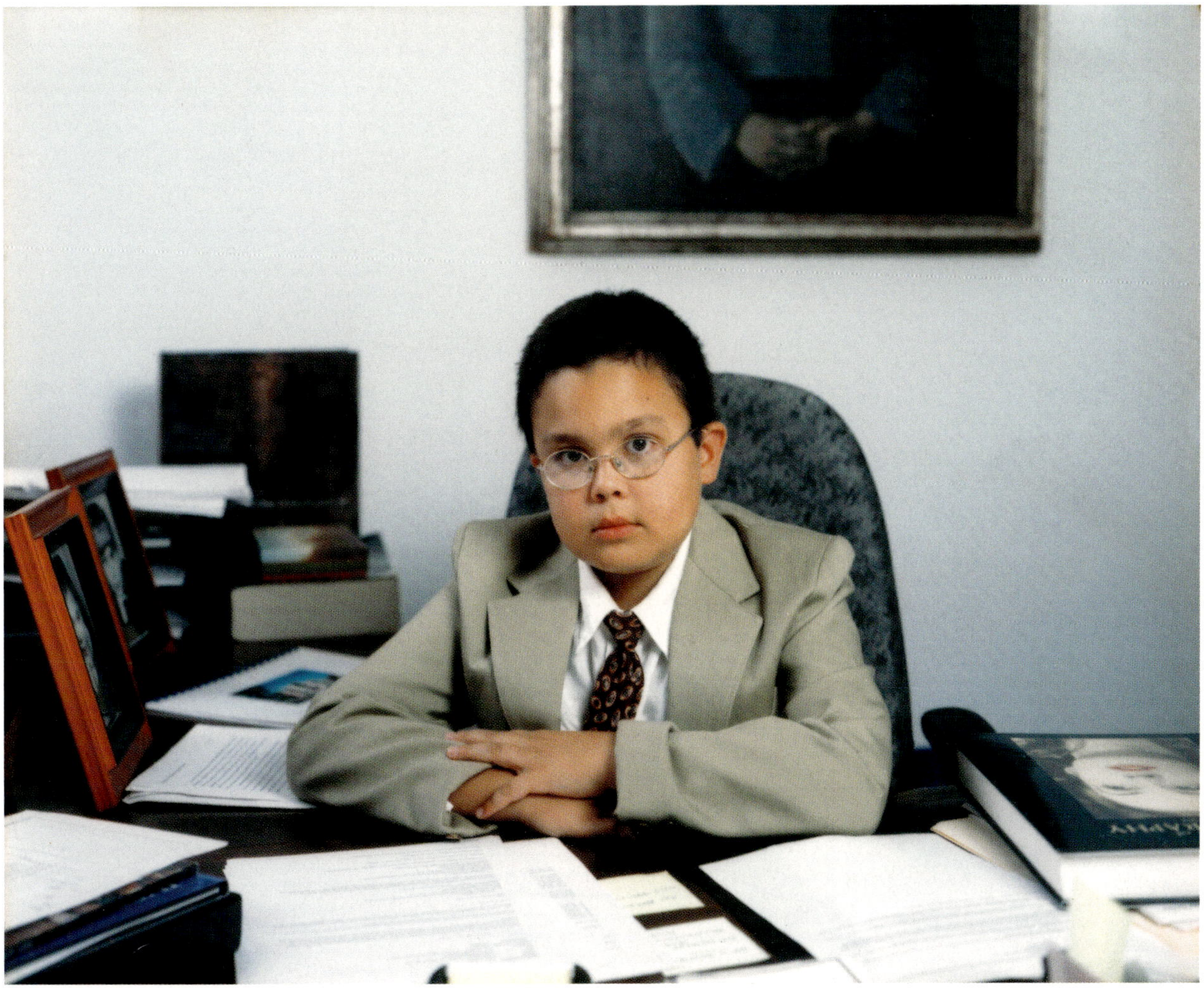

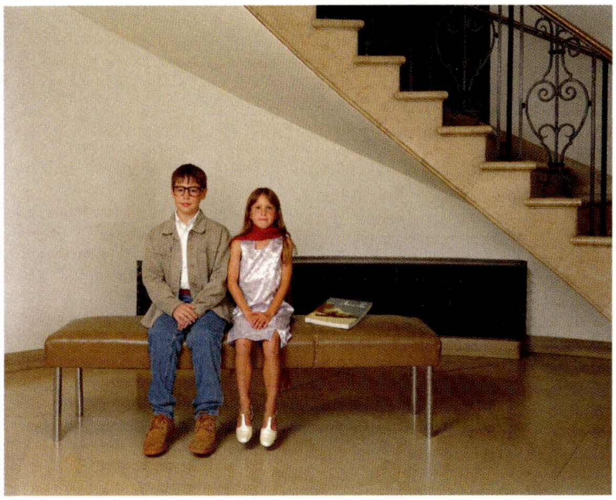

CHRISTIAN JANKOWSKI, THE MATRIX EFFECT (top: Museum Director, Jim Elliot; bottom: Christo & Jeanne-Claude), 2000, color DVD, 34 min. / DVD in Farbe.

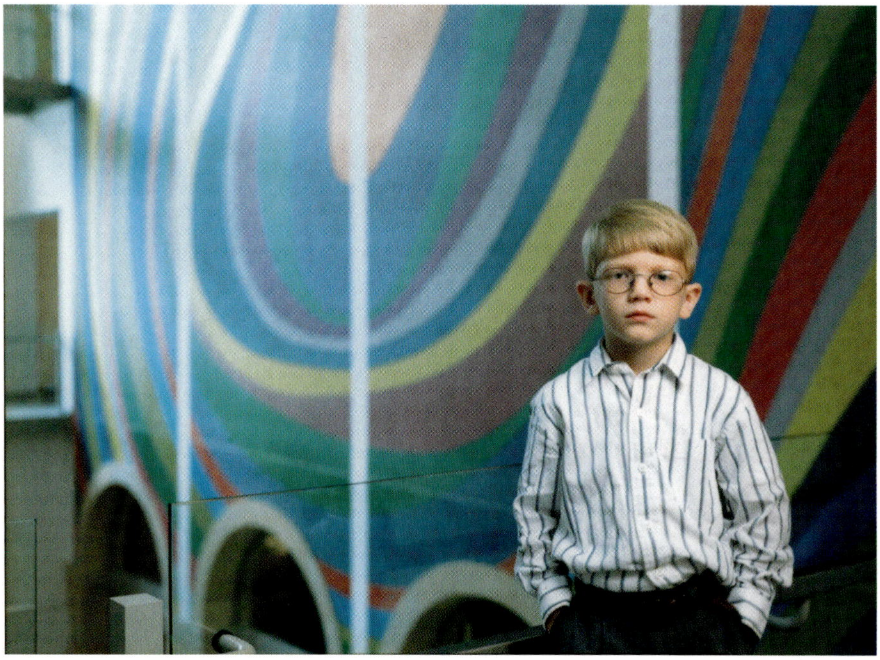

CHRISTIAN JANKOWSKI, THE MATRIX EFFECT (Sol LeWitt), 2000, color DVD, 34 min. / DVD in Farbe.

to recall the habits and settings of famous writers, such as Heiner Müller's hideously overflowing ashtray, a designer desk chair similar to one used by Simone de Beauvoir, and twenty sharpened pencils referencing those Elias Canetti was known to prepare before embarking on a piece of writing. Each of Jankowski's chapters was inspired by a new concept, form, and method. One, for example, involved writing on the road as though he were Goethe traveling through Italy; in another Jankowski wrote under the influence of drugs. In one chapter, he wrote with the help of a ghost writer. Through this project, Jankowski illustrates and exposes the influence that literary professionals—from agent, to publisher, to designer, to critic—have on all books that get published. In the first matinee performance, "Inszeniertes Schreiben I/VI: Schriftsteller porträtiert Schriftsteller" (Staged Writing I/VI: Writer Portrays Writer), Jankowski introduced his literary agent/interlocutor to his so-called "citations of objects," as the means by which he made contact to or established a relationship with the writers. While it is unlikely that a desk, built according to Heinrich Böll's detailed description in a speech given upon receiving the Nobel Prize, will make the artist into a writer, this may not be the point. For, while the agent responds to Jankowski's inquiry with the seriousness of her profession—that is, without irony—a balance is maintained between the reality and fiction of this platform and the discussion taking place on it. As such, it remains a duplicitous structure, enabling Jankowski to be perceived as both the artist himself and, in that very moment, as someone other. It is this provocatively complicated yet positive character that predominates many of the works Jankowski has done since.

SCHAMKASTEN (Shame Box, 1992), an early performance work Jankowski did before starting his studies at the Hamburg Art Academy, brought him some immediate media attention, including write-ups in magazines and invitations to TV shows. Jankowski invited passers-by to sit in the window of his storefront apartment and hold up placards that expressed their personal feelings of shame. In the resulting video and series of black-and-white photographs, some look embarrassed, others confident and obviously reveling in the attention. Similarly the 'shame messages' written on the placards range from coy embarrassment to heartrending expressions of guilt: "I am ashamed of my bad memory for names," "I am ashamed of my body," "I am ashamed of having neglected my children." Coaxing people to expose their feelings, thoughts, indiscretions, and inclinations has been a part of Jankowski's approach in several works since. By offering a platform where willing participants can make personal matters public and where they can perform or act out versions of themselves, the artist provides an opportunity for his collaborators to become empowered. The action is both planned and expository, just as the work is en-framed by both fixed and open structures, leaving the viewer uncertain whether the characters are invented or real.

The work ZÖLLNER SINGEN (Singing Customs Officers, 1999), which was created for an exhibition at Centro d'Arte Contemporanea Ticino, Bellinzona in Switzerland, shows French, Italian, German, and Austrian uniformed customs officials singing their respective national anthems in front of their border checkpoints. The work was inspired by the complicated customs procedures for bringing artworks into Switzerland, a country not part of the EU. Jankowski filmed the short singing performances and immediately declared the videotapes as artworks. He then registered them as such with the border officials who charged import duty and stamped them for transport to the Swiss side (a mere few feet away). The customs papers together with the videos form the final artwork.

The following year, Jankowski was invited by the Wadsworth Atheneum in Hartford, Connecticut to participate in the Matrix Series, a program of solo exhibitions of newly commissioned works by emerging artists. Similar to the way TELEMISTICA incorporated the artist himself into the conditions of production and reception, this time Jankowski used the institutional conditions of the series—its precedents and history—to similar effect. The resulting work, THE MATRIX EFFECT (2000), is filmed in the format of an educational TV-documentary and presents a series of interviews between actors playing the role of Jim Elliot and Andrea Miller-Keller, the founding director and the curator of the Matrix Series, and past artists who have participated in the series, among them Glenn Ligon, Christo, John Baldessari, and Adrian Piper. The artist-characters in the video are seen exchanging impressions about the process of participating in the series, while giving statements about its impact on their careers. But rather than staging a series of simple conversation re-enactments, Jankowski further complicates the video by scripting all of the protagonists to be played by child actors. Not only does this have a distancing effect on the viewers, making the artifice of the situation immediately obvious; it also reflects on the condition of the Matrix Series as a supposed site of introduction, presenting emerging artists and/or artists still relatively unknown to an American audience. In THE MATRIX EFFECT, youth is not only shown as a criterion for an artist's being selected, but used as a metaphor for the exhibition series' promise to the artist's projected future career. By inverting the aging process—making the artists appear as kids—Jankowski uses absurdity and humor to deflect their sincerity, while at the same time finding a perfect metaphor for the expectations of an art world where youthfulness does, in fact, translate into success. Another aspect of the children's presence in the work is that they are actually altering the script through their innocent mistakes: "critics" becomes "critters," the "Metropolitan Museum of Art" becomes the "Metropolitic Museum of Art," "exhibitions" become "expeditions," and "historical artworks" are mistakenly referred to as "hysterical artworks."

THIS I PLAYED TOMORROW (2003) is a two-part video and film installation. The video documents interviews Jankowski conducted with film fans, aspiring actors, and extras outside the entrance of Cinecittà film studios in Rome about the kind of films they would like to act in. In the second part of this work, these interviewees are filmed in full costume portraying the characters they had expressed the desire to play while the script is composed of direct quotes from the casting interview. In this way, the characters each act out their own desire and express their personal belief about what cinema can do. The resulting video and film are presented simultaneously in adjacent rooms, requiring the viewer to

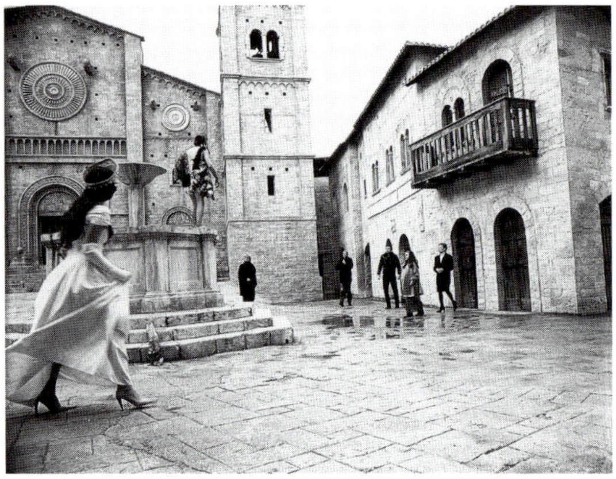

CHRISTIAN JANKOWSKI, THIS I PLAYED TOMORROW, 2003, 35 mm color film, color video, 12 min. 45 sec. / DAS SPIELTE ICH MORGEN, 35 mm Farbfilm, Video in Farbe.

move back and forth between the two narrative presentations.

Here the duplicitous structure of a "real" version of a story is framed, re-framed, and en-framed by fictional versions. Throughout his oeuvre, Jankowski produces novel forms of doubling. All the works I have spoken about are works where the artist [illegible] and exceptionally sustains a co-presence of appearance and reality, a crafted or imagined fiction which can become stronger than, or even take the place of what seems to be.

When starting to write this essay I recalled an interesting story about Franz Kafka and a little girl he encountered in Steglitz, Berlin. I first came across a version of this story in the diary of Kafka's partner, Dora Diamant, and later learned that it has occasionally been discussed in biographies of the author. After reviewing the works of Jankowski, it seems to be a relevant and revealing literary precedent for the way the artist's work is structured dramatically.

While taking a walk in the park one day, Kafka and Dora met a little girl who was crying because she'd lost her doll. Kafka told the girl not to worry, explaining that her doll was away on a trip and had sent him a letter. When the little girl asked suspiciously for the letter, Kafka told her he didn't have it with him, but that if she returned the following day he would bring it. True to his word, every day for several weeks he went to the park with a new letter from the doll. Dora's notes emphasize the care he devoted to this self-imposed task, done to the same degree as that which he lavished on his other literary work. She also notes that Kafka struggled to come up with a convincing ending and eventually decided to have the doll marry, which entailed a final letter with descriptions of the young male doll, their engagement, and the time-consuming preparations for the wedding which would keep the dolls from being able to continue writing. By that time and with that fortunate news, the girl was able to separate painlessly from the doll.

Like so many works by Christian Jankowski, this story about Kafka remains tantalizingly incomplete. Just as it reveals a gentle, empathetic Kafka who is mostly known through *The Metamorphosis* and *A Hunger Artist* to be introverted and self-tormenting, it reveals the possibility of letting a dramatic persona take the place of another just-as-imaginary one to thereby reveal a true self.

1) Christian Jankowski, *Dramensatz* (Basel: Christoph-Merian-Verlag, 2003).

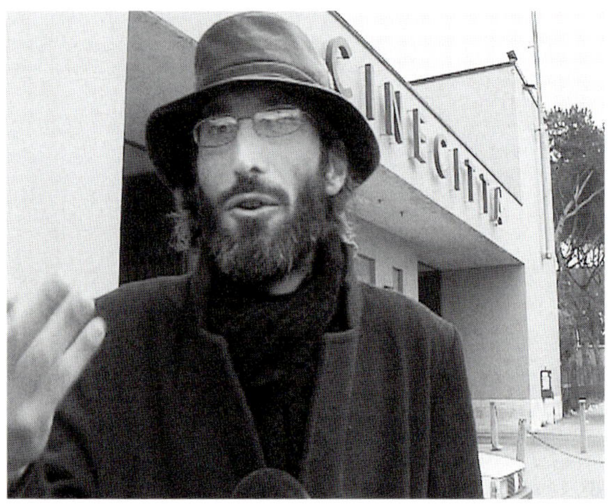

JANKOWSKIS SPIEL

CAY SOPHIE RABINOWITZ

Der Katalog zu Christian Jankowskis Ausstellung im Museum für Gegenwartskunst in Basel enthält eine Reihe von Schnappschüssen, die – scheinbar einem Familienalbum entnommen – den Künstler an verschiedenen Orten, in verschiedenen Phasen seiner Entwicklung zeigen.[1] Er wirkt stets lässig, so, wie Leute, die ihn gut kennen – das heisst Freunde und Verwandte, nicht das Kunstpublikum –, es seit eh und je von ihm gewohnt sind. Die Person auf diesen Aufnahmen ist Christian Jankowski unter anderem in der Pose eines Möchtegern-Models, eines langhaarigen Glamrockers oder während einer Fernsehshow. Weil Jankowski die eigene Person – in stets changierenden Identitäten – in sein Werk einbringt, geht das, was diese Seiten zeigen, weit über das durchschnittliche biographische Bilddokument hinaus.

Seine Methode, sich als Christian Jankowski oder jemand anderen ins Spiel zu bringen, ist den Lehren Lee Strasbergs (und Constantin Stanislawskis) sehr ähnlich: Nach deren Methode des *method acting* muss der Schauspieler versuchen, das mit einer Rolle verbundene Gefühlsleben konkret nachvollziehbar zu machen. Zahlreiche berühmte amerikanische Schauspieler der zweiten Hälfte des 20. Jahrhunderts wie Marlon Brando, James Dean, Marilyn Monroe oder Jack Nicholson waren Schüler Strasbergs.

CAY SOPHIE RABINOWITZ ist künstlerische Leiterin der Kunstmessen Art Basel und Art Basel Miami.

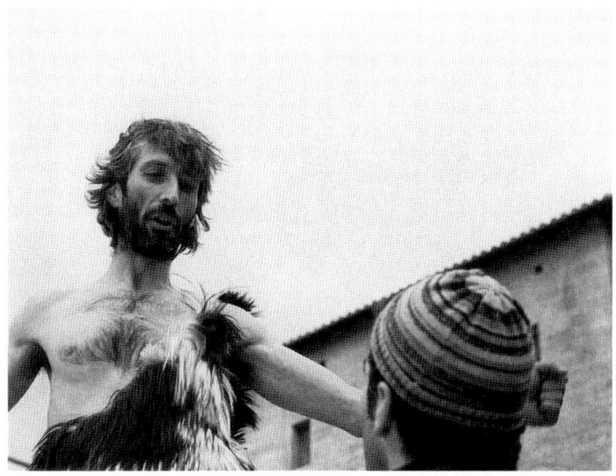

So, wie das *method acting* eine Technik ist, bei der der Darsteller sich bemüht, die psychologischen Bedingungen der Rolle zu reproduzieren, so unterzieht Jankowski sich selbst und seine Umgebung einer totalen Verwandlung. Zwischen einem realen Szenario und dessen Umfunktionierung zum Kunstwerk lässt er so gut wie keine Diskrepanz zu. Es ist diese restlose Hingabe des *method*-Schauspielers, aber auch die Verwundbarkeit, die das Erreichen einer solchen Glaubwürdigkeit mit sich bringt – die ihn zwingt, sich selbst immer wieder in derart verwandelter Gestalt seinen Zuschauern vorzuführen.

Im Jahr 1996 war Jankowski eingeladen, sich an einer Ausstellung der Künstlergalerie Lokaal 01 in Antwerpen zu beteiligen. Die dort gezeigte Arbeit

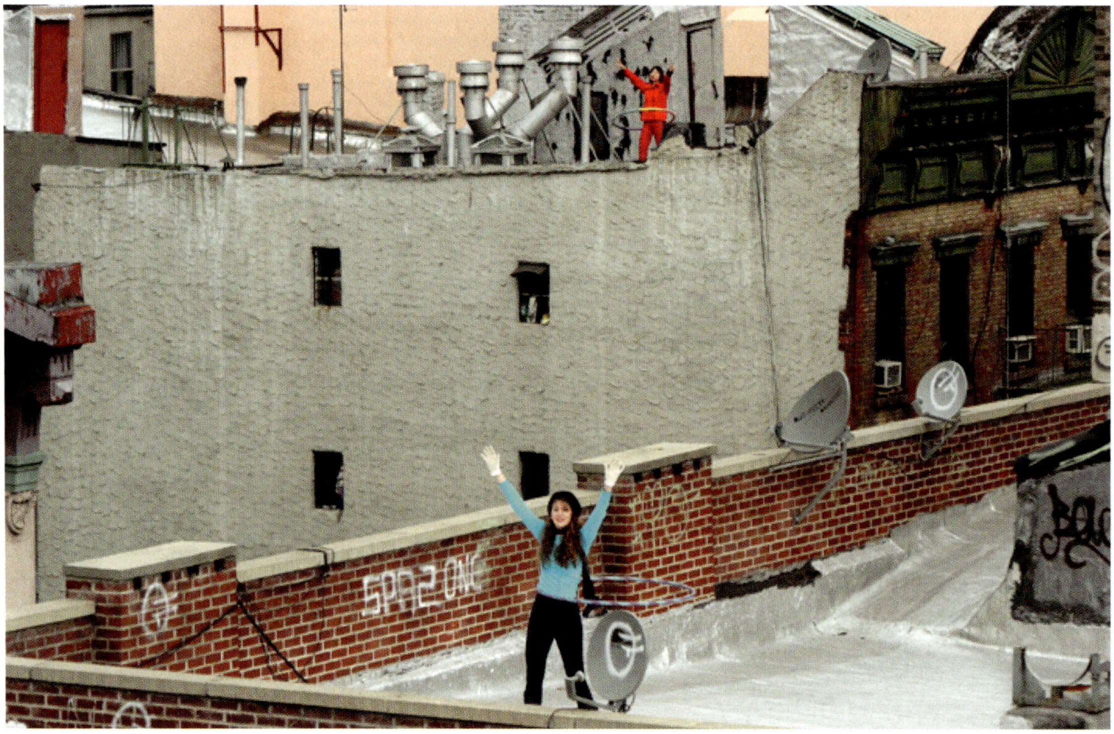

CHRISTIAN JANKOWSKI, ROOFTOP ROUTINE, 2007, *performance with 25 hoola-hoopers, New York.* (PHOTO: PAULA COURT, COURTESY OF PERFORMA)

trug den Titel MY LIFE AS A DOVE (Mein Leben als Taube, 1996) und wurde mithilfe eines Zauberers realisiert, der den nach Antwerpen gereisten Künstler in eine Taube verwandelte. Jankowski war also während der gesamten Dauer der Ausstellung in den Räumen der Galerie ausgestellt und anwesend, wenn auch in seiner neuen gefiederten Gestalt. Eine Polaroidkamera und ein Gästebuch lagen in den Galerieräumen aus, um Besuchern die Möglichkeit zu bieten, den Künstler in seiner vorübergehenden Existenz als Taube zu dokumentieren.

Im Jahr 1998 baute Jankowski im Frankfurter Portikus eine Reihe von Installationen auf mit dem erklärten Ziel, ein Buch zu schreiben. Unter dem Titel MEIN ERSTES BUCH wurden während der sechswöchigen Ausstellung sechs Kapitel verfasst, jedes im Stil eines anderen Genres – Roman, Bühnenstück, Biographie oder Lyrik. Jeden Sonntag kam ein/e VertreterIn des Literaturbetriebs in die Ausstellung, um ein Gespräch mit Jankowski zu führen. Diese Gespräche fanden in der Installation statt inmitten von Gegenständen, die Jankowski eigens ausgesucht hatte, um den Habitus oder das typische Ambiente berühmter Schriftsteller zu beschwören: der unappetitlich überquellende Aschenbecher Heiner Müllers, der gleiche Schreibtischstuhl wie jener von Simone de Beauvoir oder zwanzig angespitzte Bleistifte der Art, wie Canetti sie sich bekanntlich immer zurechtlegte, bevor er sich ans Werk machte.

Jedes Kapitel basierte in Form und Methode auf einer anderen Strategie der Inspirationsfindung: Eines griff das Genre der Reisebeschreibung auf, so, als wäre er Goethe auf seiner italienischen Reise; in einem anderen schrieb Jankowski unter dem Einfluss verschiedener Drogen; bei einem Kapitel liess er sich beim Schreiben von einem Ghostwriter helfen. Durch seine Inszenierung zeigte Jankowski, welchen Einfluss die Vertreter des Literaturbetriebs – vom literarischen Agenten über den Verleger und den graphischen Gestalter bis zum Kritiker – auf sein Buch hatten und *mutatis mutandis* auf viele andere erscheinende Bücher haben. In der ersten Matineevorstellung, «Inszeniertes Schreiben I/VI: Schriftsteller porträtiert Schriftsteller», stellte Jankowski seiner literarischen Agentin beziehungsweise Gesprächspartnerin die sogenannten «Objektzitate» vor, die ihm dazu dienten, mit den betreffenden Schriftstellern in Verbindung zu treten oder eine Beziehung zu ihnen aufzubauen. Man kann sich natürlich fragen, ob ein Schreibtisch, der nach der detaillierten Beschreibung angefertigt wurde, die Heinrich Böll in seiner Rede zur Nobelpreisverleihung davon gab, aus dem Künstler tatsächlich einen Schriftsteller macht. Es ging aber wohl nicht nur darum. Denn die Agentin ging ganz ernsthaft, wie es ihr Beruf eben erfordert, und also ohne jede Ironie auf Jankowskis Fragen ein, wodurch auf der Bühne und in dem darauf stattfindenden Gespräch eine Balance zwischen Wirklichkeit und Fiktion gewahrt wurde. Das Gespräch erhielt dadurch eine zweifache Dimension, durch die Jankowski einerseits als Künstler und gleichzeitig als jemand anderer wahrgenommen wurde. Das Ganze wirkte irgendwie herausfordernd, zugleich vertrackt und positiv, ein Effekt, der viele seither realisierte Arbeiten Jankowskis prägt.

Die frühe Arbeit SCHAMKASTEN (1992), entstanden in Zusammenarbeit mit Frank Restle, noch vor seinem Studium an der Hochschule für Bildende Künste in Hamburg, brachte ihm grosse Aufmerksamkeit in Zeitschriften und Fernsehen ein. Für die Arbeit forderte er Passanten auf, sich in das Schaufenster seiner Laden-Wohnung zu setzen und eine Schrifttafel mit ihren persönlichen Schamgefühlen vor sich zu halten. In dem die Performance dokumentierenden Video und einer Serie von Schwarz-Weiss-Photographien sehen einige der Mitwirkenden betreten aus, andere scheinen die Aufmerksamkeit zu geniessen. Gleichzeitig reichen die Botschaften auf den «Schamtafeln» von Peinlichkeiten bis zu herzergreifenden Schuldgefühlen: «Ich schäme mich für mein schlechtes Namensgedächtnis», «Ich schäme mich für meinen Körper», «Ich schäme mich, weil ich meine Kinder vernachlässigt habe.» Menschen dazu zu bringen, ihre Gefühle, Gedanken und Neigungen öffentlich zu zeigen, ist seither eines von Jankowskis Verfahren. Durch den Anreiz persönliche Angelegenheiten öffentlich zu machen, bietet er Freiwilligen die Möglichkeit in neue Rollen zu schlüpfen und gleichzeitig über sich selbst hinauszuwachsen. Die Handlungen sind sowohl geplant wie unvorhersehbar, so wie auch die Arbeit immer einen offenen Rahmen hat und den Betrachter in der Unsicherheit belässt, ob die Charaktere echt sind oder nicht.

Die Arbeit ZÖLLNER SINGEN (1999), die für eine Ausstellung im Centro d'Arte Contemporanea in Bellinzona entstand, zeigt französische, italienische, deutsche und österreichische uniformierte Zollbeamte beim Singen der Nationalhyme ihres Landes. Die Arbeit war inspiriert von den umständlichen Zollformalitäten bei der Einfuhr von Kunstwerken in die Schweiz. Jankowski filmte Gesangsdarbietungen und erklärte sie umgehend zu Kunstwerken, bevor sie als solche von den schweizer Zollbehörden registriert und mit einer Importsteuer versehen wurden. Die Zollpapiere zusammen mit den Videos bilden das Gesamtkunstwerk.

Im Jahr darauf bot das Wadsworth Athenaeum in Hartford, Connecticut, Jankowski an, ein Arbeit zum 25-Jahre-Jubliäum der Ausstellungsreihe «Matrix Series» zu zeigen. Die «Matrix Series» bieten aufstrebenden Künstlern die Möglichkeit, im Rahmen einer Einzelausstellung neue Auftragsarbeiten einer breiteren Öffentlichkeit vorzustellen. So, wie er bei TELEMISTICA die Person (Rolle) des Künstlers selbst in die Produktions- und Rezeptionsbedingungen mit einbezogen hatte, so machte sich Jankowski diesmal die institutionellen Bedingungen der Ausstellungsreihe, das heisst deren Vorgeschichte und vorhergehende Präsentationen, zunutze und erzielte damit eine ähnliche Wirkung. Das Ergebnis, die Arbeit THE MATRIX EFFECT (2000), zeigt in Form einer zu Bildungszwecken produzierten Fernsehdokumentation eine Reihe von Gesprächen zwischen Schauspielern, die in die Rolle des Initiators und der Kuratorin der Matrix-Reihe, Jim Elliot und Andrea Miller-Keller, und der verschiedenen Künstler schlüpften, die zuvor im Rahmen der Ausstellungsreihe ihr Werk gezeigt hatten, darunter Glenn Ligon, Christo, John Baldessari und Adrian Piper.

Die gespielten Künstlerpersönlichkeiten tauschen im Video Eindrücke von ihrer Arbeit im Rahmen der Ausstellungsreihe aus und äussern sich dazu, wie diese sich auf ihre Künstlerlaufbahn ausgewirkt hat. Da aber alle Protagonisten von Kindern gespielt werden, bringt Jankowski eine zusätzliche Ebene ins

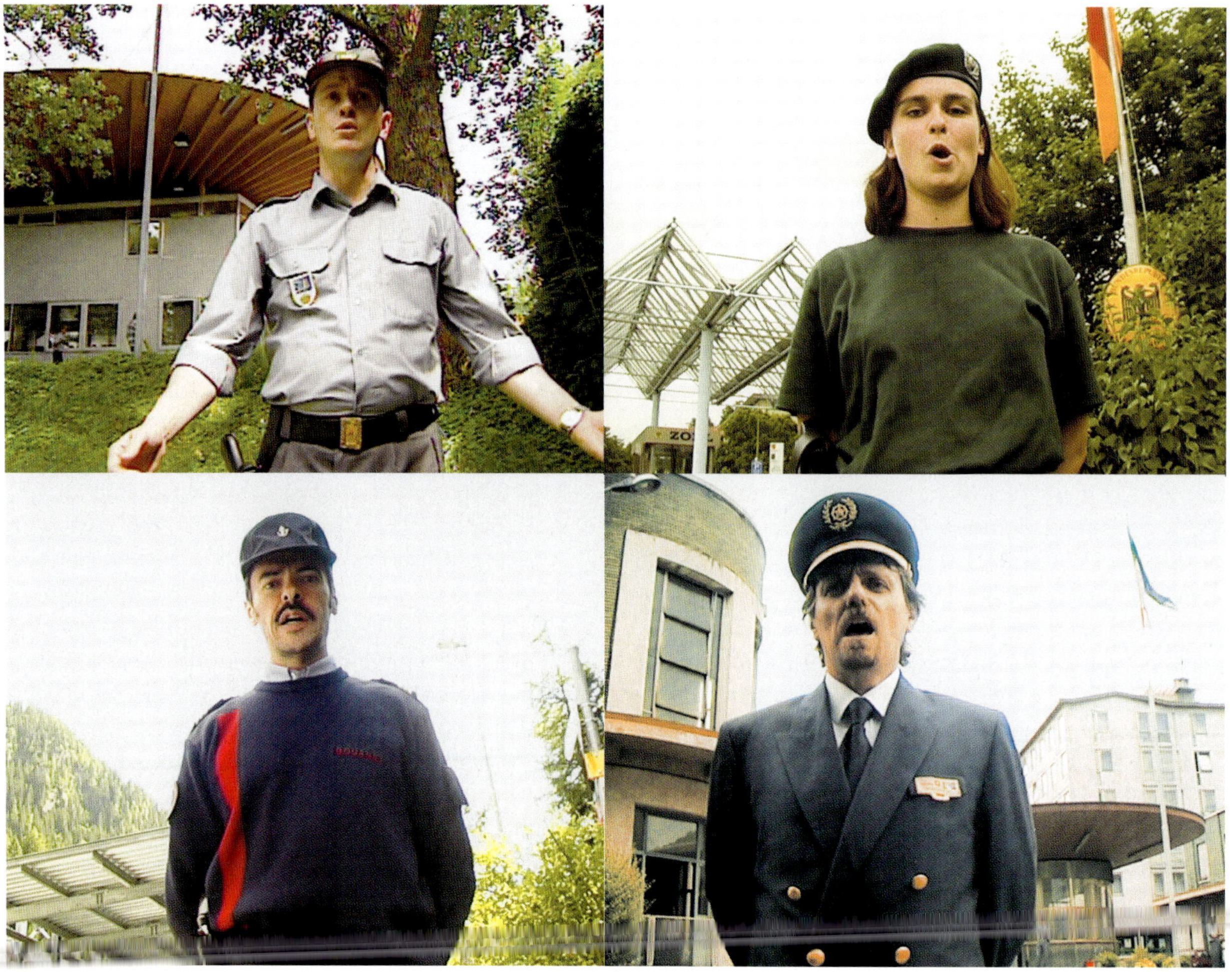

CHRISTIAN JANKOWSKI, SINGING CUSTOMS OFFICERS, 1999, 4-channel video installation, Swiss custom papers / ZÖLLNER SINGEN, 4-Kanal-Video-Installation, Schweizer Zollpapiere.

Spiel. Für den Zuschauer ergibt sich hierdurch nicht nur ein Verfremdungseffekt angesichts der auf Anhieb offenkundigen Künstlichkeit der Situation, sondern zugleich eine Reflexion über die Bedeutung der «Matrix Series» als ein angebliches Forum, um junge, aufstrebende beziehungsweise bislang einem amerikanischen Publikum weniger bekannte Künstler vorzustellen. THE MATRIX EFFECT zeigt, wie Jugend nicht nur als ein Kriterium für die Auswahl der Künstler, sondern auch in einem übertragenen Sinn als ein Versprechen der Ausstellungsreihe für die voraussichtliche weitere Karriere dieser Künstler fungiert. Im Zuge der Umkehrung des Alterungsprozesses – indem er die Künstler in Kinder verwandelt – lässt Jankowski mit den Mitteln des Absurden und der Komik deren Ernst und Aufrichtigkeit ins Leere laufen und findet dabei gleichzeitig eine perfekte Metapher für die Erwartungen eines Kunstbetriebes, in dem Jugend tatsächlich ein Versprechen für Erfolg ist. Der Auftritt der Kinder in dieser Arbeit bewirkt zudem, dass die Kunstgeschichte durch unschuldige Versprecher überraschende Veränderungen erfährt: So werden «critics», Kritiker, zu «critters», Viechern, das «Metropolitan Museum of Art» wird zum «Metropolitic Museum of Art», «exhibitions», Ausstellungen, werden zu «expeditions», Expeditionen, und «historical artworks», historische Kunstwerke, werden versehentlich «hysterical art works», hysterische Kunstwerke, genannt.

THIS I PLAYED TOMORROW (2003) ist eine zweiteilige Video- und Filminstallation. Der Videoteil dokumentiert Interviews, die Jankowski vor den Toren der Filmstadt Cinecittà in Rom mit einer ganzen Schar von Filmfans und angehenden Schauspielern führte. Im zweiten Teil der Arbeit zeigen Filmaufnahmen dieselben, nun kostümierten, Schauspieler beim Spielen von Rollen, die zu spielen – laut dem vorhergehenden Interview – ihr grösster Wunsch war. Das Skript enthält ausschliesslich Sätze, die von den betreffenden Personen im Video geäussert wurden. Jede Person spielt also ihre Wunschrolle und bringt ihr jeweiliges Verständnis der Möglichkeiten des Mediums Film zum Ausdruck. Video und Film werden gleichzeitig in aneinander angrenzenden Räumen vorgeführt, wodurch der Betrachter gezwungen ist, zwischen beiden narrativen Parallelpräsentationen hin und her zu wechseln.

Die wahre Version einer Geschichte wird hier jedes Mal durch die Doppelbödigkeit der fiktiven Versionen eingerahmt und hervorgehoben. In seinem Werk wartet Jankowski immer wieder mit neuen Formen der Verdoppelung auf. Bei den Arbeiten, auf die hier eingegangen wurde, kreiert und wahrt er auf ganz spezielle Art und Weise ein gleichzeitiges Neben- und Ineinander von Schein und Wirklichkeit, eine kunstvoll gestaltete oder imaginierte Fiktion, die das, was sich unseren Blicken darbietet, in einen neuen Rahmen stellen oder die sogar ganz an dessen Stelle treten kann.

Als ich die Arbeit an diesem Beitrag aufnahm, kam mir eine Geschichte aus dem Leben von Franz Kafka in den Sinn. Nachdem wir die Arbeiten Christian Jankowskis haben Revue passieren lassen, erscheint diese Episode als relevanter und aufschlussreicher literarischer Vorläufer für die Art und Weise, wie diese Arbeiten dramatisch aufgebaut sind.[2]

Eines Tages begegneten Franz Kafka und Dora Diamant während eines Spaziergangs im Park einem Mädchen, das weinte, weil es seine Puppe verloren hatte. Kafka sagte dem Mädchen, es solle sich keine Sorgen machen, und erklärte ihm, dass seine Puppe auf Reisen sei und ihm, Kafka, einen Brief geschickt habe. Als das Mädchen ihn misstrauisch aufforderte, ihm den Brief zu zeigen, erklärte er, er habe den Brief zwar nicht dabei, werde ihn aber mitbringen, wenn das Mädchen am nächsten Tag wiederkäme. Kafka hielt Wort und begab sich mehrere Wochen lang jeden Tag mit einem neuen Brief von der Puppe in den Park. In ihren Aufzeichnungen hebt Dora die Sorgfalt hervor, mit der er sich dieser selbstauferlegten Aufgabe annahm und die der auf seine literarische Arbeit verwendeten Akribie in nichts nachstand. Sie erwähnt auch, dass Kafka sich schwertat, ein überzeugendes Ende zu ersinnen, und schliesslich beschloss, die Puppe heiraten zu lassen. Dies machte einen letzten Brief erforderlich, der Beschreibungen der jungen männlichen Puppe, die Verlobung der beiden und die zeitraubenden Vorbereitungen für die Hochzeit enthielt, die den Puppen keine Zeit liessen, weitere Briefe zu schreiben. An diesem Punkt und angesichts dieser erfreulichen Nachrichten bereitete es dem Mädchen keine Schmerzen mehr, sich von seiner Puppe zu trennen.[2]

Diese Geschichte hat, wie oft auch die Arbeiten von Christian Jankowski, etwas anziehend Unabgeschlossenes. Sie lässt einen liebenswürdigen und einfühlsamen Kafka sichtbar werden, den man sich nach der Lektüre der *Verwandlung* und des *Hungerkünstlers* eher als einen in sich gekehrten, grüblerischen Charakter vorgestellt hatte, gleichzeitig zeigt sie, wie eine gespielte Figur an die Stelle einer anderen genauso fiktiven Figur treten kann, um dadurch ihr wahres Ich zu offenbaren.

(Übersetzung: Bram Opstelten)

1) Christian Jankowski, *Dramensatz*, Basel, Christoph-Merian-Verlag, 2003

2) Dora Diamant, «Mein Leben mit Franz Kafka» in *Als Kafka mir entgegenkam ... Erinnerungen an Franz Kafka*, Wagenbach-Verlag, Berlin 1995, S. 174–185.

EDITION FOR PARKETT 81

CHRISTIAN JANKOWSKI

CHRISTIAN JANKOWSKI READS 50 PARKETT ARTISTS COLLABORATIONS, 2007 – 2008
50 unique photographs by 50 photographers, approx. 9 3/4 x 7 3/4" each.
Edition of 1/II, each signed and numbered.

CHRISTIAN JANKOWSKI LIEST TEXTE ZU 50 PARKETT COLLABORATION KÜNSTLERN, 2007 – 2008
50 Unikat-Photographien von 50 Photographen, je ca. 25 x 20 cm.
Auflage: 1/II, je signiert und nummeriert.

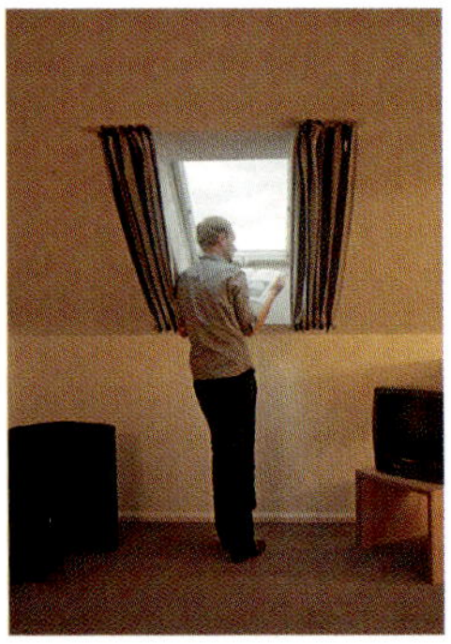

CJ reads Jeff Wall
Photo: Gunnar Gustafsson, Ludwigsburg

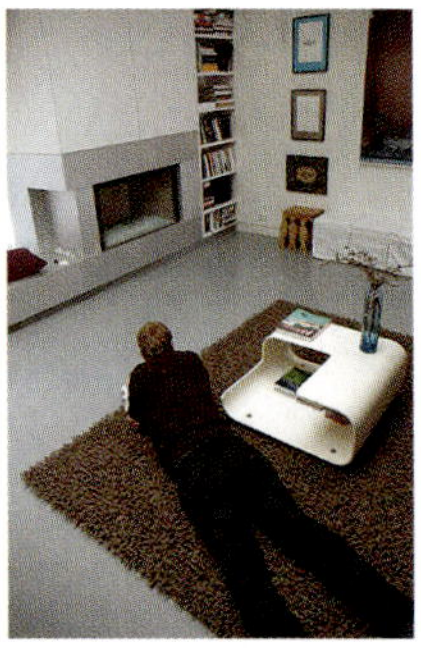

CJ reads Richard Serra
Photo: Marco Schmitt, San Francisco

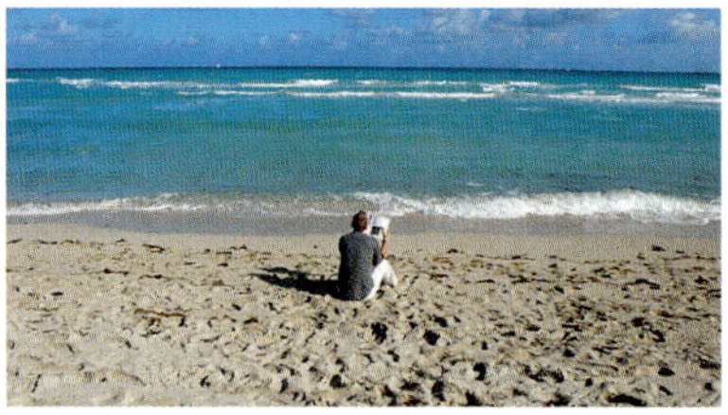

CJ reads Eija-Liisa Ahtila
Photo: Lasia Casil, Miami Beach

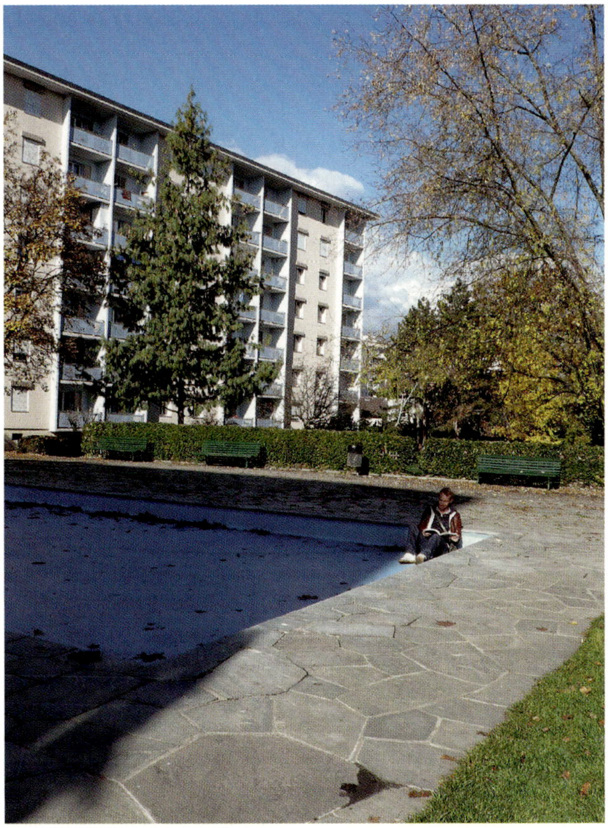

Christian Jankowski reads Parkett Collaboration
on Dominique Gonzalez-Foerster
Photo: Michele Freiburghaus, Geneva

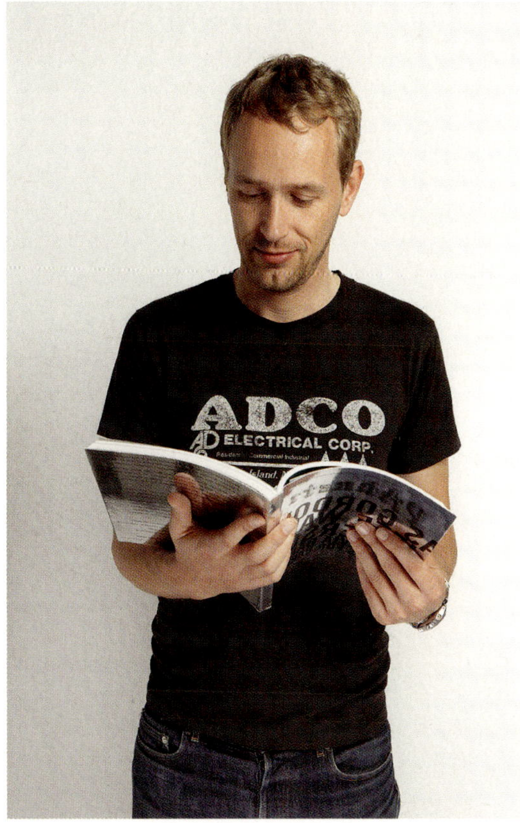

Christian Jankowski reads Parkett Collaboration
on Douglas Gordon
Photo: Mirtha Zavala Carosio, Berlin

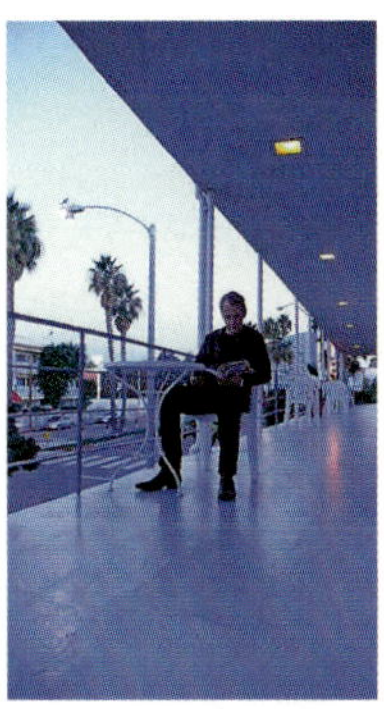

CJ reads Sylvie Fleury
Photo: Max Penzel, Los Angeles

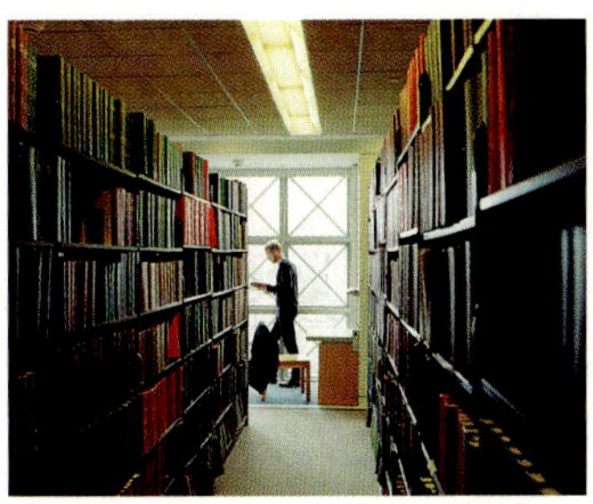

CJ reads Wolfgang Tillmans
Photo: Nicholas Meyer, San Francisco

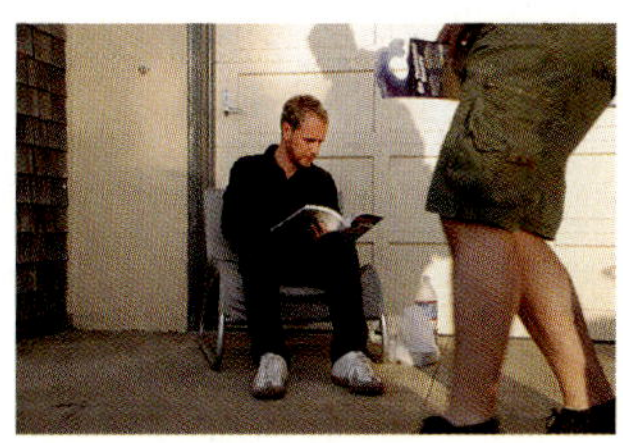

CJ reads Yang Fudong
Photo: Kamil Goerlich, San Francisco

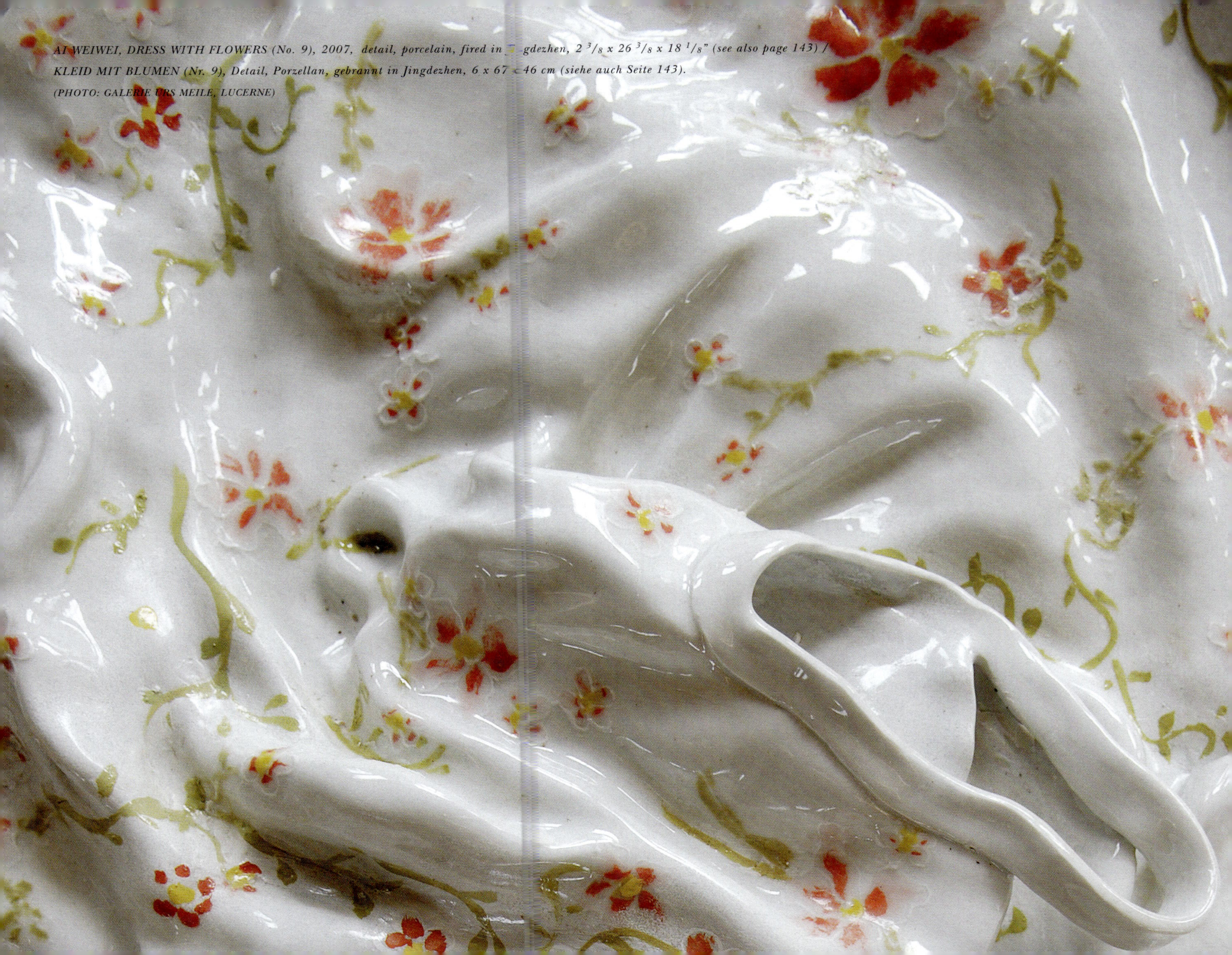

AI WEIWEI, DRESS WITH FLOWERS (No. 9), 2007, detail, porcelain, fired in Jingdezhen, $2\,^3/_8 \times 26\,^3/_8 \times 18\,^1/_8$" (see also page 143) /
KLEID MIT BLUMEN (Nr. 9), Detail, Porzellan, gebrannt in Jingdezhen, 6 x 67 x 46 cm (siehe auch Seite 143).
(PHOTO: GALERIE URS MEILE, LUCERNE)

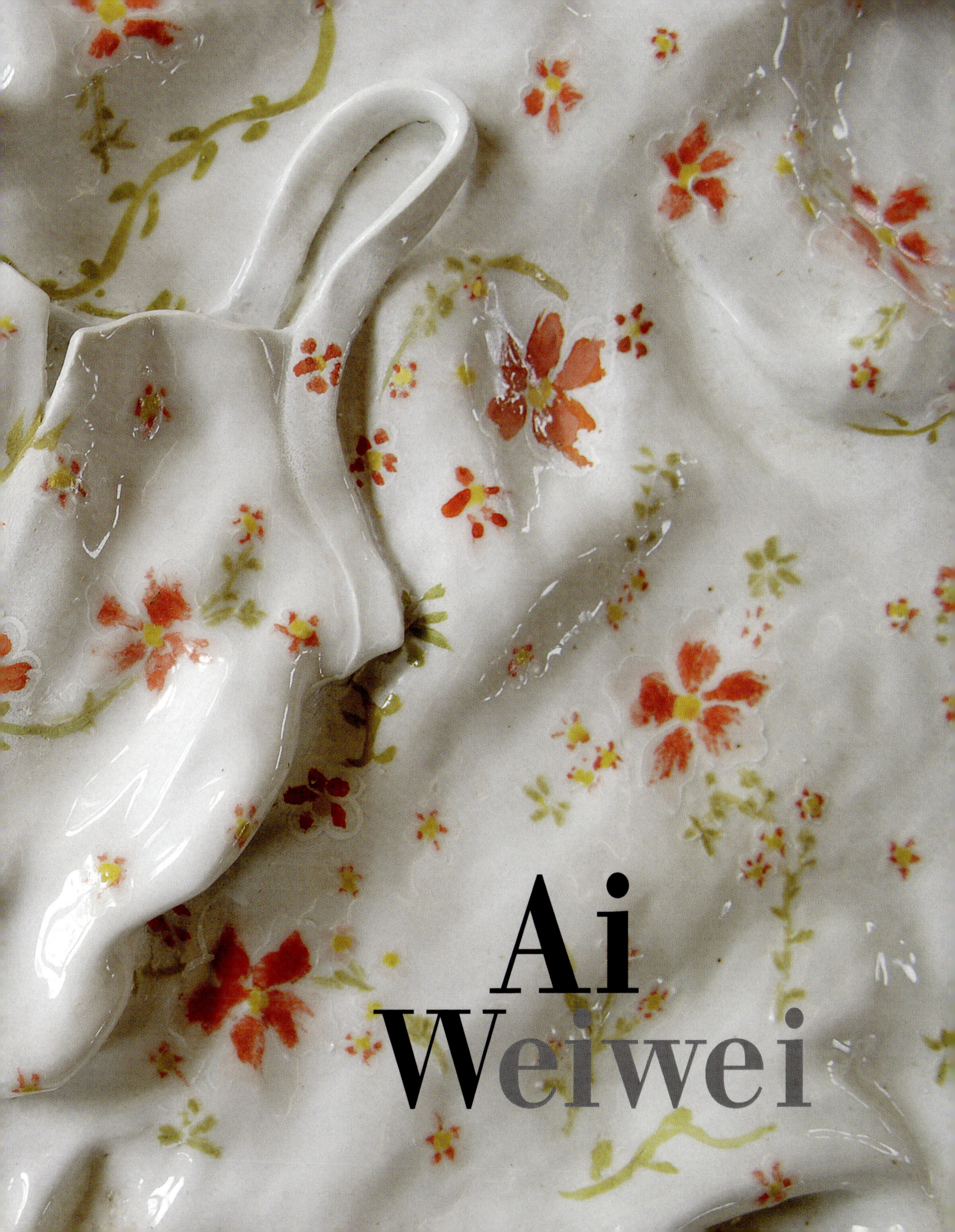

Ai Weiwei

Some Simple Reflections on an Artist in a City, 2001 – 2007

PHILIP TINARI

The first exhibition I attended in Beijing opened a few weeks after the World Trade Center towers fell, a public sculpture collection curated by Ai Weiwei amidst a new set of towers on what were then the city's eastern fringes. "SOHO NewTown" was the first development in China to offer a whole lifestyle along with the miniature white cube "small office/home office" spaces that filled its color-coded towers. The apartments had just come on the market, listing at per-square-meter rates that have tripled since that October morning in 2001. The developer couple who built the complex, Pan Shiyi and Zhang Xin, were on their way to international real-estate fame. And part of the cachet of this—China's first branded residential experience—was a grouping of works by the city's major artists installed in the atria onto which each group of four stories let out.

Perhaps an avant-garde still existed in China then—after all, basement exhibitions were still being shut down by police, and no gallery scene or market had yet come into being. But even if it didn't, it was at least true that the city's contemporary art world was small and hidden from popular view. Months out of college, I had moved to Beijing to study the language, vaguely interested in the then esoteric category of Chinese contemporary art after some work on Xu Bing's *Tobacco Project* (2000) at my university, Duke. Xu Bing, who still lives in New York, had given me the phone number of Feng Boyi, a prominent indigenous curator in Beijing. After getting my conversational Mandarin to the point of less-than-total embarrassment, I called Feng, and he brought me to the exhibition. And it was walking with Feng

PHILIP TINARI is a writer and curator based in Beijing.

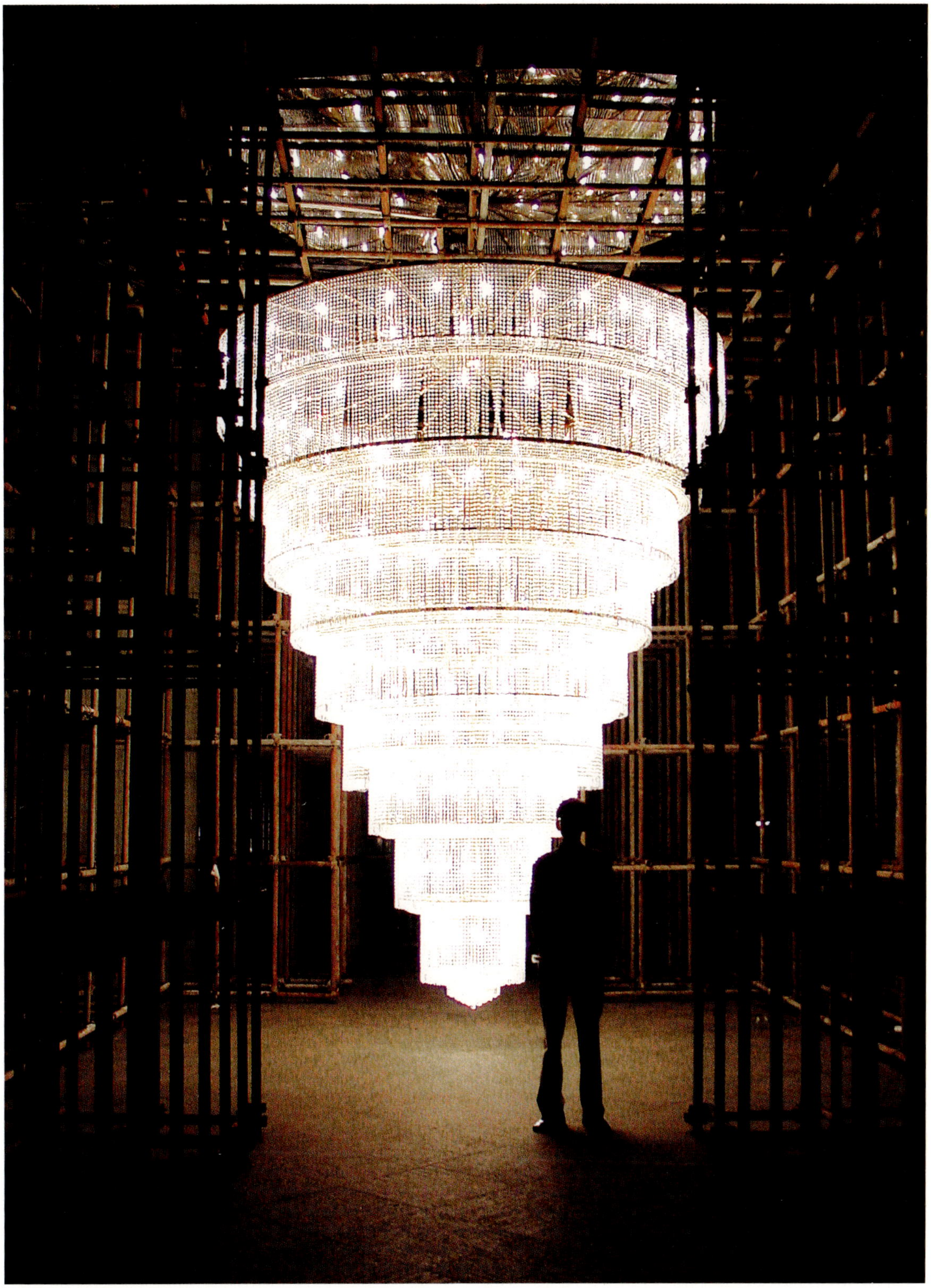

AI WEIWEI, CHANDELIER, 2002, crystal, steel scaffold, height 236" / LEUCHTER, Kristallglas, Stahlgerüst, Höhe 600 cm.
(COURTESY ALL PHOTOS, UNLESS OTHERWISE INDICATED: STUDIO AI WEIWEI, BEIJING)

from SOHO's Blue Tower to its Green Tower, past the poured-concrete architectural sculpture in the shape of a giant "C," which was Ai's contribution to his own exhibition, that I had my first sighting: the majestic hooligan, stomach bulging from leather jacket, head shaved, bearded, trailed by a row of acolytes. He stopped the caravan and extended to Feng a warm handshake and a string of pleasantries.

The Ai Weiwei-Feng Boyi-Xu Bing axis was much more complex than I could have known from that exchange, glimpsed at through the fog of unfamiliarity and incomprehension. These three guys had worked together on the *Black Cover Book* of 1994, the most influential art publication to appear since Tian'anmen. Two years earlier, Xu, newly arrived to New York, lived briefly in Ai's East Village apartment, where they had recorded the interview that opens the book with Taiwanese performance artist Hsieh Tehching. Xu Bing moved to Williamsburg, Brooklyn, Ai moved back to Beijing, and Feng, then a low-ranking editor at an official art magazine with a nose for excitement, was deputized by both to solicit contributions from the circle of experimental artists then active around China. Ai and Feng produced the book

AI WEIWEI, MAP OF CHINA, 2003, tieli wood, height 47 $^{1}/_{4}$" / KARTE VON CHINA, Eisenholz, Höhe, 120 cm.

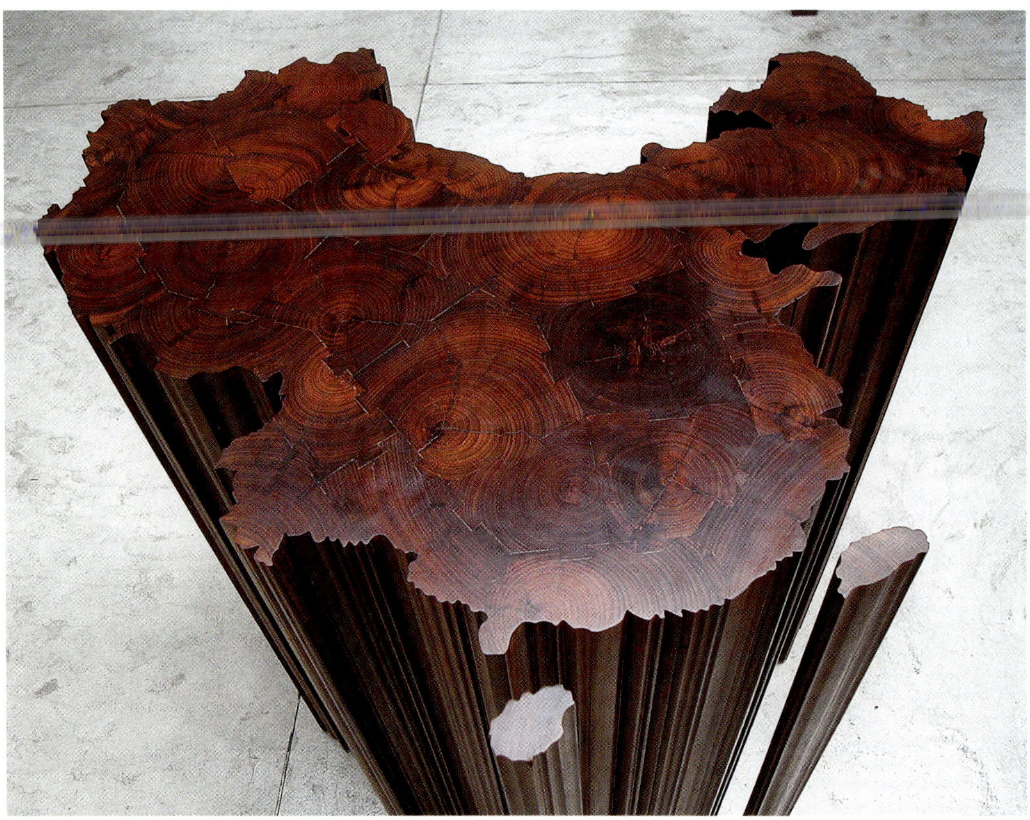

over the course of a muggy summer in Shenzhen, staying in a beaten-down hotel near the printing plant, Ai with his new love, the artist Lu Qing, in tow. In 1994, one couldn't print a book in Beijing without licenses. Shenzhen's liberal, money-first climate allowed the otherwise impossible. The book ended up causing insurmountable tensions among its creators, but also left in place the makings of a system of relations among artists and locales that would mature with the passing decade. And it was just that nexus into which I was unwittingly being drawn.

I did not see Ai Weiwei for another year—a year during which I became something of an apprentice to Feng, moving to Guangzhou to work with him on the upcoming First Guangzhou Triennial. And that is where I next encountered Ai, one afternoon in November 2002, on the long corridor that runs from the lobby of the Guangdong Museum of Art to the elevators leading up to its offices. He and Lu Qing were standing there in front of a poster from a recent exhibition of Picasso drawings, the first in China. It was that famous image of Picasso in his striped shirt, with fingers that look like baguettes. They seemed to crawl out of the poster, patting Ai on the back. He had just arrived in the southern city to assemble his work CHANDELIER (2002), a six-meter tall crystal lamp to be mounted in a giant, rusty scaffold at the right of the museum's entrance. It was one of several new commissions in the exhibition that marked, once and for all, the categorical acceptance of "experimental art" by the state art system. It was also the work that would mark Ai's onset as an artist of ambition and scale, beginning the current phase of his career. On the night of his arrival, about a week before the opening, he took the museum staff and other artists to a trendy Hunan restaurant where servers in urban uniforms bore peppery dishes across floors of pressed steel. He sat at the head of the table picking at a fish head; I sat to his left. We talked of Philadelphia, my hometown, his early-1980s port of entry to the U.S. The next day, we stood with young factory girls outside the museum and helped to install the piece, putting together strands, crystal by crystal, to hang from the chandelier.

A month later, back in Beijing, I spent a morning showing the *New York Times* bureau chief around the post-industrial "Factory 798" gallery district that had sprouted not far from Ai's village of Caochangdi that autumn. The journalist wanted to meet Ai, and so we walked through the village to his home, following a Xerox of a hand-drawn map given to us by the attendant at the China Art Archives and Warehouse, then an active gallery Ai directed on the other side of the neighborhood. We darted under a railroad bridge and across a major avenue under construction, arriving at the gray studio gate just around lunchtime on a drab December day. In this first encounter with a ritual that would become routine, the peasant butler answered the doorbell, as Ai Weiwei emerged from his living room and escorted us into the studio chamber where the first MAP OF CHINA sculpture (2003) had just been put on display. Lu Qing sat at the long living room table drawing squares onto silk, a work she had continued for over a decade. Ai served us green tea and steamed buns. We ate together, sitting around a table in his kitchen on wooden stools like the ones he sometimes makes into art. Danny the cocker spaniel and a few local cats paraded back and forth amidst the antique furniture and sculpture adorning the hallway.

There was an ineffable sense, that gray afternoon, that old hierarchies were on their way toward obsolescence, that it wasn't quite as much of an honor as it might once have been for a Chinese artist to be visited by the *New York Times*. This is not to say Ai Weiwei was not a gracious host—the buns were simple but savory, the conversation laconic but astute—or that he was not, in some way, flattered by his guests' presence. And yet it was becoming clear that

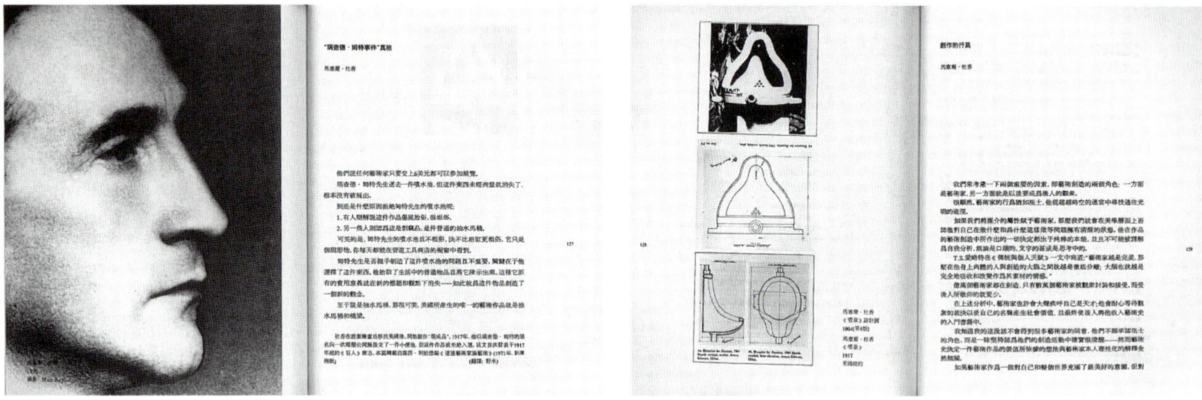

AI WEIWEI, Black Cover Book, 1994, double spreads with works by / Doppelseiten mit Arbeiten von Marcel Duchamp, Jeff Koons, Ai Weiwei. *(PHOTOS: GALERIE URS MEILE, LUCERNE)*

even if the boxy volumes of brick and concrete that he inhabited—gray on the outside and red on the inside—were one man's modernist fantasy, that fantasy was beginning to gain some traction. This home, his first building then already five years old, offered an archetype for a radical subversion of style, an argument for ordinary materials as manifestos, and a strategy for giving the Chinese capital a distinct design sensibility. It was certain that afternoon that things were going to happen—for Ai, for Beijing—if not entirely clear how.

Then, after a SARS-induced social hiatus and a few summer months of periodically bumping into Ai Weiwei at Nam Nam, a Vietnamese restaurant in the diplomatic quarter, I left China for two years. It was during these years that Ai began to focus completely on art and architecture. He worked on the Olympic Stadium design and mounted his first solo museum show at the Kunsthalle Bern, but also undertook a number of more quixotic urban projects, such as dividing the area inside the Fourth Ring Road into fifteen sections. With a team of assistants and students, he drove and documented every street that lay within. When I arrived again in Beijing in September 2005, things had changed. The Airport Expressway had been modified to connect directly to the Second Ring Road, and the foundations were being dug for the CCTV Tower and the Olympic Stadium. Instead of hanging out in other people's restaurants, Ai now had one of his own: a sparely designed eatery of concrete and glass panels in an alley just south of the Agricultural Exhibition Center, serving the cuisine of his hometown, Jinhua. He ate there nightly at a long table pieced together only in his presence, facing a wall hung with a few color-wheel paintings by his friend Yan Lei. There, surrounded by the core members of his architectural studio, he would hold court for a rotating cast of critics, clients, collectors, curators, poets, singers, directors, and the occasional returnee entrepreneur from his New York past. Artists with projects to discuss would form a waiting room at a table just to its right, drinking tea and picking at cold appetizers as they waited for their audience with the Godfather. The nameless restaurant became known in his growing orbit simply as "the cafeteria."

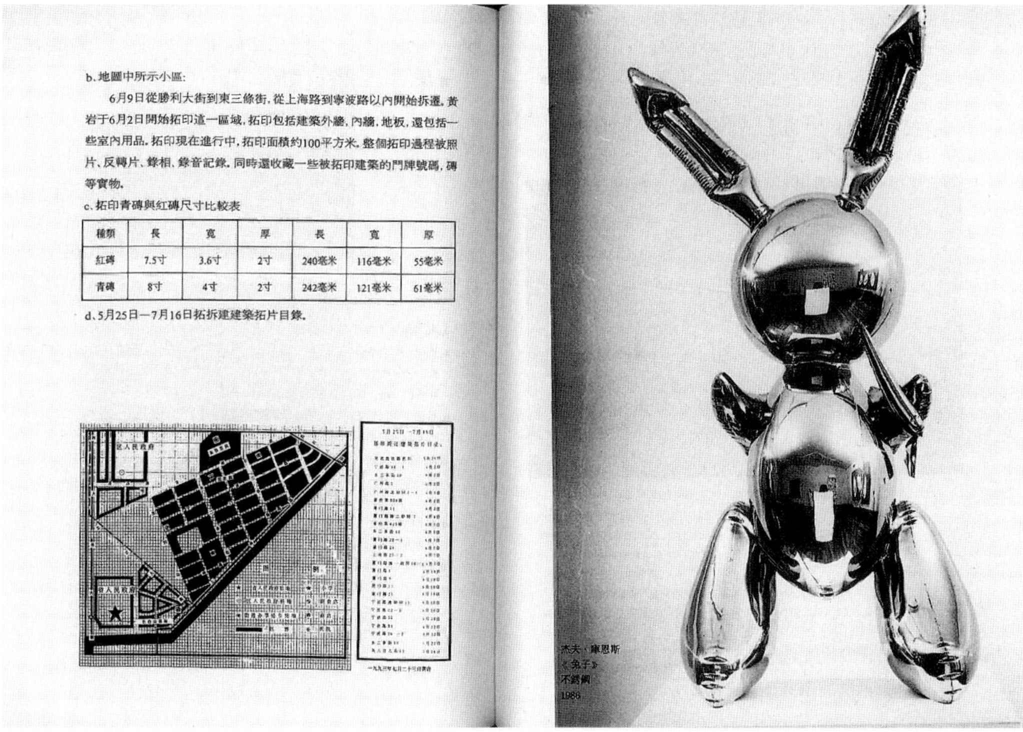

b、地圖中所示小區:

6月9日從勝利大街到東三條街，從上海路到寧波路以內開始拆遷。黄岩于6月2日開始拓印這一區域，拓印包括建築外牆，內牆，地板，還包括一些室內用品。拓印現在進行中，拓印面積約100平方米。整個拓印過程被照片、反轉片、錄相、錄音記錄。同時還收藏一些被拓印建築的門牌號碼，磚等實物。

c、拓印青磚與紅磚尺寸比較表

種類	長	寬	厚	長	寬	厚
紅磚	7.5寸	3.6寸	2寸	240毫米	116毫米	55毫米
青磚	8寸	4寸	2寸	242毫米	121毫米	61毫米

d、5月25日—7月16日拓拆建建築拓片目錄。

杰夫・庫恩斯
《兔子》
不銹鋼
1986

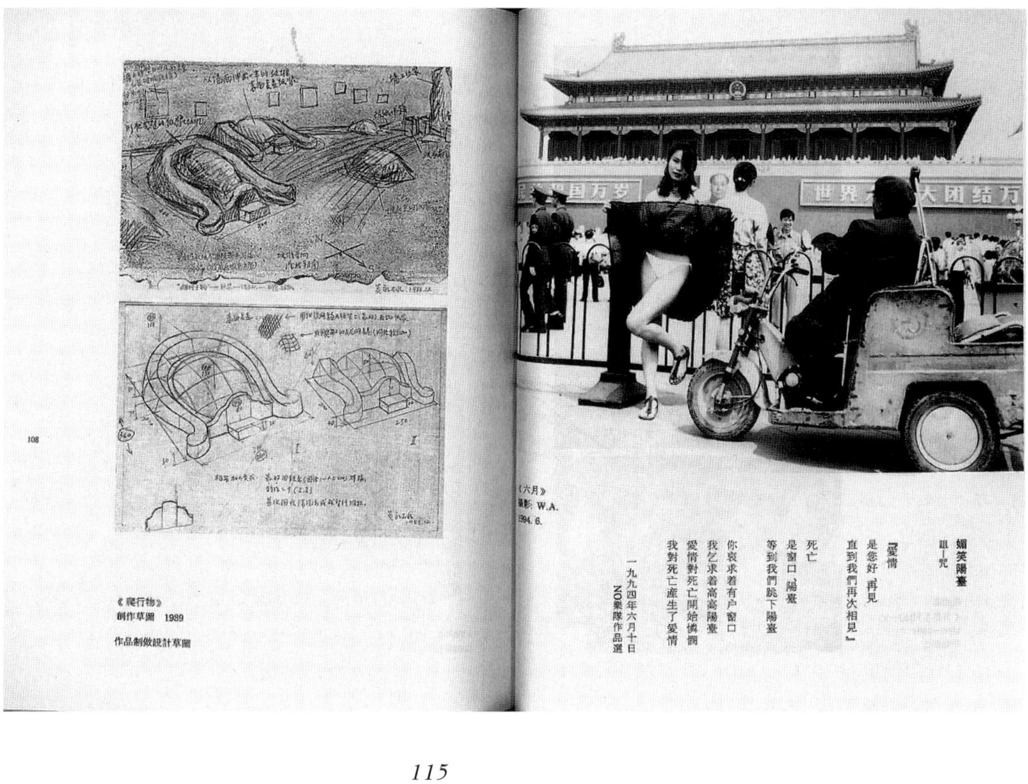

108

《爬行物》
創作草圖　1989

作品制做設計草圖

《六月》
攝影: W.A.
1994. 6.

媚笑陽臺
詛—咒

『愛情
是您好 再見
直到我們再次相見』

死亡
是窗口、陽臺
等到我們跳下陽臺

你哀求着有户窗口
我乞求着高高陽臺
愛情對死亡開始憐憫
我對死亡產生了愛情

一九九四年六月十日
NO樂隊作品選

Ai Weiwei's home, meanwhile, had become another sort of public space. The long table in the foyer was now a miniature museum of discourse, displaying catalogues, magazines, blueprints, posters, all either borne by supplicants or carried back from trips abroad. His blog, which he began keeping in November 2005, progressed within a few months from a rote rehashing of completed works to the photographic diary of comings and goings—many of them set in his living room—that has garnered some 3.5 million page views.[1] The museum groups began to arrive at his door one after another, leading him, at one point, to rig his residence with surveillance cameras to capture one particularly high-profile delegation. Galleries began to open elsewhere in the village, almost entirely of his design, as Caochangdi began to become the new 798. His studio's productivity in both art and architecture expanded dramatically, but still he could usually be found on any given morning between April and November sitting at the glass table by his front door drinking tea, chatting with friends and contacts and lieutenants, pausing only to read an e-mail or look at a plan printed out and brought over by an assistant, or to answer his constantly ringing phone.

And that is the state in which things remain now. The city grows at his doorstep—today the street out front is widened, tomorrow that elevated train line to the airport that runs nearby will open—and, particularly in his immediate neighborhood, Ai Weiwei intervenes in that growth. Having just turned fifty, Ai is only now hitting his creative stride. In all likelihood, the Caochangdi residence will remain a destination for a few more years, welcoming visitors and satisfying their fantasies of a Chinese renaissance until either it becomes a parody of itself or enough other spaces and interlocutors in China rise to a level of sophistication and complexity to render these pilgrimages superfluous. For now though, the courtyard, the studio chamber, the living-room table all bear host to a subtle rotation of visual and intellectual delights, removed from the city beyond by a gray brick wall.

1) http://blog.sina.com.cn/aiweiwei

Studio Ai Weiwei, Beijing, 1999.

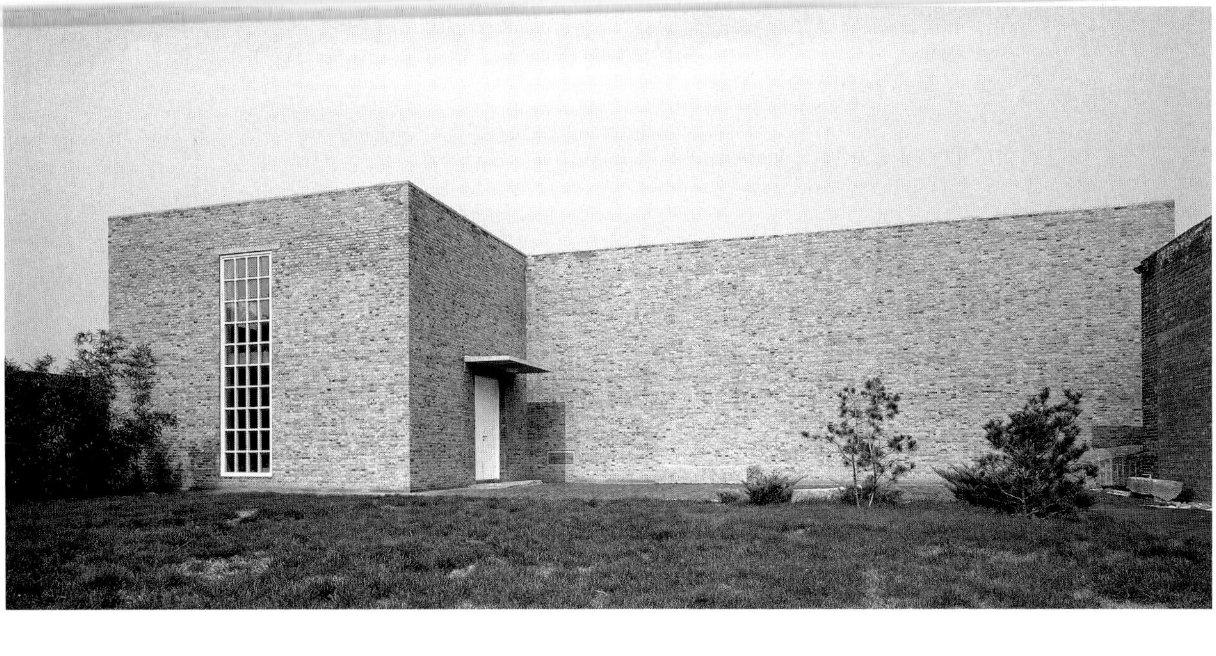

Reflexionen über einen Künstler in einer Stadt, 2001 – 2007

PHILIP TINARI

Die erste von mir besuchte Ausstellung in Peking öffnete ihre Tore wenige Wochen nach dem Einsturz der beiden Türme des World Trade Center. Es war eine von Weiwei kuratierte Präsentation von Skulpturen im öffentlichen Raum, inmitten eines Hochhauskomplexes, der damals den östlichen Stadtrand bildete. «SOHO NewTown» war das erste Bauprojekt in China, das zu den winzigen, *white cube*-ähnlichen «Klein- und Heimbüros», die in den mit unterschiedlichen Farben gekennzeichneten Türmen untergebracht waren, auch gleich den passenden Lebensstil mitlieferten.[1)] Die Apartments waren eben erst zum Verkauf angeboten worden, zu Quadratmeterpreisen, die sich seit jenem Oktobermorgen im Jahr 2001 verdreifacht haben. Das Unternehmerpaar, das den Komplex erbaut hatte, Pan Shiyi und Zhang Xin, war gerade im Begriff, sich in der internationalen Immobilienszene einen Namen zu machen. Eines der Qualitätsmerkmale dieses Unternehmens – dem ersten Versuch in China, Wohnraum als Markenprodukt zu verkaufen – war die Installation von Werken der wichtigsten Künstler der Stadt im Bereich der Atrien, die jeweils vier Stockwerke erschliessen.

Vielleicht existierte damals ja trotz allem noch eine Avantgarde in China – Kellerausstellungen wurden immer noch polizeilich geschlossen und es gab noch keine Galerienszene oder einen entsprechenden Markt –, doch selbst wenn sie nicht existierte, traf es doch zu, dass die zeitgenössische Kunstszene der Stadt klein war und dem Blick des breiten Publikums verborgen blieb. Wenige Monate nach dem Collegeabschluss war ich nach Peking gezogen, um die Sprache zu lernen; ich interessierte mich vage für die damals noch esoterische Kategorie der zeitgenössischen chinesischen Kunst, nachdem ich mich während meines Universitätsstudiums in Duke etwas mit Xu Bings *Tobacco Project* (Tabakprojekt, 2000) beschäftigt hatte. Xu Bing, der immer noch in New York lebt, hatte mir die Telefonnummer von Feng Boyi gegeben, einem bedeutenden einheimischen Kurator in Peking. Nachdem ich mich auf Mandarin so weit verständigen konnte, dass es nicht mehr nur peinlich war, rief ich Feng an

PHILIP TINARI ist Publizist und Kurator und lebt in Peking.

und er nahm mich mit zu der erwähnten Ausstellung. Wir waren auf dem Weg vom blauen Gebäude des SOHO-Projekts zum grünen und kamen gerade an der architektonischen Skulptur eines in Beton gegossenen riesigen «C» vorbei – Ai Weiweis eigener Beitrag zu der von ihm kuratierten Ausstellung –, als ich Weiwei erstmals zu Gesicht bekam: ein majestätischer Raubauke, dessen Bauch sich aus der Lederjacke vorwölbte, bärtig, mit rasiertem Kopf und einer Traube von Anhängern im Schlepptau. Er brachte die Karawane zum Stehen und begrüsste Feng mit herzlichem Händedruck und einem scherzhaften Wortschwall.

Die Achse Ai Weiwei-Feng Boyi-Xu Bing war viel komplexer, als ich aus diesem Wortwechsel hätte entnehmen können, den ich zudem nur durch einen Nebel von Fremdheit und Unverständlichkeit hindurch wahrnahm. Die drei hatten für das *Black Cover Book* von 1994 zusammengearbeitet, der folgenreichsten Kunstpublikation in China seit Tiananmen (1989). Zwei Jahre zuvor hatte Xu Bing, der eben erst in New York eingetroffen war, kurz in Ais Apartment im East Village gewohnt, wo sie das Interview mit dem taiwanesischen Performancekünstler Hsieh Tehching aufgenommen hatten, mit dem das Buch beginnt. Xu zog weg nach Williamsburg, Ai ging wieder zurück nach Peking und Feng, damals redaktioneller Mitarbeiter einer offiziellen chinesischen Kunstzeitschrift mit einer Nase für alles Aufregende, wurde von beiden dazu ausersehen, die damals in China tätigen Experimentalkünstler um Beiträge für ihr Buch zu bitten. Ai und Feng realisierten das Buch in einem schwülen Sommer in Shenzen; sie wohnten in einem heruntergekommenen Hotel in der Nähe der Druckerei, Ai in Begleitung seiner neuen Liebe, der Künstlerin Lu Qing. Um 1994 konnte man in Peking ohne entsprechende Bewilligungen kein Buch drucken. Das liberale, mehr aufs Finanzielle ausgerichtete Klima in Shenzhen machte das andernorts Undenkbare möglich. Schliesslich führte das Buch zu unüberwindlichen Spannungen zwischen seinen Urhebern, doch es schuf auch ein Beziehungsnetz zwischen Künstlern und Einheimischen, das Bestand hatte und im Lauf des folgenden Jahrzehnts weiter gedieh. Mitten in diesen Knotenpunkt wurde ich damals ohne mein Wissen hineingezogen.

Ich habe Weiwei danach ein Jahr lang nicht mehr getroffen – ein Jahr, in dessen Verlauf ich so was wie ein Schüler Fengs wurde und nach Guangzhou zog, um mit ihm zusammen die bevorstehende erste Triennale von Guangzhou vorzubereiten. Dort habe ich dann Ai das nächste Mal getroffen, an einem Nachmittag im November 2002, im langen Korridor, der von der Eingangshalle des Guangdong Museum of Art zu den Aufzügen führt, mit denen man in den Verwaltungstrakt gelangt. Er stand mit Lu Qing vor dem Plakat einer früheren Ausstellung von Picassos Zeichnungen, der ersten in China. Es war das berühmte Photo von Picasso am Tisch sitzend, mit gestreiftem T-Shirt und kleinen Baguettes anstelle der Finger. Letztere schienen aus dem Poster herauszuragen und Ai auf die Schulter zu klopfen. Er war eben in der südchinesischen Stadt angekommen, um seine Arbeit CHANDELIER (Leuchter, 2002) zu installieren, einen sechs Meter hohen Kristallleuchter, der in einem riesigen rostigen Gerüst rechts neben dem Museumseingang hängen sollte. Es war eine von mehreren Auftragsarbeiten in der Ausstellung, welche die definitive Billigung der «experimentellen Kunst» durch den staatlichen Kunstapparat signalisierten. Es war auch das Werk, das Anspruch und Grössenordnung von Ais Kunst deutlich machte und damit den Beginn der aktuellen Phase seiner Karriere einläutete. Am Abend seiner Ankunft, etwa eine Woche vor der Eröffnung, führte er die Angestellten des Museums und andere Künstler in ein trendiges Hunan-Restaurant, wo Kellner in uniform urbaner Kleidung kostspielige Gerichte über Böden aus Pressstahl trugen. Er sass am Kopf des Tisches und stocherte an einem Fischkopf herum; ich sass zu seiner Linken. Wir sprachen über Philadelphia, meine Heimatstadt, seine

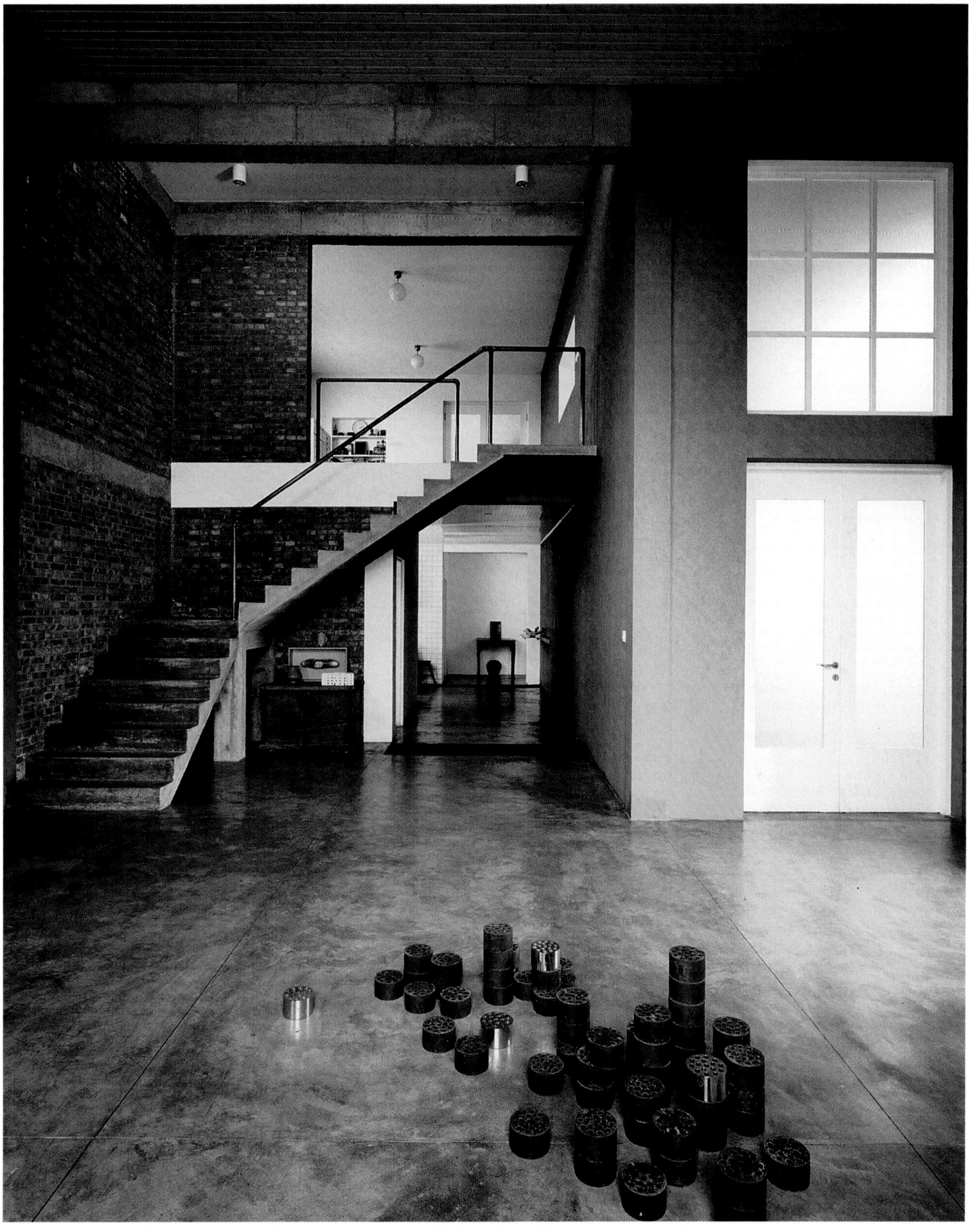

Studio Ai Weiwei, Beijing, inside view.

erste Eingangspforte in die USA, 1980. Am nächsten Tag standen wir mit jungen Mädchen aus der Werkstatt vor dem Museum und halfen mit, das Werk zu installieren, indem wir für die Kristallketten, die vom Leuchter herabhängen sollten, Kristall für Kristall aufreihten.

Einen Monat später, zurück in Peking, verbrachte ich einen Morgen damit, den Leiter der Niederlassung der *New York Times* durch das postindustrielle «Factory 798»-Galerienviertel zu führen, das diesen Herbst – unweit von Ais Wohnviertel Caochangdi – aufzublühen begann. Der Journalist wollte Ai kennenlernen, also gingen wir durch das Viertel zu seinem Haus, wobei wir uns anhand einer Photokopie einer von Hand gezeichneten Karte orientierten, die uns der Aufseher des «China Art Archives and Warehouse», damals eine rege tätige Institution, die von Ai geleitet wurde und auf der anderen Seite des Viertels lag, gegeben hatte. Wir tauchten unter einer Eisenbahnbrücke durch und überquerten eine grössere im Bau befindliche Strasse, um an dem trüben Dezembertag just zur Essenszeit vor der grauen Ateliertür zu stehen. Bei dieser ersten Begegnung mit einem Ritual, das zur Routine werden sollte, öffnete uns der bäuerliche Hausdiener die Tür, während Ai Weiwei aus dem Wohnzimmer trat und uns in den Atelierraum führte, wo eben die erste MAP OF CHINA-Skulptur (Landkarte Chinas, 2002) zur Präsentation installiert worden war. Lu Qing sass an dem langen Tisch im Wohnzimmer und zeichnete Quadrate auf Seide, ein Werk, woran sie schon über zehn Jahre arbeitete. Ai bot uns Grüntee und gedämpfte Brötchen an. Wir sassen in seiner Küche um einen runden Tisch herum und assen zusammen. Dabei sassen wir auf Holzstühlen, ähnlich jenen, die er manchmal in seinen Werken verwendet. Danny, der Cockerspaniel, und einige Katzen aus der Nachbarschaft stolzierten zwischen den schönen antiken Möbeln und Skulpturen in der Eingangshalle herum.

An diesem grauen Nachmittag lag das unbeschreibliche Gefühl in der Luft, dass die alten Hierarchien im Schwinden begriffen waren und dass ein Besuch der *New York Times* für einen chinesischen Künstler keine so grosse Ehre mehr bedeutete wie vielleicht noch vor ein paar Jahren. Das heisst nicht, dass Ai Weiwei kein vollendeter Gastgeber gewesen wäre – die Brötchen waren einfach, aber schmackhaft, die Unterhaltung lakonisch, aber scharfsinnig – oder dass er sich nicht auch in gewisser Weise durch den Besuch seiner Gäste geschmeichelt fühlte. Doch obwohl die – aussen grauen, innen roten – Kuben aus Backstein und Beton, die er bewohnte, offensichtlich der modernen Vorstellungswelt eines Einzelnen entsprungen waren, wurde rasch klar, dass diese Vorstellungswelt einige Zugkraft zu entwickeln begann. Dieses Haus, sein erstes, damals bereits fünf Jahre altes Bauprojekt, war der Archetyp eines radikal subversiven Stilwandels, ein Plädoyer für die programmatische Verwendung gewöhnlicher Materialien und eine Strategie, um der chinesischen Hauptstadt zu einer ausgeprägten gestalterischen Sensibilität zu verhelfen. An jenem Nachmittag stand fest, d a s s die Dinge sich bewegen würden – für Ai und für Peking –, wenn auch noch nicht ganz klar war, wie.

Dann, nach einem SARS-bedingten Abbruch der gesellschaftlichen Kontakte und einigen Sommermonaten, in denen ich im Nam Nam, einem vietnamesischen Restaurant im Diplomatenviertel, mehrmals zufällig auf Ai Weiwei traf, verliess ich China für zwei Jahre. In diesen Jahren begann sich Ai ganz der Kunst und Architektur zu widmen. Er arbeitete am Entwurf des Olympiastadions und zeigte in der Kunsthalle Bern seine erste Einzelausstellung in einem Museum, beschäftigte sich jedoch auch mit einigen eher abgehobenen Städtebauprojekten, wie der Unterteilung des Geländes innerhalb der Fourth Ring Road in Peking in fünfzehn Sektoren. Mit einem Team von Assistenten und Studenten befuhr und dokumentierte er jede Strasse in diesem Gebiet. Als ich im September 2005 nach Peking zurückkehrte, hatte sich vieles verändert. Die Flughafenautobahn war umgebaut worden, so dass sie nun direkt in die Second Ring Road mündete, und die Baugruben für den CCTV Tower und das Olympiastadion wurden ausgehoben. Statt in anderer Leute Restaurants herumzuhängen, hatte Ai nun sein eigenes: ein karg gestaltetes Esslokal aus Beton- und Glasplatten in einer Strasse unmittelbar südlich des Landwirtschaftlichen Ausstellungszentrums, wo die Küche seines Heimatortes Jinhua serviert wurde. Dort ass er nachts an einem langen Tisch, der erst zusammengerückt wurde, wenn er da war, gegenüber einer Wand, an der Farbkreisbilder seines Freundes Yan Lei hingen. Dort hielt er im engsten Mitarbeiterkreis seines Architekturbüros Hof vor wechselndem Publikum: vor Kritikern, Kunden, Sammlern, Kuratoren, Dichtern, Sängern, Regisseuren und hin und wieder einem Rückkehrer aus seiner New Yorker Vergangenheit. Künstler mit Projekten, die sie diskutieren wollten, sassen quasi im Wartezimmer gleich am Tisch rechts neben dem seinen, Tee trinkend und kalte Häppchen knabbernd, während sie auf eine Audienz beim mächtigen Paten warteten. Das namenlose Lokal wurde in Ais wachsendem Umkreis schlicht «die Cafeteria» genannt.

Inzwischen hatte sich Ai Weiweis Haus zu einer anderen Art von öffentlichem Raum gemausert. Der lange Tisch in der Eingangshalle war jetzt ein kleines Museum des aktuellen Diskurses, auf dem Kataloge, Zeitschriften, Pläne und Plakate auflagen, die alle entweder von Bittstellern stammten oder von Auslandsreisen mitgebracht worden waren. Sein eigener Blog, den er im November 2005 gestartet hatte, entwickelte sich binnen weniger Monate von der routinierten Rekapitulation bestehender Arbeiten zu einem Phototagebuch der aktuellen Besucher und Ereignisse, die sich meist im Wohnzimmer abspielen; er zählt mittlerweile über 3,5 Millionen Internetbesuche.[2] Die Museumstruppen begannen eine um die andere an seine Tür zu klopfen, was ihn schliesslich dazu veranlasste, seinen Wohnsitz mit Überwachungskameras auszustatten, um besonders hochkarätige Delegationen rechtzeitig zu erfassen. In seinem Wohnviertel entstanden neue Ausstellungsräume, fast durchwegs von ihm selbst entworfen, da Caochangdi allmählich zur neuen «Factory 798» heranwächst. Die künstlerische und architektonische Produktion seines Büros ist dramatisch angestiegen, doch noch immer kann man ihn jeden Morgen zwischen April und November am Glastisch neben seiner Haustür sitzend antreffen, wo er Tee trinkt, sich mit Freunden, Vermittlern und Stellvertretern unterhält, nur innehaltend, um eine E-Mail zu lesen oder die Blaupause eines Plans zu prüfen, die ihm ein Assistent vorlegt, oder um einen Anruf auf seinem unablässig klingelnden Telefon entgegenzunehmen.

Das ist der Zustand, der sich jetzt dauerhaft eingependelt hat. Die Stadt wächst vor Ais Haustür – heute wird die Strasse vor seinem Haus verbreitert, morgen wird die in der Nähe vorbeiführende Hochbahn zum Flughafen eröffnet – und Ai Weiwei wirkt an diesem Wachstum aktiv mit, besonders in seiner unmittelbaren Umgebung. Eben erst fünfzig geworden erreicht Ai jetzt den Höhepunkt seiner Kreativität. Mit grösster Wahrscheinlichkeit wird das Wohnhaus in Caochangdi noch für viele weitere Jahre ein beliebtes Reiseziel bleiben, wird Besucher empfangen und deren Sehnsucht nach einer chinesischen Renaissance stillen, bis es entweder zu einer Parodie seiner selbst wird, oder bis genügend andere Räume und Gesprächspartner in China einen Grad an Kultiviertheit und Komplexität erreicht haben, dass diese Pilgerreisen sich erübrigen. Doch zum heutigen Zeitpunkt dienen Ai Weiweis Hof, Atelierraum und Wohnzimmertisch als Drehscheibe visueller und intellektueller Freuden jenseits der Stadt hinter der grauen Ziegelsteinmauer.

(Übersetzung: Suzanne Schmidt)

1) SOHO ist hier die Abkürzung für «small office/home office»

2) http://blog.sina.com.cn/aiweiwei

CONCEPT AND FAKE

AI WEIWEI & JACQUES HERZOG

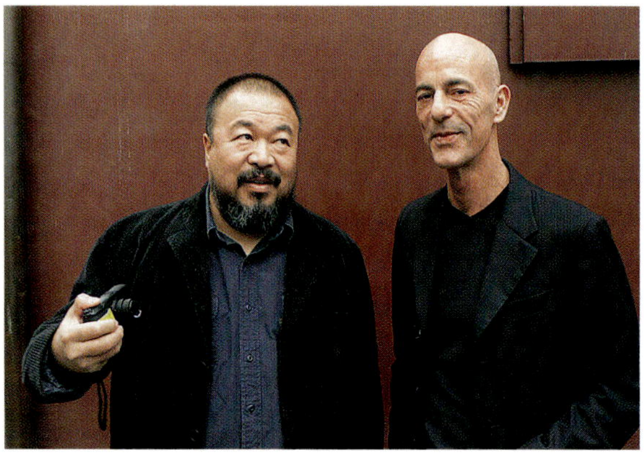

Ai Weiwei & Jacques Herzog. (PHOTO: BICE CURIGER)

AI WEIWEI: It is autumn, you feel somewhat sad!
JACQUES HERZOG: A bit, yes—we haven't met for quite a while, actually since last April when you took us to this very remote place, Ching-te-Chen, where Chinese porcelain has been produced and painted for centuries. It certainly was a different season with some very warm spring days. We learned about your new porcelain pieces and, of course, about the ancient tradition of Chinese porcelain, which still seems to be very much alive. Traveling together like that means a lot to Pierre and me, spending time together that is not planned time. I always find it a pity that we can't tape some of our conversations. They're often fresher and more spontaneous compared to situations like this one where we have to produce something for a magazine.
AW: But you know this tape here is next to a river, the river is moving like the tape, which means we are moving. So we are still on a trip, too. I traveled here to see this new building; it is very exciting to see so many people working for you.
JH: But you don't like our new building because it has space for an even larger army—as you call it. At least in quantity we can now compete with you. There are three hundred people here and you've only got fifty.
AW: We are reduced to twenty; twenty is more than I can handle. I remember when they said your nightmare will be when you walk into the office and somebody won't know who you are. I am so happy your nightmare has become reality.
JH: Yes, a large company could end in a real nightmare. We feel we have reached a limit in size for the way we are working. Pierre and I are currently very busy re-thinking our form of organization—how we want to work now in five years or even in ten years. How many people and projects? The company is as important a project as the architecture itself.
AW: But there is too much excitement. So one building after another?
JH: Yes.
AW: How many buildings are you going to build?
JH: Many of the things an architect envisions die before ever being built. Sometimes even really interesting projects. This is perhaps paradoxically one of our driving forces. You, Weiwei, you know how this moment feels when things don't materialize that you had in mind. You are working as an architect and as an artist; you do furniture and many other things, some of which are bound to fail, especially in architecture. You can tell, just like us, how much frustration lies in some projects—that one stupidly starts to like, but which then don't materialize. The Quingdao Film Academy would have been an amazing thing to do together and also the Jinhua Masterplan.

JACQUES HERZOG, architect Herzog & de Meuron.

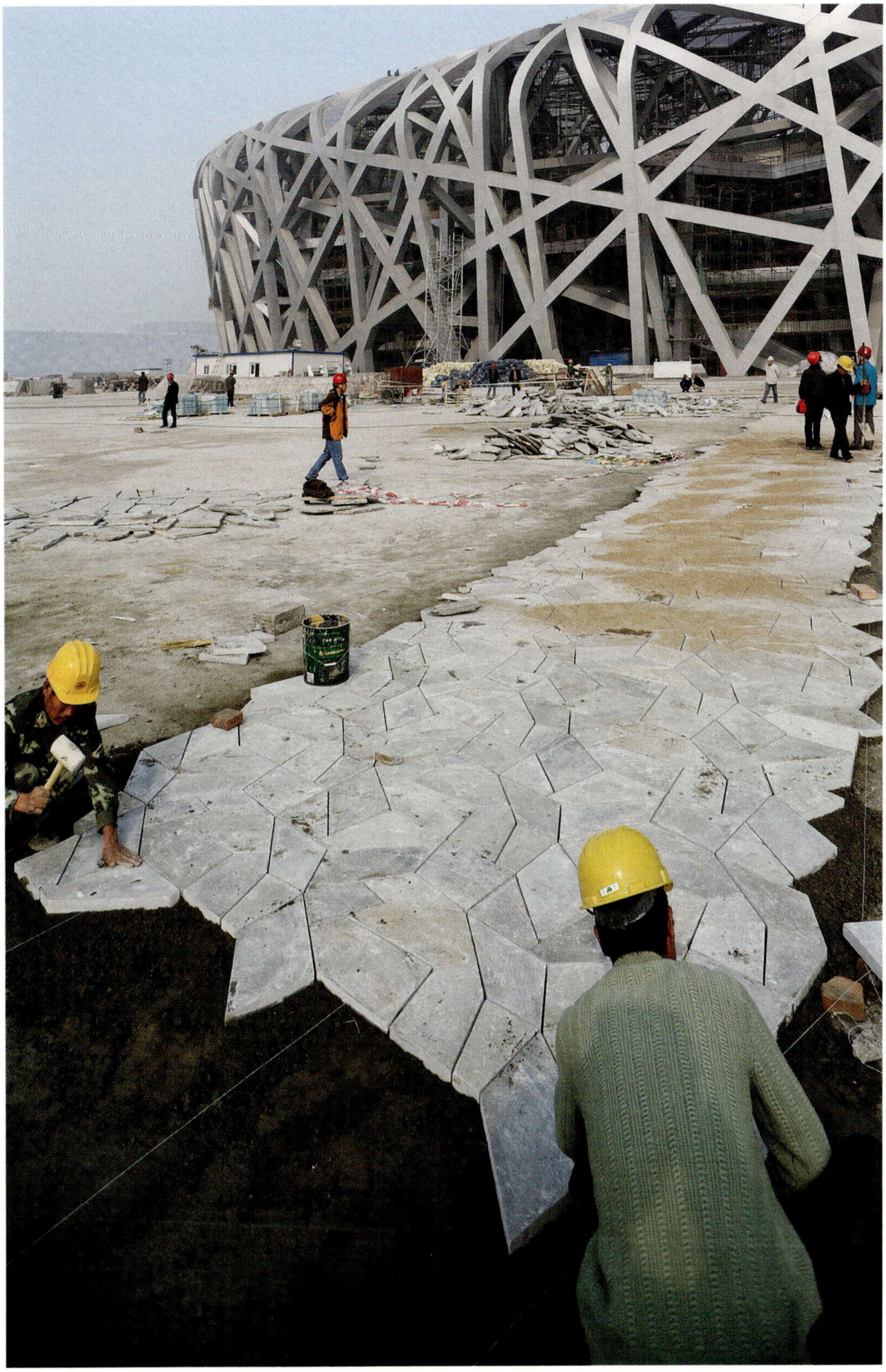

National Stadium Beijing, under construction, 2007. (PHOTO: IWAN BAAN)

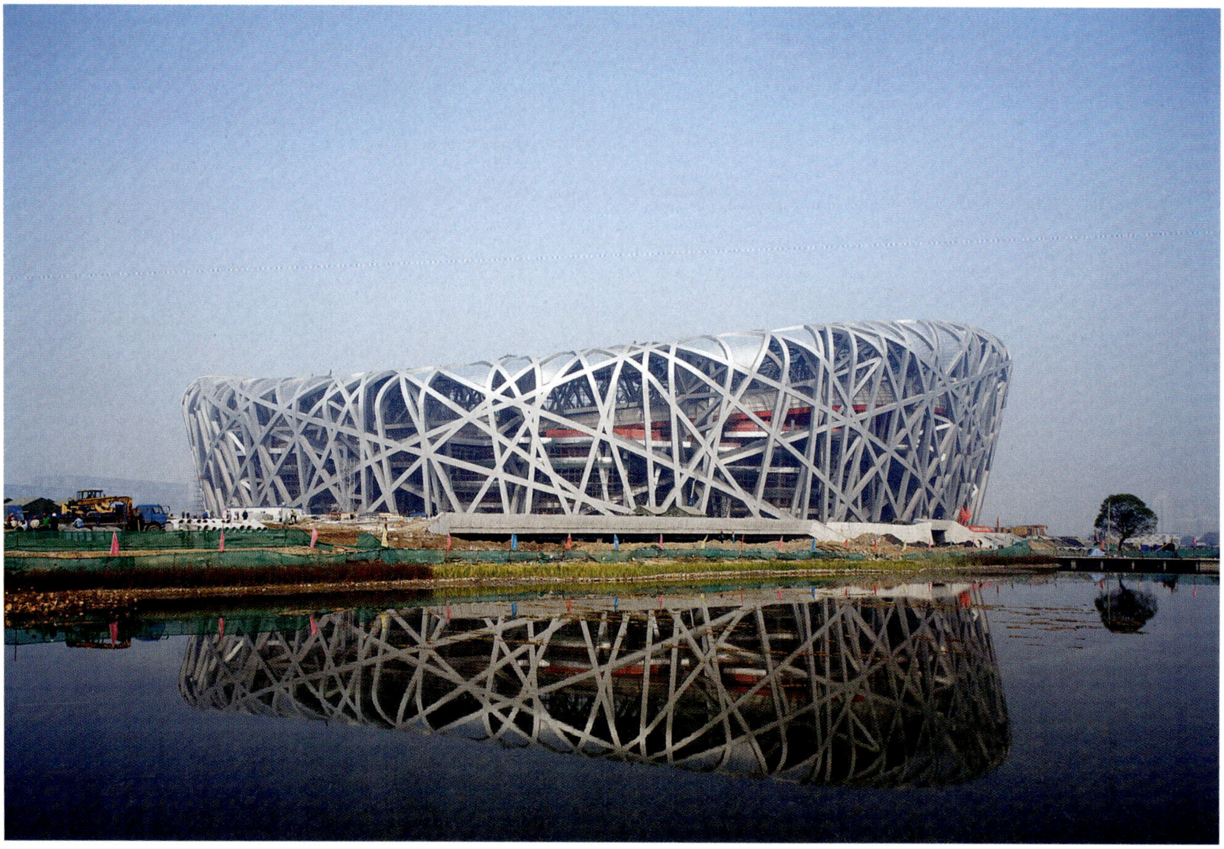

National Stadium Beijing, under construction, 2007.
(PHOTOS: IWAN BAAN)

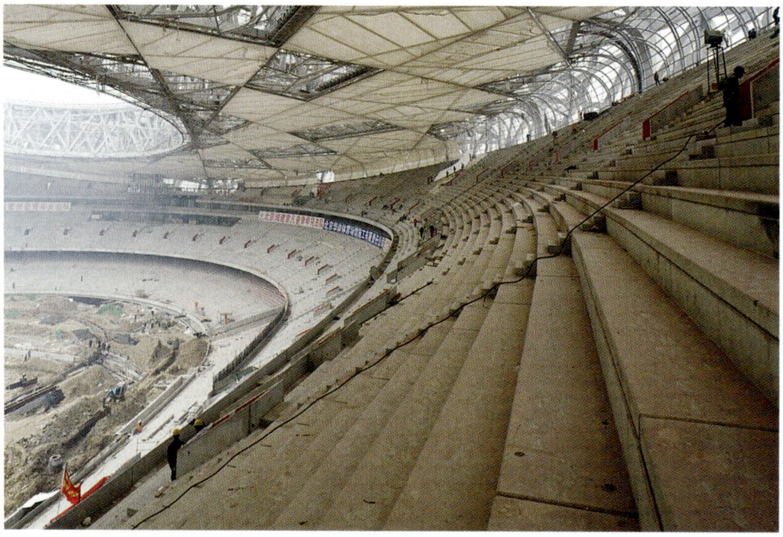

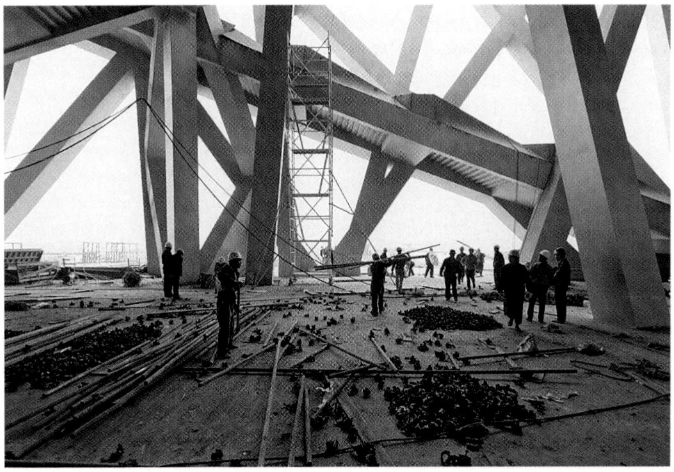

AW: Both.
JH: And that's why you want to limit your involvement in architecture? Does that have to do with the fact that there is too much friction and you lose too much energy?
AW: No, either you really try to maintain control, to make the best out of architecture, to make the idea become reality, or you lose control and then you fail. It's crazy.
JH: You have done a few buildings in which we were not involved at all, for instance, your brick buildings in Beijing, which I think are very successful. I say that without flattering you—you are certainly the most talented architect among the artists. The buildings are totally unpretentious, which is very rare. They have something simple and archaic and that's exactly their quality—they don't try to be more than this very basic thing of brick.
AW: Because I do not have to prove to myself that I'm better than other architects. I am not in competition.
JH: And as an artist? Do you feel in competition as an artist?
AW: Not really, my art work ultimately comes from boredom, I always feel bored about life so I have to do something sometimes and I never like my art works, you know. Most of the time I am very ashamed when I look at them or talk about them, but one day you become famous, which is also something I am not fighting for.
JH: Now you are pretentious (laughing)… I don't believe you, really.
AW: (laughing) How can you believe me? Let's prove it, I stop doing art, you stop doing architecture: let's do it today, let's make a test. We are just traveling together.
JH: That would be nice.
AW: We stop today and make an announcement. I stop doing anything associated with art and you stop doing anything related to architecture. I can be a dentist, you can be a hairdresser, okay?
JH: A hairdresser—with my haircut?
AW: You would be bad obviously…
JH: You could switch sides… from artist/architect to client, becoming an important Chinese client commissioning architecture. People keep asking us what it's like to work as an architect in China. We don't really have an answer. What would you say? How reliable are the Chinese, how good as clients? The National Stadium seems to be turning into a great success in terms of architecture and also in its public acceptance by the Chinese people. Here we certainly have no complaints about the reliability of the Chinese State as a client! But, as mentioned, we tried to do lots of other things together and probably spent more time on other projects together than on the National Stadium. I think it is really a pity that those things did not go forward. Why do you think this is so?
AW: To me it really hurts, we did our best, all the passion, all the energy, all the good will and all the good people you put in there, too, and in the end it is a disaster, and they do not appreciate what you do.
JH: Did you also have architectural projects of your own that didn't materialize?
AW: My projects are okay, because I always accepted what happened. I told myself I am not an architect, I am a soldier in the wall, this is a crazy condition… It can be totally disappointing, but I think you do so many interesting

things, you and Pierre are so tough in that respect, this is great, it has always been an inspiration for me. Architecture is a very complicated matter, you really have to go through the whole discipline and the control has to be there, but whatever you want to create, you have to recognize the limits. I have to decide how much I want to design; most of my work has been executed in China. I never did a building that had to be perfect in every detail because this is impossible and it's not my main interest to do so.

JH: But you said before that you were afraid to lose control.

AW: Ah, losing control is losing interest because you are detached from it. At a certain point you ask the questions and realize that the client has absolutely no interest in what you have to offer. That's the saddest thing: You provide a system that is honest, but they're really thinking about something else: why all this architecture? It is difficult to realize things, especially for an architect in China, because there is no system that appreciates or protects this kind of effort. That's why the Olympic Stadium was a very lucky case, one of the very few... because it was basically realized the way you like it.

JH: Well, we think that a stadium—as a building type—is different from other buildings. It is much rougher and based on a few strong ideas. We learned that lesson working on other soccer stadiums—St. Jakob Park in Basel and Allianz Arena in Munich. Other buildings, like a museum or a store, need much more detailing, and the way people behave in them is entirely different from in a stadium. In addition, a stadium is utterly different in scale: It is more like a public sculpture or, in Beijing, like a public artificial landscape. Parts of it are not even so perfectly detailed. We realized that from the start. Even in the initial meetings for the competition where you were present we discussed such things. The design was finally based on steel beams that are very thick, though we originally planned to have a more fragile system. But it would surely have been more difficult to execute and make accessible to the public. Architecture—and this may be very different from art—has to anticipate certain things: it is made for one place, it is immobile, and you can't just move it around, like taking a painting off the wall. Paradoxically, when an architect understands, accepts, and pushes those limits, great things can happen and it's almost like art.

AW: Yes. That's something you can only learn from an architect. And it's a vital experience because you are dealing with reality. How much can you do, I mean, when you make a first move, a very intentional move... even a rough or raw approach can be nice, so the Stadium really provides a great lesson in losing control and making room for imperfect craftsmanship—and in a very different culture... but still, we are successful.

JH: There were many moments though, during the design phase, where things could have gone wrong. Even after the tough meetings and negotiations Pierre had with the client in Beijing, we didn't know whether our detailing would be accepted. One key issue was the three dimensional bending of the steel trusses, which turned out to be very complicated. Any change in detailing would have led to a caricature-like reduction of our concept... I guess that your work as a sculptor teaches you exactly where such key points in the detailing and in the materialization process are hidden.

AW: Often in architecture or in art you see a beautiful concept, but later it's worthless or shit only because of that one thing you have to fight for. You're so intense and eager to make it happen because all the magic is concentrated there.

JH: We were talking about the importance of the concept and now we're insisting on certain detailing. The detailing of architecture can never be fully controlled, especially when it's large scale. So many people are involved and leave their traces. The art of a great piece of architecture often lies in the concept or rather in the strategy of identifying and controlling only those areas where precise detailing is essential. All too perfect detailing in the wrong areas can be annoying—like dressing up for the wrong event.

AW: It's the wrong kind of effort.

JH: We have actually developed an intuitive feeling over the years for such key points in a design. Here, for the Beijing Stadium, we knew exactly which areas we had to fight for and where we could be more flexible in negotiating alternatives. The problem, in this case, was that we could not understand the decision making process on the Chinese side. There was no transparency and we also had to undergo a tough process in learning how to survive all the endless meetings. Not even Uli Sigg, who is a great diplomat and connoisseur of the Chinese mentality, nor you Weiwei, sometimes knew what direction we were going to move in. There were moments where we thought there must be some great unknown person in the background...

AW: It's like fighting in the dark. You know there is a potential opponent out there but you don't know who they are, how many there are, and you don't know what kind of strategy they are going to use. The whole time you worry, is this really going to be built? Of course once it goes into construction, you feel the emotion even more.

JH: When we started working on the Stadium design competition, the first question for us was whether the Stadium should be a similar but larger version of the one we built in Munich. Often a client wants you as an architect to copy or mimic work that he has already seen and likes. But you, Weiwei, said very clearly that it should be entirely different because the Chinese think differently and expected something different. That was a key moment in a very early phase. We felt free to go for something totally new and unexpected... even more so because we thought that we had no chance of winning anyway.

AW: After we worked so intensely, I remember you telling me before I left that we had won the competition. I thought you were crazy because I never thought it would go through. And later I think it was even more difficult. And you went through such turmoil—Pierre especially. Psychologically, it was crazy. In the beginning, nobody gave us any support, everybody criticized us; all those people from the old architectural school criticized us for no reason. Now of course everybody loves it as a symbol of a new China, or something.

JH: You have the feeling that people really support it?

AW: Oh yes, everybody thinks it is the most important image in China.

JH: That's also extremely vital to the life of the stadium after the Olympics. We conceived of the stadium working like a public sculpture, like an urban landscape where everybody can climb up and down, meet and dance and do all those fantastic things that people would never do in a western city. There is such great potential in public urban life in China and the life of the stadium can spill out and animate that new part of Beijing. If this works, if people literally embrace our structure, it can be very successful, just as the Eiffel Tower became so successful after the World Expo, for which it was built, was over.

AW: Yes, after the Olympics, it will be put to even better use. It is a stadium for so many people, the design is more democratic, it's a freedom structure that people can approach from all directions, and when you are inside, there is no sense of a good or a bad location. It's such a good idea to use a real building that way. I think it will really be appreciated by the people there, because it will become an active element of the urban condition in that neighborhood.

JH: But what if the government says we should put up a fence around the stadium?

AW: That won't happen because—do you remember—there is this park where people are dancing, singing songs, playing Tai-Chi. It will be an ideal location for people to spend time in.

JH: That experience was decisive. Anyone who hasn't visited China cannot imagine how surprising it is to see people really use public space and perform in it completely at ease. The Japanese are just the opposite: Nobody uses public spaces and there is no such thing as public squares. Our Beijing Stadium building would therefore make no sense in Japan, nor would it in America or in northern Europe, where people are less eager to claim public space in such a creative way. This is what makes the stadium a project specifically for Beijing, much more than any iconographic references that might be brought to the fore...

AW: Yes, I think it will become part of nature, and China has this tradition of deeply appreciating something like these natural conditions, like a piece of a rock or walking in a garden. So I heard you are building another stadium?

JH: Yes, perhaps. We are thinking of possibly doing one or two more soccer stadiums. We love soccer so it's tempting to cover those two geographical areas where soccer has its strongest cultural roots: in the south, that is Italy, Spain, or South America, and England.

AW: If you need my help...

JH: We could certainly use your help; we love and sometimes really need to cooperate with artists. The Eberwalde Library could not have become what it is without the collaboration of Thomas Ruff, and many combined efforts with Rémy Zaugg were very fruitful and inspiring—in both directions. Rémy was also great to travel with; the time we spent with him without a concrete project in mind was often a form of collaboration. In fact, traveling with you reminded us of the times we had with Rémy.

AW: Rémy is not here anymore, right?

JH: Well... still a little bit. Did you know him?

AW: Every time you talked about him, you said—that was before he passed away—you would introduce me to him but you often forget what you've said.

JH: Maybe he slipped into your body. Rémy was more like a mirror though, like a perceptional tool that made one look, and think, sharper. You are more concrete and hands

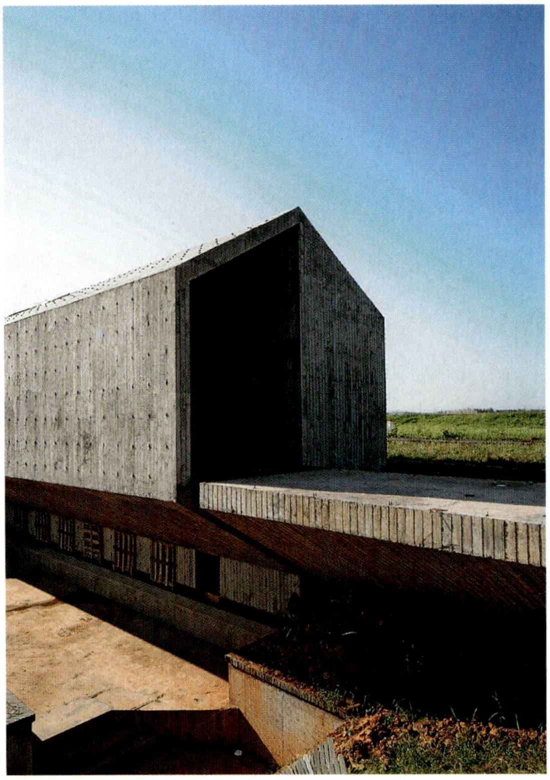

on. Each of the artists we've collaborated with is very different. Interestingly, they've helped us make the buildings more architectural, and not more artistic. This sounds like a paradox again, but it isn't. And it says something very significant about the current situation in contemporary architecture. More and more clients, mayors and developers are pushing the global elite of architects to compete for even more flashy buildings. Some of these designs are great and many others are grotesque, as we all know. Our China experience was very helpful and relaxing for us because we never felt any of this hype and ambition on the part of the client. China has produced and accumulated such an incredible wealth of art and architecture over the thousands of years of its history that any attempt to impress or even shock people with architectural extravagances is absurd. The Chinese see things that look daring to western eyes simply as contemporary versions of what already existed in the past. They would not reject architecture for its newness but they might reject it because it simply does not convince them.

AW: Jacques puts it very well. The stadium is not just another building, it is really art... many other ingredients are in there, it's a mystery. I don't want to use the word experi-

AI WEIWEI, Neolithic Pottery Museum, inside and outside view, Jinhua Architecture Park, 2005 / Museum für neolithische Keramik, Aussen- und Innenansicht, Architekturpark, Jinhua.

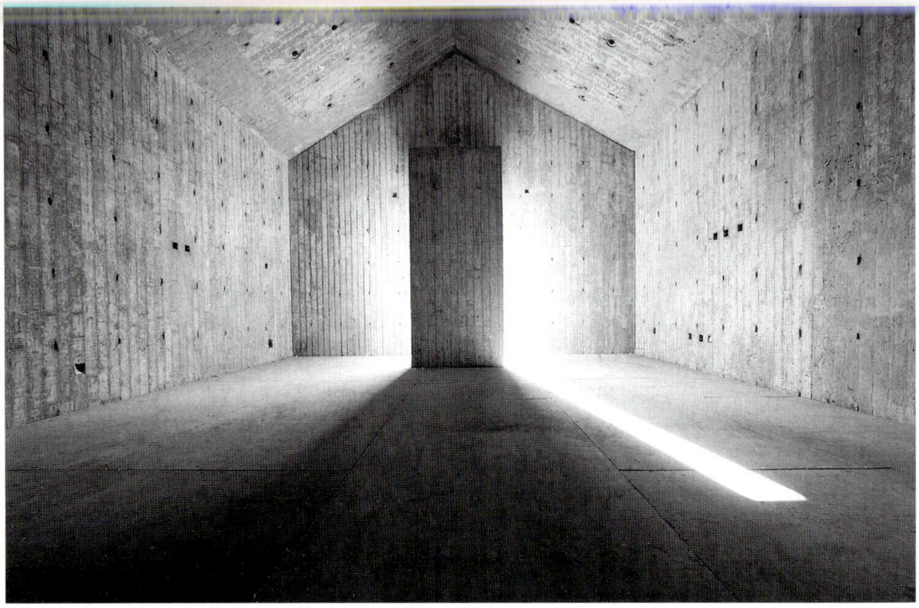

mental but... it has become real. Usually, with a building, you know how it is going to be from the beginning to the end. But this is a very special case, so much is answered in there and so much of it is a learning process. Jacques, you once said you'd never want to do buildings where you can't learn something. And, in a way, the stadium is more like a love affair...

JH: The real excitement or, possibly, the real disappointment is yet to come... once we know how well people will really care for the building in its Olympic afterlife, as I explained before. To conceive of the stadium as a public place to be actively used after the Olympics is in fact an experiment. Will it play its role as a public magnet for everyone in the future? Will it become and remain an integral part of Beijing? So the building is experimental in that respect, but it is not experimental in a frivolous sense, like stretching the limits until clients accept eclectic architectural follies.

The Chinese are also very pragmatic people. Dubai and the Emirates are currently witnessing a much more breakneck kind of race for architectural experiments than China. The fury of building and real estate in the Emirates has something more desperate and somehow fragile than in China with its long history.

AW: I think you gave a good definition of the meaning of architecture, as related to existing aesthetics and political conditions and who is going to use it. It is not about money or eagerness or some kind of crazy ambition or a dramatic use of form. It is really about working with all the potential of history and culture. The stadium really does underscore those meanings, the meaning that a piece of architecture can communicate. This is something we have in common. I am an amateur and you two are experienced architects. We don't allow ourselves to do something meaningless or empty. In fact, we can't. It is just devastating. It's almost an existential thing. Of course, we're supposed to be talking about our collaboration, but to me there are other more interesting things about art and architecture in general, or life.

Architecture is related to human struggle. When you have a river, people want to use it, so they build a bridge or a boat, and this is related to everybody. I am not talking about art but how to come up with the most valuable and beautiful way to solve the problem. It's a challenge to the ego—to provide the best possible conditions for as many people as possible. That's what makes it so attractive. Art, of course, is different; art is very self-centered, you know, you can do it by and for yourself, while architecture can provide good will to human beings. As I see it, it really requires a very different way of thinking.

JH: Could you talk about your chairs at this year's documenta? I think what you did is a very powerful and complex manifestation of your artistic strategies. I was especially intrigued by the fact that you introduce the blur of real and fake in Chinese culture: by using fake antiquities, you spread a fantastic aura of the real within a totally alien context...

AW: Yes, you provide seduction. But then people realize that they are trapped: They see those chairs because they are tired. They are not sitting on culture, they don't see art, but then they become something else, because this is documenta, it is Germany, because it is Kassel, because it has the name FAIRYTALE. Of course, everything is a matter of a concept but how you set up the original frame will give a completely different scale to the meaning of the project, which can change completely. In art this is much easier, but in architecture, too, I think it is most interesting if we think about how a building is related to a street, to a time-being; it has to somehow include this more aesthetic thinking or philosophical thinking, otherwise it will become nonsense. Things work because you have such an open structure, anything can happen, you are very vulnerable. You always maintain the most vulnerable condition here, so anything can happen and there is no limit.

My architectural work is not so interesting or, rather, it only can be interesting if you look at it as part of my attitude, or part of China at this moment. I know Jacques and Pierre and worked with them, within this context, it can be interesting. Otherwise it is nothing really, because people did it before or it is not well done, you know.

JH: Bice, you have been wondering how we happened to meet Ai Weiwei and why this rather unlikely combination of people ever started to collaborate on so many projects. The story is very simple. Uli Sigg is the person who made it possible. He is—as everybody now knows—perhaps the most important pioneer in exploring the potential of contemporary China, and over the years he has acquired an extremely important collection of contemporary Chinese art. He has known Weiwei for years; they went a long way together and he was the one who introduced us. One day in 2002 they showed up in our Basel office and soon we were making plans to travel together to China. That was the beginning of a relationship that has made quite an impact in many ways, professionally as much as personally, through the sheer fact that we started to experience, witness and—through the design of the National Stadium—even participate actively in the transformation process of this gigantic country. Though, when we started traveling together, we had no plans, no intentions whatsoever. We were just interested in learning more about China: Weiwei did not know us and we did not know him.

AW: But later on, I found a book I'd bought a long time ago, which is your book. I bought it because there is a very basic, small building in it. I thought it was only a model. The whole book attracted me; oh god, I thought, this is an artist, not an architect. So I bought the book but I don't know which building it is.

JH: Was it the un-built project for a private collector (Froehlich House near Stuttgart)? Anyway, when we were in Beijing—that was in November 2002—we heard about the competition for the National Stadium for the 2008 Olympics. The deadline was actually almost over, it was too late, but then someone told us that it was...

AW: ...the last second.

JH: It was literally the last second and we somehow made it and were accepted on the list of participants. It's one of those things in life that are so strange because sometimes you try so hard to get something and you plan every step so carefully, whereas here we won the competition with no strategic effort or clear ambition to start with. And yet, it has ended up being perhaps the weightiest, most important and globally most visible project we have ever done!

AW: It's so weird in a way. We grew up in such different societies, with such different experiences and relationships and such a different understanding of the world. And there's something else that makes it so beautiful. It's a kind of accidental beauty, something beyond your own kind of logic and control. This can happen, but it has to be in synch with your efforts and interests and circumstances. And, of course, it's much larger than what you prepared and were prepared for. Everything becomes so mediocre, so pale in comparison. This is why I still have this respect for you. You know you've made something beautiful, but accidentally.

JH: Yes and no. There was a lot of effort on our side to maintain control, gain confidence and also exert an influence. Pierre made an unbelievable effort, going to China time and again, sometimes only to maintain the contact that would otherwise have been lost in translation.

AW: Actually Pierre, every time I see him... I can't believe how he managed to survive. And he is so alive with his wife and children; he becomes young again. I couldn't think about him; it was my nightmare, you know, wondering how he can deal with this kind of bureaucracy. In a meeting nobody really cares what you are talking about. The meeting is just there because they have to have a meeting and another meeting and another meeting, you know—endless. Pierre was always one hundred percent ready to present everything, but nobody is really interested. For example, one day they asked him to come for the... to start the digging, you know, the ground-breaking ceremony. Some Chinese astrologist set up December 24, which is Christmas and Pierre said, in my life no matter how busy I am, I spend Christmas with my family. But then he thought this is an important project, this is China, they have different priorities. So he really flew over. But when he was there, they didn't even let him touch the shovel.

JH: Well, in the meantime we have moved on. I think our meeting last April was really interesting when we talked about the color to be painted on the inside core of the stadium. It will be red and in a very visible location, so whether there is more brown or more blue in it will make a big difference. The fact that we could stand there and study the different samples all together made it much easier for us to understand the nuances between the various reds and the impact they might have on people from far and close. I think it was worth being careful about that color even if it may seem absurd to even talk about it now.

AW: So careful that you had to fly over to China to decide on what kind of red.

JH: Yes, and the interesting thing is that it is not a question of taste; it's about making it a warmer or colder red, about the effect in daylight and with artificial light, about shiny vs. mat surfaces, about people touching it, rubbing against it, etc. Strangely, at the moment I can't even remember what we've finally settled on; we were going back and forth so much with no clear positions on either side.

AW: Me, too, but we had a serious and productive discussion. It's like religion; it's an exercise of your passion, your belief. And it's a moment that cannot be extracted from your life because it is inseparable from who you are.

BC: I have one thought: Architecture has a direct use, whereas art has no direct use, but oddly enough, you use a lot of objects in your artwork that have a direct use. And when you do a building, it is of course concrete. But when

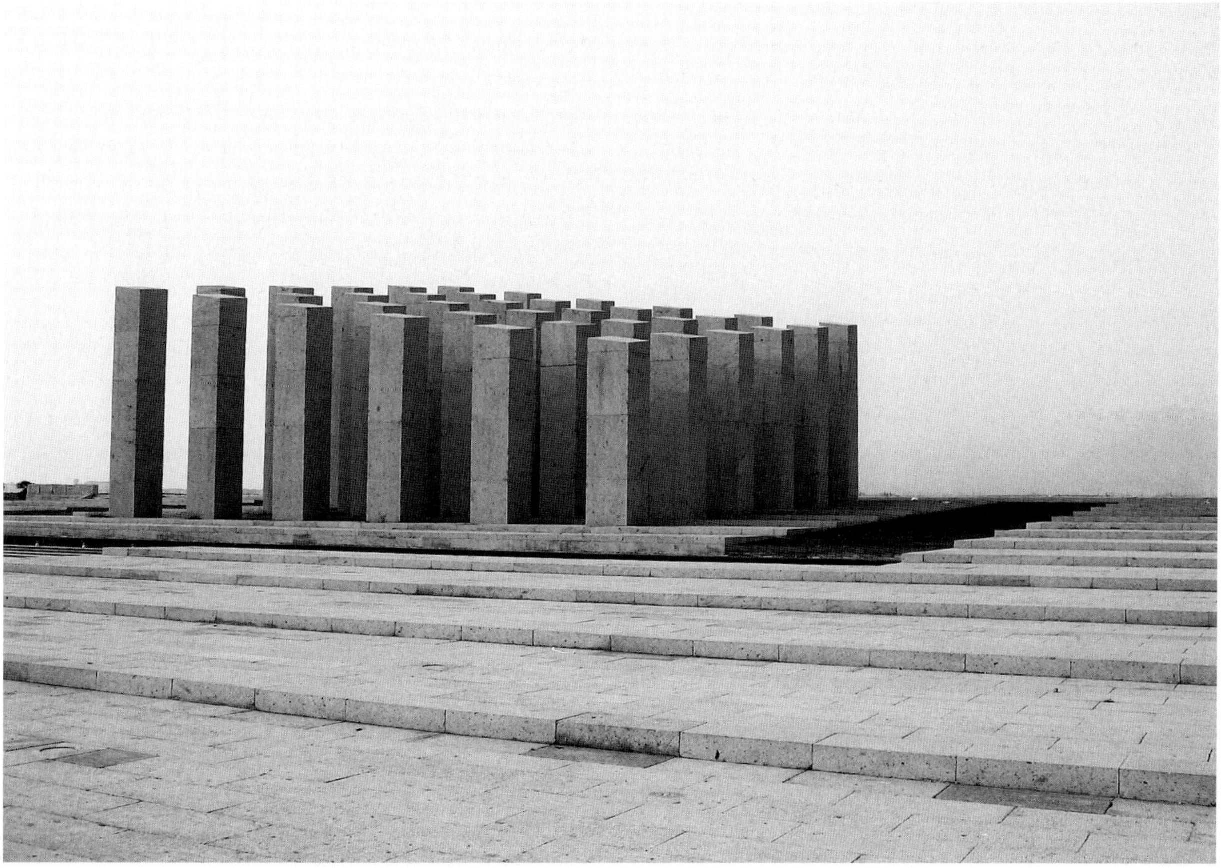

AI WEIWEI, Ai Qing Cultural Park, 2002, Jinhua.

you look at it again, is the impact really concrete or is it that subconscious effect that you were describing?

AW: We work in two directions but we intersect. I make the useful become not useful; they combine the practical with change and illusion. They open up a perspective so that we can have an understanding of the material or an understanding of space. It is a basis for dealing with perception and when you think about how people use an object, you're also using so-called knowledge in the sense that "useful" has a meaning. The meaning is the use. And that plays a great role in human understanding and culture. I mean, why is this color, this red so important? It's not because Jacques likes the color; he also talks about the green of the pitch, which is filled with lots and lots of meaning, like red is, too. It is extremely important to me to use, to respect a set of already concrete conditions, a body of knowledge. Sometimes a change can be devastating; it can make a concrete belief collapse and become a problematic condition. So it is a kind of a trap. Because architecture is also a very good platform for bringing out a kind of surprise, a transformation of deep-seated thinking, of our normal way of understanding things. But when you do make a move like that, you must never ignore the so-called standard of normal understanding.

JH: I like the way you describe the architect's activities as the useful tending toward the useless, and vice-versa, how your work as an artist may migrate from the useless to the useful. Nevertheless, I take it as a very healthy sign for the status of western society that the artist's useless works are valued much more highly than the architect's useful works.

AW: Because they cannot believe the artist can make something useless, they want to make it useful.

JH: Well, art has certainly become very useful and powerful as a new tool in the global financial market.

AW: So it's turning into a financial problem (laughter).

JH: It has certainly become a problem for traditional institutions and museums, which can hardly afford anymore to buy the best of contemporary art. They are becoming more and more dependent on the mood and willingness of private collectors—and the artists.

AW: Yes, but whatever the case, it always functions in terms of how you picture your value, how you spend your money, and how you give identity to your own value.

JH: Quite honestly, I have often thought how we architects could get into similar financial spheres as you and your colleagues with the production of a simple...

AW: ...piece of a shit?

JH: Whatever... I think the true reason why the financial dimensions are different for architects lies in the fact that you can't move architecture around, you can't move it away from the place it has been built on. Imagine if we could lift the National Stadium off of its foundations and move the whole thing somewhere else, to the Emirates, for example, or if we could take the Bilbao Guggenheim and transfer it to London, etc.

AW: Like the title of my show "Traveling Landscape."

JH: Yes, entire traveling architectural landscapes, moving icons away from one place to create a new identity in some other place. Kings and conquerors have done that in the past, mostly with an idea of power in mind. The contemporary version of this could be based on issues of money and vanity: architecture as mobile merchandise. But architecture is traditionally immobile as clearly expressed in the French and German words for real estate; the French say *immeuble* and the Germans call it *Immobilie.*

AW: But you can't move property, and you can't pack it.

JH: But pavilions can be moved and sold and, therefore, become like pieces of art. Like the Serpentine Pavilions...

BC: There are now collectors who buy these early twentieth century key buildings.

JH: That's right. It demonstrates that as soon as architecture can be traded like a painting, a sculpture, or a piece of furniture, it creates a market. And the market is the prerequisite that determines prices.

AW: That is really a brilliant idea. Just imagine a Picasso, who always stays in Picasso's castle, it can never be moved.

JH: So you're turning it around, making the artworks immobile like architecture. Actually, there was a time when you had to travel long and hard and painfully in order to see the most famous paintings in situ because there weren't any big blockbuster shows around to exhibit them in. The tremendous increase in the value of artworks and, therefore, skyrocketing insurance fees may well bring back those times in the near future. Insisting on immobility and permanence as opposed to the possibility of making everything, even architecture, mobile and available on the market, can also produce very powerful results, both in art and architecture. Take the New York Twin Towers. We did not participate in the competition for the new buildings at Ground Zero because we felt blocked; we had no clear idea of what we wanted to do there. Every option seemed so weak and impotent. There was no proposal that could come to terms with the original image of the towers. It gradually dawned on us that the only solution would have been a reconstruction of the original buildings. That would have been a really strong statement, perhaps the most radical and even the most innovative proposal, full of disruptive force, touching on issues of time, history, reality, memory...

AW: They missed their chance. If you copied it exactly, it would be the most important building in the world.

JH: It would be interesting at least to think it over before starting a design competition for new towers and some memorial attached to it. Reconstruction was eventually mentioned here and there—but not fully debated with all the potential consequences.

BC: Would people return to a building that is the same?

JH: The fact that you raise that question is very telling in itself. It would indeed be very special, perhaps even a form of magic.

AW: Like reality and illusion mixed together—it could be so powerful. The most powerful thing of all—like it never happened.

JH: Or the opposite: What has happened becomes even more powerful—think of the reconstruction of the Frauenkirche in Dresden, which has transformed the perception of the entire city.

AW: And, of course, what has happened has happened—always. It can't be undone.

JH: What about a project like that as a possible field for another collaborative venture?

KONZEPT UND FÄLSCHUNG

AI WEIWEI & JACQUES HERZOG

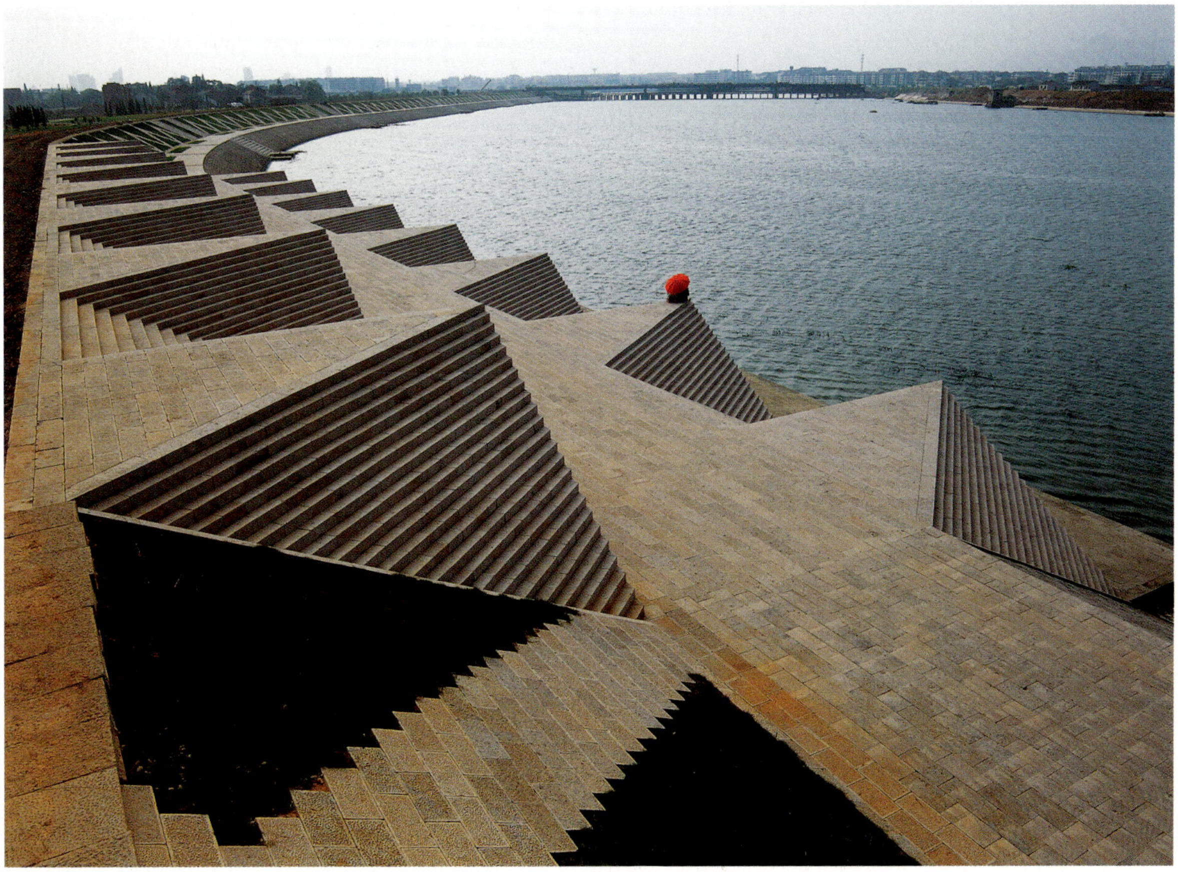

AI WEIWEI, Yiwu River Dam, 2002, Jinhua / Damm Yiwu-Fluss.

AI WEIWEI: Es ist Herbst, fühlst du eine gewisse Melancholie?
JACQUES HERZOG: Schon, ja – wir haben uns eine ganze Weile nicht gesehen, genau genommen seit April, als du uns zu jenem entlegenen Ort geführt hast, nach Ching-te-Chen, wo seit Jahrhunderten Porzellan hergestellt und bemalt wird. Das war allerdings zu einer anderen Jahreszeit mit einigen sehr warmen Frühlingstagen. Wir haben einiges über deine neuen Porzellan-Arbeiten erfahren und natürlich auch über die alte Tradition des chinesischen Porzellans, die noch immer lebendig zu sein scheint. Diese gemeinsamen Reisen bedeuten Pierre und mir viel ... einfach Zeit zusammen zu verbringen, die nicht verplant ist. Ich bedaure immer wieder, dass wir manche unserer Gespräche nicht aufzeichnen können. Sie sind oft lebendiger und spontaner, als das in Situationen wie jetzt der Fall ist, wo wir etwas für eine Zeitschrift produzieren müssen.

JACQUES HERZOG, Architekt Herzog & de Meuron.

AW: Ja, aber dieses Tonband steht in der Nähe eines Flusses, und der Fluss bewegt sich wie das Band, das heisst, wir sind in Bewegung. Wir sind auch hier noch auf Reisen. Ich bin hierhergereist, um dieses neue Gebäude zu sehen; das ist höchst interessant, all die vielen Leute, die für euch arbeiten.

JH: Aber du magst unser neues Gebäude nicht, weil darin Platz ist für eine – wie du es nennst – noch grössere Armee. Zumindest was die Quantität angeht, können wir es nun mit dir aufnehmen ... Hier arbeiten 300 Leute und du hast nur 50.

AW: Wir sind nur noch 20; und das sind schon mehr, als ich bewältigen kann. Ich weiss noch, wie man sich erzählte, euer grösster Albtraum sei, dass ihr euer eigenes Büro betretet und jemandem begegnet, der nicht weiss, wer ihr seid. Ich sehe mit Freuden, dass euer Albtraum wahr geworden ist.

JH: Ja ... eine grosse Firma könnte in einem echten Albtraum enden. Wir glauben, dass wir für unsere Arbeitsweise in Sachen Grösse eine Grenze erreicht haben. Pierre und ich befassen uns derzeit intensiv damit, unsere Organisationsform zu überdenken: Wie wollen wir jetzt, in fünf Jahren oder gar in zehn Jahren arbeiten? Wie viele Leute und Projekte sollen es sein? Die Firma ist als Projekt genauso wichtig wie die Architektur selbst.

AW: Aber es ist einfach zu aufregend. Darum ein Gebäude nach dem anderen?

JH: Ja.

AW: Wie viele Gebäude werdet ihr bauen?

JH: Viele Dinge, die ein Architekt ins Auge fasst, sind schon zu Ende, bevor es zum Bau kommt. Manchmal sogar wirklich spannende Projekte. Dies ist – auch wenn es paradox erscheinen mag – eine der Kräfte, die uns antreibt ... Du, Weiwei, kennst dieses Gefühl, wenn sich Dinge, die man im Kopf hatte, nicht umsetzen lassen. Du arbeitest als Architekt und als Künstler, du machst Möbel und viele andere Sachen, die manchmal zum Scheitern verurteilt sind, besonders in der Architektur. Du weisst ebenso wie wir, wie viel Frustration mit manchen Projekten verbunden ist, die einem dummerweise ans Herz wachsen und dann nicht realisiert werden. Die Filmakademie in Quingdao wäre ein grossartiges Gemeinschaftsprojekt gewesen und auch der Masterplan für Jinhua.

AW: Beide, ja.

JH: Willst du dich deshalb nur auf eine begrenzte Anzahl architektonischer Projekte einlassen? Hängt es damit zusammen, dass dabei zu viel Reibung entsteht und zu viel von deiner Energie verpufft?

AW: Nein, entweder versucht man wirklich die Kontrolle zu behalten und das Beste aus der Architektur herauszuholen, die Idee Wirklichkeit werden zu lassen, oder aber man verliert die Kontrolle und scheitert. Es ist verrückt.

JH: Du hast einige Dinge gebaut, mit denen wir gar nichts zu tun hatten, etwa deine Ziegelsteinbauten in Peking, die ich für sehr gelungen halte. Ich sage das, ohne dir schmeicheln zu wollen: Du bist mit Sicherheit der begabteste Architekt unter den Künstlern. Die Gebäude sind absolut unprätentiös, was sehr selten ist. Sie haben etwas Einfaches und Archaisches und genau darin liegt ihre Qualität – sie wollen nicht mehr sein als diese grundehrliche Sache aus Ziegelstein.

AW: Weil ich mir nicht beweisen muss, dass ich besser bin als andere Architekten. Ich stehe in keinem Wettbewerb.

JH: Und als Künstler? Spürst du die Wettbewerbssituation als Künstler?

AW: Eigentlich nicht, meine Kunst entspringt letztlich der Langeweile, das Leben langweilt mich, also muss ich hin und wieder etwas tun, und meine Werke gefallen mir nie, weisst du. Meist schäme ich mich furchtbar, wenn ich sie anschaue oder darüber rede, aber eines Tages bist du halt berühmt, auch so etwas, worum ich mich nicht reisse.

JH: Jetzt machst du uns aber etwas vor *(lachend)* ... Das nehme ich dir nicht ab.

AW: *(lachend)* Wie kann ich dich überzeugen? Treten wir den Beweis an, ich höre auf Kunst zu machen, du hörst auf mit der Architektur: Tun wir das heute, machen wir einen Test. Wir sind einfach so zusammen unterwegs.

JH: Das wäre schön.

AW: Wir hören heute auf und geben eine Erklärung raus. Ich mache Schluss mit der Kunst und du machst Schluss mit der Architektur. Ich kann Zahnarzt werden und du Friseur, einverstanden?

JH: Friseur – mit meinem Haarschnitt ...?

AW: Du wärst natürlich miserabel ...

JH: Du könntest die Seiten wechseln ... vom Künstler/ Architekten zum Bauherrn, du könntest ein wichtiger chinesischer Auftraggeber werden und Architekturaufträge vergeben. Die Leute fragen uns unentwegt, wie es ist, als Architekt in China zu arbeiten. Wir können das nicht wirklich beantworten. Was würdest du sagen? Wie zuverlässig sind die Chinesen, wie gut sind sie als Bauherren? Das Nationalstadion scheint in architektonischer Hinsicht ein

grosser Erfolg zu werden, auch was die öffentliche Aufnahme in der chinesischen Bevölkerung betrifft. Hier können wir gewiss nicht über die Zuverlässigkeit des chinesischen Staates als Auftraggeber klagen! Aber wie schon erwähnt, wir haben zusammen eine Menge anderer Dinge auf die Beine zu stellen versucht und vielleicht für all diese Projekte zusammen mehr Zeit aufgewendet als für das Nationalstadion. Ich finde es wirklich schade, dass diese Dinge nicht zustande kamen. Warum, glaubst du, ist das so?
AW: Mir tut es richtig weh, wir haben unser Bestes gegeben, all die Leidenschaft, die Energie und der gute Wille, die eingeflossen sind, und auch all die guten Leute, die man dafür hat arbeiten lassen, und am Ende ist es ein Desaster, und es wird überhaupt nicht geschätzt, was man geleistet hat.
JH: Hattest du auch eigene architektonische Projekte, die nicht realisiert wurden?
AW: Bei meinen Projekten geht das in Ordnung, weil ich immer akzeptiert habe, was geschah. Ich habe mir gesagt, ich bin kein Architekt, ich bin nur ein Stein in der Mauer, das ist ein absurder Zustand ... Es kann extrem enttäuschend sein, aber ich finde, ihr macht so viele spannende Sachen, du und Pierre, ihr seid in dieser Hinsicht derart kompromisslos, das ist grossartig und war für mich immer eine Inspiration. Architektur ist eine äusserst komplizierte Angelegenheit, man muss wirklich den gesamten Fachkomplex durchdenken und das Ganze kontrollieren, aber was immer man erreichen will, man muss auch die Grenzen erkennen. Ich muss entscheiden, wie viel ich gestalten will; die meisten meiner Arbeiten wurden in China ausgeführt. Ich habe nie einen Bau entworfen, der bis ins letzte Detail perfekt sein musste, weil das unmöglich ist und weil es auch nicht mein vorrangiges Ziel ist.
JH: Eben hast du gesagt, dass du Angst hattest, die Kontrolle zu verlieren ...
AW: Ah, die Kontrolle zu verlieren bedeutet das Interesse zu verlieren, weil man von etwas ausgeschlossen wird ... An einem bestimmten Punkt stellt man die richtigen Fragen und realisiert, dass der Kunde sich überhaupt nicht dafür interessiert, was man anzubieten hat. Das ist das Deprimierendste, man bietet eine ehrliche Lösung an, aber sie haben etwas ganz anderes im Kopf: Wozu überhaupt all diese Architektur? Es ist schwierig, Dinge zu realisieren, besonders für einen Architekten in China, denn es gibt kein System, das diese Art von Leistung anerkennen oder schützen würde. Deshalb ist das Stadion ein seltener Glücksfall, denn es wurde im Wesentlichen so gebaut, wie es euch vorschwebte.
JH: Wir glauben, dass ein Stadion – als Gebäudetyp – sich grundsätzlich von anderen Gebäuden unterscheidet. Es ist viel grober und beruht auf wenigen klaren Ideen. Diese Lektion haben wir bei der Arbeit an anderen Fussballstadien gelernt – dem St.-Jakobs-Park in Basel und der Allianz-Arena in München. Andere Bauten, etwa ein Museum oder ein Laden, setzen eine viel detailliertere Planung voraus, und die Leute verhalten sich darin vollkommen anders als in einem Stadion. Ausserdem hat ein Stadion einen ganz anderen Massstab: Es gleicht eher einer Skulptur im öffentlichen Raum oder – in Peking – einer öffentlichen künstlichen Landschaft. Teile davon sind im Detail gar nicht so perfekt. Das war uns von Anfang an klar. Schon bei den ersten Wettbewerbssitzungen, bei denen du dabei warst, haben wir solche Dinge diskutiert. Der Entwurf ging schliesslich von Stahlträgern aus, die sehr dick sind, obwohl wir ursprünglich ein fragileres System im Sinn hatten. Doch das wäre mit Sicherheit in der Ausführung schwieriger und hinsichtlich der öffentlichen Zugänglichkeit problematischer gewesen. Die Architektur – und das mag ein grosser Unterschied zur Kunst sein – muss gewisse Dinge antizipieren: Sie entsteht für einen bestimmten Ort, sie ist immobil, man kann sie nicht einfach woandershin bewegen wie ein Bild, das man jederzeit abhängen kann. Wenn ein Architekt jedoch diese Grenzen begreift, akzeptiert und zu erweitern versteht, können paradoxerweise grosse Dinge entstehen, fast wie Kunst ...
AW: Ja. Das ist etwas, was man nur von einem Architekten lernen kann. Und es ist eine lebenswichtige Erfahrung, weil man es mit der Realität zu tun hat. Ich meine, wie viel kann man erreichen, indem man einen ersten Zug macht, einen sehr bewussten Zug ... selbst ein grober, nur skizzenhafter Ansatz kann gut sein, deshalb ist das Stadion wirklich ein grossartiges Lehrstück in Sachen Kontrollverlust und Raum zu schaffen für unvollkommene handwerkliche Fähigkeiten – in einer völlig andersartigen Kultur ... Wir waren trotz alldem erfolgreich.
JH: In der Planungsphase gab es jedoch immer wieder Momente, in denen es hätte schieflaufen können. Selbst nach den zähen Sitzungen und Verhandlungen, die Pierre mit dem Auftraggeber in Peking geführt hatte, wussten wir nicht, ob unsere Detailplanung akzeptiert würde. Eine Schlüsselfrage war die dreidimensionale Biegung der Stahlträger, die sich als äusserst kompliziert erwies. Jede

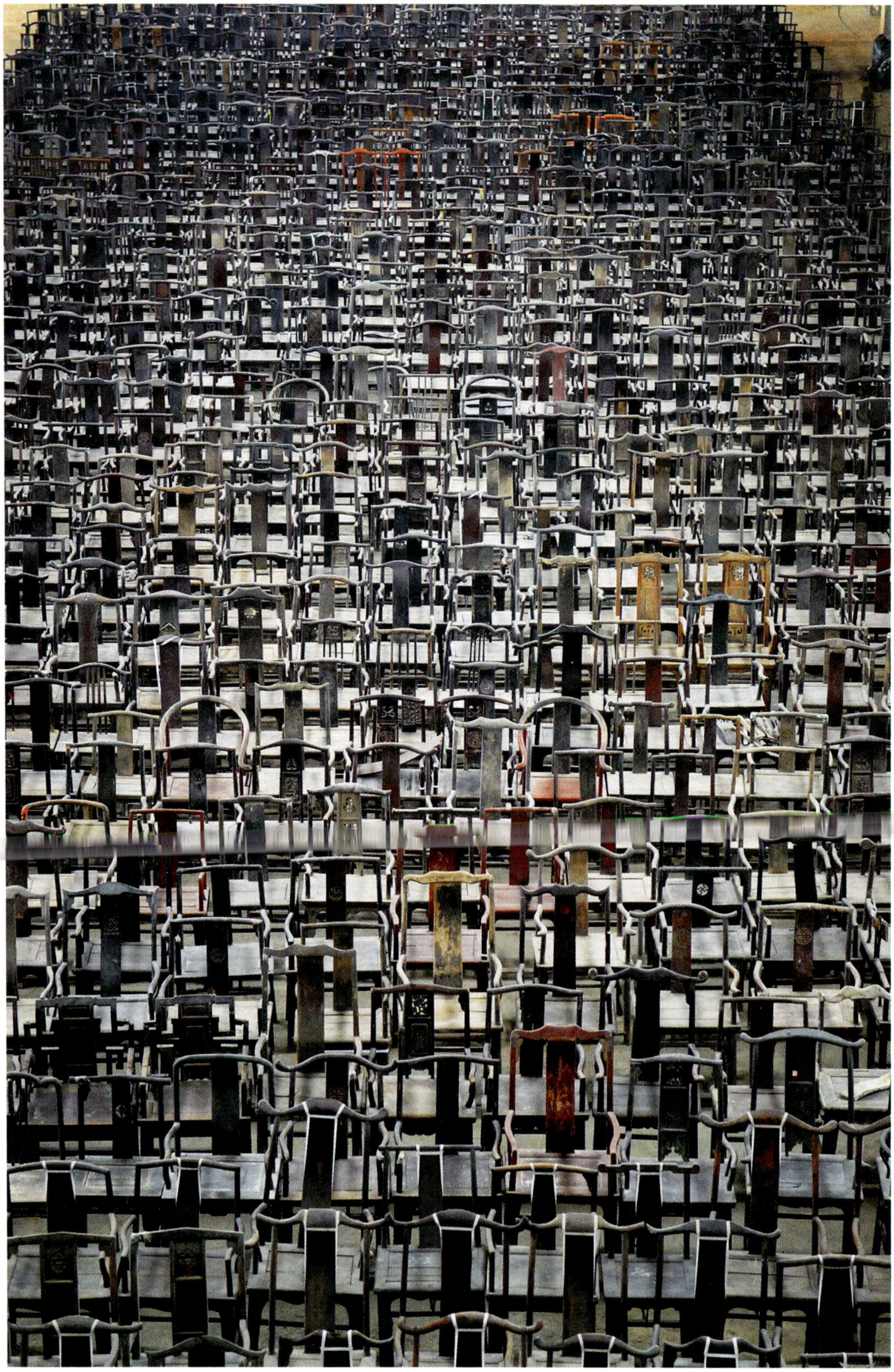

AI WEIWEI, component of FAIRYTALE (1001 Ming- and Qing-dynasty chairs), before shipment to Kassel, 2007 / Stühle für FAIRYTALE (1001 Stühle der Ming- und Qing-Dynastie), vor dem Transport nach Kassel.

Änderung dieses Details hätte zu einer an eine Karikatur grenzenden Reduktion unseres Konzeptes geführt ... Ich nehme an, dass deine Arbeit als Bildhauer dich gelehrt hat, wo genau in der Ausführung und materiellen Umsetzung solche Knackpunkte lauern.

AW: In der Architektur und in der Kunst hat man oft ein schönes Konzept, das sich später als wertlos oder untauglich erweist, nur wegen dieser einen Kleinigkeit, um die man kämpfen muss. Man ist so versessen darauf, es zu schaffen, weil die ganze Magie sich in diesem einen Punkt konzentriert.

JH: Wir haben über die Bedeutung des Konzepts gesprochen und nun legen wir den Nachdruck auf bestimmte Details. Die Detailausführung hat man in der Architektur nie vollständig unter Kontrolle, besonders nicht bei sehr grossen Projekten. So viele Leute sind daran beteiligt und hinterlassen ihre Spuren. Die Kunst eines grossartigen Baus beruht oft auf dem Konzept beziehungsweise der Strategie, nur jene Bereiche genau zu bestimmen und zu überwachen, wo es auf eine detailgetreue Ausführung wirklich ankommt. Eine überperfekte Ausgestaltung am falschen Ort kann zum Ärgernis werden – wie eine festliche Garderobe zum falschen Anlass.

AW: Es wäre die falsche Art von Anstrengung.

JH: Wir haben im Lauf der Jahre ein intuitives Gefühl für solche Schlüsselmomente eines Projekts entwickelt. Beim Stadion in Peking wussten wir genau, für welche Bereiche wir kämpfen mussten und wo wir uns im Aushandeln von Alternativlösungen flexibel zeigen konnten. Das Problem war in diesem Fall, dass wir die Entscheidungsfindungsprozesse auf chinesischer Seite nicht zu durchschauen vermochten. Es bestand keinerlei Transparenz und es war ein zäher Prozess, all die endlosen Sitzungen durchzustehen. Nicht einmal Uli Sigg, ein gewiefter Diplomat und Kenner der chinesischen Mentalität, oder du, Weiwei, wussten immer, in welche Richtung es gehen würde. Es gab Momente, in denen wir dachten, es müsse irgendeine graue Eminenz im Hintergrund geben.

AI WEIWEI, FAIRYTALE, documenta 12, 2007.

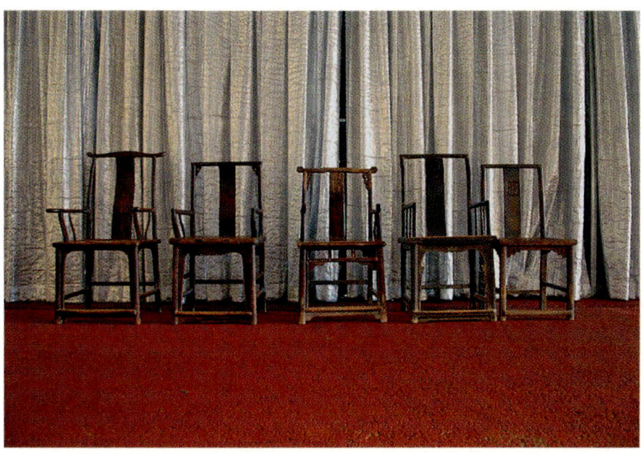

AW: Es ist wie Boxen im Dunkeln. Man weiss, da ist irgendwo ein potenzieller Gegner, aber man weiss nicht, wer es ist, wie viele es sind und welche Taktik sie anwenden werden. Man fragt sich die ganze Zeit, wird das je gebaut werden? Wenn es dann tatsächlich im Bau ist, ist das Gefühl natürlich umso überwältigender ...

JH: Als wir die Arbeit für den Wettbewerb um das Stadion in Angriff nahmen, stellten wir uns zunächst die Frage, ob das Stadion eine ähnliche, aber grössere Version des Münchner Stadions werden sollte. Häufig will ein Kunde einen bestimmten Architekten, weil er sich eine Kopie oder Nachahmung eines bestehenden Baus wünscht, der ihm gefallen hat. Aber du, Weiwei, hast sehr klar zum Ausdruck gebracht, dass es etwas vollkommen anderes sein sollte, weil die Chinesen anders denken und etwas anderes erwarten. Das war ein Schlüsselmoment in einer sehr frühen Phase. Danach fühlten wir uns frei, etwas vollkommen Neues und Unerwartetes zu wagen; umso mehr, als wir dachten, dass wir ohnehin keine Chance hätten zu gewinnen.

AW: Nachdem wir so intensiv gearbeitet hatten, weiss ich noch, wie du, kurz bevor ich ging, sagtest, wir hätten den Wettbewerb gewonnen. Ich dachte, du spinnst, weil ich nie gedacht hätte, dass es durchkommen würde. Und später war es, glaube ich, sogar noch schwieriger. Ihr habt extreme Wechselbäder durchgestanden. Besonders Pierre. Es war psychologisch ein absoluter Wahnsinn. Am Anfang unterstützte uns überhaupt niemand, alle hackten auf uns herum, all diese Architekten alter Schule kritisierten uns ohne jeden Grund. Heute liebt natürlich jeder das Stadion als Symbol eines neuen China oder was auch immer.

JH: Hast du das Gefühl, dass die Leute wirklich dahinterstehen?

AW: Oh ja, alle halten es für das wichtigste Wahrzeichen in China.

JH: Das ist auch absolut lebenswichtig für das Schicksal des Stadions nach den Olympischen Spielen. Wir verstehen das Stadion als Skulptur im öffentlichen Raum, als urbane Landschaft, in der jedermann herumklettern kann, wo man sich trifft und tanzt und all die phantastischen Dinge tut, die Leute in einer Stadt im Westen nie tun würden. Es steckt ein riesiges Potenzial im öffentlichen Leben der chinesischen Städte, und das Leben im Stadion kann sich ausbreiten und diesen neuen Stadtteil Pekings beleben. Wenn es funktioniert, wenn die Leute unseren Bau buchstäblich in die Arme schliessen, kann er wirklich erfolgreich sein, wie der Eiffelturm nach dem Ende der Weltausstellung, für die er erbaut worden war, zu einem grossen Erfolg wurde.

AW: Ja, nach den Olympischen Spielen wird es sogar noch besser genutzt werden können. Es ist ein Stadion für so viele Leute, ein demokratischer Entwurf, ein Bauwerk der Freiheit, das den Menschen aus allen Richtungen Zugang gewährt, und wenn man einmal drin ist, gibt es keine guten oder schlechten Plätze. Es ist eine tolle Idee, ein reales Gebäude so zu nutzen. Ich glaube, dass die Menschen es wirklich schätzen werden, weil es zu einem aktiven Bestandteil des urbanen Lebens des Viertels werden wird.

JH: Und wenn die Regierung verlangt, dass das Stadion eingezäunt wird?

AW: Das wird nicht geschehen, denn – weisst du noch – da ist dieser Park, in dem die Leute tanzen, singen, Tai-Chi machen. Es wird ein idealer Ort sein, um seine Zeit dort zu verbringen.

JH: Das war ein einschneidendes Erlebnis. Jemand, der nie in China gewesen ist, kann sich nicht vorstellen, wie verblüffend es ist, zu sehen, wie die Leute den öffentlichen Raum wirklich nutzen und sich mit vollkommener Selbstverständlichkeit darin bewegen. Die Japaner sind das pure Gegenteil: Kein Mensch nutzt öffentliche Räume und so etwas wie öffentlichen Plätze gibt es gar nicht. Unser Stadion in Peking wäre in Japan sinnlos, auch in Amerika oder Nordeuropa würde es nicht funktionieren, weil die Leute da weniger darauf erpicht sind, den öffentlichen Raum so kreativ in Anspruch zu nehmen. Das macht das Stadion zu einem spezifischen Pekinger Projekt, viel mehr als irgendwelche ikonographischen Referenzen, die in den Vordergrund gerückt werden mögen.

AW: Ja, ich glaube, das Stadion wird zu einem Teil der Natur werden, und in China gibt es diese Tradition, etwas hoch zu schätzen, das diesen natürlichen Bedingungen gleicht, etwa ein Stück Fels oder ein Spaziergang im Garten. Ich habe gehört, ihr baut ein weiteres Stadion?

JH: Ja, vielleicht. Wir tragen uns mit dem Gedanken, möglicherweise noch ein oder zwei Fussballstadien zu bauen. Wir lieben Fussball, deshalb ist es verlockend, die beiden geographischen Regionen ins Auge zu fassen, wo der Fussball seine stärksten kulturellen Wurzeln hat: im Süden, etwa in Italien, Spanien oder Südamerika, und in England.

AW: Wenn ihr Hilfe braucht …

JH: Natürlich können wir deine Hilfe gebrauchen; wir arbeiten gerne mit Künstlern zusammen und manchmal müssen wir das sogar. Die Bibliothek in Eberwalde wäre nicht geworden, was sie ist, ohne die Zusammenarbeit mit Thomas Ruff. Und viele vereinte Anstrengungen mit Rémy Zaugg waren äusserst fruchtbar und inspirierend – für alle Beteiligten. Rémy war auch ein grossartiger Reisebegleiter; die Zeit, die wir gemeinsam verbrachten, auch ohne konkrete Projekte im Kopf, erwies sich oft als eine Form von Zusammenarbeit. Tatsächlich hat das Reisen mit dir uns an die Zeiten mit Rémy erinnert.

AW: Rémy weilt nicht mehr unter uns, oder?

JH: Nun ja … ein bisschen immer noch. Hast du ihn gekannt?

AW: Immer wenn du von ihm gesprochen hast, sagtest du, du würdest mich ihm vorstellen, aber du vergisst gern, was du sagst.

JH: Vielleicht ist er in deinen Körper geschlüpft. Aber Rémy war eher wie ein Spiegel, eine Art Sehwerkzeug, das einen genauer hinschauen und denken liess. Du bist konkreter, handfester. Die Künstler, mit denen wir gearbeitet haben, sind sehr verschieden. Interessanterweise haben sie uns dabei geholfen, die Gebäude architektonischer zu machen, und nicht etwa künstlerischer. Das klingt wieder paradox, ist es aber nicht. Und es sagt etwas Bezeichnendes über die gegenwärtige Lage der zeitgenössischen Architektur aus. Immer mehr Auftraggeber, Behörden und Unternehmer drängen die weltweite Architektenelite dazu, in einen Wettstreit um immer noch auffallendere Gebäude einzutreten. Einige dieser Entwürfe sind grossartig, viele andere sind, wie wir alle wissen, grotesk. Unsere Erfahrung in China war für uns sehr hilfreich und beruhigend, da wir auf Seiten des Auftraggebers keinen solchen Hype oder Ehrgeiz spürten. China hat im Lauf seiner jahrtausendealten Geschichte einen so unvorstellbaren Reichtum an Kunst und Architektur hervorgebracht und angehäuft, dass jeder Versuch, die Menschen mit architektonischen Extravaganzen zu beeindrucken oder gar zu schocken, absurd wäre. Die Chinesen sehen Dinge, die für westliche Augen gewagt wirken, lediglich als zeitgenössische Versionen von etwas, was in der Vergangenheit schon da gewesen ist. Sie würden Architektur nie ablehnen, weil sie neu ist, aber sie

AI WEIWEI, FAIRYTALE, documenta 12, 2007, dormitory and group photo/
Schlafräume und Gruppenbild.

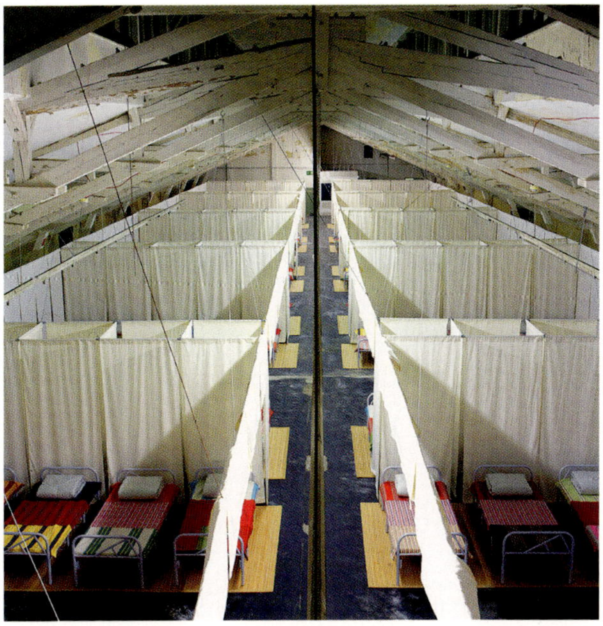

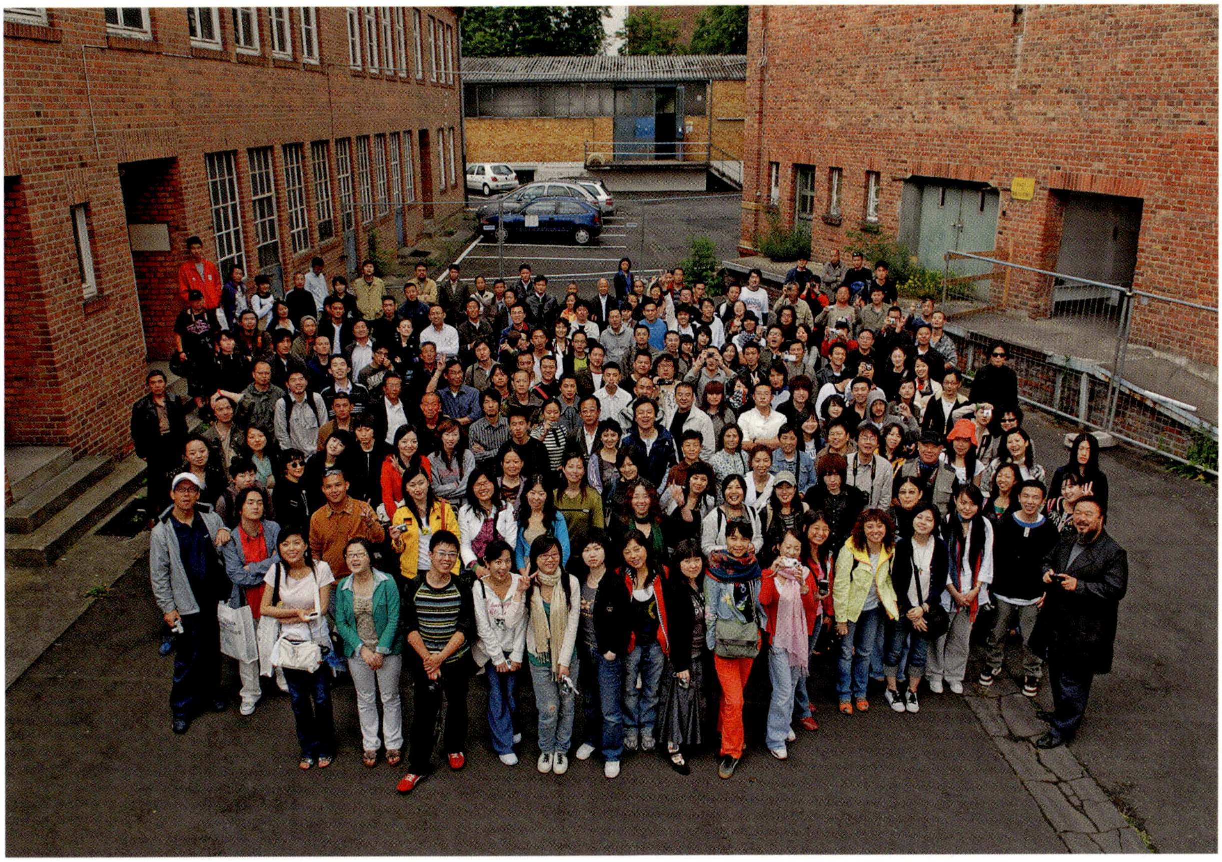

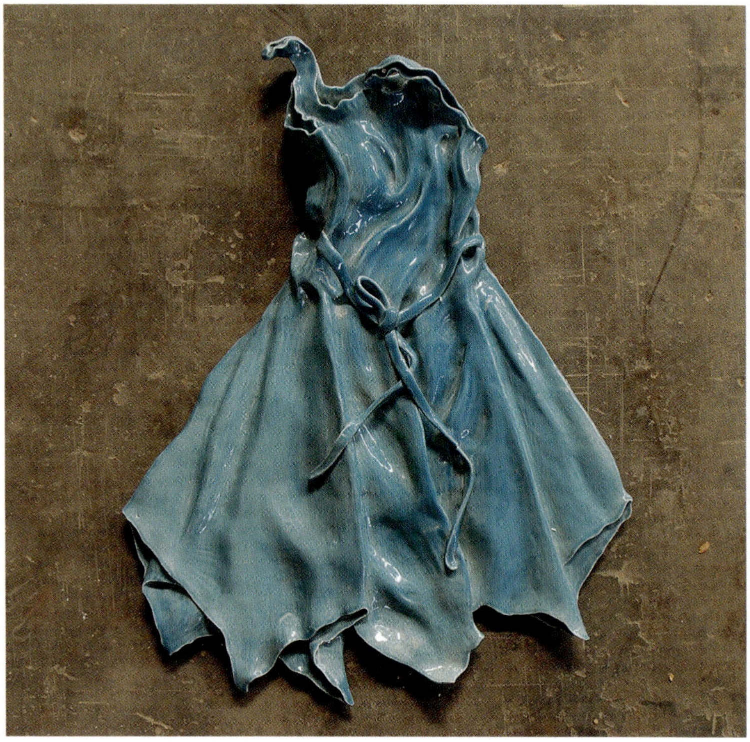

AI WEIWEI, BLUE DRESS, 2007, porcelain, fired in Jingdezhen, 2 3/4 x 24 3/8 x 19 3/4"/ BLAUES KLEID, Prozellan, gebrannt in Jingdezhen, 7 x 62 x 50 cm.
(PHOTO: GALERIE URS MEILE, LUCERNE)

können sie ablehnen, weil sie davon nicht überzeugt sind.
AW: Jacques sagt das sehr schön. Das Stadion ist nicht einfach ein weiteres Gebäude, es ist wirklich Kunst … es stecken viele andere Elemente mit drin, es ist ein Geheimnis. Ich möchte das Wort «experimentell» nicht verwenden, aber … hier ist es Realität geworden. Gewöhnlich weiss man bei einem Gebäude von Anfang bis Ende, wie es sein wird. Aber dies ist ein absoluter Sonderfall, so viele Antworten stecken darin und so viele Lernprozesse.

Jacques, du hast einmal gesagt, du möchtest nie Gebäude bauen, bei denen du nichts lernen kannst. Das Stadion ist da wohl eher wie eine Liebschaft …
JH: Der eigentliche Höhepunkt – vielleicht auch die eigentliche Enttäuschung – steht noch bevor – nämlich, wenn absehbar wird, wie gut die Menschen das Gebäude nach der Olympiade annehmen und integrieren. Die Idee des Stadions als öffentlicher Raum, der nach den Olympischen Spielen aktiv genutzt werden soll, ist ein echtes Experiment. Vermag es seine Rolle als Publikumsmagnet auch in Zukunft zu erfüllen, wird es zu einem bleibenden integralen Bestandteil der Stadt werden? In dieser Hinsicht ist der Bau [illegible] experimentell, jedoch nicht in dem leichtfertigen Sinn, den Auftraggeber dahin zu bringen, jede noch so ausgefallene architektonische Abstrusität zu akzeptieren. Die Chinesen sind auch sehr pragmatisch. Dubai und die Vereinigten Arabischen Emirate erleben in Sachen architektonischer Experimente zurzeit einen viel halsbrecherischen Wettlauf als China mit seiner langen Geschichte. Die Bauwut in den Emiraten hat etwas Verzweifelteres und irgendwo etwas Zerbrechlicheres.
AW: Ich denke, du hast eine gute Definition der Bedeutung von Architektur geliefert in Bezug auf die bestehende Ästhetik und die politischen Bedingungen und darauf, wer sie nutzen wird. Es geht nicht um Geld oder Gier oder irgendeinen verrückten Ehrgeiz oder ein dramatisches Spiel mit Formen. Es geht vielmehr darum, das gesamte Potenzial der Geschichte und Kultur in die Arbeit einzubringen. Das Stadion unterstreicht diese Bedeutungen, soweit sie ein Bauwerk vermitteln kann. Das ist etwas, was uns verbindet. Ich bin ein Amateur und ihr seid zwei erfah-

rene Architekten. Wir gestatten uns nicht, etwas Sinnloses oder Hohles zu tun. Wir können es gar nicht. Es ist verheerend. Es ist fast eine existenzielle Angelegenheit. Natürlich erwartet man von uns, über unsere Zusammenarbeit zu sprechen, aber für mich gibt es andere, interessantere Dinge in der Kunst und Architektur im Allgemeinen, oder im Leben.

Architektur hat mit dem menschlichen Überlebenskampf zu tun. Wo es einen Fluss gibt, wollen die Leute ihn nutzen, also bauen sie eine Brücke oder ein Schiff, und das geht jeden etwas an. Ich spreche nicht über Kunst, sondern darüber, wie man die beste und schönste Lösung für das Problem findet. Es ist eine Herausforderung für das Ego – die bestmöglichen Bedingungen für so viele Menschen wie möglich zu schaffen. Das macht sie so attraktiv. In der Kunst ist es natürlich anders; die Kunst ist sehr egozentrisch, man kann sie für sich allein betreiben, während die Architektur den Menschen Wohlwollen entgegenbringen kann. Meiner Ansicht nach sind dafür ganz unterschiedliche Denkweisen erforderlich.

JH: Erzählst du uns etwas über deine Stühle an der diesjährigen documenta? Ich glaube, du hast damit deine künstlerischen Strategien sehr eindrücklich und komplex zum Ausdruck gebracht. Besonders fasziniert hat mich die Tatsache, dass du das Verschwimmen von Original und Fälschung in der chinesischen Kultur thematisierst: Indem du gefälschte Antiquitäten verwendest, erzeugst du eine phantastische Aura des Originalen in einem absolut fremden Kontext …

AW: Ja, man erzeugt eine verführerische Atmosphäre. Doch dann realisieren die Leute, dass sie in der Falle sitzen: Sie nehmen die Stühle wahr, weil sie müde sind, sie sehen keine Kunst, doch dann verwandeln sich diese, weil sie an der documenta, in Deutschland, in Kassel stehen, weil das Ganze den Titel FAIRYTALE (Märchen) trägt. Natürlich ist alles eine Frage des Konzepts, aber je nachdem, wie man die ursprüngliche Idee umsetzt, verschieben sich Bedeutung und Tragweite des Projekts oder es verändert sich völlig. In der Kunst geht das viel leichter, aber ich glaube, es ist auch in der Architektur interessant, darüber nachzudenken, welchen Bezug ein Gebäude zu einer Strasse oder zu einer bestimmten Zeit hat; sie muss diese eher ästhetischen oder philosophischen Überlegungen irgendwie mit einbeziehen, sonst wird sie unsinnig. Eure Dinge funktionieren, weil ihr eine so offene Struktur habt, alles kann geschehen, ihr seid sehr verletzlich. Ihr haltet hier immer die verletzlichsten Bedingungen aufrecht, damit alles ohne Einschränkung passieren kann.

Meine Arbeit als Architekt ist nicht so interessant, oder besser: Sie wird erst interessant, wenn man sie als Teil meiner Haltung oder als Teil von China in diesem Moment betrachtet. Ich kenne Jacques und Pierre und habe mit ihnen zusammengearbeitet; in diesem Kontext kann sie interessant sein. Aber abgesehen davon hat sie keine Bedeutung, weil so was schon früher gemacht wurde oder weil es nicht gut gemacht ist.

JH: Bice, du hast gefragt, wie wir Ai Weiwei kennengelernt haben und wie es zu dieser überraschenden und intensiven Zusammenarbeit kam. Die Geschichte ist sehr einfach. Uli Sigg ist der Mann, der das möglich machte. Wie man weiss, ist er der vielleicht wichtigste Pionier, was die Erforschung des Potenzials des heutigen China angeht, und im Lauf der Jahre hat er eine höchst bedeutende Sammlung zeitgenössischer Kunst aus China zusammengetragen. Er kennt Weiwei seit vielen Jahren; sie sind einen langen Weg gemeinsam gegangen und er hat uns einander vorgestellt. Eines Tages im Jahr 2002 tauchten sie in unserem Büro in Basel auf und schon bald schmiedeten wir Pläne für eine gemeinsame Chinareise. Das war der Beginn einer Beziehung, die in vielerlei Hinsicht sehr folgenreich war, beruflich ebenso wie privat, allein durch die Tatsache, dass wir den Wandlungsprozess dieses riesigen Landes aus der Nähe mitzuerleben begannen und – durch die Planung des Nationalstadions – sogar selbst aktiv daran teilhaben. Als wir jedoch gemeinsam zu reisen anfingen, hegten wir noch keinerlei Pläne oder Absichten. Uns ging es einfach darum, mehr über China zu erfahren: Weiwei kannte uns nicht und wir kannten ihn nicht.

AW: Später bin ich aber auf ein Buch gestossen, das ich vor langer Zeit gekauft hatte, es war dein Buch. Ich hatte es gekauft, weil darin ein ganz rudimentäres, kleines Gebäude abgebildet ist. Ich dachte, es sei nur ein Modell. Das ganze Buch hat mich angesprochen; oh Gott, dachte ich, das ist ein Künstler, kein Architekt. Also kaufte ich das Buch, aber ich weiss nicht, um welches Gebäude es sich handelt.

JH: War es das nicht realisierte Projekt für einen privaten Sammler (das Froehlich-Haus bei Stuttgart)? Wie auch immer, als wir in Peking waren – das war im November 2002 –, hörten wir vom Wettbewerb für das Nationalstadion der Olympischen Spiele 2008. Eigentlich war der Eingabetermin schon fast verstrichen, es war zu spät, aber dann sagte uns jemand, es wäre …

AW: … fünf vor zwölf.

JH: Es war buchstäblich fünf vor zwölf und irgendwie schafften wir es noch und wurden in die Teilnehmerliste aufgenommen. Das ist eines dieser seltsamen Dinge im Leben, manchmal bemüht man sich so sehr um etwas und plant jeden Schritt sorgfältig, und hier haben wir den Wettbewerb gewonnen, obwohl wir zu Beginn weder eine Strategie noch ein klares Ziel vor Augen hatten. Und dennoch ist daraus das vielleicht gewichtigste, bedeutendste und weltweit sichtbarste Projekt geworden, das wir je gemacht haben!

AW: Es ist schon sehr seltsam. Wir sind in so unterschiedlichen Gesellschaften aufgewachsen, mit so unterschiedlichen Erfahrungen und Beziehungen und mit einer völlig anderen Weltsicht. Und da ist noch etwas anderes, was es besonders schön macht. Es ist eine Art zufällige Schönheit, etwas jenseits eurer eigenen Logik und Kontrolle. So was kommt vor, aber es muss im Einklang mit den eigenen Anstrengungen, Interessen und den Umständen stehen. Und es ist natürlich viel grösser, als was ihr vorbereitet habt und worauf ihr vorbereitet wart. Daneben wirkt alles andere mittelmässig und verblasst. Deshalb habe ich nach wie vor diesen Respekt vor euch. Ihr wisst, ihr habt etwas Schönes geschaffen, aber es war auch ein Stück weit Zufall.

JH: Ja und nein. Wir haben unsererseits sehr viel investiert, um die Kontrolle zu behalten, das Vertrauen zu gewinnen und auch Einfluss nehmen zu können. Pierre hat Unglaubliches geleistet, indem er immer und immer wieder nach China geflogen ist, manchmal nur, um den Kontakt aufrechtzuerhalten, der sonst in der Übersetzung untergegangen wäre.

AW: Jedes Mal, wenn ich Pierre sehe, kann ich kaum glauben, dass er das überlebt hat … Er ist so lebendig mit seiner Frau und seinen Kindern; er wird wieder jung. Ich mochte gar nicht an ihn denken; das war mein Albtraum, weisst du, die Frage, wie er mit dieser Art von Bürokratie fertig würde. In einer Sitzung interessiert es keinen, was man erzählt. Die Sitzung findet einfach statt, weil eine Sitzung stattfinden muss und noch eine und noch eine, ohne Ende. Pierre war jedes Mal hundertprozentig bereit, das gesamte Projekt zu präsentieren, aber keiner interessierte sich dafür. Eines Tages baten sie ihn beispielsweise zum ersten Spatenstich zu kommen … zur Grundsteinlegung. Ein chinesischer Astrologe setzte das Datum auf den 24. Dezember an, also Weihnachten, und Pierre sagte, soviel ich in meinem Leben auch arbeite, Weihnachten verbringe ich mit der Familie. Aber dann dachte er, das ist ein wichtiges Projekt, das ist China, die haben andere Prioritäten und flog tatsächlich hin. Und als er da war, durfte er nicht einmal den Spaten selbst in die Hand nehmen.

JH: Mittlerweile sind wir weitergekommen. Ich finde, unsere Sitzung im letzten April war wirklich interessant, als wir über die Farbe sprachen, in welcher der innere Kern des Stadions gestrichen werden soll. Es wird rot sein und an einer sehr sichtbaren Stelle, also ist es entscheidend, ob es mehr in Richtung braun oder blau tendiert. Die Tatsache, dass wir dort dabei sein und die verschiedenen Farbmuster studieren durften, hat uns sehr geholfen, die verschiedenen Rotnuancen zu verstehen und ihre Wirkung auf die Leute in der Nähe und aus der Ferne. Ich denke, die sorgfältige Auswahl dieser Farbe hat sich gelohnt, auch wenn es jetzt absurd erscheinen mag, das überhaupt zu erwähnen.

AW: So sorgfältig, dass du nach China fliegen musstest, um zu entscheiden, welches Rot es sein sollte.

JH: Ja, und das Interessante daran ist, dass es keine Frage des Geschmacks ist; es geht darum, ein wärmeres oder kälteres Rot zu wählen, darum, wie es bei Tag und bei künstlichem Licht wirkt, um glänzende versus matte Flächen, darum, was geschieht, wenn die Leute es berühren oder streifen, und so weiter. Seltsamerweise weiss ich im Moment nicht einmal mehr, worauf wir uns schliesslich geeinigt haben; es war ein endloses Hin und Her ohne klare Positionen auf beiden Seiten.

AW: Mir geht es genauso, es ist wie eine ernsthafte und fruchtbare Diskussion. Es ist wie eine Religion, eine rituelle Übung der Leidenschaft und des Glaubens. Und es ist ein Moment, der nicht aus deinem Leben wegzudenken wäre, weil es untrennbar damit verbunden ist, wer du bist.

BC: Mich lässt ein Gedanke nicht los: Die Architektur hat einen unmittelbaren Zweck, während die Kunst keinen solchen Zweck hat, doch merkwürdigerweise verwendest du, Weiwei, in deiner Kunst oft Objekte, die einen Zweck haben. Und wenn man etwas baut, ist es natürlich konkret. Aber wirkt es auf den zweiten Blick auch noch konkret? Oder tritt dann diese unbewusste Wirkung ein, von der du gesprochen hast?

AW: Wir arbeiten in zwei verschiedene Richtungen, aber es gibt Überschneidungen. Ich lasse das Nützliche unnütz werden; sie verbinden das Praktische mit Veränderung und Illusion. Sie eröffnen eine Perspektive, die uns ein bestimmtes Material- oder Raumverständnis ermöglicht. Es ist eine Basis zur Auseinandersetzung mit der Wahrnehmung, und wenn man sich überlegt, wie die Leute einen Gegenstand benutzen, setzt man auch ein sogenanntes Wissen voraus, in dem Sinn, dass «nützlich» eine bestimmte Bedeutung hat. Die Bedeutung ist der Gebrauch. Und das spielt eine grosse Rolle für die menschliche Verständigung und Kultur. Ich meine, weshalb ist diese Farbe, dieses Rot so wichtig? Nicht, weil Jacques diese Farbe gefällt; er spricht auch vom Grün des Spielfeldes, das unzählige Bedeutungen hat, genau wie das Rot. Mir ist es äusserst wichtig, mit einer Auswahl bereits bestehender konkreter Bedingungen, einem Grundstock an Wissen, zu arbeiten und dieses zu respektieren. Manchmal kann eine Änderung verheerend sein, einen konkreten Glauben zum Einsturz bringen und zu einem problematischen Zustand führen. Damit wird es zu einer Art Falle. Die Architektur ist nämlich auch eine sehr geeignete Plattform, um eine Art Staunen hervorzurufen, eine Veränderung unserer angestammten Denkweisen, unserer normalen Sicht der Dinge. Doch wenn man einen solchen Schachzug wagt, darf man die sogenannt normale Standardbedeutung nie ausser Acht lassen.

JH: Mir gefällt es, dass du die Tätigkeit des Architekten als Tendenz des Nützlichen zum Nutzlosen beschreibst, und umgekehrt, deine künstlerische Tätigkeit als eine, die vom Nutzlosen zum Nützlichen gelangen kann. Dennoch betrachte ich es als positives Anzeichen des Zustandes unserer westlichen Gesellschaft, dass die nutzlosen Werke des Künstlers höher geschätzt werden als die nützlichen Werke des Architekten.

AW: Weil sie nicht glauben können, dass der Künstler etwas Unnützes machen kann, wollen sie es zu etwas Nützlichem umfunktionieren.

JH: Mit Sicherheit ist die Kunst zu einem sehr nützlichen und mächtigen neuen Instrument auf den globalen Finanzmärkten geworden.

AW: Also wird sie zu einem finanziellen Problem. *(Lachen)*

JH: Für traditionelle Häuser und Museen ist dies allerdings zum Problem geworden, weil sie sich die beste zeitgenössische Kunst kaum mehr leisten können. Sie sind zunehmend abhängig vom Wohlwollen und den Launen privater Sammler – und von den Künstlern.

AI WEIWEI, DRESS WITH FLOWERS (No. 9), 2007, porcelain, fired in Jingdezhen, 2 3/8 x 26 3/8 x 18 1/8" / KLEID MIT BLUMEN (Nr. 9), Porzellan, gebrannt in Jingdezhan, 6 x 67 x 46 cm. (PHOTO: GALERIE URS MEILE, LUCERNE)

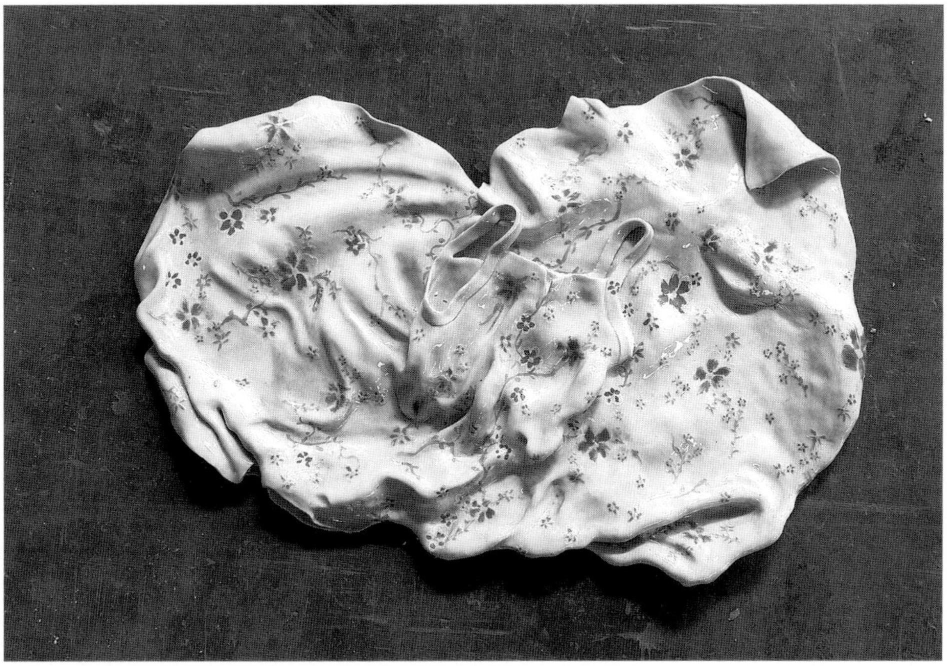

AW: Ja, aber in jedem Fall geht es doch immer darum, wie man seinen Wert darstellt, wie man sein Geld ausgibt und wie man seinem eigenen Wert ein Gesicht verleiht.

JH: Ganz ehrlich gesagt, habe ich oft darüber nachgedacht, wie wir Architekten in ähnliche finanzielle Sphären vorstossen könnten wie du und deine Kollegen, durch das Erzeugen eines simplen …

AW: … Stücks Scheisse?

JH: Was auch immer … ich glaube, der wahre Grund, warum die finanziellen Dimensionen für Architekten andere sind, ist die Tatsache, dass Architektur sich nicht transportieren lässt; man kann sie nicht vom Ort entfernen, wo sie gebaut wurde. Stell dir vor, wir könnten das Nationalstadion von seinem Fundament lösen und woandershin transportieren, sagen wir, in die Vereinigten Emirate, oder wir könnten das Guggenheim-Museum von Bilbao nach London versetzen.

AW: Wie im Titel meiner Ausstellung «Traveling Landscape».

JH: Genau, ganze architektonische Landschaften auf Reisen, Ikonen werden von einem Ort an einen anderen gebracht, um dort eine neue Identität zu schaffen. Könige und Eroberer haben das in der Vergangenheit getan, meist im Sinne einer Machtdemonstration. Die zeitgenössische Version davon dürfte sich auf Geld und Eitelkeit abstützen: Architektur als mobile Handelsware. Aber Architektur ist traditionell immobil, wie die französischen und deutschen Ausdrücke für Grundbesitz deutlich machen: Immeuble und Immobilie.

AW: Aber Grundeigentum kann man weder einpacken noch mitnehmen.

JH: Pavillons dagegen können transportiert und verkauft werden und dadurch den Status eines Kunstwerks erlangen. Wie die Pavillons der Serpentine Gallery in London …

BC: Es gibt jetzt tatsächlich Sammler, die diese bahnbrechenden Bauten aus dem frühen zwanzigsten Jahrhundert erwerben.

JH: Genau. Das beweist, dass ein Markt entsteht, sobald Architektur wie ein Bild, eine Skulptur oder ein Möbel gehandelt werden kann. Und der Markt ist der Faktor, der den Preis bestimmt.

AW: Das ist tatsächlich eine brillante Idee. Stellt euch bloss einen Picasso vor, der für immer in Picassos Schloss hängt und nicht weggebracht werden kann.

JH: Du drehst die Sache also um und stellst dir die Kunstwerke so immobil vor wie die Architektur. Tatsächlich gab es eine Zeit, in der man lange und anstrengende Reisen unternehmen musste, um die berühmtesten Gemälde vor Ort zu besichtigen, weil es noch keine grossen Blockbuster-Ausstellungen gab, in denen sie ausgestellt werden konnten. Der ungeheure Wertzuwachs der Kunst und die damit verbundenen, in unermessliche Höhen schiessenden Versicherungsprämien könnten diese Zeiten in naher Zukunft wieder zurückbringen. Das Bestehen auf Immobilität und Dauerhaftigkeit im Gegensatz zum alles – sogar die Architektur – mobil und markttauglich

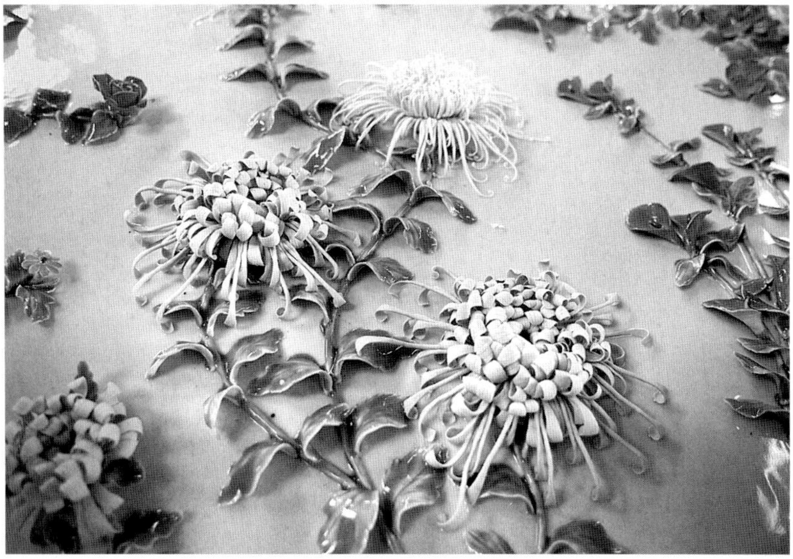

AI WEIWEI, FLOWERS / BLUMEN, detail, 2007.

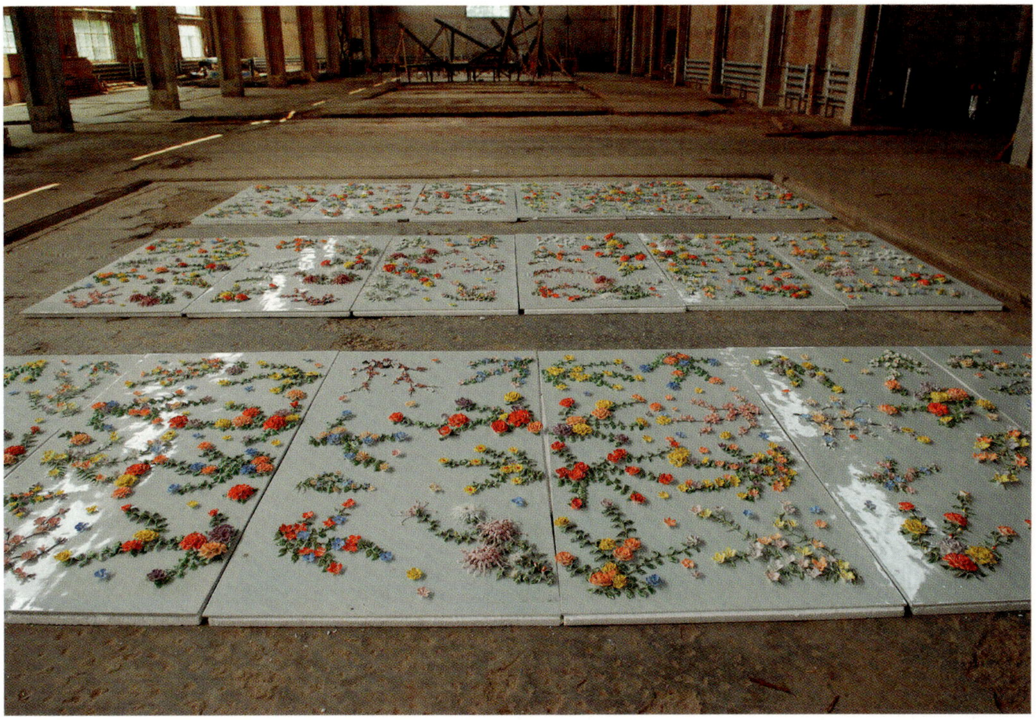

AI WEIWEI, FLOWERS, 2007, porcelain, fired in Jingdezhen, 78 3/4 x 39 1/2" each / BLUMEN, Porzellan, gebrannt in Jingdezhen, je 200 x 100 cm.

machen, kann auch sehr wirkungsvolle Resultate zeitigen, in der Kunst wie in der Architektur. Nehmen wir zum Beispiel die Twin Towers in New York. Wir haben nicht am Wettbewerb für die Neubauten auf Ground Zero teilgenommen, weil wir wie gelähmt waren; wir hatten keine klare Vorstellung, was wir dort bauen sollten. Jede mögliche Variante erschien uns gleichermassen schwach und kraftlos. Es gab keinen Ansatz, der mit dem ursprünglichen Bild der beiden Türme vereinbar gewesen wäre. Allmählich wurde uns klar, dass die einzig mögliche Lösung in der Rekonstruktion der ursprünglichen Gebäude bestanden hätte. Das wäre eine wirklich starke Aussage gewesen, vielleicht der radikalste und sogar innovativste Vorschlag, voller Sprengkraft, und er hätte an Themen wie Zeit, Geschichte, Realität und Erinnerung gerührt.

AW: Diese Chance wurde verpasst. Wenn man die Türme exakt kopiert hätte, wären sie zum wichtigsten Bauwerk der Welt geworden.

JH: Zumindest wäre es interessant gewesen, darüber nachzudenken, bevor man einen Architekturwettbewerb für neue Türme und irgendein damit verbundenes Denkmal lanciert. Der Wiederaufbau wurde zwar hin und wieder angesprochen – aber nie mit allen möglichen Konsequenzen diskutiert.

BC: Würden die Leute in ein Gebäude zurückkehren wollen, das dasselbe ist?

JH: Dass du diese Frage überhaupt stellst, deutet es ja schon an: Es wäre tatsächlich etwas Besonderes, vielleicht sogar eine Art magisches Erlebnis.

AW: Als ob Wirklichkeit und Illusion sich vermischten – es könnte unheimlich stark sein. Das Stärkste überhaupt – als ob es nie passiert wäre.

JH: Oder im Gegenteil, was passiert ist, wirkt noch stärker – denkt an den Wiederaufbau der Frauenkirche in Dresden, der die Gesamtwahrnehmung der Stadt verändert hat.

AW: Und was geschehen ist, ist natürlich geschehen. Immer. Es kann nicht rückgängig gemacht werden.

JH: Wie wäre es mit einem solchen Projekt als Tummelplatz für eine weitere Zusammenarbeit?

(Übersetzung: Suzanne Schmidt)

Made in China

CHARLES MEREWETHER

PRICELESS

When Ai Weiwei lived in New York in the 1980s, his artwork was composed mainly of readymades and assemblages. If we compare it to the work he has made in China since 1993, we discover a series of actions and objects whose central issue has to do with the value placed on objects or works of art. What do we value and why? And who is the author of this value, or who authorizes it? What exactly are we taking seriously in Ai's art: the act or the work itself? The answer to these questions is most clearly defined in two key works produced by Ai during the first two years after his return to Beijing: HAN DYNASTY URN WITH COCA-COLA LOGO (1994) and DROPPING A HAN DYNASTY URN (1995).

CHARLES MEREWETHER is an art historian, curator, and Deputy Director of the Cultural District, Abu Dhabi. He is currently writing a monograph on Ai Weiwei.

The title of the first work accurately and somewhat laconically describes the object as it is: a simple antique urn on which the artist replicated the Coca-Cola logo in red paint. This recalls the artist's New York readymades and the formative impact of both Marcel Duchamp and Andy Warhol on his thinking. On the one hand, the object Ai uses in this work of 1994 is not simply Chinese but, more importantly, already inscribed with certain cultural, if not aesthetic, Chinese values. Yet, whatever value or authenticity the urn may have held is immediately eradicated by the application of the logo. Leaning on traditions of 1960s Pop Art—especially Warhol—Ai uses the Coca-Cola logo to challenge the distinction between high and low culture, and to point to an object's commodity-based affiliation. This relationship is also highlighted formally by the way the logo's cursive follows the curvature of the vase. Moreover, the work can be read as a remark on how Chinese culture gets subsumed by Western culture, for which the ubiquitous multinational Coca-Cola Company so prominently stands. The application of the logo invokes Coke's advertising slogan, "the real thing," hence stripping the urn of its value so that it is seen as little more than a fabrication, and, at the same time, re-inscribing it as authentic by virtue of its branding.

The experience of living in the consumer-driven culture of the US and taking part in a booming art market in New York must have prepared Ai for what was to come in China. In contrast to when he left for New York, he found, on his return to Beijing, that the government was no longer concerned about those who "worship things foreign or fawn on foreigners," as officials have historically phrased it. Quite the opposite in fact: China was on the road to embracing a Western-style commodity culture and market economy. A profound shift had taken place from an "administration of people" to an "administration of things," based on pragmatic needs. China was ready to engage with the most powerful economy in the Western world, as radically different as its ideological values may have been.

In one of the first pieces Ai made in China, UNTITLED (1993), he placed a Song Dynasty (960–1279) clay sculpture in an empty Johnnie Walker Red Label

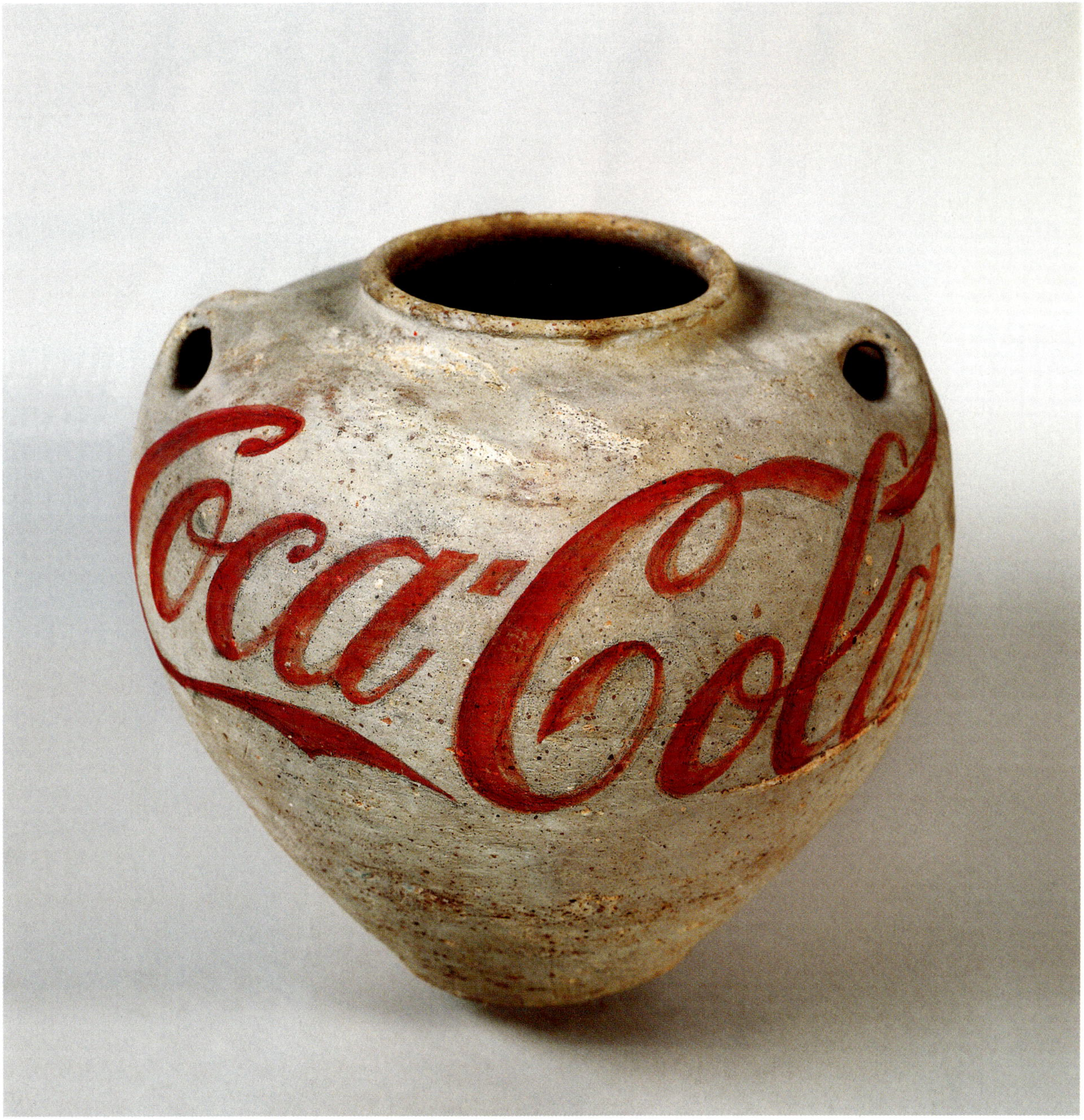

AI WEIWEI, HAN DYNASTY URN WITH COCA-COLA LOGO, 1994, urn, paint /
HAN DYNASTIE URNE MIT COCA-COLA-LOGO, Urne, Farbe.

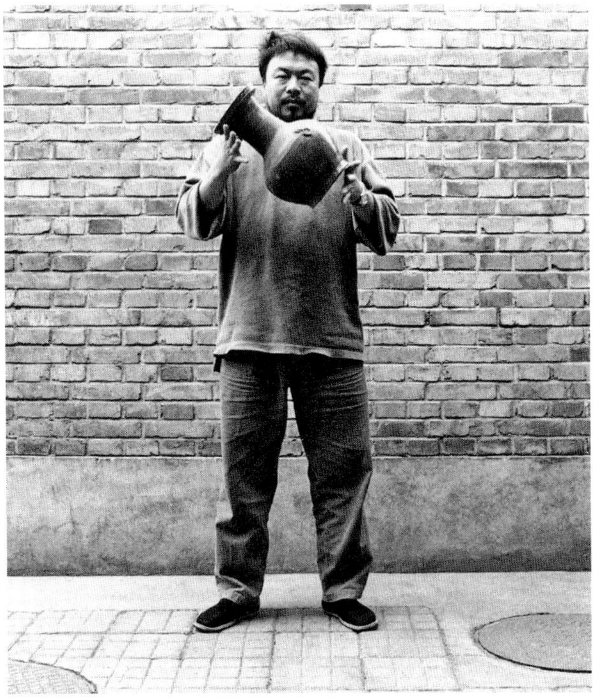

AI WEIWEI, DROPPING A HAN DYNASTY URN, 1995,
series of 3 black-and-white photographs /
EINE HAN-DYNASTIE URNE FALLEN LASSEN,
Serie von 3 Schwarzweiss-Photographien.

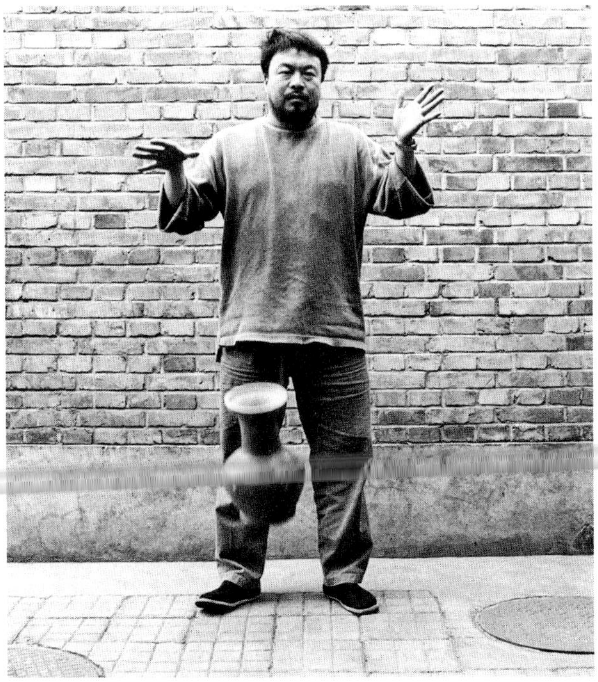

bottle. While evoking the popular Western tradition of placing miniature sailboats inside bottles, the artist suggests the capture of Chinese culture within the confines of a US-led commodity economy. In a related work, TANG DYNASTY COURTESAN IN BOTTLE ([illegible]), he placed a thousand-year-old stone courtesan inside an empty Absolut Kourant bottle. Each readymade, as "authored" by Ai, "combines symbols of two of man's chief intoxications while playing off the opposites of unique artifact and disposable object, painstaking craftwork and mass production, antiquity and modernity."[1)] Instead of being exhibited in vitrines, these rare, precious objects, which embody a certain cultural history within China, were "bottled up" for consumption. Seen together, they are simultaneously continuous with and a shift away from his New York style. Made after the artist's return to China, these pieces also mark the beginning of Ai's ongoing critical engagement with the history of antique Chinese objects, quintessentially those artifacts defined as such by ceramic and porcelain. The criticality of this engagement is that, in contradistinction to the ideological rhetoric of the country's policy towards the West, China—as symbolized by antique objects—has, in fact, become the object of Western consumption.

While these two works anticipate HAN DYNASTY URN WITH COCA-COLA LOGO, the subsequent work, DROPPING A HAN DYNASTY URN, marks another shift. Here Ai used photography to document a performative action and to make a triptych of himself standing in front of a brick wall—first holding an antique urn, then letting go of it, and finally allowing it to smash to the ground. Taken individually, each photograph records a particular relation to the urn as a symbol of China's antiquity. The first, one could say, represents the survival of the urn within the present moment, a relic of great symbolic value, as it embodies the material, aesthetic, and cultural history of China. The second is indicative of a gesture of "letting go," not only of the urn but also, symbolically, of history, therefore making it a gesture that could read metaphorically as being carried out by any Chinese person. In the third photograph, Ai's pose remains the same as in the second, even though the urn is seen smashing to pieces at his feet. There is no evident surprise on his face, nor is there an expression of shock or dismay. The urn's destruction is presented as "nothing out of the ordinary," so that whatever response there may be concerning the urn's value is left to the spectator. This attitude is also expressed in the piece's understated title and presentation, suggesting a conscious diminishment of the significance given to the action.

Together these two works capture opposing sides of a single conceptual core that has preoccupied the artist for twenty-five years. On the one hand, the 1994 urn displays a transformation from an antique to a contemporary container, re-branded by the sign of a foreign, capitalist logo. And, while this work questions the concept of "value" by branding, the 1995 urn can be understood as a negation insofar as the action of dropping forces the viewer to consider value as an abstract, autonomous concept. Its application is as much authorized by external interests as informed by an appreciation of aesthetic refinement and craftsmanship.

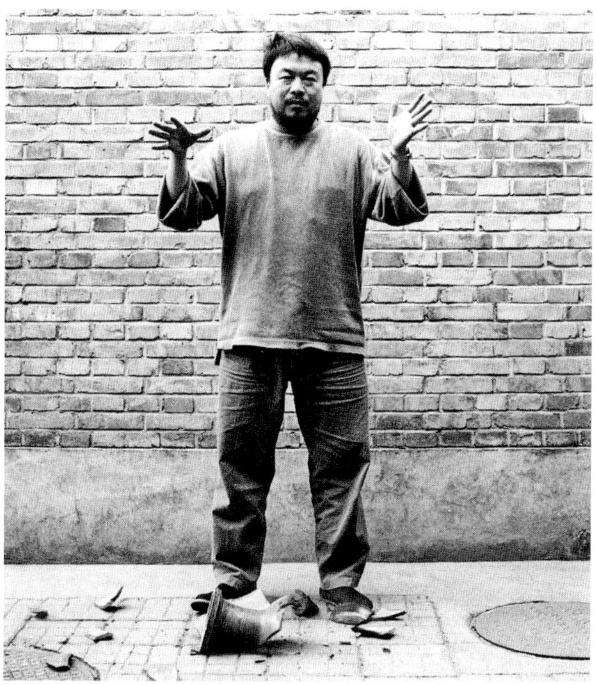

UNDER THE HAMMER

When Ai returned to China, he encountered a place that had both changed and remained the same. He had left shortly after the end of the Cultural Revolution when the material culture of the past—what had belonged to those labeled as the "bourgeoisie" or "intelligentsia"—was looted and destroyed on the grounds that it symbolized the existing order and decadent values of Western culture. This destruction, guided by Mao's adage "destroy the old," ushered in a patricidal movement of utterly laying waste to anything that did not belong to the revolutionary present in the name of the father, the absolute patriarchy of Mao.[2)] In the wake of the Cultural Revolution and through Mao's death, China began to slowly open up to the West while, at the same time, experiencing an internal struggle over the crisis provoked by the immediate legacy of the Cultural Revolution and the appropriate steps needed to implement change. This struggle is most evident in the wave of government rectification programs that followed, which were created to manage the perceived crisis caused by the changes that had been made—as in the anti-spiritual campaign launched in the early eighties.[3)]

When Ai returned to his home country, at a time when China was urging people to participate in a culture shaped by a consumer-based economy, the overwhelming destruction marking an epoch that had ended less than twenty years earlier must have seemed meaningless. What had been the Cultural Revolution's outcome? Had it paved the way for anything new? And, if not, what kind of path had been paved to retain values of the past? And, hence, one may ask, on what terms might the revolution be judged, by whom, and on what grounds?

Given such a scenario, the most significant point of reference to relate to the ongoing changes, especially for Ai and other artists of his generation, is the relationship to the past and to one's own history. For many of them, the challenge was how to escape reverting to the past without persisting in the aesthetic of patricide, destruction, or another patrimonial order. The challenge was to create something new, which implied a shift in how the past had been viewed. How could it be given a different meaning and how could the cultural sphere be liberated from the imposition of ideologically informed values? For Ai Weiwei, the relation to the past—as evident in his conception of the readymade—was neither patricidal nor iconoclastic. Instead, it became a consideration of how one might conceive of the "newness of tradition."

Soon after his return, when he began visiting the antique markets, Ai discovered the extraordinary achievement of aesthetic refinement produced under different dynasties, but also that the past was now up for sale, and at a high price. However, Ai also discovered that the market was selling vases whose authenticity was impossible to confirm scientifically. The connoisseurship thus required an equivalent level of expertise to that of the craftsman who had made the object.[4] Traveling to Jingdezhen—a region famous for its kilns and its production of imperial porcelain during the dynasty period—Ai discovered that such craftsmanship was still alive and capable of producing work of the highest caliber. This is when he conceived of making copies or replicas of porcelain vases from different dynasties that, in many ways, underscored China's long tradition of mass production and, hence, the notion of the copy and of authorship, which was radically distinct from that of Western traditions. And yet, in making replicas, Ai also gave a contemporary valence to the work, insofar as these replicas did not simply provoke a revaluation of the concept of value but transformed the question of its use and abuse.

Theorist Jacques Rancière has remarked that such a situation doesn't necessarily signify a break from tradition—such as the declaration of autonomy by modernity that serves as a symbolic act of patricide—but rather "a new regime for relating to the past."[5] As Rancière continues, "in the aesthetic regime of art, the future of art, its separation from the present of non-art, incessantly restages the past."[6] Seen within these terms, Ai's work is made up of a series of restagings that reflect on what constitutes Chinese cultural history or, more pointedly, on China's relation to itself and the way in which its traditions are perceived and determined today.

In 1996, Ai published two photographs: one showed the artist smashing two antique bowls; the other, the subsequent gathering of the pieces. Entitled BREAKING OF TWO BLUE AND WHITE DRAGON BOWLS (from Kangxi Period 1661–1722), it was followed by another pair of photographs showing similar bowls that the artist broke with a hammer.[7] It is, in a way, a literal visualization of the expression "going under the hammer," referring to the auction house practice of hitting the lectern with a hammer to confirm the sale of a work. Two years later, in his work DAO GUANG BLUE AND WHITE PORCELAIN AND HAMMER (1998), Ai produced so-called "performance remains," which he placed into a small vitrine-like frame to mock their museographic preservation.

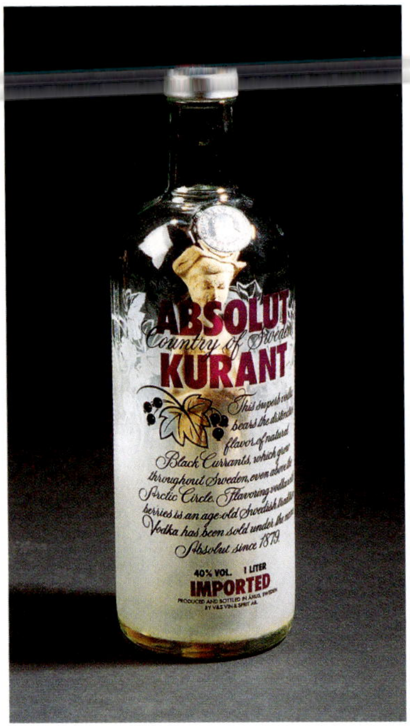

AI WEIWEI, TANG DYNASTY COURTESAN IN BOTTLE, 1994, clay sculpture, glass bottle / KURTISANE DER TANG-DYNASTIE IN FLASCHE, Tonskulptur, Flasche.

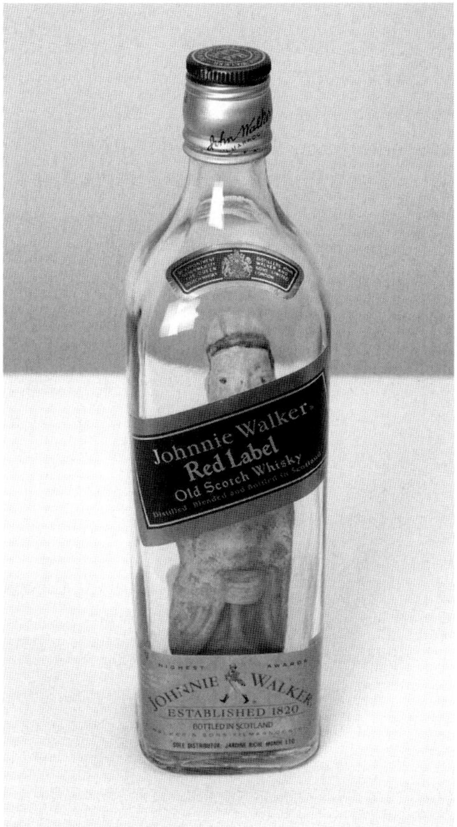

AI WEIWEI, UNTITLED, 1993, clay sculpture, glass bottle / OHNE TITEL, Tonskulptur, Flasche.

While the breaking of the bowls suggests the transmutation of value within the structure of the international art market, the significance is pointedly turned towards China and its policy, in which the acts of destruction and preservation seem to go hand in hand. Even as the Chinese government can speak of the cultural patrimony of the nation—that is, of "national treasures"—it would appear to be oblivious to wide-spread looting and destruction.[8] Paradoxically, what appears to be an act of iconoclasm is, in fact, Ai's critique of the ideological appropriation of the objects while, equally, casting an even longer shadow on the imperial despotism of particular dynasties that made possible some of the highest achievements in the arts and sciences. Seen in this light, Ai's action underscores the degree to which such skills and refinement could only be fostered under the yoke of oppression, and also the authority of a regime that chose to invest so much time and labor in the production of such a highly demanding craft.

Ai's gesture doubles the irony of state discourse to expose it as a discourse of power. Rather than seeking the violent overthrow of an aesthetic tradition that symbolically stands in for the past, he proposes an inversion of violence against the past by challenging the ideological construction of aesthetic value. Perhaps the only way of changing the value and meaning of the urns as objects of great beauty is to free ourselves of the values inscribed upon them: to destroy, paint, or copy them. For it is they that propose the possibility of a coexistence with other regimes of art—as opposed to their appropriation or negation—and the values for which they stand. From this perspective, we can see and perhaps also begin to appreciate them differently. By virtue of these actions, Ai seeks to liberate our perception of these objects so that they become visible again.

1) Ai Weiwei, notes on his works in *Ai Weiwei. Works: Beijing 1993–2003*, ed. Charles Merewether (Beijing: Timezone 8 Ltd., 2003), p. 80.
2) See Dai Jinhua, *Cinema and Desire*, eds. Jing Wang and Tani E. Barlow (London: Verso Books, 2002).
3) For a discussion of the impact of this campaign on the cultural sphere, see my article "The Specter of Being Human: Contemporary Chinese Art," *Yishu* 2 (summer 2003), pp. 58–81.
4) This was no more pointedly instanced than when in 1997 he painted a Coca-Cola logo on a Tang Dynasty vase that was shown at Max Protech Gallery, New York. It was then shipped back to Beijing with an attached letter stating that it was not authentic but a copy. The question of the copy in Ai Weiwei's work is more fully discussed in the forthcoming book on the artist by the author.
5) Jacques Rancière, *The Politics of Aesthetics* (London: Continuum, 2004), p. 25.
6) Ibid., p. 24.
7) Blue-and-white Kangxi porcelain was extremely popular amongst English and US collectors, notably the painter James McNeil Whistler and, later, the American tycoons John Pierpont Morgan, Henry Clay Frick, and John D. Rockefeller, Jr. Frick's Chinese porcelain collection can be seen at The Frick Collection in New York.
8) See my article "Looting and Empire," *Grand Street* 72 (fall 2003), pp. 82–94.

Tradition & Logo

CHARLES MEREWETHER

UNSCHÄTZBAR

In den 80er-Jahren, als Ai Weiwei in New York lebte, bestand seine Kunst vorwiegend aus Readymades und Assemblagen. Vergleicht man diese mit den ab 1993 in China entstandenen Arbeiten des Künstlers, so stösst man auf eine Reihe von Aktionen und Objekten, bei denen es im Wesentlichen um den Wert geht, den wir Objekten oder Kunstwerken beimessen. Was schätzen wir als wertvoll ein und warum? Und wer ist der Urheber dieses Wertes oder legt ihn fest? Was genau an Ai Weiweis Werk nehmen wir ernst? Den Akt oder das Werk an sich? Die klarste Antwort auf diese Fragen halten zwei Arbeiten bereit, die Ai innerhalb der ersten zwei Jahre nach seiner Rückkehr nach Peking schuf: HAN DYNASTY URN WITH COCA-COLA LOGO (Urne aus der Han-Dynastie mit Coca-Cola-Logo, 1994) und DROPPING A HAN DYNASTY URN (Eine Urne aus der Han-Dynastie fallen lassen, 1995).

Der Titel der ersten Arbeit beschreibt das Objekt etwas lakonisch, aber genau als das, was es ist: ein schlichtes antikes Gefäss, auf welchem Ai in roter Farbe den Coca-Cola-Schriftzug angebracht hat. Und obwohl es an die Readymades aus der New Yorker Zeit erinnert und vom prägenden Einfluss von Marcel Duchamp und Andy Warhol auf den Künstler zeugt, stammt das hier verwendete Objekt nicht nur aus China, sondern viel wichtiger: Es birgt bereits gewisse kulturelle, wenn nicht gar ästhetische, chinesische Werte in sich. Wie dem auch sei, in dieser Arbeit aus dem Jahr 1994 wird jeglicher Wert oder jegliche «Authentizität», die dem Gefäss ursprünglich innegewohnt haben mag, durch das Anbringen des Logos beinah auf der Stelle ausgelöscht. Gestützt auf die Traditionen der Pop-Art der 60er-Jahre und insbesondere auf Warhol, verwendet Ai das Coca-Cola-Logo, um die Unterscheidung zwischen «Hoch-» und «Populärkultur» zu hinterfragen beziehungsweise um auf deren durch ihren Warencharakter bedingte Verwandtschaft hinzuweisen. Diese Verwandtschaft wird auch formal betont, und zwar

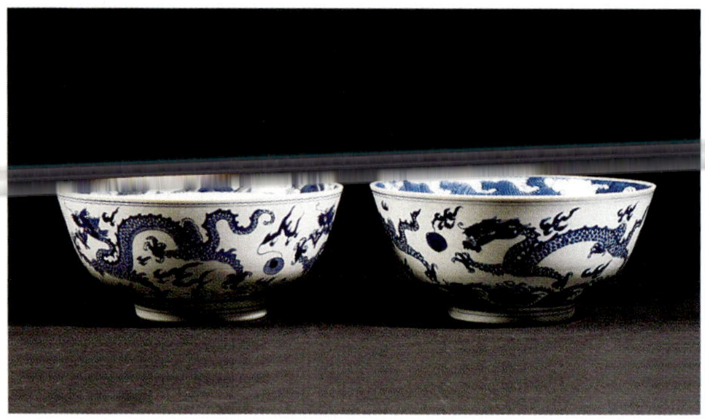

AI WEIWEI, BREAKING OF TWO BLUE AND WHITE DRAGON BOWLS, 1996, 2 bowls, Qing Dynasty / ZERSCHLAGEN VON ZWEI BLAU-WEISSEN DRACHENSCHALEN, 2 Schalen der Qing-Dynastie.

CHARLES MEREWETHER ist Kunsthistoriker, Kurator und stellvertretender Direktor des Kulturdistriktes Abu Dhabi. Gegenwärtig arbeitet er an einer Monographie über Ai Weiwei.

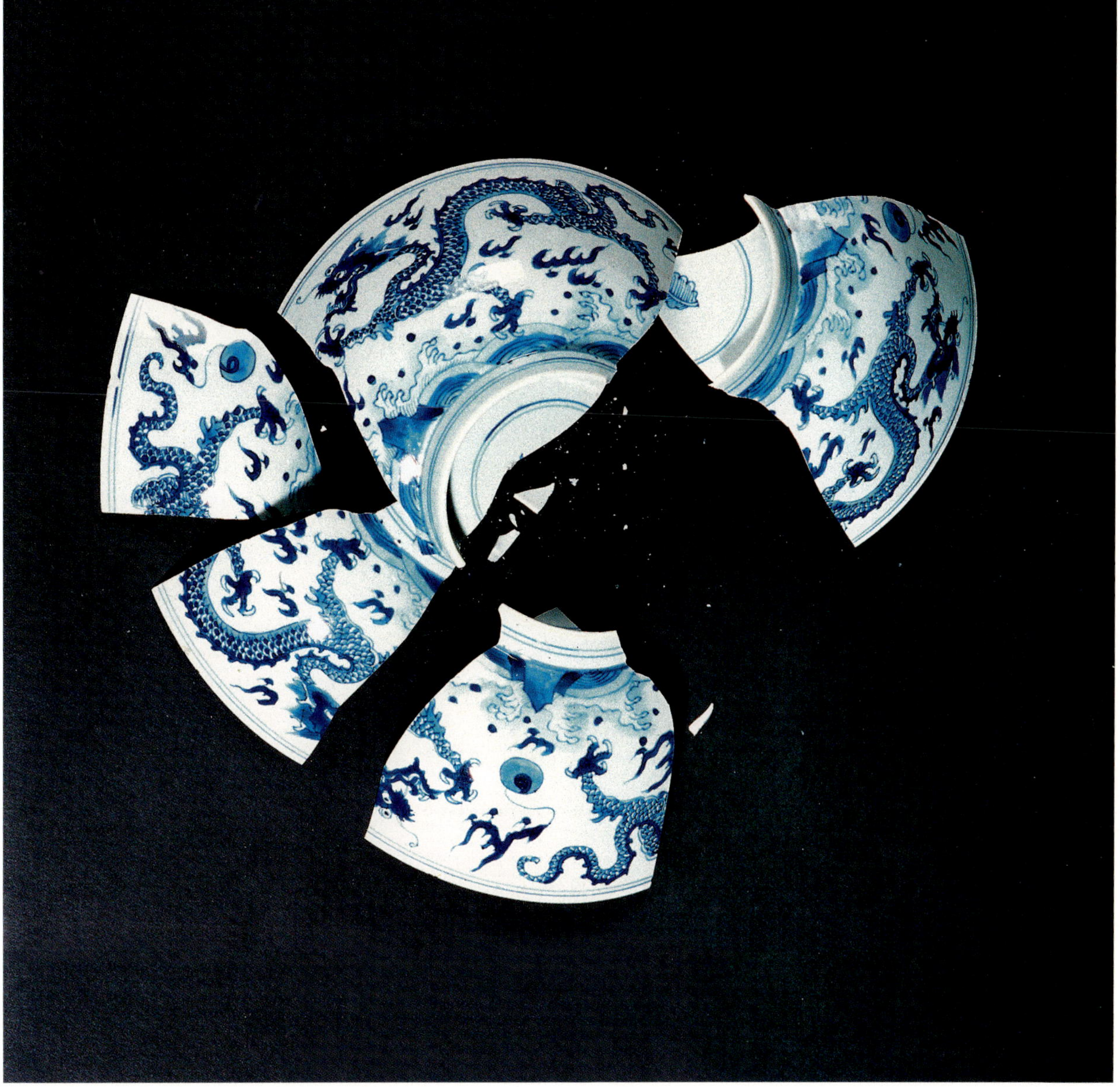

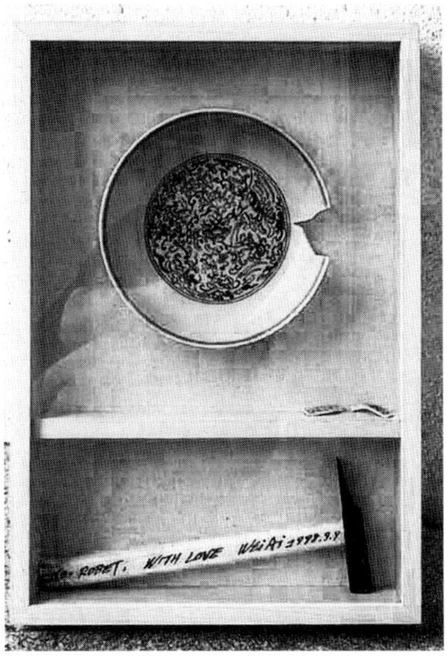

AI WEIWEI, DAO GUANG BLUE AND WHITE PORCELAIN AND HAMMER, 1998, porcelain, hammer, frame / BLAU-WEISSES DAO-GUANG PORZELLAN MIT HAMMER, Porzellan, Hammer, Rahmen.

durch die Art, wie sich die kursive Schrift des Logos der Krümmung der Vase anpasst. Ausserdem kann die Arbeit auch dahingehend verstanden werden, dass die chinesische Kultur möglicherweise bereits Teil jener westlichen Konsumgesellschaft geworden ist, die der allgegenwärtige multinationale Coca-Cola-Konzern (und insbesondere dessen Bedeutung in China) verkörpert. Da man mit dem Logo auch den Werbeslogan «the real thing» assoziiert, wird das Gefäss praktisch bis auf den Produktcharakter seines Wertes beraubt und durch das Markenzeichen doch wieder als «authentisch» kenntlich gemacht.

Durch seine Erfahrungen mit der konsumorientierten amerikanischen Kultur und dem boomendem New Yorker Kunstmarkt dürfte Ai bis zu einem gewissen Grad auf die anstehende Entwicklung in China vorbereitet gewesen sein. Anders als noch bei seinem Weggang scherte sich die Regierung bei seiner Rückkehr nach Peking nicht mehr um Leute, die «alles Fremde verehren oder um Fremde herumscharwenzeln», wie es von offizieller Stelle seinerzeit hiess. Ganz im Gegenteil schien China auf dem besten Weg zu sein, sich der westlichen Konsumgesellschaft und Marktwirtschaft in die Arme zu werfen. Es hatte eine grundlegende Verlagerung stattgefunden, weg von der Verwaltung von Menschen, hin zur Verwaltung von Dingen, für die ein handfester Bedarf bestand – was schliesslich zur Angleichung an die mächtigsten Wirtschaftssysteme des Westens führte, so radikal anders dessen ideelle Wertvorstellungen auch sein mochten.

In einer seiner ersten in China entstandenen Arbeiten, UNTITLED (1993), setzte Ai eine Tonskulptur aus der Song-Dynastie (960–1279) in eine leere Johnnie-Walker-Red-Label-Flasche. Damit erinnert er an die beliebte westliche Tradition der Segelschiffe in Flaschen, verweist aber auch auf das Gefangensein und die zwangsläufige Vermarktung der chinesischen Kultur im Rahmen einer von den USA dominierten Marktwirtschaft. In einem verwandten Werk, TANG DYNASTY COURTESAN IN BOTTLE (Kurtisane der Tang-Dynastie in Flasche, 1994), platzierte er die über tausend Jahre alte Figur einer Kurtisane in eine leere Absolut-Kourant-Wodkaflasche. Jedes Readymade, wie Ai für die Werkübersicht 1993–2003 erläuterte, «kombiniert Sinnbilder von zwei der wichtigsten Suchtmittel des Menschen und spielt gleichzeitig mit den Gegensätzen von einmaligem Kunstwerk und Wegwerfobjekt, sorgfältigem Handwerk und Massenproduktion, Altertum und Moderne».[1] Statt in Museumsvitrinen präsentiert zu werden, wurden diese raren und kostbaren Objekte, die ein Stück Kulturgeschichte Chinas verkörpern, zum Konsum «in Flaschen abgefüllt». Zusammen betrachtet stellen diese beiden Werke zugleich eine Fortsetzung und eine Abweichung von Ai Weiweis New Yorker Arbeiten dar. Da sie nach der Rückkehr Ais nach China entstanden sind, signalisieren sie auch den Anfang einer kritischen Auseinandersetzung mit der Geschichte der antiken Objekte Chinas, die sich hauptsächlich anhand von Artefakten aus Keramik und Porzellan erschliessen lässt. Die Erkenntnis dieser kritischen Auseinandersetzung ist vielleicht die, dass China – symbolisiert durch seine Antiquitäten – entgegen der ideologischen Rhetorik, die die Politik des Landes gegenüber dem Westen bestimmt, in Wahrheit längst Gegenstand des westlichen Konsums geworden ist.

Während diese beiden Werke auf HAN DYNASTY URN WITH COCA-COLA LOGO vorausweisen, kündet die darauffolgende Arbeit, DROPPING A HAN DYNASTY URN eine erneute Verlagerung an. Hier hat Ai eine Performance photographisch dokumentiert und zu einem Photo-Triptychon verarbeitet; auf den Bildern sieht man ihn vor einer Backsteinmauer stehen: Er hält ein antikes Gefäss, dann lässt er es los, und es zerschellt auf dem Boden. Einzeln betrachtet hält jede Photographie ein besonderes Verhältnis zu dieser Urne als Symbol für Chinas frühe Vergangenheit fest. Man könnte sagen: Die erste stellt das Überleben der Urne im aktuellen Moment dar, ein Relikt mit grossem Symbolwert angesichts ihrer Verkörperung der materiellen, ästhetischen und kulturellen Geschichte Chinas. Das zweite Photo zeigt eine Geste des «Loslassens», nicht nur das Loslassen der Urne, sondern symbolisch auch der Geschichte – eine Geste, die, obwohl vom Künstler inszeniert, ihn weniger als Künstler repräsentiert denn als Individuum und als Chinese. Ais Pose auf der dritten Photographie unterscheidet sich nicht von jener auf dem zweiten Bild, obwohl die Urne vor seinen Füssen zu Bruch geht. Sein Gesicht zeigt keine offensichtliche Überraschung und auch keinen Ausdruck von Schock oder Bestürzung. Die Zerstörung der Urne wird gezeigt als das Normalste der Welt, so dass jede auf ihren Wert Bezug nehmende Reaktion dem Betrachter überlassen bleibt. Dieselbe Haltung kommt auch im betont kühlen, verhaltenen Charakter von Titel und Präsentation zum Ausdruck, was auf ein bewusstes Untertreiben der Bedeutung des Vorganges schliessen lässt.

Die beiden Werke stehen für zwei entgegengesetzte Aspekte von Überlegungen, die Ai seit fünfundzwanzig Jahren umtreiben. Die Urne von 1994 zeigt die Verwandlung eines antiken in ein modernes Gefäss, das nun den Stempel eines fremden, kapitalistischen Markenzeichens trägt. Durch diese Kennzeichnung bricht die Arbeit den Wertbegriff auf, um ihn in Frage zu stellen, wogegen die Urne von 1995 als Negation desselben verstanden werden kann, insofern das Fallenlassen des Gefässes den Betrachter dazu zwingt, den Wert als etwas Abstraktes, Autonomes zu betrachten. Die Wertzuschreibung erfolgt ebensosehr aufgrund werkfremder Interessen wie aufgrund der Anerkennung von ästhetischer Raffinesse und handwerklicher Kunstfertigkeit.

UNTER DEM HAMMER

Ai kehrte in ein China zurück, das sich verändert hatte und zugleich das alte geblieben war. Er hatte das Land kurz nach dem Ende der Kulturrevolution verlassen, die das traditionelle Kulturgut mit allem, was dazu gehörte, als «bürgerlich» oder «intellektuell» gebrandmarkt hatte; mit der Begründung, es symbolisiere die bestehende Ordnung und die dekadenten Werte der abendländischen Kultur, wurde es geplündert und zerstört. Diese Zerstörungswelle, getreu Maos Leitsatz «Zerstört das Alte!», artete in eine vatermörderische Bewegung aus, deren Zerstörungswut sich gegen alles richtete, was nicht Bestandteil der revolutionären Gegenwart im Namen

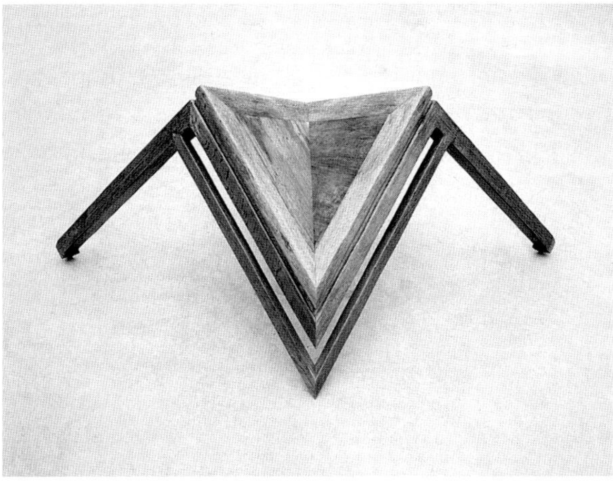

AI WEIWEI, TABLE WITH TWO LEGS, 2006, table, Qing Dynasty, 25 1/2 x 72 1/2 x 46 3/4" / TISCH MIT ZWEI BEINEN, Tisch, Qing Dynastie, 65 x 184 x 119 cm.

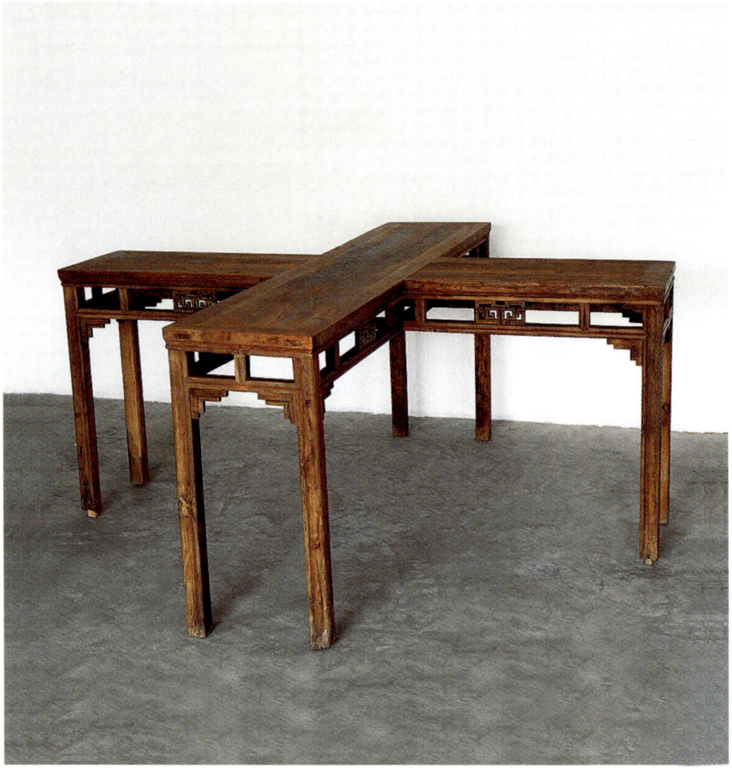

AI WEIWEI, CROSSED TABLES, 1997, tables, Qing Dynasty, 33 3/4 x 79 1/2 x 79 1/2" / GEKREUZTE TISCHE, Tische, Qing Dynastie, 86 x 202 x 202 cm.

des absoluten Machthabers und Übervaters Mao war.[2)] Nach dem Ende der Kulturrevolution und dem Tod Maos begann China sich gegenüber dem Westen allmählich zu öffnen, während es im Inneren einen Kampf ausfocht aufgrund der Krise, welche die Kulturrevolution als revolutionäres Modell der Veränderung ausgelöst hatte. Am deutlichsten zeigt sich dieser Kampf in der Flut von Korrekturprogrammen, welche die Regierung lancierte, um die mit den Umwälzungen verbundene Krise in den Griff zu bekommen, etwa in der antispirituellen Kampagne der frühen 80er-Jahre.[3)]

Zum Zeitpunkt, als Ai in seine Heimat zurückkehrte, wo die Bevölkerung gerade dazu gedrängt wurde, einen erneuten, konsumorientierten Wandel mitzutragen, müssen ihm die überwältigenden Zerstörungen der zwanzig Jahre zuvor zu Ende gegangenen Epoche sinnlos erschienen sein. Was war das Ergebnis der Kulturrevolution? Hatte sie den Weg für etwas Neues geebnet? Und wenn nicht, welchen Weg zur Erhaltung der alten Werte hatte sie offengelassen. Und so könnte man weiter fragen, unter welchen Voraussetzungen sollte die Revolution in Zukunft beurteilt werden? Von wem und auf welcher Grundlage?

Vor diesem Hintergrund wird das Verhältnis zur Vergangenheit und zur eigenen Geschichte zum wichtigsten Anhaltspunkt, um die weiterhin andauernden Veränderungen zur Sprache zu bringen, das gilt insbesondere für Ai und andere Künstler seiner Generation. Für viele von ihnen stellte sich die Aufgabe, einen Weg zu finden, der weder eine Rückkehr zur Vergangenheit bedeutete, noch eine Ästhetik des Vatermords und der Zerstörung verfolgte, noch – wenn wir bei dieser Metapher bleiben wollen – die Erbfolge verfälschte. Vielmehr musste etwas Neues geschaffen werden: eine veränderte Sicht auf die Vergangenheit, die bewirkte und erlaubte, ihr eine andere Bedeutung zuzuschreiben oder die kulturelle Sphäre von den ideologisch geprägten Wertvorstellungen zu befreien. Ais Verhältnis zur Vergangenheit – wie sie in seiner Auffassung des Readymade zum Ausdruck kommt – hatte weder vatermörderische noch bilderstürmerische Züge. Es entwickelte sich vielmehr zu einer Betrachtung darüber, wie diese «neue Qualität der Tradition» aussehen könnte.

Kurz nach seiner Rückkehr, als er begann Antiquitätenmärkte aufzusuchen, entdeckte er die ausserordentliche ästhetische Vollendung der Produkte aus verschiedenen Dynastien, aber auch, dass die Vergangenheit nun ihren Preis hatte. Ai entdeckte jedoch auch, dass Vasen auf dem Markt waren, deren Echtheit wissenschaftlich unmöglich nachgewiesen werden konnte, weil dies eine Sachkenntnis erfordert hätte, die jener des Kunsthandwerkers, der das Objekt geschaffen hatte, gleichkam[4]. Als er nach Jingdezhen reiste, einer Region, die für ihre Brennöfen und die Herstellung des kaiserlichen Porzellans zur Zeit der grossen Dynastien berühmt ist, realisierte Ai, dass dieses Handwerk nach wie vor lebendig und noch immer in der Lage war, Produkte von höchster Qualität hervorzubringen. Er kam auf die Idee, Kopien oder Repliken von Porzellanvasen aus verschiedenen Dynastien herzustellen, die auf vielerlei Weise Chinas lange Tradition der Massenproduktion verdeutlichten und damit auch ein Verständnis von Kopie und Urheberschaft, das sich radikal von jenem der abendländischen Tradition unterschied. Dabei war dieses Anfertigen von Repliken auch von zeitgenössischer Relevanz, da sie nicht nur ein Überdenken unserer Wertbegriffe verlangten, sondern auch die Frage nach deren Anwendung und Missbrauch neu stellten.

Der Philosoph Jacques Rancière schreibt, dass eine solche Situation nicht unbedingt auf einen Bruch mit der Tradition hindeutet – wie die Unabhängigkeitserklärung der Moderne, die den Vatermord zumindest symbolisch vollzieht –, sondern vielmehr auf «ein neues Regime der Bezugnahme auf das Alte».[5] Er schreibt ferner: «Im ästhetischen Regime [...] wird die Vergangenheit der Kunst ununterbrochen durch die Zukunft der Kunst, das heisst durch ihre Absetzung von der Gegenwart der Nicht-Kunst, neu inszeniert.»[6] Vor diesem Hintergrund erweist sich sein Werk als eine Serie von Neuinszenierungen, die reflektieren, was die Kulturgeschichte Chinas ausmacht, oder noch pointierter ausgedrückt, wie China sich zu sich selbst verhält und wer – und warum – seine Tradition heute geistig erfasst und bestimmt.

1996 publizierte Ai zwei Photographien: Auf der einen zerschlägt Ai zwei antike Schalen, auf der anderen sammelt er die Scherben ein. Die Arbeit trägt den Titel BREAKING OF TWO BLUE AND WHITE DRAGON BOWLS (Zerschlagen von zwei blau-weissen Drachenschalen, Kangxi-Periode, 1662–1722), es folgte ein weiteres Photopaar, auf dem der Künstler ähnliche Schalen mit einem Hammer zerschlägt.[7] Es ist gleichsam eine bildliche Umsetzung der Wendung «unter den Hammer kommen», die auf die übliche Praxis zurückgeht, dass der Auktionator den Verkauf eines Werkes mit einem Hammerschlag auf sein Pult bekräftigt. Zwei Jahre später schuf Ai sogenannte «Performance-Reste» unter dem Titel DAO GUANG BLUE AND WHITE PORCELAIN AND HAMMER (Blau-weisses Dao-Guang-Porzellan mit Hammer, 1998) und präsentierte sie in einem kleinen vitrinenähnlichen Rahmen, um sich so über ihre museologisch perfekte Konservierung lustig zu machen.

Obwohl im Zerschlagen der Schalen der strukturelle Wertewandel des internationalen Kunstmarktes anklingt, liegt das Hauptgewicht in diesem Fall klar auf China und seiner Politik, in der Zerstörung und Konservierung Hand in Hand zu gehen scheinen. Selbst wenn die chinesische Regierung vom kulturellen Erbe der Nation beziehungsweise von «nationalen Schätzen» spricht, scheint sie sich der Tatsache der weitgehenden Plünderung und Zerstörung derselben nicht bewusst zu sein.[8] Was bei Ai Weiwei auf den ersten Blick wie ein bilderstürmerischer Akt aussieht, entpuppt sich erstaunlicherweise als Kritik an der ideologischen Besetzung der Objekte und wirft einen Schatten auf die kaiserliche Gewaltherrschaft bestimmter Dynastien, die einige der höchsten künstlerischen und wissenschaftlichen Errungenschaften erst ermöglichten. Mit anderen Worten wird hier deutlich, in welchem Masse sich solche Kunstfertigkeit und Raffinesse nur unter den spezifischen Bedingungen und unter der Herrschaft eines Regimes entwickeln konnten, das so viel Zeit und Mühe in die Entwicklung eines derart anspruchsvollen Handwerks investierte.

Ai Weiweis Geste verdoppelt die Ironie der Statusdebatte und entlarvt sie als Machtdebatte. Statt den gewaltsamen Umsturz einer ästhetischen Tradition anzustreben, welche die Vergangenheit symbolisiert, propagiert er eine Umkehrung der Gewalt gegen die Vergangenheit, indem er das ideologische Konstrukt des ästhetischen Wertes hinterfragt. Die einzige Möglichkeit, den Wert und die Bedeutung, die diesen Urnen als Objekte von erlesener Schönheit zukommt, zu verändern, besteht vielleicht darin, uns von den ihnen zugeschriebenen Werten zu befreien und sie zu zerstören, zu bemalen oder zu kopieren. Sie stehen für die Möglichkeit der Koexistenz – im Gegensatz zur Appropriation oder Negation – verschiedener Kunstsysteme und der Werte, die sie verkörpern. Unter diesem Blickwinkel sehen wir sie anders und können sie vielleicht auch neu schätzen lernen. Mit seinen Aktionen versucht Ai unsere Wahrnehmung dieser Objekte zu befreien, damit sie wieder sichtbar werden.

(Übersetzung: Suzanne Schmidt)

1) Ai Weiwei, Bemerkungen zu seinen Arbeiten, in: *Ai Weiwei, Works: Beijing 1993–2003,* hrsg. v. Charles Merewether, Timezone 8 Ltd., Peking 2003, S. 80.
2) Siehe Dai Jinhua, *Cinema and Desire,* hrsg. v. Jing Wang und Tani E. Barlow, Verso Books, London 2002.
3) Eine Erörterung der kulturellen Folgen dieser Kampagne findet sich in meinem Artikel «The Specter of Being Human: Contemporary Chinese Art», *Yishu – Journal of Contemporary Chinese Art,* Bd. 2, Nr. 2, Sommer 2003, S. 58–81.
4) Dies wurde nicht mehr explizit thematisiert, bis er 1997 ein Coca-Cola-Logo auf eine Vase aus der Tang-Dynastie malte, die dann in der New Yorker Galerie Max Protech gezeigt wurde. Danach wurde sie nach Peking zurückverfrachtet, begleitet von einem Brief, der beglaubigte, dass es sich nicht um ein Original, sondern um eine Kopie handelte. Das Thema der Kopie in Ai Weiweis Kunst kommt in meiner demnächst erscheinenden Monographie über den Künstler ausführlicher zur Sprache.
5) Jacques Rancière, *Die Aufteilung des Sinnlichen: die Politik der Kunst und ihre Paradoxien,* hrsg. v. Maria Muhle, b_books, Berlin 2006, S. 42.
6) Ebenda.
7) Das blau-weisse Kangxi-Porzellan war bei englischen und amerikanischen Sammlern ausserordentlich beliebt; insbesondere der Maler James McNeil Whistler begeisterte sich dafür und später auch amerikanische Industriemagnaten, wie John Pierpont Morgan, Henry Clay Frick und John D. Rockefeller, Jr.; die Chinaporzellan-Sammlung von Henry Clay Frick ist in der Frick Collection in New York zu sehen.
8) Siehe dazu meinen Artikel, «Looting and Empire», *Grand Street,* Nr. 72 Herbst 2003, S. 82–94.

AI WEIWEI, TEMPLATE, 2007, 1001 wooden doors and windows from destroyed Ming and Qing Dynasty buildings, installation view Ai Weiwei studio Beijing / SCHABLONE, 1001 hölzerne Tür- und Fensterrahmen von zerstörten Gebäuden der Ming- und Qing-Dynastie, Installationsansicht Studio Ai Weiwei, Beijing.

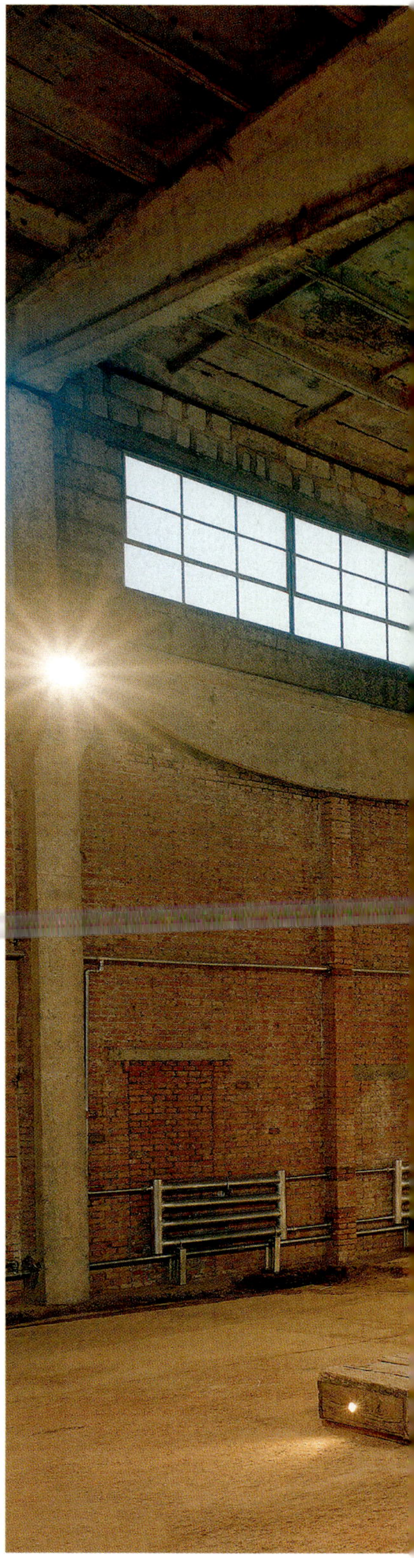

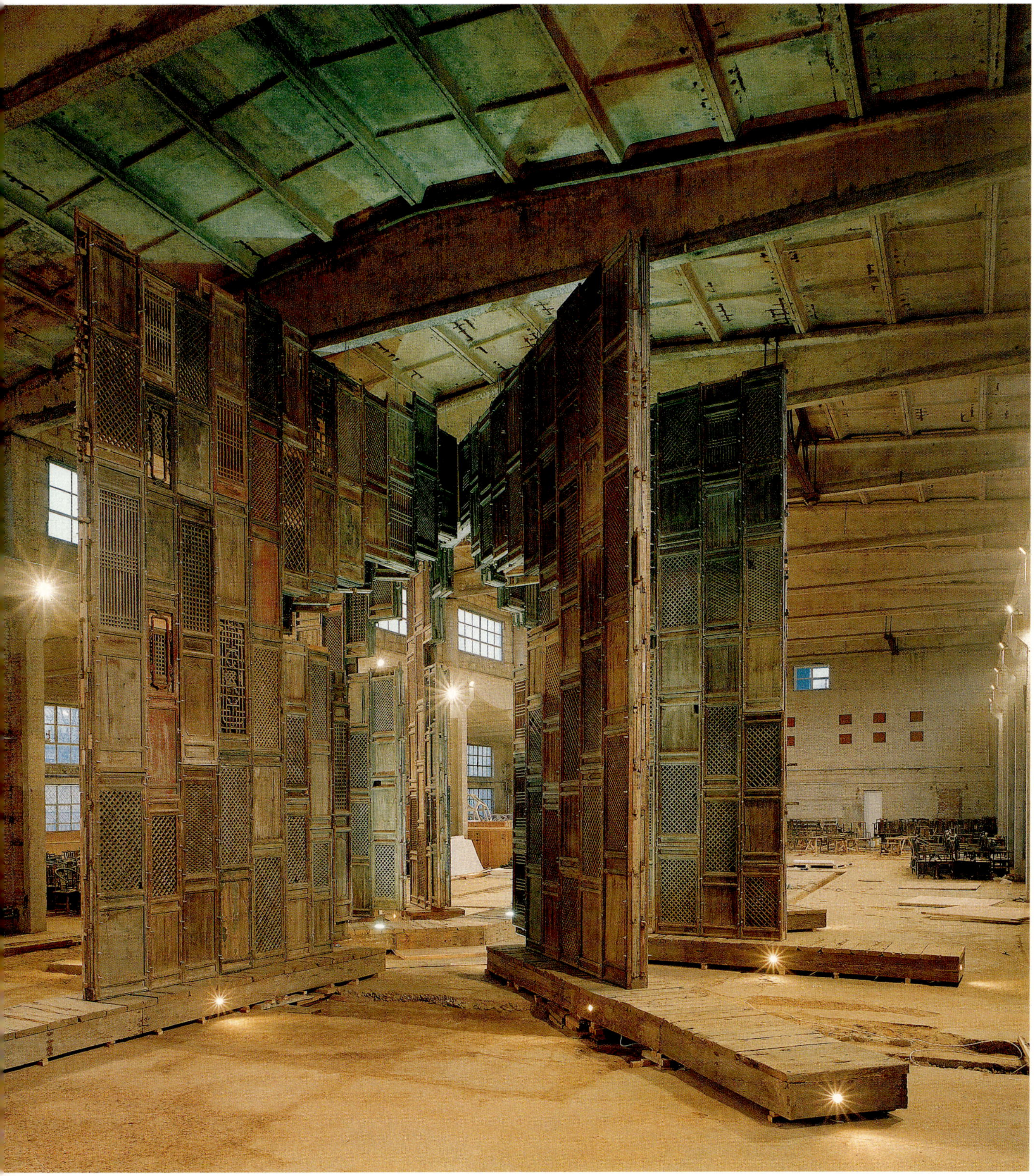

EDITION FOR PARKETT 81

AI WEIWEI

SWATTER, 2007

Brass, guilded, 19 $^{3}/_{4}$ x 2 $^{3}/_{4}$ x $^{2}/_{8}$"
Edition of 55 / XXV, signed and numbered certificate.

Messing, vergoldet, 50 x 7 x 0,5 cm
Auflage 55 / XXV, signiertes und nummeriertes Zertifikat.

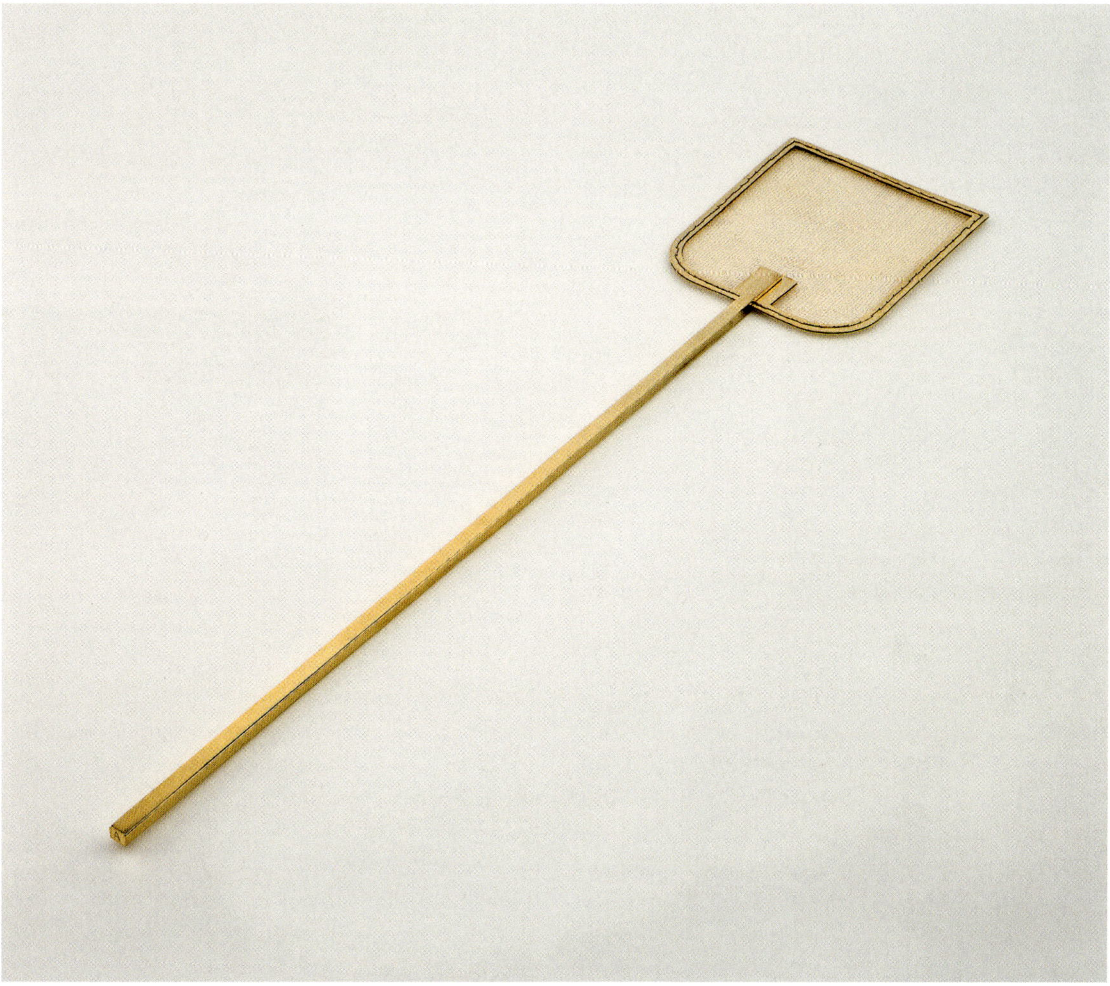

Blick hinter die Kulissen der «Wirklichkeit»

MARTIN JAEGGI

JULES SPINATSCH, HEISENBERG OFFSIDE, 2005, Switzerland - France, 1 : 1, World Championship Qualification, Stade de Suisse, Bern Wankdorf, 8. October, 2005, 3003 single shots taken with network camera, installation view Kunsthaus Zürich, single shots. (ALL PHOTOS: JULES SPINATSCH, ZÜRICH)

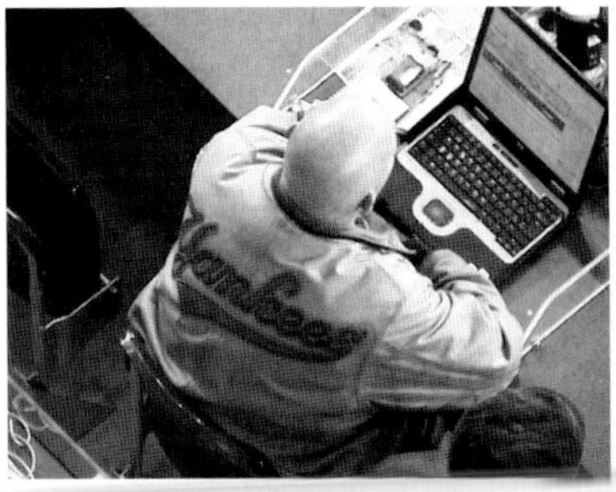

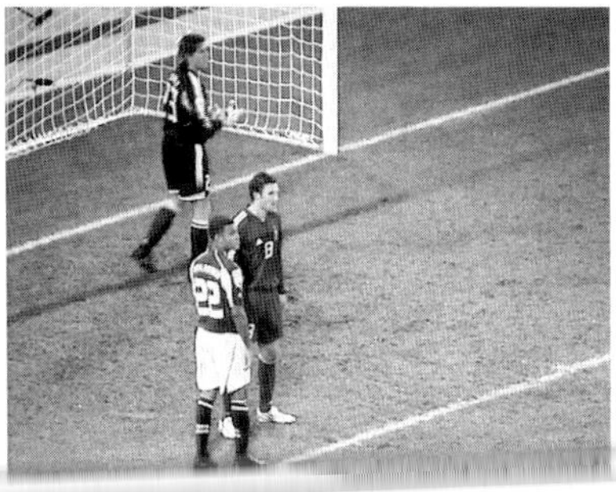

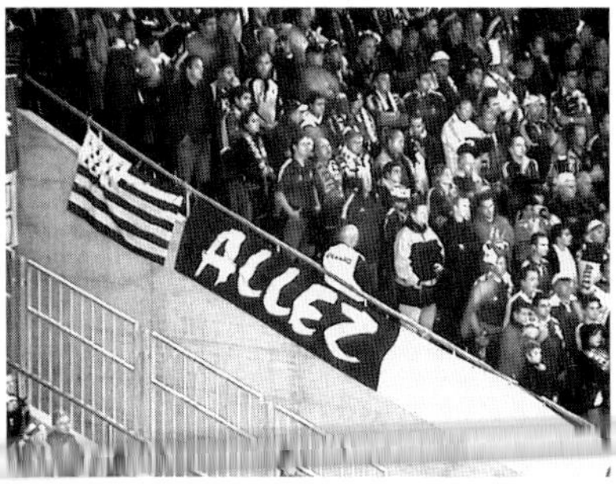

Die Wirklichkeit in einem Bild aufs Wesentliche zu verdichten, so liesse sich eines der grossen Versprechen der Photographie umschreiben. Die unerbittlichen Beschränkungen des Mediums – linearer Wirklichkeitsbezug und Fragmenthaftigkeit – werden so zur Chance gewendet. Erfüllt die Photographie diesen Anspruch, so scheint sich aus einem einzigen Blick, einer einzigen Geste eine Persönlichkeit zu erschliessen, werden unbeachtete, scheinbar nebensächliche Dinge zu gewichtigen Zeugnissen der Zeit, entladen sich in einer Strassenszene die Spannungen einer Epoche. Doch das Gelingen dieses alchemistischen Prozesses bleibt die Ausnahme, nur allzu oft erweist sich, dass keineswegs die poetische Verdichtung, sondern die Vereinfachung die hauptsächliche photographische Vorgehensweise ist. In den Massenmedien mit ihrem Zwang zu Eingängigkeit und Kürze dienen Photographien meist nur als griffige stereotype Bildformeln, die Nachrichten «auf den Punkt» bringen sollen. Gerade ihre vermeintliche Wirklichkeitstreue und der mediumspezifische Zwang zur Komplexitätsreduktion lassen die Photographie zu einem herausragenden Instrument medialer Manipulation werden. Vor diesem Hintergrund sind Jules Spinatschs Arbeiten zu verstehen, die eine Kampfansage an die grosse Vereinfacherin Photographie darstellen, eine Fundamentalkritik, die die Möglichkeiten ihres Wirklichkeitszugriffs radikal in Frage stellt.

In HEISENBERGS OFFSIDE zeigt Spinatsch die Beschränktheit photographischer Medienbilder exemplarisch am Beispiel eines Fussballspiels auf. Fussballphotographien und Fernsehübertragungen zeigen eine hochkünstliche Fiktion, in deren Mittelpunkt stets der Ball steht, um den die Kamera, in einer Nahsicht, die sich nur dem Kameraobjektiv bie-

---

MARTIN JAEGGI lebt als freischaffender Autor und Dozent in Zürich. Er hat zahlreiche Texte zu Photographie und visueller Gegenwartskultur veröffentlicht.

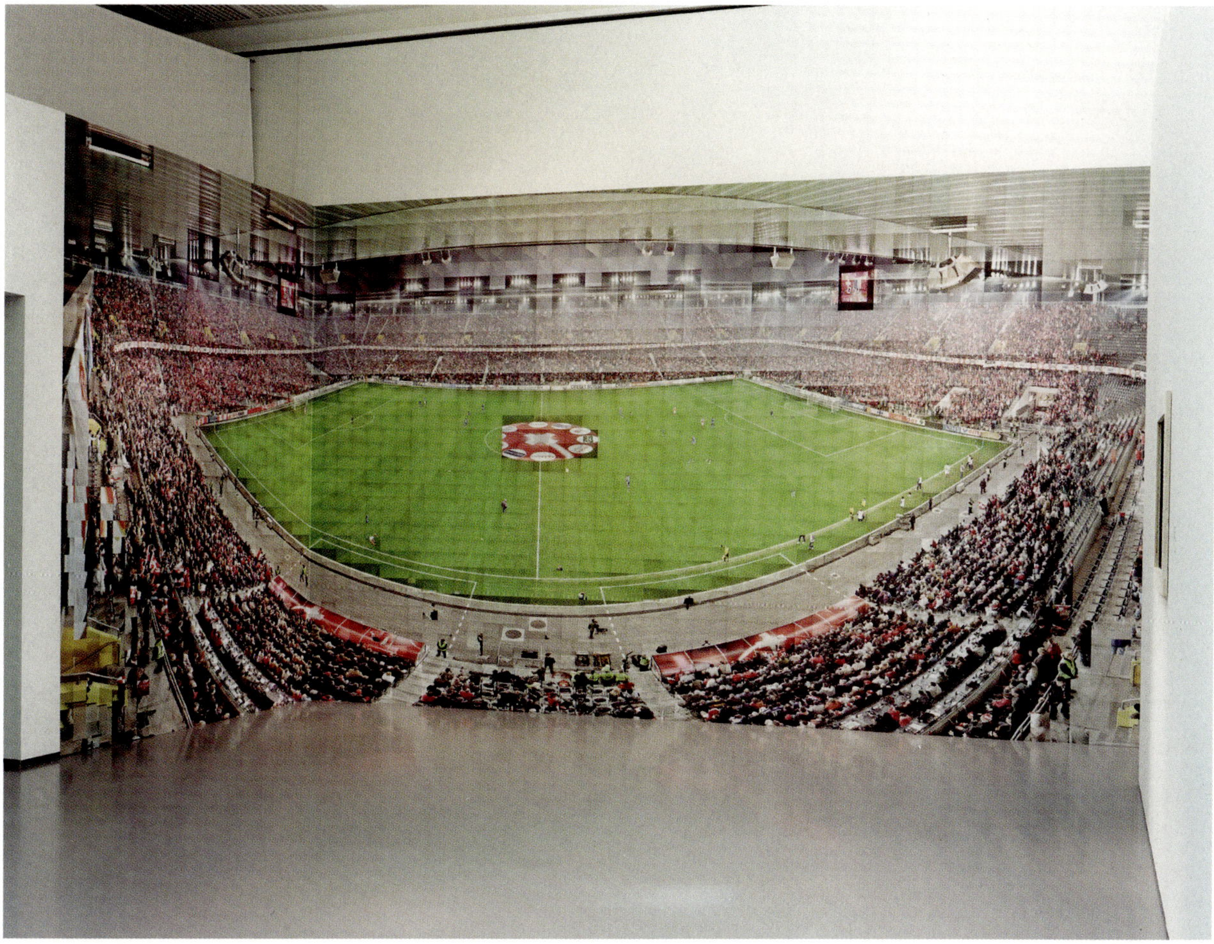

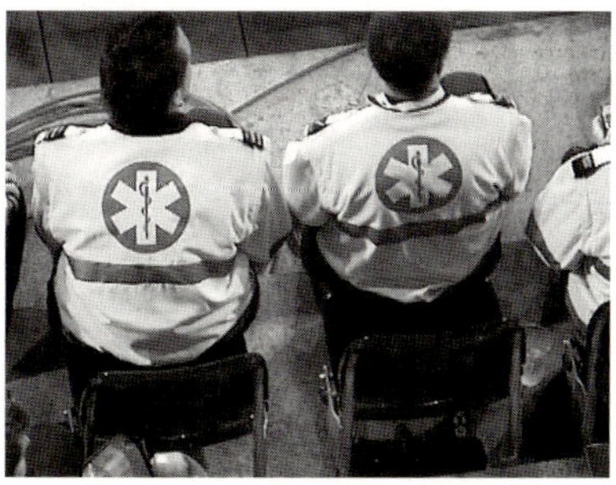

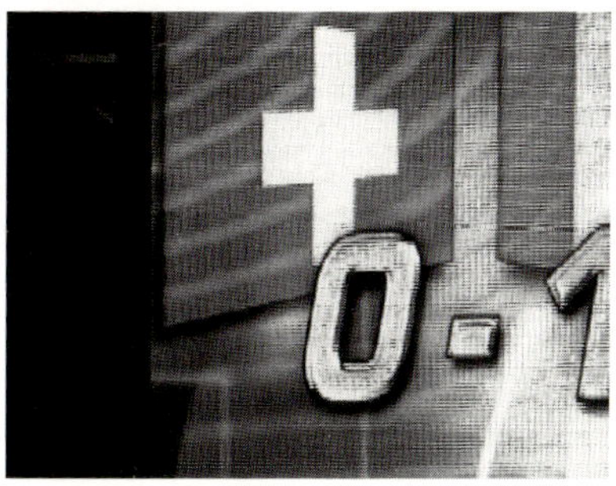

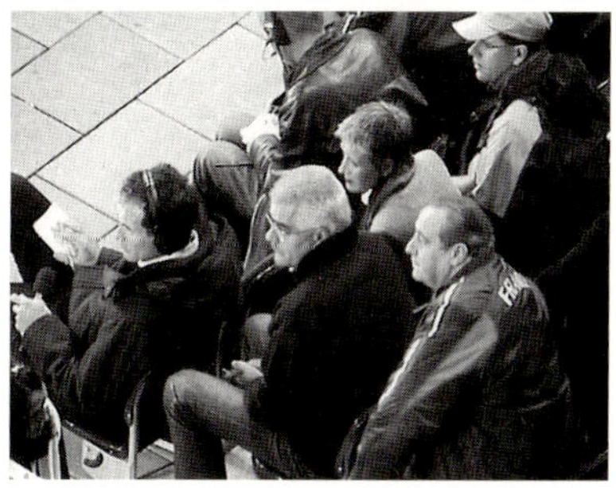

tet, die Körper der Fussballspieler choreographisch arrangiert. Der Besucher eines Fussballspiels sieht etwas ganz anderes: Der Ball ist ein kleiner Punkt in der Weite des Spielfeldes; immer wieder schweift die Aufmerksamkeit ab, gelenkt durch die Fülle der Eindrücke, die das Stadion bietet.

HEISENBERGS OFFSIDE unternimmt den Versuch, jene Gesamtheit des Fussballstadions, die sich dem Einzelbild entzieht, zu erfassen. Spinatsch installierte unter dem Dach des Berner Stade de Suisse, auf der Höhe der Mittelfeldlinie, eine programmierbare Netzwerkkamera. Während des WM-Vorentschei-

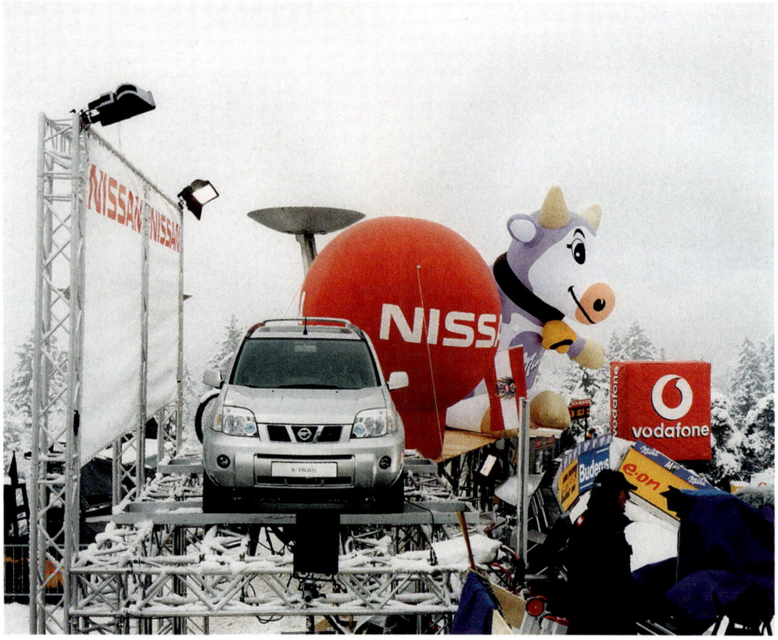

JULES SPINATSCH, SNOW MANAGEMENT, UNIT MNBEVO,
Innsbruck, 2005, C-print,
10 1/4 x 13 3/8" / 26 x 34 cm.

dungsspiels Schweiz–Frankreich am 8. Oktober 2005 nahm die Kamera dreitausend Einzelbilder auf, schwenkte dabei während der Dauer des Spiels (zusätzlich einer halben Stunde vor und nach dem Spiel, während insgesamt 185 Minuten) von links nach rechts über das Spielfeld und tastete es von oben nach unten ab. Die entstandenen Bilder montierte Spinatsch zu einem 4 x 9 Meter langen Panorama des Spielfeldes, das von links nach rechts betrachtet zugleich die Dauer des Spiels in Einzelmomente zerlegt – die Zeit wird hier zum Raum. Der Ball ist nie zu sehen, die Position der Spieler im Gesamtbild entspricht keinem Moment des Spiels. Wir sehen stattdessen das prismatisch in Tausende von Einzelmomente aufgelöste Stadion. Aus der Distanz betrachtet, fügen sich die Bilder zu einer Panoramasicht, die sich bei näherem Betrachten in Wirklichkeitsfragmente auflöst: ein Gewirr von Zuschauern, Ordnungshütern, Medienschaffenden, Sanitätern, Fussballspielern, Balljungen und Schiedsrichtern, Scheinwerfern, Kameras, Laptops, Mikrophonen, Fahnen, Transparenten und unzähligen Werbebannern. Während auf den Bildern in der linken Ecke, aufgenommen eine halbe Stunde vor Spielbeginn, die Zuschauer beim Warten zu beobachten sind, sieht man sie in der Bildmitte jubeln, und am rechten Rand verlassen sie das Stadion. Die aus der Distanz wahrgenommene Einheit des Panoramabilds entpuppt sich als Fiktion.

In ihrer Unüberschaubarkeit lässt die Arbeit viele Leseweisen zu. Der Betrachter kann das Fussballstadion als Zeichenwald studieren, als Geflecht kultureller Codes – eine für das beginnende 21. Jahrhundert emblematische Verschmelzung von Kultur und Kommerz. Er kann sich aber auch in den überaus detaillierten Einzelbildern verlieren, von denen jedes eine eigene Geschichte erzählt: Ist der glatzköpfige Mann im schwarzen Anzug, der aufmerksam die Menge beobachtet, ein Sicherheitsangestellter? Was mag sich wohl der verloren in einen Laptop starrende Journalist denken? Welchem Spieler gehören die Beine, die nur knapp angeschnitten zu sehen sind? Kurz blitzen einzelne Menschen auf, deren Wege sich während des Spiels gekreuzt haben, in deren Erinnerung wird sich ein ganz eigenes (Gesamt)Bild des Ereignisses zusammensetzen. «Das grosse Ganze», insistiert Spinatschs Arbeit, ist immer Resultat einer Komplexitätsreduktion, «Wahrheit» eine Frage von Auswahl und Perspektive.

Das Panorama entzieht sich in seiner Unüberschaubarkeit dem Betrachter, ebenso wie beim Besuch eines Fussballspiels muss er aus Teilaspekten die Fiktion eines Ganzen konstruieren. HEISENBERGS OFFSIDE gerät so zu einer Versuchsanordnung über die Arbeit von Wahrnehmung und Erinnerung, die in ihrem Beharren auf der Unfassbarkeit des Wirklichen zugleich Kritik an den Massenmedien ist. Während der professionelle Sportphotograph behauptet, die Wirklichkeit zum entscheidenden Augenblick verdichtet einzufangen, verdeutlicht Spinatsch, dass auch dreitausend Bilder die Wirklichkeit nur unzureichend wiedergeben können. Die Anspielung des Titels auf Heisenbergs Unschärferelation, die besagt, dass sich entweder der Ort oder der Impuls eines Teilchens berechnen lässt, nie jedoch beide zugleich, ist eine weitere Einladung, die Arbeit spekulativ erkenntniskritisch weiterzudenken.

Doch die computergesteuerte Kamera lässt sich nicht nur als Metapher für Wahrnehmung und Erinnerung lesen, sie lädt zu weit unheimlicheren Deutungen ein. Ihre panoptische Perspektive auf das Geschehen verweist auf die Schreckensvision totaler Überwachung, eines unmenschlichen allerfassenden künstlichen Auges: der Wunschtraum der Sicherheitstechnologen im Zeitalter des Terrors. Spinatsch setzte Netzwerkkameras bereits in einer früheren Arbeit, TEMPORARY DISCOMFORT IV / PULVER GUT, ein, um einen dystopischen Überwachungsalbtraum zu simulieren. Während des World Economic Forums 2003 in Davos, als Globalisierungsgegner das Treffen von Spitzenkräften aus Politik und Wirtschaft mit einer Demonstration stören wollten, zeichnete Spinatsch mit drei Netzwerkkameras ein Raum-Zeit-Panorama des Kurorts Davos auf, der für die Dauer des WEF zu einer Hochsicherheitszone wurde. Das Katz-und-Maus-Spiel von Polizei und Demonstranten lässt sich auf dem Panorama in seiner zeitli-

JULES SPINATSCH, SNOW MANAGEMENT, SCENE KMP, Kitzbühel, 2005, C-print, 28 3/8 x 49 1/2" / 72 x 126 cm.

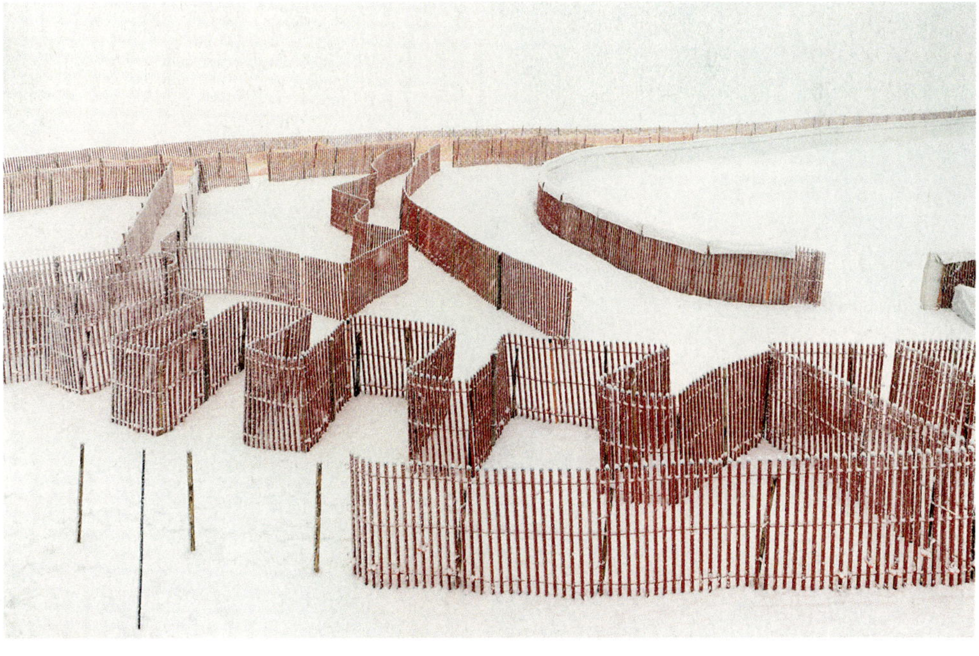

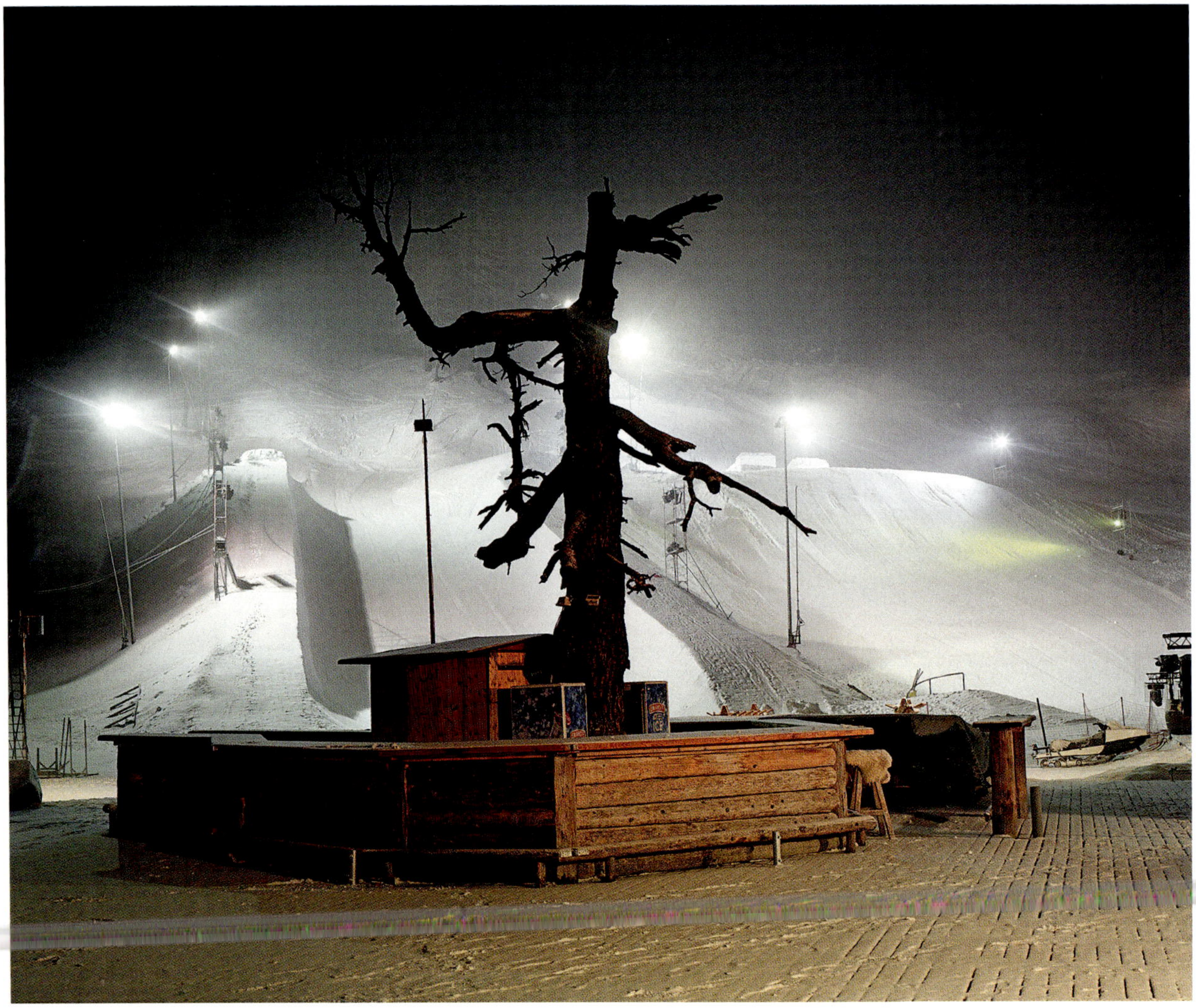

JULES SPINATSCH, SNOW MANAGEMENT, UNIT BT/SCENE B3, Davos, 2004, C-print, 31 1/2 x 39 1/2" / 80 x 100 cm.

chen Entfaltung beobachten, gleichzeitig wird ein Überblick über die gewaltige Sicherheitsarchitektur geboten, während sich von links nach rechts der Wechsel von Nacht zu Tag verfolgen lässt.

Die Arbeit ist Teil einer fünfteiligen Reihe, «Temporary Discomfort, Chapters I–V», entstanden zwischen 2001 und 2003. Jeder Teil widmet sich einem Treffen des WEF oder der G8, jenen Zusammenkünften, die seit Ende der 90er-Jahre einer bunt zusammengewürfelten Allianz von Globalisierungsgegnern als sinnbildlicher Inbegriff des von Politik und Wirtschaft vorangetriebenen Globalisierungsprozesses galten und zum Anlass für grosse, zuweilen gewalttätige Gegendemonstrationen wurden. Bei jedem Treffen entstand eine Photoserie, die sich dem Ereignis unter einem strategisch ausgewählten Gesichtspunkt nähert. Spinatsch richtet sein Augenmerk nicht auf die eigentlichen Zusammenkünfte und Demonstrationen, deren letztlich austauschbare Bildhülsen uns aus den Medien hinlänglich vertraut sind. Vielmehr untersucht Spinatsch die gigantischen Sicherheitsdispositive und -architekturen dieser Anlässe. Was die Medien an diesen Anlässen zeigen, wird streng kontrolliert – abgesehen vom staatsmännischen Händeschütteln im Blitzlichtgewitter werden die Politiker und Wirtschaftsleute abgeschirmt, Demonstrationen tunlichst verhindert, damit ihre Bilder nicht um die Welt flimmern, denn Politik bedeutet heute immer auch möglichst umfassendes Bildermanagement.

Spinatsch untersucht Orte im Ausnahmezustand, stillgelegt und militärisch befestigt. Er zeigt das hochsommerliche Genua, brütend menschenleer wie ein Gemälde von De Chirico. Oder die Innenstadt von Genf während des G8-Gipfels in Evian, die Schaufenster und Geschäftsschilder mit gelben Brettern abgedeckt aus Angst vor dem Zorn der Demonstranten, sodass kein Firmenzeichen mehr auszumachen war. Die allgegenwärtigen gelben Flächen verleihen dabei der Stadt ironischerweise den Anschein einer übergrossen minimalistischen Skulptur. Eine andere Serie zeigte das nächtliche kunstlichtüberflutete Davos, durchzogen von Stacheldrahtzäunen, bewacht von Militär und Sicherheitsdiensten. Den Gegensatz dazu bilden Bilder vom WEF in New York, wo Spinatsch das schläfrige Wachen und Warten der Sicherheitsleute zwischen Strassensperren und Übertragungswagen beobachtet, das durch die Kulisse der nächtlichen Grossstadt eine fast schon filmische Anmutung erhält und an Thriller oder *film noir* denken lässt. In jedem Teil der Arbeit verbindet Spinatsch nüchterne Beobachtung, geschult am Denken der Sicherheitsstrategen, mit Bildwitz und Lust an der Künstlichkeit dieser Ereignisse. In dieser Schwebe machen sie die Grundstruktur solcher Gipfeltreffen deutlich, die Vorbedingungen zeitgenössischer Politik, und stellen sie bloss als aufwändige Grossinszenierungen dar, deren Logik des Spektakels weder die Teilnehmer noch die Demonstranten entkommen.

Spinatschs unbestechlicher Blick für Künstlichkeit und Inszenierung tritt am schärfsten in seiner Arbeit SNOW MANAGEMENT hervor. Seit dem 18. Jahrhundert gelten die Schweizer Alpen als Inbegriff erhabener Natur, und die Bergbewohner versäumten nicht, aus diesem Mythos Profit zu schlagen. Im Laufe der letzten zwei Jahrhunderte verwandelten sie die unberührte Bergwelt in eine High-Tech-Eventlandschaft, die den höchstmöglichen Gewinn erbringen soll. In SNOW MANAGEMENT zeigt Spinatsch, wie nachts in den Bergen die Skipisten präpariert werden. Im kalten Flutlicht sprühen die Schneekanonen, Pistenfahrzeuge planieren die Abhänge, touristisches Naturerlebnis wird hergestellt. In seinen Nachtlandschaften sind keine Berge zu entdecken, vielmehr erinnert ihre kalte Leere an Standbilder aus einem Science-Fiction-Film, die zeigen, wie die Oberfläche eines unwirtlichen Planeten bewohnbar gemacht wird. Auch das Naturspektakel der Schweizer Alpen entpuppt sich als Inszenierung, ebenso wie Fussballspiel und Gipfeltreffen. Spinatsch zeigt in seinen Arbeiten Technik, Inszenierung und Mediatisierung als Grundbedingungen der Gegenwart auf und erlaubt dem Betrachter einen Blick hinter die Kulissen dessen zu werfen, was ihm als «Wirklichkeit» verkauft wird. Spinatsch bleibt dabei immer nüchtern und unsentimental, unbeleckt von Nostalgie und Kulturpessimismus. Gerade diese Trockenheit verleiht seinen Arbeiten eine Weit- und Klarsicht, die beklemmender als manche im Detail ausgemalte Endzeitvision wirkt.

JULES SPINATSCH, SNOW MANAGEMENT, OLYMP, SCENE S2, Serfaus, 2006, Inkjet-print on satin, 70 x 84" / 178 x 213 cm.

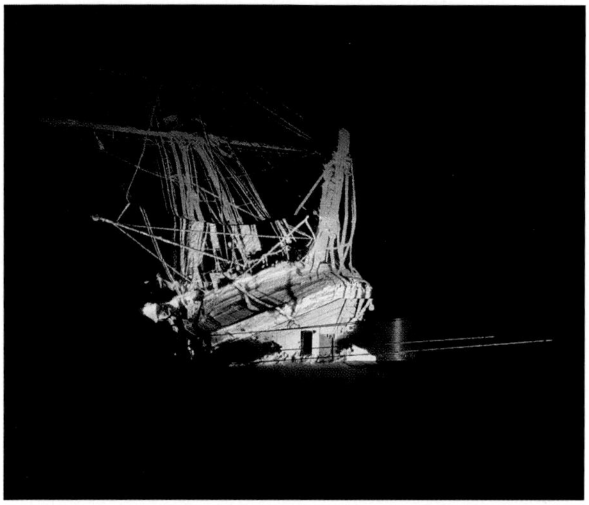

Backstage with "Reality"

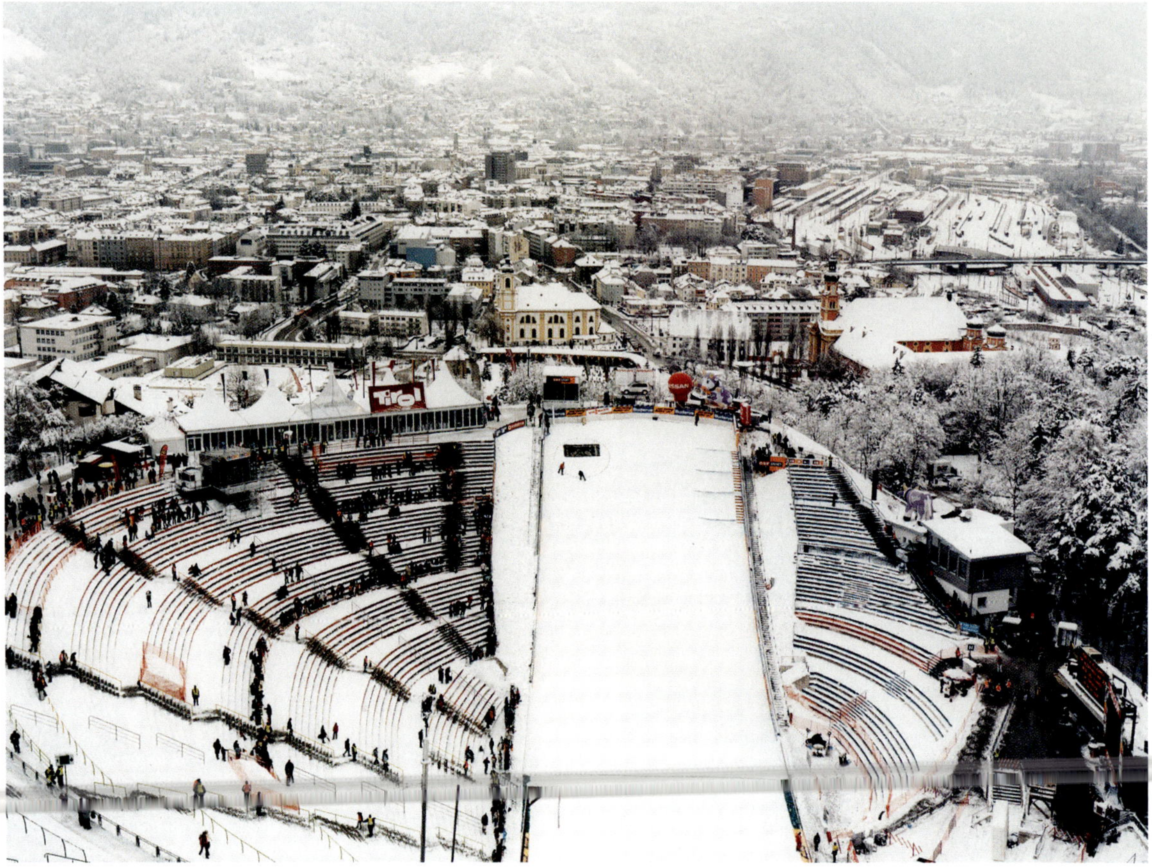

JULES SPINATSCH, SNOW MANAGEMENT, SCENE 12, Innsbruck, 2005, C-print, 31 1/2 x 39 1/2" / 80 x 100 cm.

MARTIN JAEGGI

A compact rendition of the essence of reality: this describes one of the great promises of photography and gives the merciless limitations of the medium—the linear treatment and fragmentation of reality—a fair chance. Should photography succeed in satisfying this claim, then one fleeting gaze, one single gesture would be understood to offer the key to an entire personality; neglected, supposedly secondary things would bear vital witness to an age; the tensions of an era would erupt in a single street scene. However, the success of this alchemist process is the exception. All too often, it is not poetic condensation but mere simplification that prevails. In the mass media, with its priorities of accessibility and

MARTIN JAEGGI is an author and teacher. He has published numerous texts on photography and contemporary visual culture. He lives in Zürich.

brevity, photographs are deployed to reduce news to stereotypical visual formulas based on instant recognition. Given its reputation for truthfulness and its dictate of slashing complexity, photography is an ideal instrument for manipulation. Jules Spinatsch has produced a body of work that challenges the exploitation of photography as the doyen of simplification and investigates the potential of its access to reality in a spirit of profound and radical critique.

In Spinatsch's HEISENBERGS OFFSIDE (2005–2007), a soccer game is used to demonstrate the limitations inherent in the media's use of photography. The unabashed artificiality of soccer photographs and television broadcasts creates a fiction that is focused on the ball, around which the bodies of the players are choreographically arrayed by the camera and its close-up views, ordinarily inaccessible to the public eye. Spectators at a soccer game see something entirely different: the ball is a tiny dot on a large playing field and attention drifts, distracted by all the sights and sounds of a large stadium.

HEISENBERGS OFFSIDE attempts to capture the totality of a soccer stadium, which eludes the single photograph. Under the roof of the Stade de Suisse in Bern, Spinatsch set up and programmed a network camera at the center line. On October 8, 2005, during the playoffs for the world championship, the camera took 3000 pictures of the game between Switzerland and France, constantly panning back and forth and up and down for the duration of the game as well as half an hour before and after, for one hundred and eighty-five minutes in all. Spinatsch mounted the resulting pictures on a panorama of the playing field, measuring four meters by nine meters, which, when viewed from left to right, dissects the length of the game into single moments; he has translated time into space. We do not see the ball or the positions of the players as they really appeared moment by moment in the game. Instead, we face a stadium dramatically deconstructed into thousands of single moments that, seen from a distance, meld into a panoramic view. Close-up, they break down into fragments of reality: a tangle of spectators, security officers, soccer players, ball boys, referees, spotlights, cameras, laptops, microphones, flags, banners, and countless advertisements. While the pictures in the left-hand corner, taken half an hour before kickoff, show spectators waiting, the center of the picture shows cheering crowds, and to the right they are seen leaving the stadium. The unity of the panoramic image as perceived from a distance proves to be a fiction.

Though we are unable to take the entire picture in at once, we can read its parts in a number of ways. We can study it as a mass of signs, a fabric of cultural codes, and a blend of culture and commerce that is emblematic of the early twenty-first century. But we can also devote ourselves to the details of individual

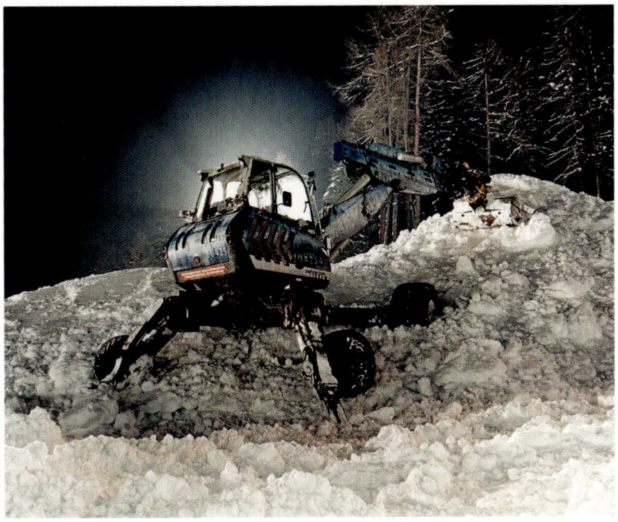

JULES SPINATSCH, SNOW MANAGEMENT, UNIT PAMM, Davos, 2005, C-print, 31 1/2 x 39 1/2" / 80 x 100 cm.

pictures, each of which tells a story of its own. Is the bald gentleman wearing a black suit and attentively watching the crowd a security agent? What's going on in the mind of the journalist, engrossed in his laptop? Which player do those cropped legs belong to? Individuals flash by, whose paths happen to cross for the length of the game; they, too, will collect their fragmented impressions and turn them into their own distinctive overall image of the remembered event. Spinatsch's work asserts that "the great whole" can only be achieved by reducing complexity; "truth" is a matter of choice and perspective.

Spinatsch's panorama escapes the viewer as a whole and needs to be reconstructed, just as spectators of a soccer game have to construct the fiction of a whole out of its many parts. In this way, HEISENBERGS OFFSIDE becomes an experiment on the function of perception and memory and, by insisting on the impossibility of grasping the real, it also represents a critique of the mass media. While the professional sports photographer claims to capture condensed, decisive moments of reality, Spinatsch demonstrates that not even three thousand pictures can provide an adequate rendition of that reality. The allusion in the title to Heisenberg's uncertainty principle, according to which the exact position or the exact momentum of a particle can be known, but never both at once, invites viewers to continue pursuing their speculative and cognitive reflections.

Yet, the computer-controlled camera not only reads as a metaphor for perception and memory; it also tempts us to explore much more uncanny interpretations. Its panoptical apprehension of the event evokes the horror of total surveillance. It is an inhuman, all-encompassing artificial eye, a dream come true for security technologists in the age of terror. This is not the first time that Spinatsch has used a network camera; one is also featured in an earlier work, TEMPORARY DISCOMFORT IV / PULVER GUT (2003), where the artist simulated a dystopic surveillance nightmare. During the World Economic Forum of 2003 in Davos, where opponents of globalization tried to disrupt the meeting of the world's top figures in politics and economics, Spinatsch installed three network cameras to record and produce a time-space panorama of the spa, which had been turned into a top-security zone for the duration of the forum. The cat and mouse game between the police and the demonstrators can, as a result, be seen unfolding in time across the surface of the work. At the same time, the work provides an overview of the colossal system of security structures, while revealing, from left to right, the night gradually turning into day.

The work belongs to a five-part series, *Temporary Discomfort, Chapters I–V* (2001–2003), each part devoted to a meeting of the WEF or the G8 summit, events often disrupted by a motley alliance of demonstrators, opposed to what they considered quintessential symbols of globalization. A series of photographs for each of these meetings is a study of the event in terms of a strategically selected standpoint. Spinatsch did not concentrate on the actual meetings and demonstrations—the media has fed us more than enough of these essentially interchangeable images—but rather on the gigantic security arrangements and structures that are spawned by such events. There is strict control over what the media is permitted to show. Apart from the diplomatic shaking of hands in a barrage of flashing cameras, the politicians and businessmen are shielded from the public, and demonstrations are diligently kept in check to prevent pictures of them from spreading around the world: politics today also means all-encompassing visual management.

Spinatsch investigates places under exceptional conditions, shut down and under military control. He shows Genoa at the height of summer, in searing heat and deserted, like a painting by De Chirico. Or downtown Geneva during the G8 summit in nearby Evian, where shop windows and signage were secured behind yellow boards to protect them from the rage of demonstrators, effectively concealing all company logos. The omnipresent yellow surfaces ironically make the city seem like an oversized minimalist sculpture. Another series shows Davos at night flooded by artificial light, crisscrossed with barbed wire fences, under the surveillance of the army and security agents. The mood is quite the opposite in the artist's pictures of the WEF in New York, where he observes security agents watching and waiting half asleep between roadblocks and broadcasting vans.

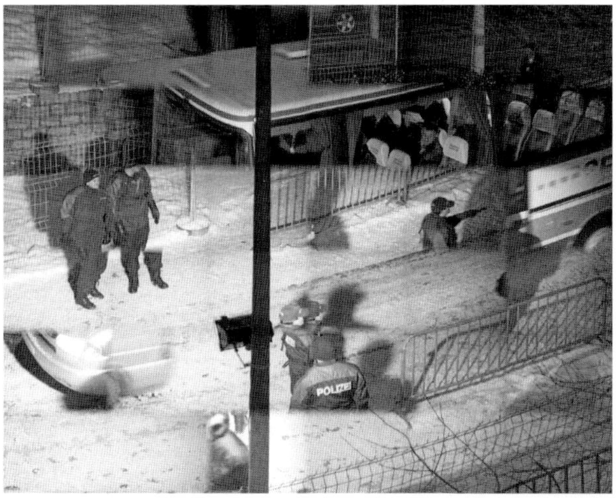

JULES SPINATSCH, TEMPORARY DISCOMFORT, 2003, Chapter IV, WEF, Davos, 2003, C-prints, 17 x 22" each / je 43 x 56 cm.

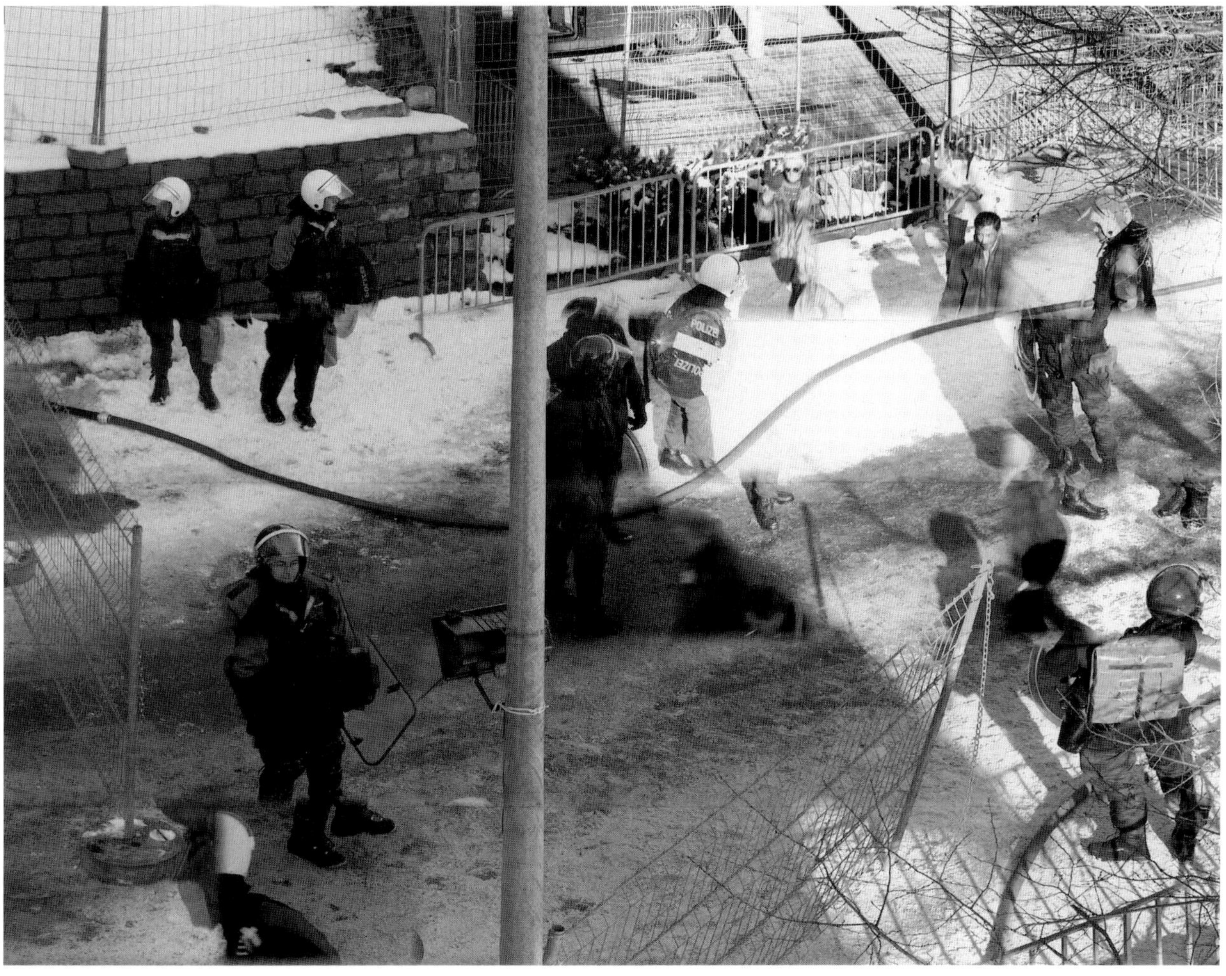

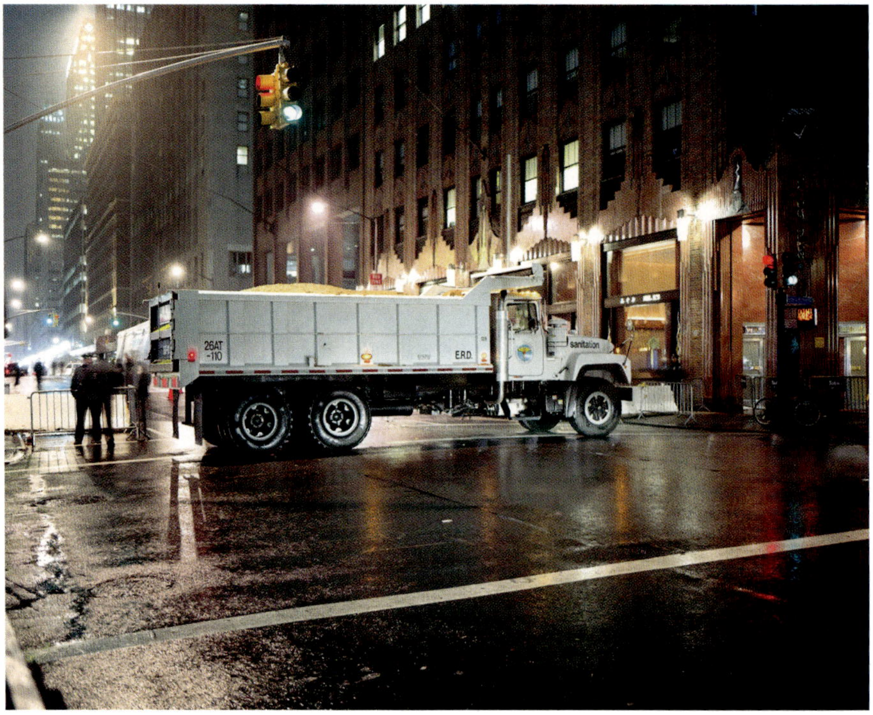

JULES SPINATSCH, TEMPORARY DISCOMFORT, Chapter III, WEF, New York, 2002, C-print, 31 1/2 x 32 1/2" / 80 x 100 cm.

The backdrop of the Big Apple at night makes the scene look like something out of a movie, a thriller or even film noir. In each chapter, Spinatsch combines straightforward observation, as in the domain of security management, with humor and a delight in the artificiality of these events. His studies expose the structure that underlies such summit meetings as prerequisite to contemporary politics, representing them as elaborately staged productions, in which neither participants nor demonstrators can escape the logic of the spectacle.

Spinatsch's unerring eye for artificiality and staging is at its most striking in SNOW MANAGEMENT (2003–2007). Since the eighteenth century, the Swiss Alps have been considered the epitome of sublime nature, and natives of the Alps have missed no opportunity to capitalize on that myth. Over the past two centuries, the relatively untouched mountains have been transformed into a high-tech event landscape geared towards maximum profit. In SNOW MANAGEMENT, Spinatsch has taken pictures of ski slopes being prepared at night. Under the glare of cold floodlights, machines noisily turn nature into a tourist experience with snow cannons at full blast and bulldozers flattening the slopes. There are no mountains to be discovered in these nightscapes. Instead the pictures evoke the cold emptiness of stills from a science fiction film about a barren planet being made habitable. The spectacle of nature in the Alps is no different from soccer games and summit meetings; it, too, is a staged production. This oeuvre makes manifest that technology, staging, and mediatization have become the basics of contemporary life and it gives us the opportunity to take a look backstage at the makings of "reality." Jules Spinatsch always remains matter-of-fact and unsentimental, prompted neither by nostalgia nor cultural pessimism. His dry understatement lends the work a clarity and farsightedness that is far more oppressive than many detailed apocalyptic visions.

(Translation: Catherine Schelbert)

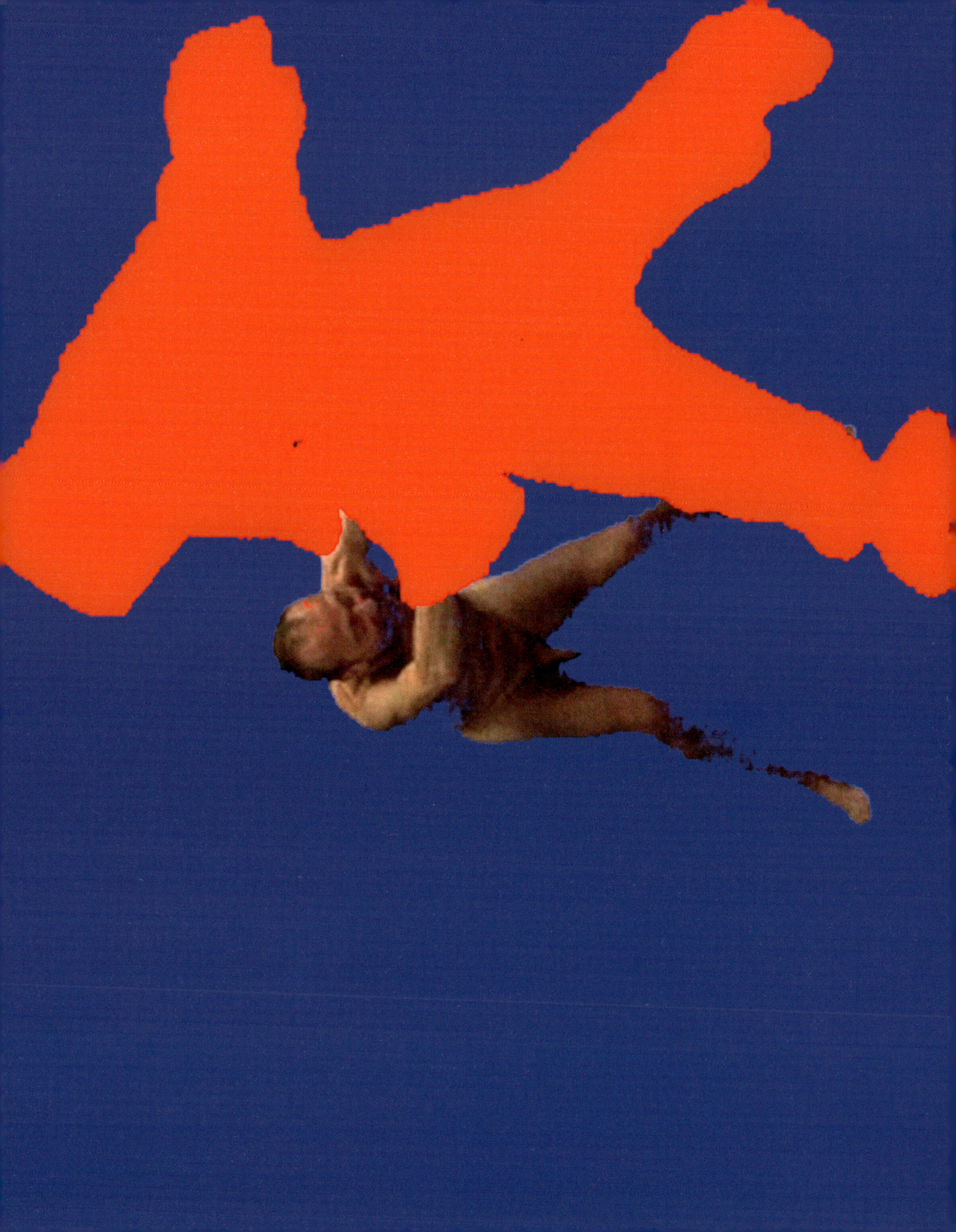

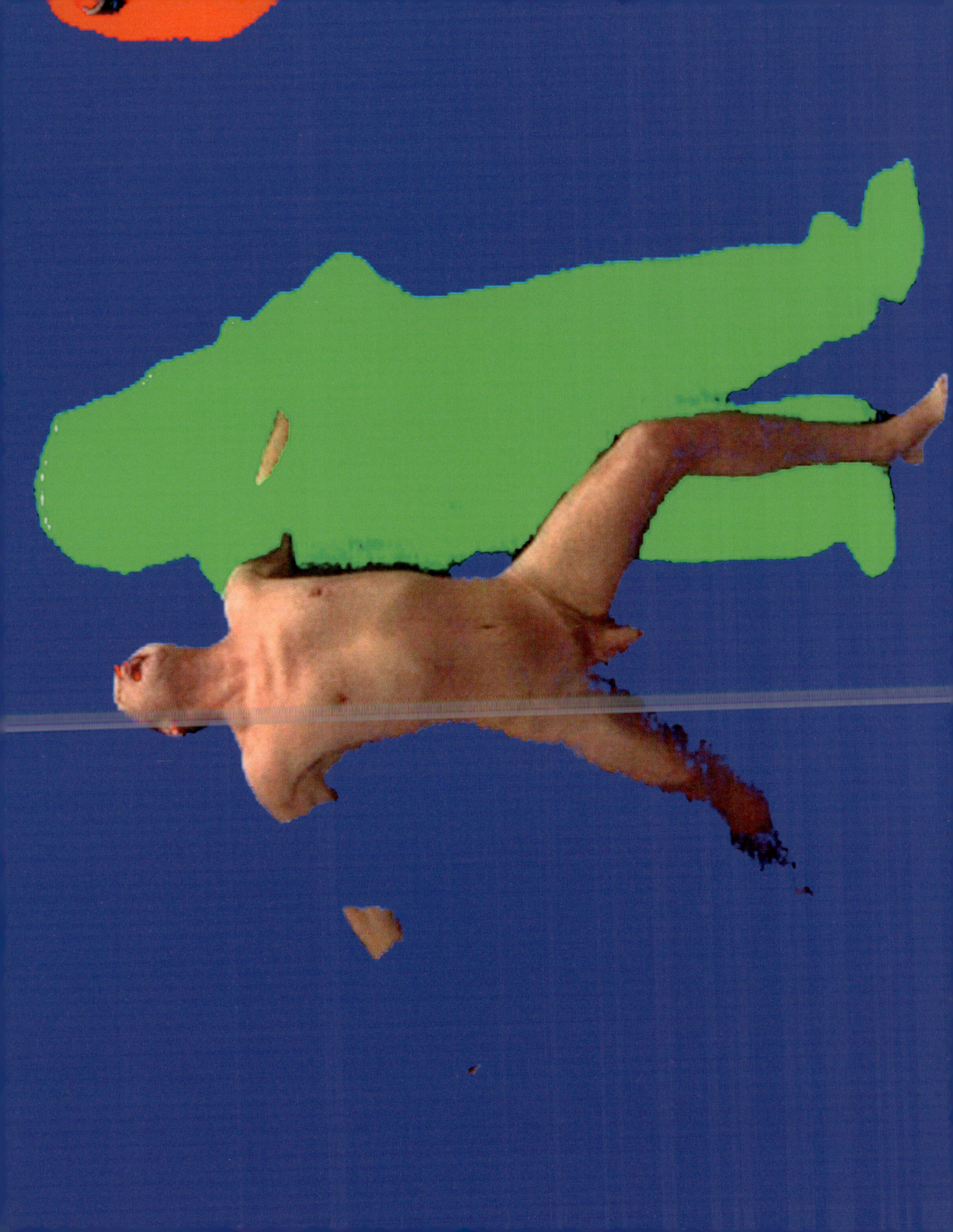

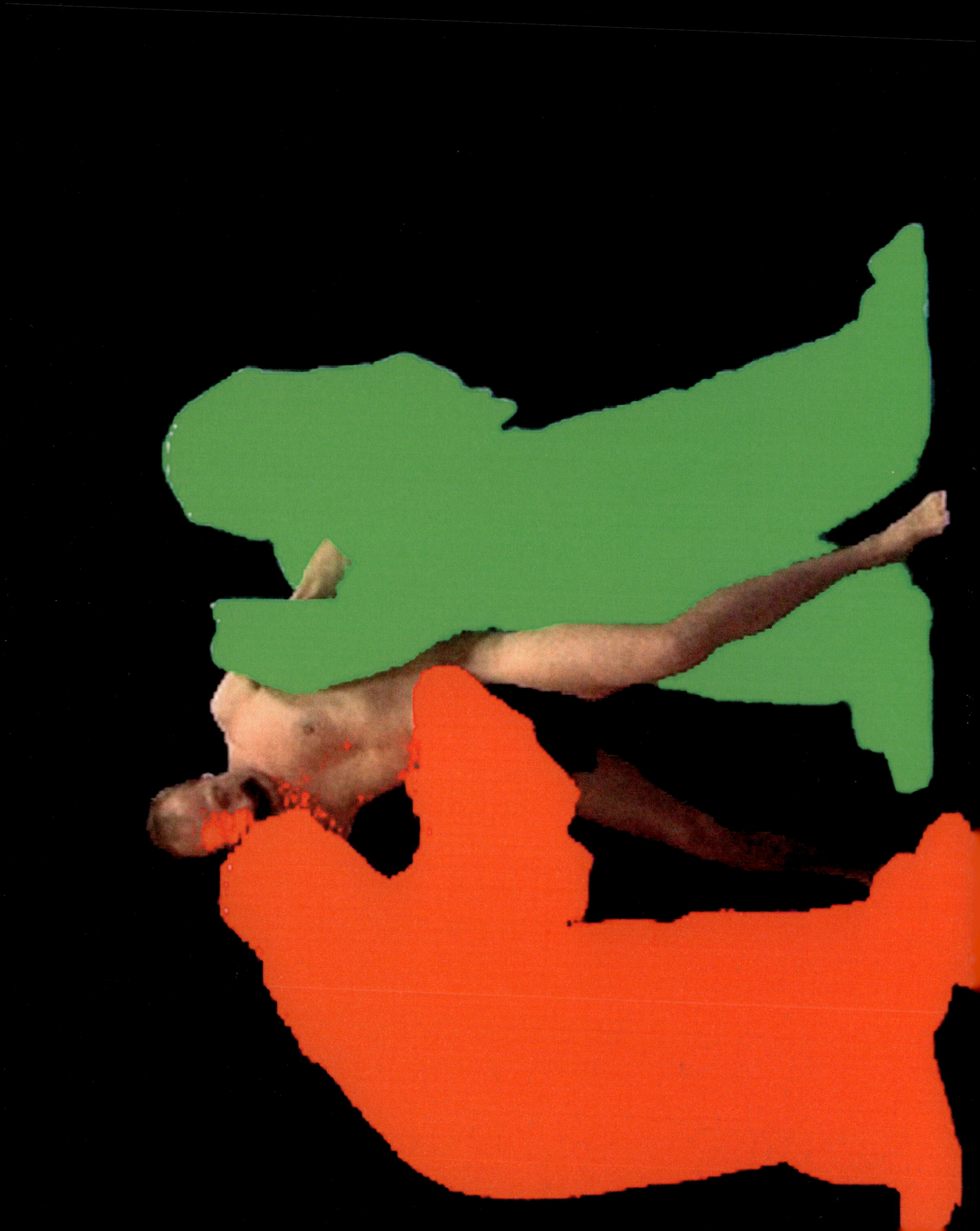

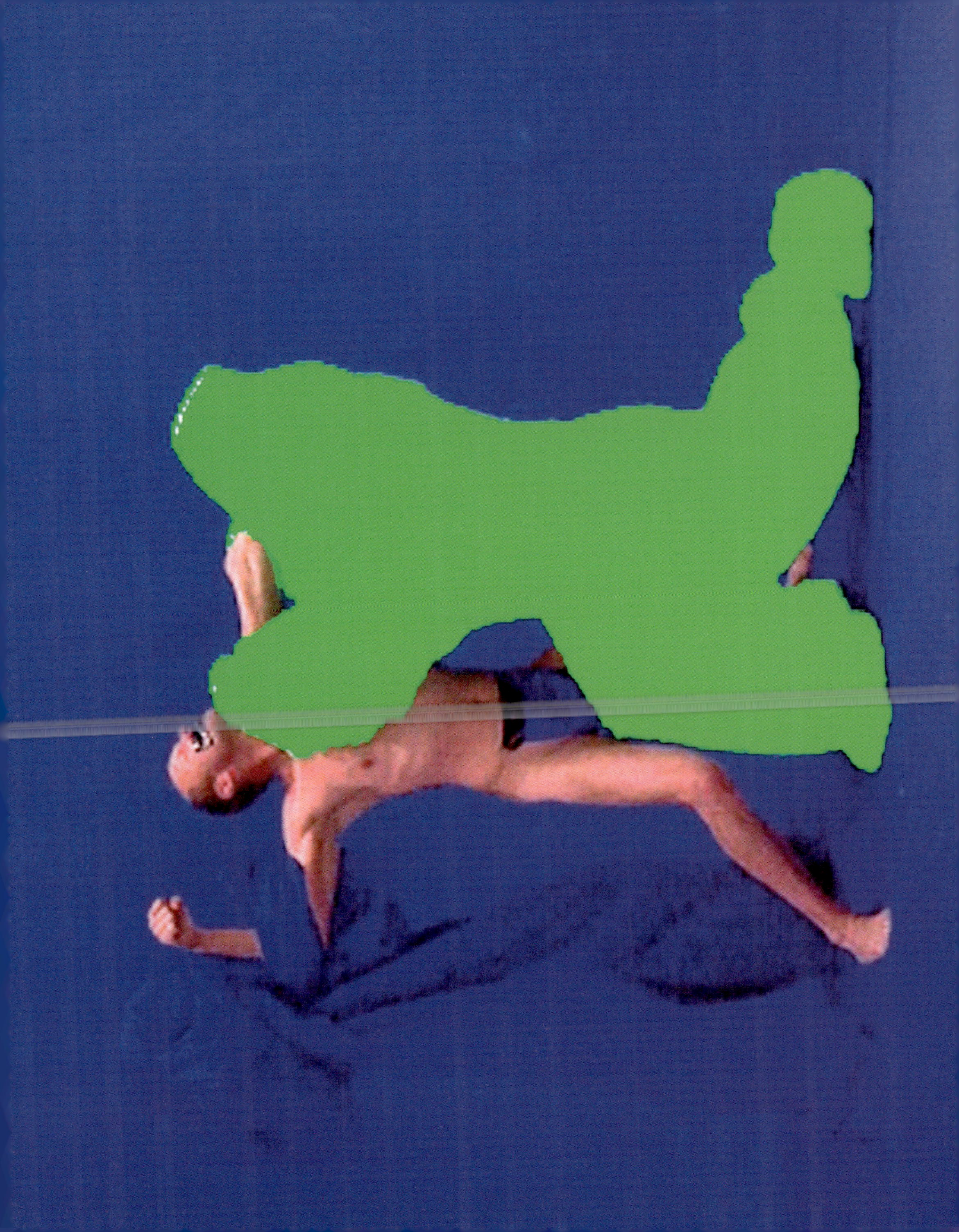

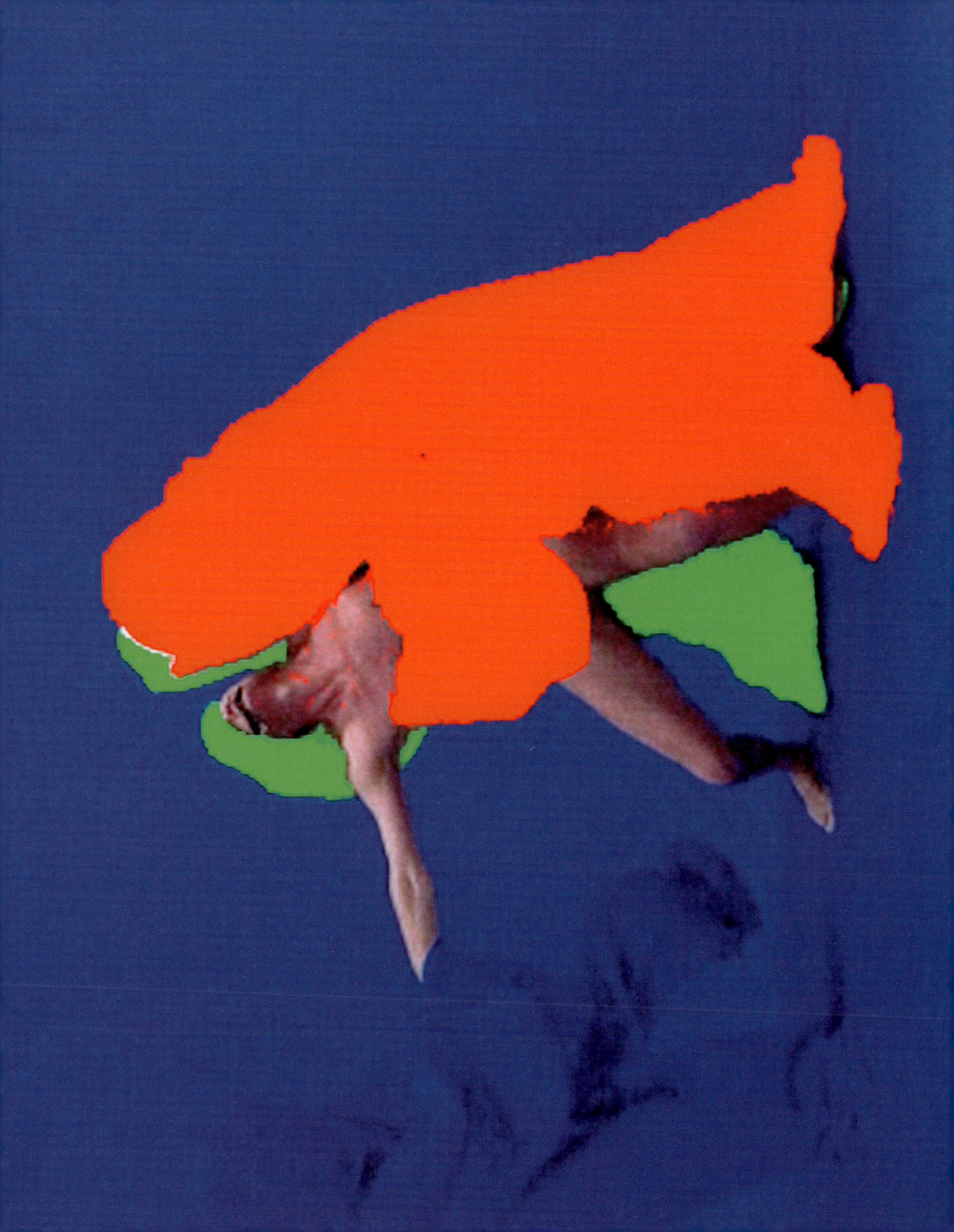

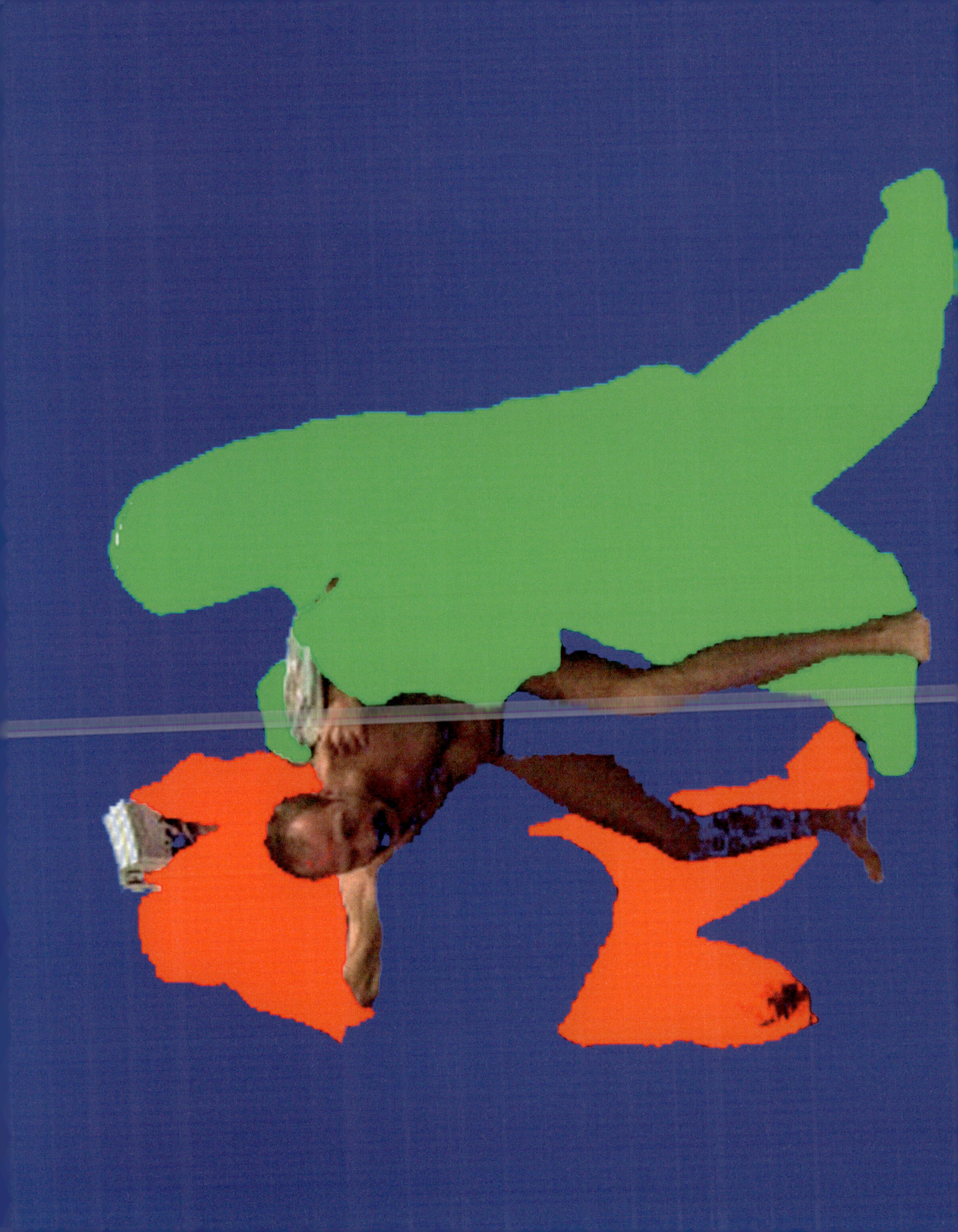

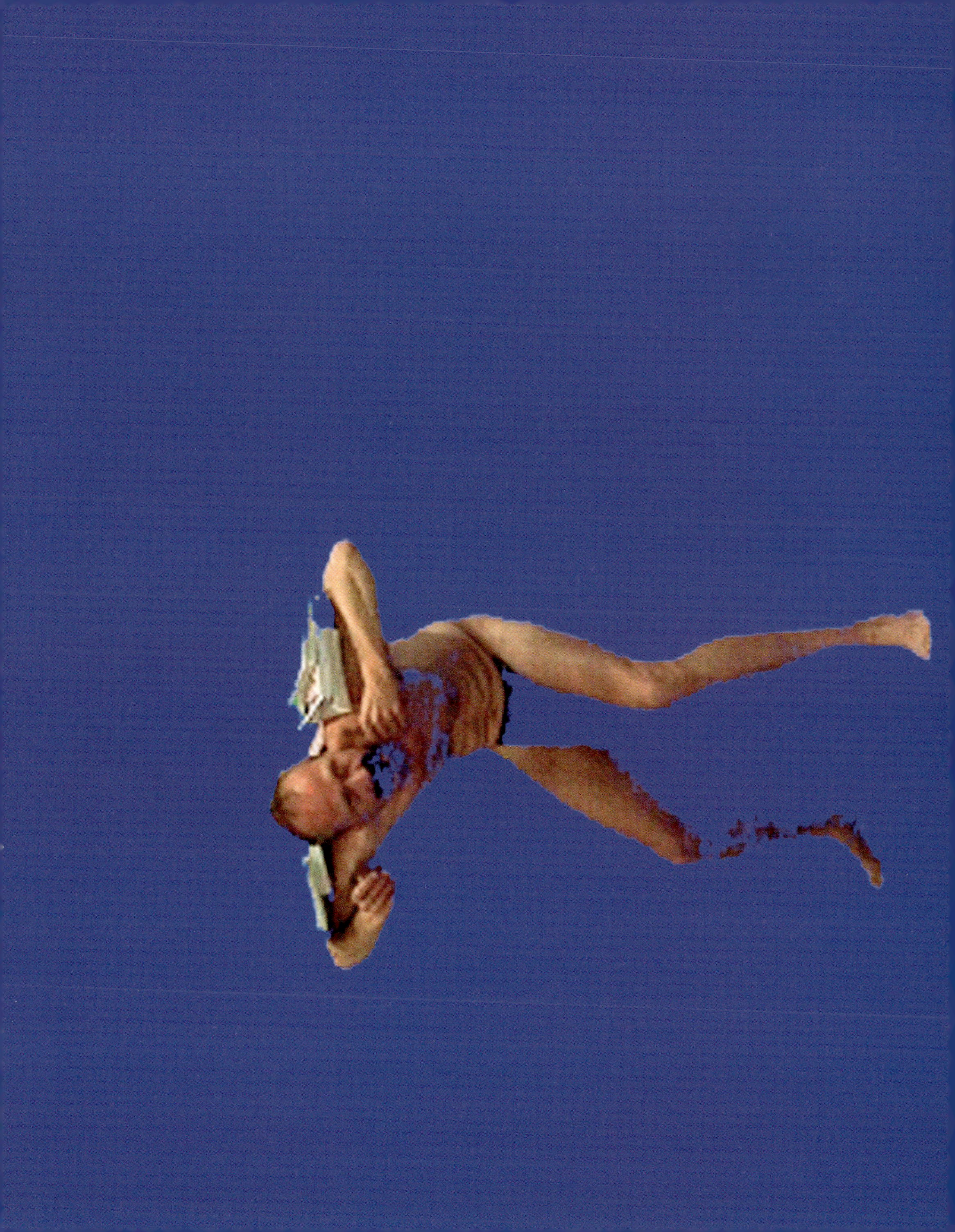

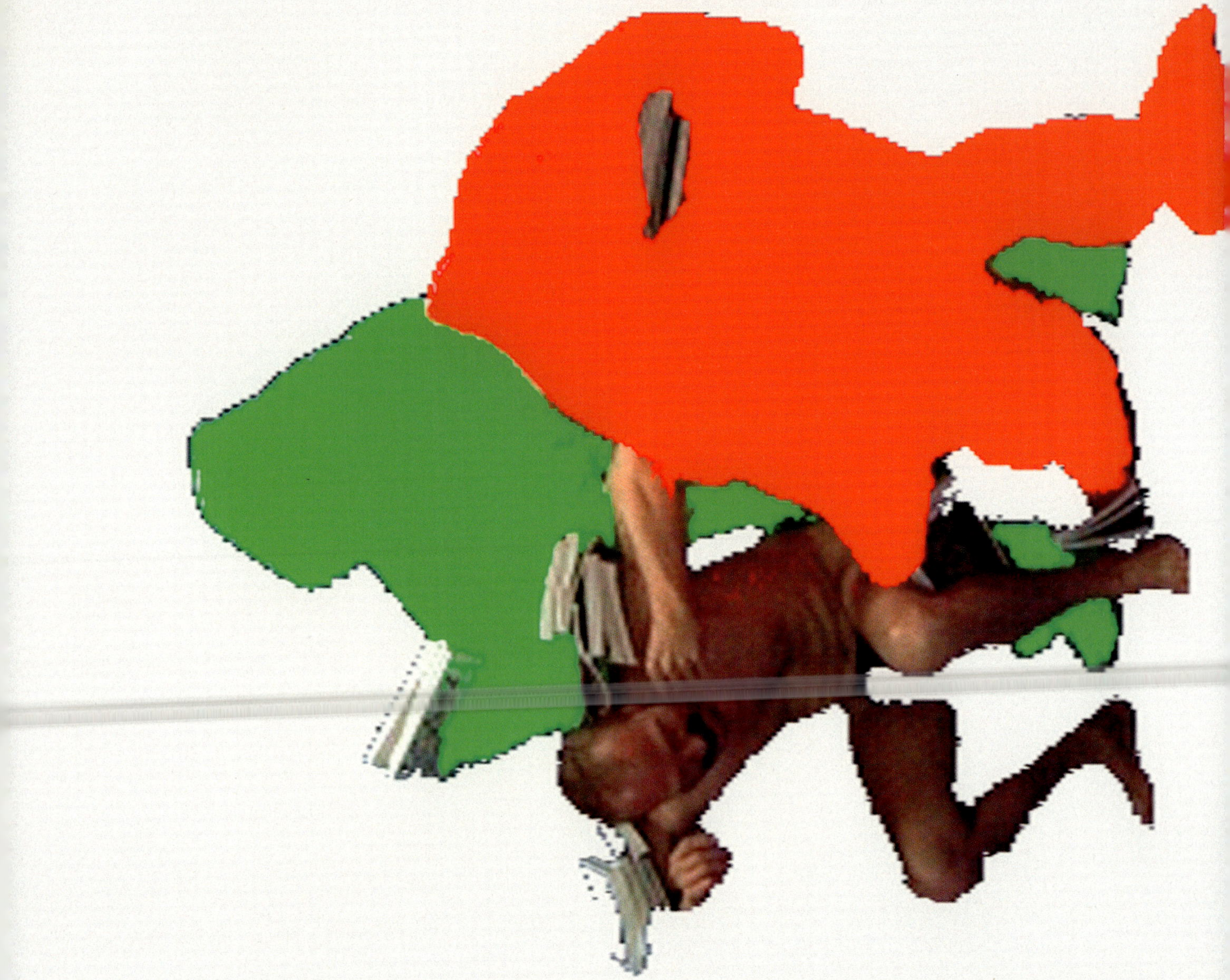

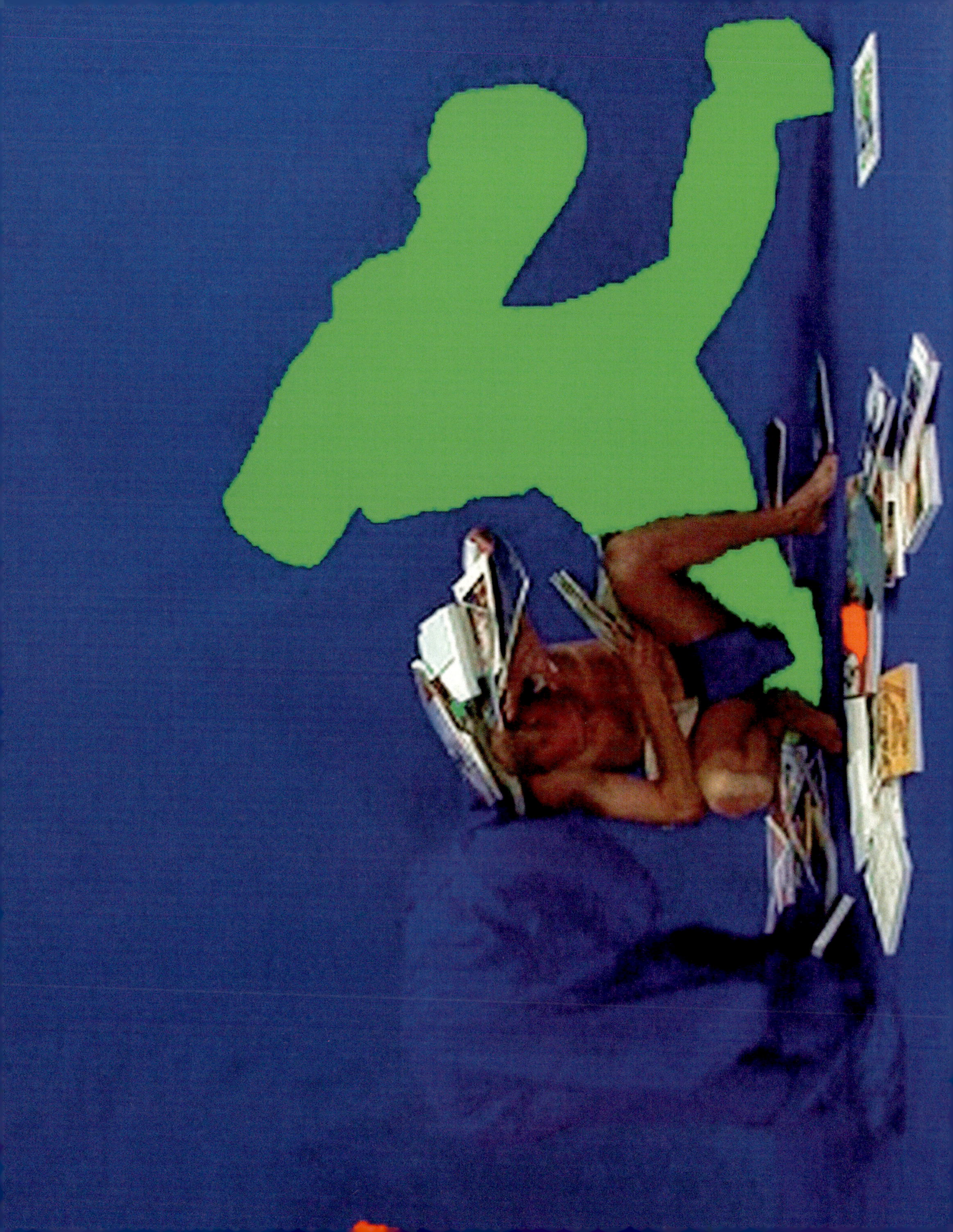

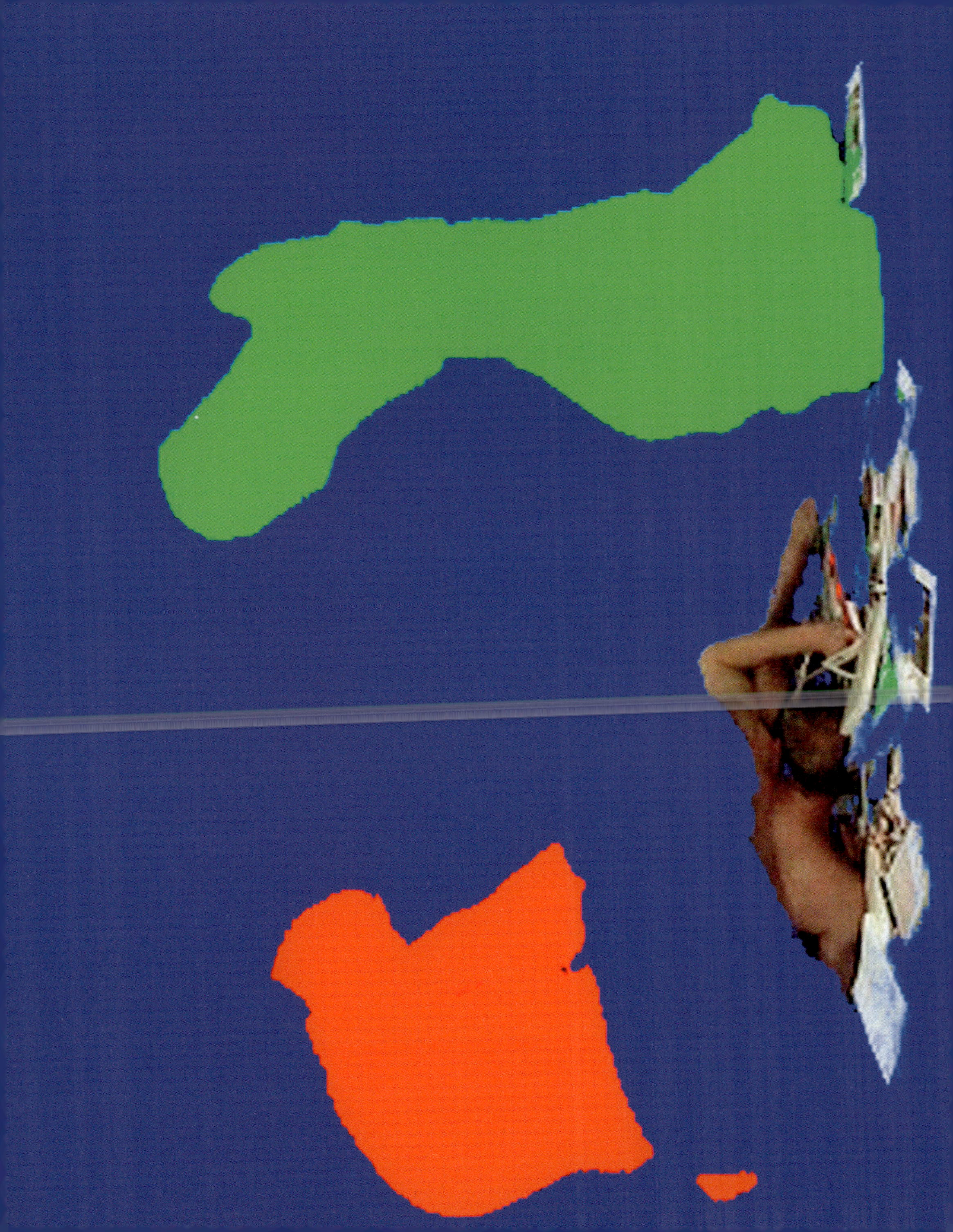

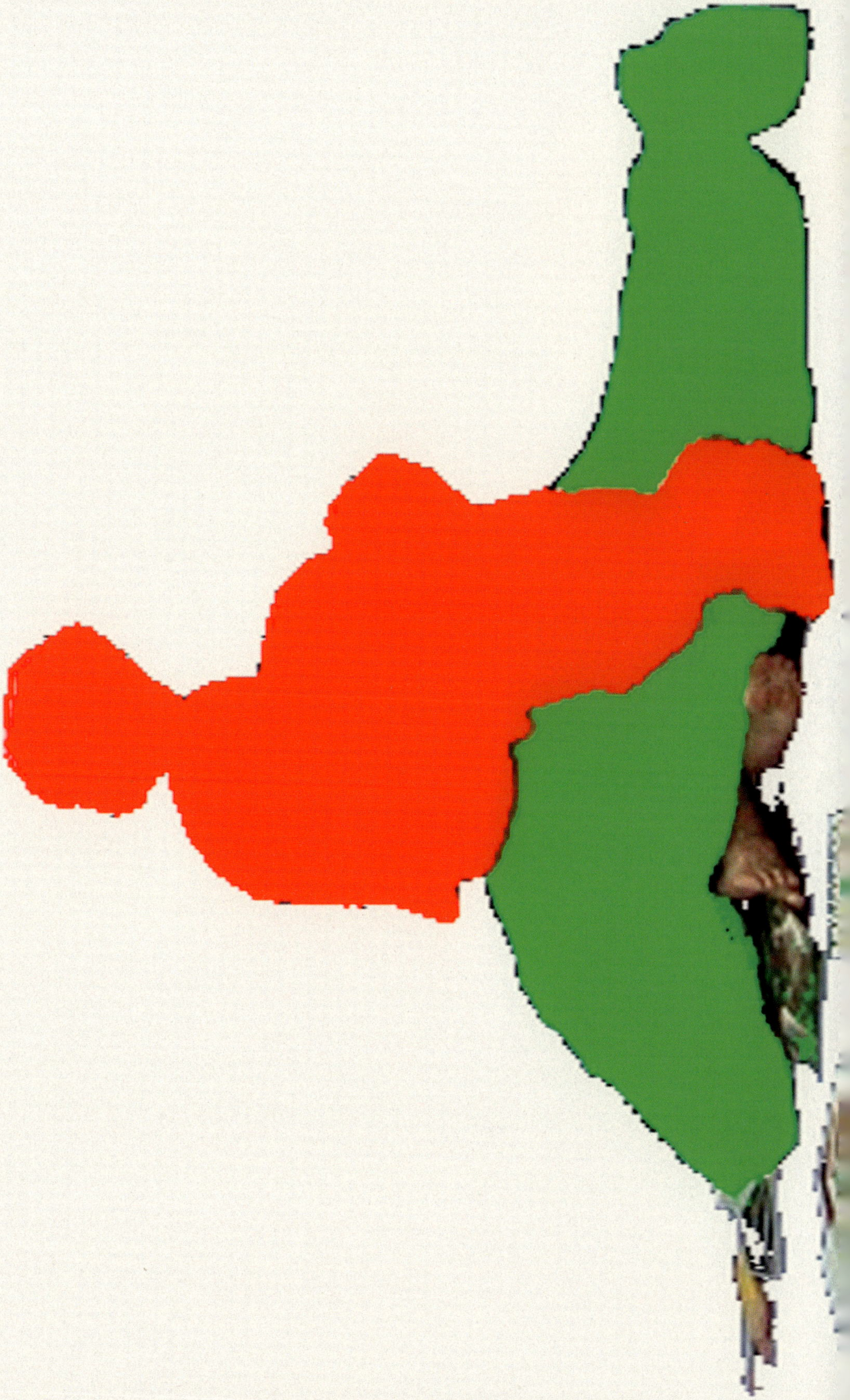

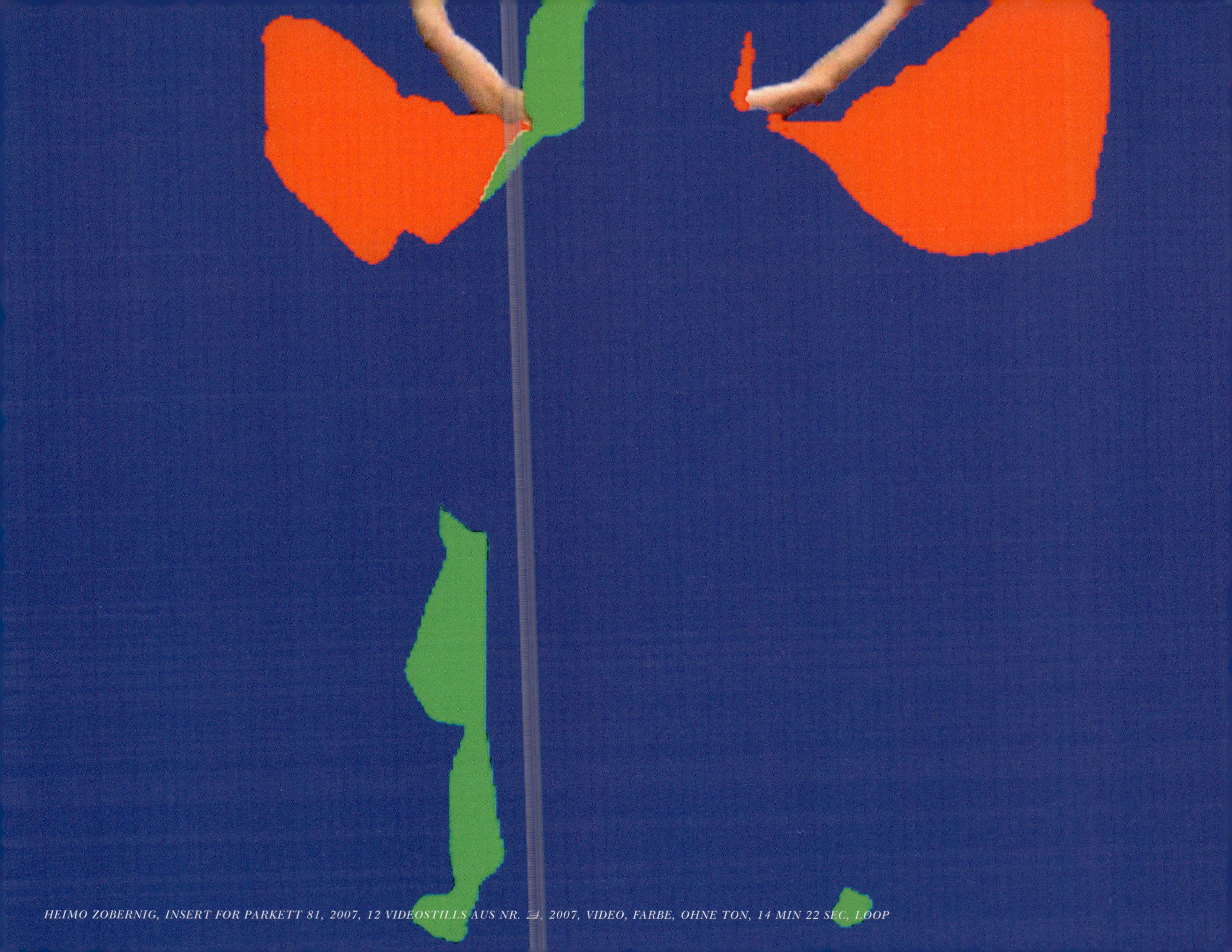

HEIMO ZOBERNIG, INSERT FOR PARKETT 81, 2007, 12 VIDEOSTILLS AUS NR. 24, 2007, VIDEO, FARBE, OHNE TON, 14 MIN 22 SEC, LOOP

CUMULUS

From America

IN EVERY EDITION OF PARKETT, TWO CUMULUS CLOUDS, ONE FROM AMERICA, THE OTHER FROM EUROPE, FLOAT OUT TO AN INTERESTED PUBLIC. THEY CONVEY INDIVIDUAL OPINIONS, ASSESSMENTS, AND MEMORABLE ENCOUNTERS—AS ENTIRELY PERSONAL PRESENTATIONS OF PROFESSIONAL ISSUES.

DOCUMENTARY OPERATIONS

NICO BAUMBACH

I.

In a 2006 interview for Dutch television, David Lynch showed a clip from *Loose Change* (2005–6), the widely disseminated 9/11 conspiracy film. While the towers are shown collapsing in slow-motion, a voiceover points out a succession of barely visible explosions on various floors of the buildings. Framed and amplified through a grid like a military or video game target, these small explosions imply that the towers' collapse could not have been from the planes' impact alone. Lynch's intention is not so much to endorse this or other such theories expounded in the video, nor the artistry of its college-age filmmaker, Dylan Avery, but rather to present a simple operation: the putting into question of familiar images. "It's not so much what they say," he explains, "it's the things that make you look at what you thought you saw in a different light."[1)]

Lynch extracts a meaning from *Loose Change* in much the same way that *Loose Change* extracts a meaning from the images of 9/11. Despite its ostensibly subversive agenda, *Loose Change* plays on two deeply conservative fantasies: 1. that the government's power is greater than we can ever know and 2. that images have a determinable truth. The images used to demonstrate conspiracy theories do two contradictory things: they put images into question and open up interpretive possibilities, while simultaneously closing down interpretation by providing answers that are meant to explain everything. Lynch identifies something more significant and more subversive than the conspiracy theory itself in *Loose Change,* provided we view it as the fiction film

NICO BAUMBACH is an essayist and film scholar. He is completing a dissertation on cinema and pedagogy.

that it is, and was initially intended to be:[2] the attempt to restore a dimension of contestation over the meaning of shared images.

Loose Change literalizes the fact that there was already a gap between the ubiquitous images of the collapsing towers and the unanimity of response they demanded, in which the performance of both grief and patriotism were assumed and tacitly enforced. If there was a utopian dimension to the post-9/11 moment, it was the desire for collectivity and not consensus. Conspiracy theorists respond to the co-opting of collectivity by insisting on a concept of truth that can resist co-optation by being anchored in an image that equates "the real" with "the true" and that is therefore impossible to write into official history. The conspiracy theorists, even more than the government's supporters, desire, against all evidence to the contrary, an omnipotent government.

An antidote to *Loose Change* is *No End in Sight* (2007), one of the latest and most critically successful Iraq documentaries, which portrays a government incapable of acting in anyone's interests, even its own. *No End in Sight* does not concern itself with the reasons for the Iraq War, but rather restricts itself to the unfolding of Operation Iraqi Freedom. There isn't a narrative arc so much as a downward slope. We observe a government guilty of incompetence, hubris, greed and callousness, but without any connecting logic to explain its actions; the flipside of conspiracy is absurdity. This devastating dossier on the administration illustrates the anti-utopian claim of the title. Director Charles Ferguson, software millionaire, former war-supporter, and Senior Fellow at the Brookings Institution, has insisted, I think correctly, that the film is "not political."[3] If it can be viewed as a rallying cry, it is the cry for damage control with a moral cast that posits an equivalency between smart policy and good will.

The arguments of *No End in Sight* are conveyed largely through the testimonies of talking heads and buttressed by the authority of these experts or witnesses. Images of chaos and suffering in Iraq constitute the visible evidence for the stories that are told on the soundtrack. These images function primarily as illustrations and have been carefully chosen for their seeming lack of ambiguity. When the film raises the question of the manipulation of images, it comes from the mouth of the discredited Donald Rumsfeld. After learning how quickly the US military lost favor in Iraq by guarding only the oil ministry and doing nothing to prevent the looting that occurred in hospitals, libraries, and the Iraqi National Museum, we are shown a now infamous moment from a press conference with Rumsfeld. "The images you are seeing on television, you are seeing over and over and over," he says. "It's the same picture of some person walking out of some building with a vase, and you see it twenty times. And you think, my goodness, were there that many vases?"[4]

Compare this to a similar operation in *Voices of Iraq* (2004), a film advertised as "Filmed and Directed by the People of Iraq."[5] An on-screen *Los Angeles Times* headline from May 2, 2004 reading "Photos of Naked Iraqi Prisoners Outrage Arabs" is followed by four short clips: 1. a group of Iraqis sitting around, joking about whether a white woman touching an Iraqi man's penis could really be considered torture; 2. an Iraqi explaining that he is impressed that Americans apologized for the events of Abu Ghraib, something, he tells us, no Arab leader would have done; 3. an Iraqi claiming such tortures were nothing compared to what was committed by those who were tortured; and 4. a snuff video from Uday Hussein's personal collection that shows a man being punished by having his hand cut off, which we see in graphic detail.

There is, in principle, no distinction between these two operations of falsification. Rumsfeld and the *LA Times* are both undermined by images that contradict their statements. We should therefore acknowledge Rumsfeld's shrewdness in using the justified

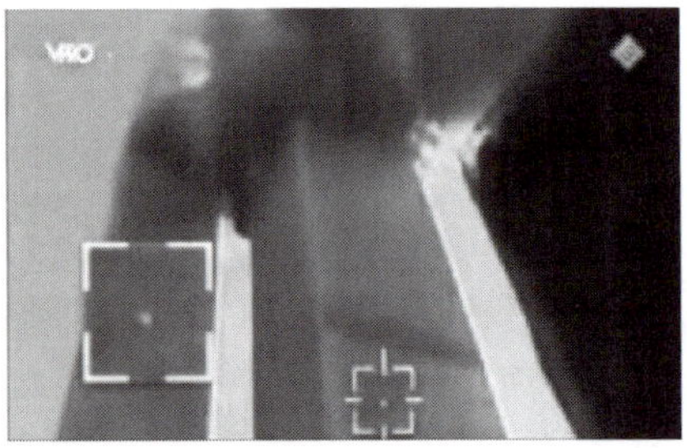

"The things that make you look at what you thought you saw in a different light." (p. 185)
(PHOTO: LOOSE CHANGE)

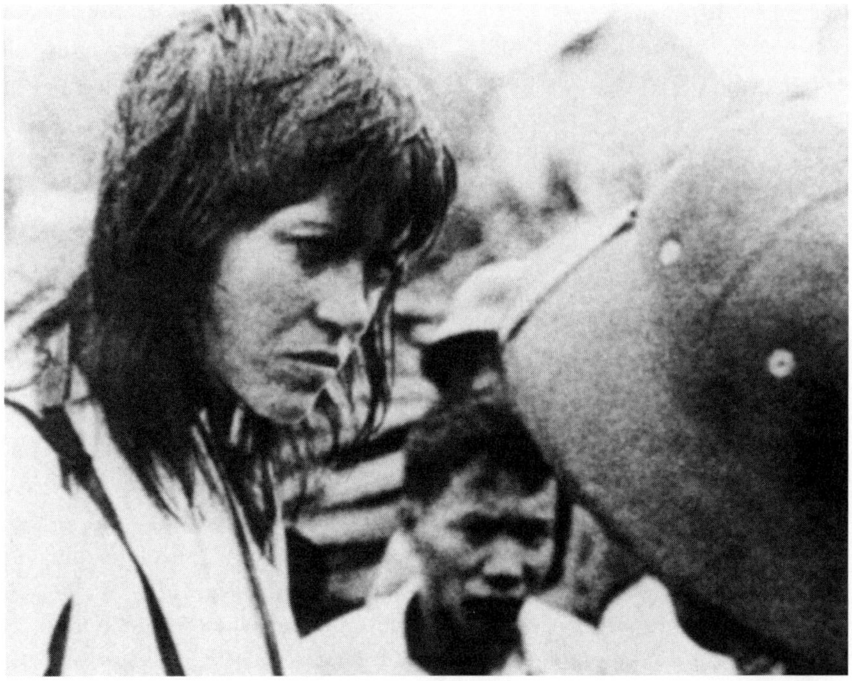

"No reverse shot is possible." (p. 188)
(PHOTO: JEAN-LUC GODARD & JEAN-PIERRE GORIN, LETTER TO JANE)

skepticism over the government's own staged photo-ops, like the pulling down of the Saddam statue, to silence critics. *No End in Sight* only corroborates the logic that allows each new Bush scandal to become just another example of the same vase.

II.

In 1926, the British filmmaker and producer John Grierson was the first to use the term "documentary" to refer to films that employed the "creative… use of natural materials."[6] He saw documentary as a way of educating the public through entertainment in harmony with the interests of the state. Influenced more by sociologists than artists, Grierson was a social democrat who believed in an educated public but conceived of this education in a top-down fashion. "Propaganda" was not a bad word for Grierson; indeed, he believed it was firmly consistent with and even necessary to his understanding of "democracy." The point of propaganda for Grierson was to create a lively, civic-minded, educated public as a way of combating fear and thirst for violence. He summed up the purpose of his films with the single phrase: "to make peace exciting."[7]

WWII saw the emergence of a new kind of film, as André Bazin observed, upon viewing the Frank Capra-produced series *Why We Fight* in post-liberation France. For the first time, mainstream feature-length motion pictures were made almost entirely out of footage that had not been shot for the films in which they were used. Bazin saw these films as remarkable feats of montage, but worried about the way they managed to obscure the lack of necessary relation between word and image. Documentaries, he claimed, used to be narratives; now they had become speeches. The images appeared to have a logical structure only because of the words spoken on the soundtrack while, at the same time, the words appeared to be substantiated by the factual, or indexical, nature of the newsreel footage. "The viewer has the illusion of watching a visual demonstration, whereas this demonstration is in reality only a succession of equivocal facts held together merely by the cement of the words that accompany them."[8] The problem, Bazin made clear, was not the films' claims, but rather their form. This new type of film rested "on the grave confusion of values, on the manipulation of psychology, credulity, and perception" and was therefore "particularly dangerous for the future of the human spirit."[9]

The first Gulf War was known as the "CNN War," since for the first time in history a twenty-four hour cable news network was able to offer real-time, instantaneous coverage, dramatizing a problem that is very much still with us: the way that the ubiquity of images has become coupled with their invisibility. Nothing about this post-modern platitude should be taken for granted; rather, we should reverse its terms to think about the specific modes of reception, distribution, and production that either aid or combat this sense that the meaning of images has become saturated in a culture dominated by spectacle. According to Dziga Vertov—the Russian revolutionary director who today is viewed as rivaling the Grierson-Flaherty school for historical position of "father of documentary"—cinema should make the invisible visible.[10] But today we might better say that the task is to make the visible l e g i b l e.

When Jean-Luc Godard and Jean-Pierre Gorin began making explicitly political films, they chose to name their collective the Dziga Vertov Group in order to bring greater visibility to a forgotten revolutionary documentary tradition. In their film *Letter to Jane* (1972), the famous photograph of "Hanoi Jane" (depicting Jane Fonda in Vietnam, looking concerted and thoughtful, listening to the Vietnamese) is accompanied by the repetition of the phrase, "No reverse shot is possible." The problem, according to Godard—who is recognized as the great practitioner of so-called filmic modernism and Brechtian distanciation—is not that the image is too "transparent," but rather the opposite: it is too reflexive. Godard's claim is that we know how to watch ourselves watching, we know how to exhibit ourselves caring, but we don't know how to watch, or rather, to see.

III.

According to *Time Magazine*, "Just as Vietnam had been America's first 'living-room war,' spilling carnage in dinnertime news broadcasts, so is the Iraq conflict emerging as the first YouTube war."[11] "YouTube" metonymically stands in for new modes of production and dissemination. An event that takes place obscured from mainstream television coverage—say, Saddam Hussein's hanging—can be captured on a cell phone video camera and within a matter of minutes be uploaded on to a public website or passed along "virally" across a network of e-mail addresses. Television's priority to exhibit "liveness" has been overrun by the technological realization of an optical unconscious, in which the event that would otherwise be lost to the moment is not only captured but cycled through with endless repetition. Real time has been replaced by eternal return. While the idea of "The YouTube War" does suggest a new dispersion of video outside any centralized control and the collapsing of the function of production and distribution, this democratizing of media is coupled with new modes of biopolitical surveillance. *Loose Change* is a nostalgic film because it looks back to an era when we could imagine that the world was controlled by an anonymous "they." Today control is the function of a generic "you." Big Brother has been replaced by infinite bratty little brothers.

Television responds to this shift in the way images are consumed and distributed by creating marketing campaigns for a new internet-savvy youth culture. MTV subtitles its *Iraq Uploaded*: "The War That Network TV Won't Show You." (It remains for someone else to make "The War MTV Won't Show You.") In this half-hour special, a scruffy VJ asks "the tough questions" to a soldier whose videos have been disseminated on the MTV-owned ifilm website and display a familiar MTV style of quick edits set to music and devoid of explanatory context. These videos have been dubbed "trophy videos" because they provide a record of the killing that soldiers are both confronted with and participate in.[12] Video, like the internet, was invented for military purposes; its origins go back to WWII, when it was devised for use in radio-controlled planes. It took twenty years for artists to start making use of it. Today, the soldier/videographer tries to bring these two functions together.

Most Iraq documentaries fall into one of two genres: 1. films about policy decisions and media representation (*Why We Fight* (2005), *Iraq for Sale* (2006), *No End in Sight*); or 2. films about the experience of individuals in the mode of *cinéma vérité* or direct cinema that take one of two points of identification: the point of view of the soldier (*Operation: Dreamland* (2005), *Gunner Palace* (2005), *The War Tapes* (2006)[13]) or the point of view of the Iraqis (*About Baghdad* (2004), *Iraq in*

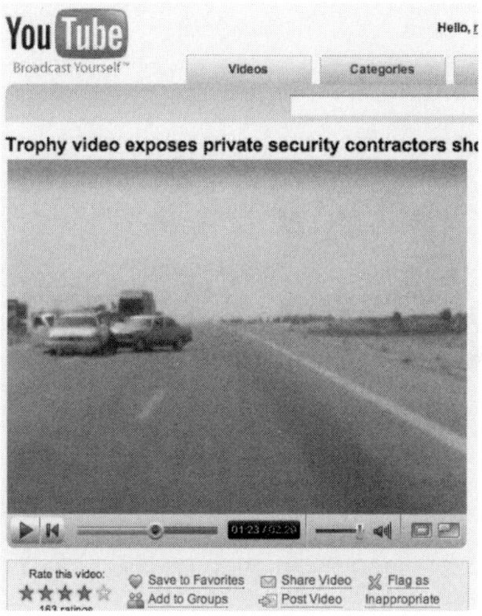

"The so called anti-war films have failed." (p. 189)
(PHOTO: YOU TUBE)

Fragments (2006), *My Country, My Country* (2006)). Both genres are concerned with correcting the record or supplying the true, or untold, story—the one offering missing context and information and the other offering missing reality: either "This is what you don't know" or "This is what it's really like." It is a relatively contemporary phenomenon that the Western political documentary has been understood as exposing the gap between the official record of mainstream media and some particular or singular experience or some "inconvenient truth."

In contrast to the social conservatives who say we have too many images, documentarians say we have too few. Although the conservative claim that some images should not be shown because they either incite or dull the senses is dubious at best, we should also be suspicious of any images that claim to show the war as it really is, adopting a concept of truth as either naked presence or legal veracity. Surely there is a shock effect in seeing images of carnage and destruction after the antiseptic images of a real-time war celebrated by "embedded" reporters. The famous Abu Ghraib photographs gave visibility at a certain moment to the lie in American rhetoric distinguishing "our way of life" from the "terrorists who hate us." But there is no necessary correlation between war atrocity footage and anti-war sentiment. As Anthony Swofford's popular Operation Desert Storm memoir *Jarhead* declared, "The supposedly anti-war films have failed... Filmic images of death and carnage are pornography for the military man."[14]

Images neither speak for themselves, nor do they need to be explained, but rather they construct relationships—they link and they disjoin, they add and they subtract. The political meaning of a certain image is always in response to other images or, as Vertov claimed, in the interval between images. If we are going to make peace exciting today, it is not in the name of consensus or in the gesture of unveiling the unspoken truth, but rather in creating new image operations that test our assumptions about what we are allowed to imagine can be seen and done.

1) See the clip of Lynch here: youtube.com/watch?v=OG6dslMSxhw
2) For Avery's explanation of how *Loose Change* went from fiction to documentary, see the "Company" section on the film's web site www.loosechange911.com/company.htm#dylan
3) Steven Rea, "His First Film Captures Iraq," *The Philadelphia Inquirer*, August 9, 2007. (www.philly.com/inquirer/columnists/steven_rea/20070809_His_first_film_captures_Iraq.html)
4) Donald Rumsfeld, Pentagon Briefing, *CNN*, April 11, 2003. http://transcripts.cnn.com/TRANSCRIPTS/0304/11/se.04.html
5) *Voices of Iraq* web site. http://www.voicesofiraq.com
6) John Grierson, *Grierson On Documentary*, Forsyth Hardy, ed. (New York: Harcourt Brace and Co., 1947), p. 99.
7) Ibid., p. 189.
8) André Bazin, *Bazin At Work*, tr. Alain Piette and Bert Cardullo (New York: Routledge, 1997), p.190.
9) Ibid., pp. 190–1.
10) It is worth remarking that Vertov, whose films have so little in common with Grierson, shared at least this same impetus—to infuse the ordinary and everyday with dynamism. What film makes peace more exciting than Vertov's *The Man With a Movie Camera* (1929)?
11) Ana Marie Cox, "The YouTube War," *Time Magazine*, July 19, 2006. http://www.time.com/time/nation/article/0,8599,1216501,00.html?cnn=yes
12) The generic link between soldier "trophy videos" and "sex tapes" is made all too explicit in the Abu Ghraib material.
13) A new spin on the direct cinema form is what Deborah Scranton, director of *The War Tapes*, has called the "virtual embed." Rather than living with and following soldiers as in *The Anderson Platoon* (1967) or *Operation: Dreamland*, Scranton gave video cameras directly to soldiers and constructed a film out of their footage. *Voices of Iraq* does the same with Iraqi civilians.
14) Anthony Swofford, *Jarhead* (New York: Scribner, 2003), pp. 6–7.

STRATEGIEN DES DOKUMENTARFILMS

NICO BAUMBACH

I.

In einem Interview für das holländische Fernsehen zeigte David Lynch 2006 einen Ausschnitt aus *Loose Change* (Kleingeld, 2005/2006), jenem Video, das hinter den Ereignissen des 11. September eine Verschwörung witterte und weite Verbreitung fand. Während man darauf sieht, wie die Türme im Zeitlupentempo in sich zusammenfallen, weist eine Stimme aus dem Off auf eine Reihe kaum sichtbarer Explosionen in verschiedenen Stockwerken der Gebäude hin. In der Vergrösserung – wie durch ein Armee- oder Videospiel-Zielfernrohr betrachtet – legen die kleinen Explosionen den Schluss nahe, dass die beiden Türme nicht allein wegen der Flugzeugeinschläge eingestürzt sein können. Lynch geht es nicht darum, diese oder andere im Video vertretenen Theorien zu stützen oder die Kunst seines Urhebers, des College-Studenten Dylan Avery, zu rühmen, sondern er will ein einfaches Vorgehen aufzeigen: das Hinterfragen vertrauter Bilder. «Es geht weniger darum, was sie aussagen», erklärt er, «sondern um jene Dinge, die uns das, was wir zu sehen glaubten, in neuem Licht erscheinen lassen.»[1)]

Ähnlich wie *Loose Change* aus den Bildern des 11. September eine bestimmte Bedeutung herausfiltert, filtert Lynch aus *Loose Change* seinerseits eine Bedeutung heraus. Trotz seiner vordergründig subversiven Stossrichtung spielt der Film mit zwei zutiefst konservativen Phantasien: erstens damit, dass die Macht der Regierung grösser ist, als wir je erfahren werden, und zweitens, dass Bilder eine eindeutig bestimmbare Wahrheit vermitteln. Die Bilder, welche die Verschwörungstheorie untermauern sollen, tun zwei widersprüchliche Dinge: Sie hinterfragen bestehende Bilder und eröffnen verschiedene Interpretationsmöglichkeiten, gleichzeitig schränken sie letztere jedoch wieder ein, indem sie scheinbar alles erklärende Antworten bereithalten. Lynch macht in *Loose Change* etwas Entscheidenderes und Subversiveres als die eigentliche Verschwörungstheorie aus, vorausgesetzt, man betrachtet den Film als die filmische Fiktion, die er tatsächlich ist (und als die er

NICO BAUMBACH ist Essayist und Filmwissenschaftler. Er steht kurz vor dem Abschluss einer Dissertation zum Thema Film und Pädagogik.

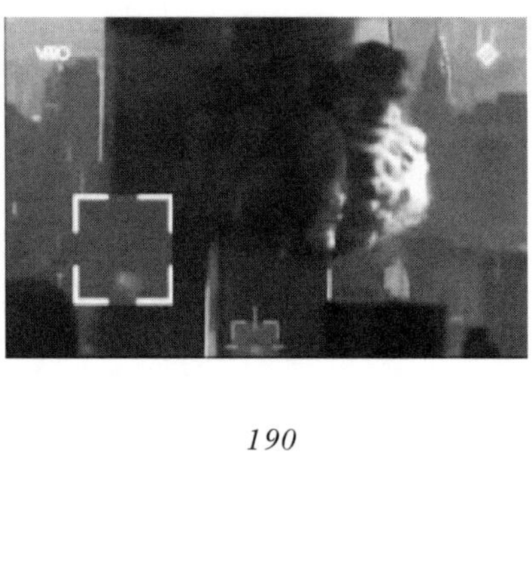

«Jene Dinge, die uns das, was wir zu sehen glaubten, in neuem Licht erscheinen lassen.» (S. 190)
(PHOTO: LOOSE CHANGE)

ursprünglich auch gedacht war)[2], nämlich als Versuch, der Fragwürdigkeit und Strittigkeit der Bedeutung von Allgemeingut gewordenen Bildern wieder Raum zu geben.

Loose Change führt uns die Tatsache vor Augen, dass von Anfang an eine Kluft bestand zwischen den allgegenwärtigen Bildern der einstürzenden Türme und der einhelligen Reaktion, nach der sie schrien und von der stillschweigend vorausgesetzt wurde, dass sie ebenso eine Manifestation von Trauer wie von Patriotismus zu sein hatte. Wenn dem Moment des 11. September etwas Utopisches anhaftete, so war es die Sehnsucht nach einer Kollektiv- anstelle einer Konsensgesellschaft. Verschwörungstheoretiker reagieren auf das Hinzukommen des Kollektiven, indem sie auf einen Wahrheitsbegriff pochen, dem diese Erweiterung nichts anhaben kann, weil er in einem Bild verankert ist, welches «das Wirkliche» mit «dem Wahren» gleichsetzt und daher unmöglich in die offizielle Geschichte eingehen kann. Verschwörungstheoretiker sehnen sich noch stärker als die Anhänger der Regierung nach einer allmächtigen Regierung – auch wenn das Gegenteil der Fall zu sein scheint.

Ein Gegengift zu *Loose Change* ist *No End in Sight* (Kein Ende in Sicht, 2007), einer der jüngsten und mit Abstand gelungensten Dokumentarfilme über den Irak. Er porträtiert eine Regierung, die unfähig ist, in irgendjemandes Interesse zu handeln, nicht einmal im eigenen. Der Film beschäftigt sich nicht mit den Gründen für den Irakkrieg, sondern beschränkt sich ganz auf den Verlauf der «Operation Freiheit für den Irak» *(Operation Iraqi Freedom)*. Dabei wird weniger ein Handlungsbogen erkennbar als ein unaufhaltsamer Abstieg. Wir sehen eine Regierung, die sich Inkompetenz, Hochmut, Gier und unsensibles Verhalten vorwerfen lassen muss und keinen logischen Erklärungszusammenhang für ihre Handlungen zu liefern imstande ist; die Kehrseite der Verschwörung ist die Absurdität. Dieses vernichtende Dossier über die Tätigkeit der Regierung veranschaulicht die antiutopische These des Filmtitels. Der Regisseur Charles Ferguson, Softwaremillionär, ehemaliger Kriegsbefürworter und Senior Fellow der Brookings Institution in Washington, D.C., bestand meiner Meinung nach zu Recht darauf, dass sein Film «nicht politisch» sei.[3] Falls er als Aufruf verstanden werden kann, dann als Aufruf zur Schadensbegrenzung durch eine moralisch integre personelle Besetzung, die kluge Politik mit gutem Willen zu verbinden weiss.

Die Argumente von *No End in Sight* werden zum grossen Teil von Menschen in Grossaufnahme vorgetragen und sind durch die Autorität ebendieser Experten oder Zeugen gestützt. Bilder des im Irak herrschenden Chaos und Leids liefern die sichtbaren Beweise zu den Geschichten, die wir zu hören bekommen. Diese Bilder haben vorwiegend illustrative Funktion und wurden sorgfältig aufgrund ihrer unmissverständlichen Unzweideutigkeit ausgewählt. Wenn der Film die Frage der Bildmanipulation aufwirft, so geschieht dies durch den Mund des diskreditierten Donald Rumsfeld. Nachdem wir erfahren haben, wie schnell die amerikanische Armee das in sie gesetzte Vertrauen im Irak verspielt hat, indem sie nur das Ölministerium bewachte und nichts tat, um das Plündern von Spitälern, Bibliotheken und des Irakischen Nationalmuseums zu verhindern, wird eine berüchtigte Episode aus einer Pressekonferenz von Rumsfeld gezeigt. «Die Bilder, die Sie im Fernsehen sehen und immer und immer wieder sehen», sagt er, «das ist ein und dasselbe Bild einer Person, die ein Gebäude mit einer Vase in der Hand verlässt, Sie sehen das zwanzig Mal und denken, du meine Güte, gab es da so viele Vasen?»[4]

Vergleichen wir dies mit einer ähnlichen Taktik im Film *Voices of Iraq* (2004), der als «vom irakischen Volk in eigener Regie gedrehter Film» angepriesen wurde.[5] Auf das Bild einer Schlagzeile der *Los Angeles Times* vom 2. Mai 2004, die lautet, «Photos of Naked Iraqi Prisoners Outrage Arabs» (Araber empört über Photos von nackten irakischen Gefangenen), folgt eine Serie kurzer Filmausschnitte: 1. eine Gruppe von Irakern, die herumsitzen und scherzhaft diskutieren, ob es wirklich als Folter gelten könne, wenn eine weisse Frau den Penis eines Irakers berühre; 2. ein Iraker, der sich davon beeindruckt erklärt, dass die Amerikaner sich für die Ereignisse in Abu Ghraib entschuldigt hätten, etwas, was, so sagt er, kein arabischer Führer getan hätte; 3. ein Iraker, der behauptet, solche Foltern seien nichts gegen das, was die Gefolterten selbst begangen hätten. Darauf folgt ein Snuff-Video aus Uday Husseins Privatsammlung, das zeigt, wie einem Mann zur Strafe die Hand abgehackt wird, was wir in allen Einzelheiten zu sehen bekommen.

Im Prinzip besteht kein Unterschied zwischen diesen beiden Verfälschungsmethoden. Sowohl Rumsfeld wie die *Los Angeles Times* werden durch Bilder, die der gemachten Aussage widersprechen, in Frage gestellt. Wir sollten deshalb den Scharfsinn Rumsfelds würdigen, wenn er ein berechtigtes Misstrauen anmeldet gegenüber den inszenierten Photo-Operationen der eigenen Regierung – etwa zum Niederreissen der Statue von Saddam –, um Kritiker zum Schweigen zu bringen. *No End in Sight* bestätigt nur die Logik, die jeden neuen Bush-Skandal zu einem weiteren Beispiel derselben Vase macht.

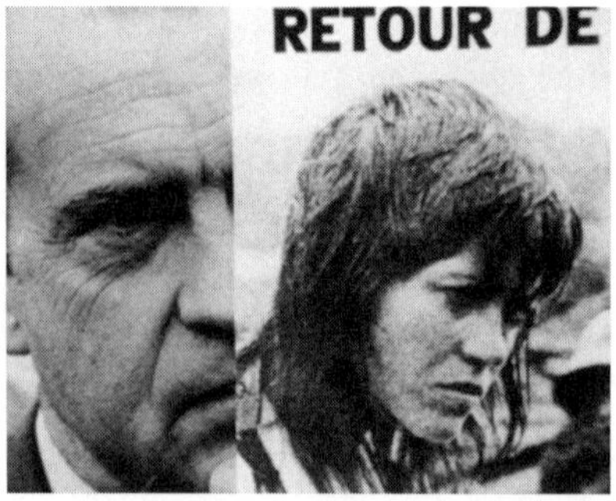

«No reverse shot is possible.» (S. 193)
(PHOTO: JEAN-LUC GODARD & JEAN-PIERRE GORIN, LETTER TO JANE)

II.

Der britische Filmemacher und Produzent John Grierson war 1926 der Erste, der den Begriff «Dokumentarfilm» verwendete, um Filme zu bezeichnen, die «natürliche Stoffe auf kreative Weise behandelten».[6] Er verstand den Dokumentarfilm als Möglichkeit, das Publikum durch Unterhaltung und im Einklang mit den Interessen des Staates zu bilden. Als Sozialdemokrat war Grierson eher von Soziologen als von Künstlern beeinflusst: Er glaubte durchaus an eine gebildete Öffentlichkeit, verstand diesen Bildungsprozess aber als Bewegung von oben nach unten. Propaganda war für Grierson kein Schimpfwort; tatsächlich war er davon überzeugt, dass sie nicht im Widerspruch zu seinem Verständnis von Demokratie stand, ja sogar ein notwendiges Element derselben war. Der Sinn von Propaganda bestand für Grierson darin, eine lebhafte, an der politischen Gemeinschaft interessierte, gebildete Öffentlichkeit zu schaffen, welche dazu beitragen sollte, Angst und Gewaltbereitschaft zu bekämpfen. Das Ziel der Filme fasste er in die einfache Formel: «den Frieden zu einer spannenden Angelegenheit machen».[7]

Im Zweiten Weltkrieg ist eine neue Art von Film entstanden, wie André Bazin bemerkte, als er sich nach der Befreiung Frankreichs die von Frank Capra produzierte Serie *Why We Fight* (1942–1945) angesehen hatte. Erstmals entstanden abendfüllende Filme für ein breites Publikum, die ganz auf Material beruhten, das nicht im Hinblick auf diese Filme gedreht worden war. Bazin betrachtete sie als bemerkenswerte Montagekunststücke, zeigte sich jedoch besorgt darüber, wie es ihnen gelang, das Fehlen der unabdingbaren Beziehung zwischen Wort und Bild zu verschleiern. Dokumentarfilme, so behauptete er, erzählten gewöhnlich eine Geschichte; nun seien sie zu Ansprachen geworden. Die Bilder schienen ihre logische Ordnung allein den aus dem Off gesprochenen Worten zu verdanken, wobei diese Worte ihrerseits durch den Tatsachen- oder Hinweis-Charakter des Wochenschaumaterials untermauert wurden. «Dem Zuschauer wird die Illusion vermittelt, er sehe visuelles Beweismaterial, dabei ist dieses Material in Wahrheit nur eine Aneinanderreihung zweifelhafter Fakten, die allein durch den Kitt des Begleittextes zusammengehalten werden.»[8] Das Problem, so stellte Bazin klar, war nicht der Anspruch dieser Filme, sondern ihre Form. Dieser neue Filmtyp beruhte «auf einer schwerwiegenden Umwertung der Werte, auf einer Manipulation von Psyche, Gutgläubigkeit und Wahrnehmung» und war deshalb «für die Zukunft des menschlichen Geistes extrem gefährlich».[9]

Der erste Golfkrieg wurde auch «CNN-Krieg» genannt, weil zum ersten Mal in der Geschichte ein Kabelfernsehsender in der Lage war, eine 24-Stunden-Live-Berichterstattung auszustrahlen, und damit ein Problem dramatisch sichtbar machte, das uns nach wie vor verfolgt: nämlich die Tatsache, dass die Allgegenwärtigkeit der Bilder mittlerweile mit ihrer Unsichtbarkeit Hand in Hand geht. Nichts an diesem postmodernen Gemeinplatz sollte uns selbstverständlich sein; vielmehr sollten wir seine Voraussetzungen umkehren, um über die besonderen Rezeptions-, Distributions- und Produktionsweisen nachzudenken, die dieses Gefühl, dass die Bedeutung von Bildern in einer vom Spektakel regierten Gesellschaft hoffnungslos übersättigt ist, entweder verstärken oder bekämpfen. Laut Dziga Vertov – jenem russischen Regisseur, der heute als Rivale der Grierson-Flaherty-Schule in ihrem Bemühen um die historische Position des «Vaters des Dokumentarfilms» gilt – sollte der Film das Unsichtbare sichtbar machen.[10] Heute wäre es vielleicht treffender, zu sagen, dass die Aufgabe darin bestehe, das Sichtbare l e s b a r zu machen.

Als Jean-Luc Godard und Jean-Pierre Gorin explizit politische Filme zu drehen begannen, gaben sie ihrem Kollektiv den Namen Dziga-Vertov-Gruppe, um auf diese vergessene revolutionäre Dokumentarfilmtradition aufmerksam zu machen. In ihrem Film *Letter to Jane* (1972) wird die berühmte Photographie von «Hanoi Jane» – sie zeigt Jane Fonda in Vietnam, wie sie engagiert und nachdenklich einigen Vietnamesen zuhört – von dem mehrmals wiederholten Satz «No reverse shot is possible» untermalt. Laut Godard, einem anerkannten Meister des sogenannten modernen Films und der Brecht'schen Verfremdung, besteht die Schwierigkeit nicht darin, dass das Bild zu «transparent» ist, sondern im Gegenteil: Es ist zu reflexiv. Godards These lautet, dass wir zwar wissen, wie man sich selbst beim Schauen beobachten und seine Anteilnahme demonstrieren kann, dass wir aber nicht wissen, wie man zuschaut oder vielmehr sieht.

III.

«So, wie Vietnam Amerikas erster ‹Wohnzimmerkrieg› war, weil er über die Nachrichtensender zur Essenszeit in allen blutigen Einzelheiten in die Wohnstuben gelangte, erweist sich der Irakkonflikt», laut *Time Magazine,* «als erster YouTube-Krieg».[11] «YouTube» steht stellvertretend für neue Arten der Produktion und Verbreitung. Ein Ereignis, das im Verborgenen stattfindet und von den grossen Fernsehanstalten nicht übertragen wird – etwa Saddam Husseins Hinrichtung durch den Strang –, kann mit der Videokamera eines Mobiltelefons aufgenommen und innert weniger Minuten auf eine öffentliche Website geladen oder wie ein Virus über ein E-Mail-Adressnetz verbreitet werden. Die Vormachtstellung des Fernsehens bei der Verbreitung von «Live-Ereignissen» ist von der technischen Realität eines optischen Unbewussten überrannt worden; dabei wird ein Ereignis, das sonst auf den Moment beschränkt bliebe, nicht nur festgehalten, sondern endlos wiederholt und durchgekaut. Die unendliche Wiederkehr ist an die Stelle der Live-Übertragung getreten. Doch obwohl die Vorstellung des «YouTube-Krieges» nahelegt, dass es sich um eine neue Form der Verbreitung von Videos handelt, die sich jeder zentralen Kontrolle entzieht und das Ende der herkömmlichen Produktions- und Sendeformen bedeutet, geht diese Demokratisierung der Medien mit neuen biopolitischen Überwachungsformen einher. *Loose Change* ist ein nostalgischer Film, weil er auf eine Ära zurückblickt, in der wir uns noch vorstellen konnten, die Welt würde von einem anonymen «sie» kontrolliert. Mittlerweile wurde diese Kontrolle einem allgemeinen «du» übertragen. Statt mit Big Brother haben wir es nun mit einer Unmenge lästiger kleiner Brüder zu tun.

Das Fernsehen reagiert auf diese Veränderung des Konsums und der Verbreitung von Bildern, indem es Werbekampagnen startet, die auf eine neue, mit dem Internet vertraute Jugendkultur ausgerichtet sind. MTV untertitelt seine Sendung *Iraq Uploaded* mit «Der Krieg, den du im Kabelfernsehen nicht zu sehen bekommst». (Die Formulierung, «Der Krieg, den du bei MTV nicht zu sehen bekommst», bleibt jemand anderem überlassen.)[12] In der halbstündigen Sondersendung stellt ein vergammelter VJ «die heiklen Fragen» an einen Soldaten, dessen Videos auf der MTV-eigenen iFilm-Website in der MTV-üblichen Kurzfutterform, mit Musik untermalt und ohne erklärenden Kontext, ausgestrahlt wurden. Diese Videos haben den Spitznamen «Trophäen-Videos» erhalten, weil sie Tötungsakte festhalten, welche die Soldaten miterlebt haben oder an denen sie beteiligt waren.[13] Wie das Internet wurde auch die Videotechnik für militärische Zwecke erfunden; ihre Wurzeln reichen in den Zweiten Weltkrieg zurück, sie wurde damals zur Verwendung in ferngesteuerten Flugzeugen entwickelt. Es hat zwanzig Jahre gedauert, bis Künstlerinnen und Künstler begannen, sie sich zunutze zu machen. Heute versucht der Soldat/Videofilmer beide Funktionen miteinander zu vereinen.

Die meisten Irak-Dokumentarfilme gehören einer von zwei Gattungen an: 1. Filme über politische Entscheidungen und ihre Darstellung in den Medien (*Why We Fight,* 2005, *Iraq for Sale,* 2006, *No End in Sight,* 2007); oder 2. Filme über individuelle Erlebnisse im Stil des *Cinéma vérité* oder *Direct Cinema,* die entweder den Standpunkt des amerikanischen Soldaten einnehmen (*Operation: Dreamland,* 2005, *Gunner Palace,* 2005, *The War Tapes,* 2006[14]) oder jenen der irakischen Bevölkerung (*About Baghdad,* 2004, *Iraq in Fragments,* 2006, *My Country, My Country,* 2006). Beiden Gattungen geht es darum, die offizielle Berichterstattung zu korrigieren beziehungsweise die wahre oder noch nicht erzählte Geschichte kundzutun – wobei die eine fehlende Kontexte und Informationen liefert und die andere eine fehlende Realität: entweder «Das habt ihr noch nicht gewusst» oder «So sieht es in Wirklichkeit aus». Es ist ein relativ neues Phänomen, dass der westliche politische Dokumentarfilm dahingehend verstanden wird, dass er die Kluft zwischen der offiziellen Berichterstattung der grossen Medienunternehmen und der besonderen oder singulären Erfahrung oder einer «unbequemen Wahrheit» schliesst.

Im Gegensatz zur sozialkonservativen Ansicht, dass wir zu vielen Bildern ausgesetzt seien, sind die Dokumentarfilmer der Meinung, es gebe zu wenig Bilder. Obwohl die konservative Forderung, dass gewisse Bilder nicht gezeigt werden sollten, weil sie die Sinne entweder reizen oder abstumpfen, bestenfalls dubios ist, sollten wir auch all jenen Bildern misstrauen, die vorgeben, den Krieg so zu zeigen, wie er wirklich sei, und dabei Wahrheit entweder als nackte Gegenwart oder als Gesetzeskonformität verstehen. Natürlich wirkte es nach den sterilen Bildern der Direktübertragungen, die von «eingebetteten» Reportern geliefert wurden, schockierend, Bilder zu sehen, die das Gemetzel und die Zerstörung zeigten. Die berühmten Abu-Ghraib-Photographien machten zu einem bestimmten Zeitpunkt die Verlogenheit der amerikanischen Rhetorik deutlich, die «unseren Lebensstil» gegen «die Terroristen, die uns hassen» stellte. Doch zwischen dem Filmmaterial von Gräueltaten und Antikriegsgefühlen besteht nicht notwendig eine Korrelation. Wie Anthony Swofford in seinen äusserst populären *Desert-Storm*-Memoiren festhielt: «Die angeblichen Antikriegsfilme sind gescheitert ... Der gefilmte Tod und das gefilmte Gemetzel sind die Pornographie des Soldaten.»[15)]

Bilder sprechen weder für sich selbst, noch bedürfen sie der Erklärung, vielmehr stellen sie Beziehungen her – sie verbinden und sie trennen, sie fügen etwas hinzu und sie nehmen etwas weg. Die politische Bedeutung eines bestimmten Bildes entsteht immer als Reaktion auf ein anderes Bild oder, wie Vertov behauptete, zwischen den Bildern. Wenn es uns heute gelingen soll, den Frieden zu einer spannenden Sache zu machen, dann nicht im Namen eines Konsenses oder mit dem Gestus der Enthüllung einer unausgesprochenen Wahrheit, sondern durch das Entwerfen neuer Bildstrategien, die unsere Vorurteile darüber in Frage stellen, welche Handlungsmöglichkeiten und Sichtweisen überhaupt vorstellbar und erlaubt sind.

(Übersetzung: Suzanne Schmidt)

1) Siehe dazu den Clip von Lynch unter: youtube.com/watch?v=OG6dslMSxhw
2) Unter www.loosechange911.com/company.htm#dylan schildert Avery, wie *Loose Change* sich von der fiktiven Spielerei zum Dokumentarfilm entwickelt hat.
3) Steven Rea, «His First Film Captures Iraq», in: *The Philadelphia Inquirer*, 9. August 2007. Nachzulesen unter: www.philly.com/inquirer/columnists/steven_rea/20070809_His_first_film_captures_Iraq.html
4) http://transcripts.cnn.com/TRANSCRIPTS/0304/11/se.04.html
5) http://www.voicesofiraq.com/
6) John Grierson, *Grierson On Documentary*, hrsg. v. Hardy Forsyth (New York: Harcourt Brace & Co., 1947), S. 99.
7) Ebenda, S. 189.
8) André Bazin, *Bazin At Work: Major Essays and Reviews from the Forties and Fifties*, ins Engl. übers. v. Alain Piette and Bert Cardullo (New York: Routledge, 1997), S. 190. (Ursprünglich französisch, Zitat aus dem Engl. übers.)
9) Ebenda, S.190–191. (Zitat aus dem Engl. übers.)
10) Bemerkenswerterweise hatte Vertov, dessen Filme so wenig mit denen von Grierson gemein haben, zumindest denselben Impetus: dem Gewöhnlichen und Alltäglichen Dynamik zu verleihen. Welcher Film lässt den Frieden aufregender erscheinen als Vertovs *Man With a Movie Camera* (Der Mann mit der Kamera, 1929)?
11) Ana Marie Cox, «The YouTube War», *Time Magazine*, 19. Juli 2006. http://www.time.com/time/nation/article/0,8599,1216501,00.html?cnn=yes
12) Im Original: *The War That Network TV Won't Show You*.
13) Die Verwandtschaft zwischen den Trophäen-Videos von Soldaten und Sexvideos tritt im Abu-Ghraib-Bildmaterial mehr als deutlich zutage.
14) Eine neue Wendung erfährt die Form des *Direct Cinema* durch ein Phänomen, das Deborah Scranton, Regisseurin von *The War Tapes*, als «virtuelle Einbettung» bezeichnet hat. Statt mit den Soldaten zusammenzuleben und ihnen auf Schritt und Tritt zu folgen, wie in *The Anderson Platoon* (1967) oder *Operation: Dreamland*, drückte Scranton den Soldaten selbst Videokameras in die Hand und stellte danach aus dem gedrehten Material ihren Film zusammen. *Voices of Iraq* entstand auf dieselbe Weise, aber mit irakischen Zivilisten.
15) Anthony Swofford, *Jarhead* (New York: Scribner, 2003), S. 6–7.

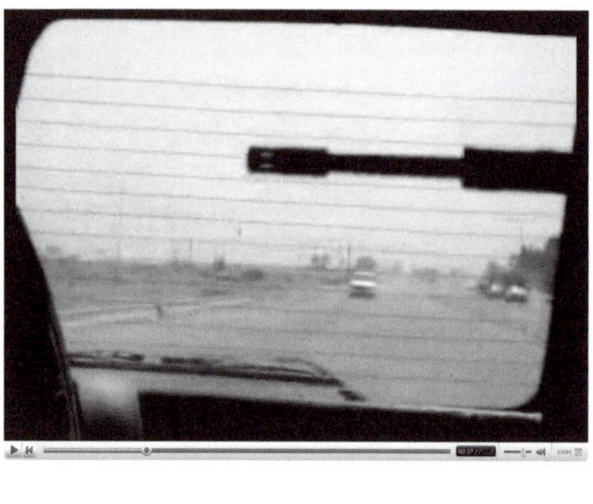

«Die angeblichen Antikriegsfilme sind gescheitert.» (S. 194)
(PHOTO: YOUTUBE)

CUMULUS

Aus Europa

IN JEDER AUSGABE VON PARKETT PEILT EINE CUMULUS-WOLKE AUS AMERIKA UND EINE AUS EUROPA DIE INTERESSIERTEN KUNSTFREUNDE AN. SIE TRÄGT PERSÖNLICHE RÜCKBLICKE, BEURTEILUNGEN UND DENKWÜRDIGE BEGEGNUNGEN MIT SICH – ALS JEWEILS GANZ EIGENE DARSTELLUNG EINER BERUFLICHEN AUSEINANDERSETZUNG.

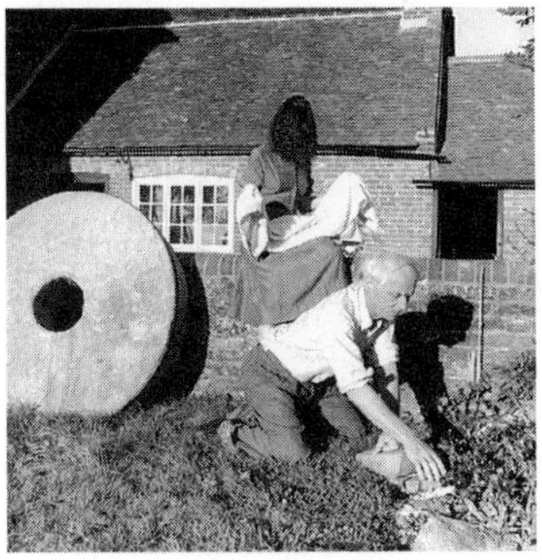

LEE MILLER, DOROTHEA TANNING & MAX ERNST, 1950. (PHOTO: LEE MILLER ARCHIVES, ENGLAND 2008, ALL RIGHTS RESERVED)

Shot at Breast Height

ADAM SZYMCZYK

Eulalia Domanowska: You were talking about the consequences of your path. Earlier works…
Edward Krasinski: I hate the word "works"! […] I animate what I have on hand. I do not create. […]
ED: You are a master…
EK: I am no master!
ED: Can I still insist on using this term?
EK: Madam, I beg you! I just love it when a beautiful woman addresses me as master.
ED: Did you have a master?
EK: I did not meet my master, but I am under somebody's spell—a caricaturist named Steinberg. The drawing I like most is the one where he depicts himself. […][1]

ADAM SZYMCZYK is director of the Kunsthalle Basel. Together with Elena Filipovic, he is also curating the 5th Berlin Biennial of contemporary art which will take place in 2008.

In the current retrospective of Lee Miller's work at the Victoria & Albert Museum, one particular picture, which electrified me, is of a man inscribed in the arabesque of a garden hose, as if charming a rubber snake to uncoil from a spool, or drawing circles in the thin air above the lawn. The man is Saul Steinberg, and his photographic portrait by Lee Miller depicts his profession of contract draftsman—the mastery of his line turned to matter.

A similar sense of "line turned to matter" is present some fifteen years later in the work of Edward Krasinski, but in a very different social context, and under different political circumstances. The artist was already paying a lot of attention to line in his "surrealist" paintings and drawings of the 1950s. Later, in his linear sculptures of the 60s, his line became three-dimensional and was made present through objects like wooden spears, hooks, and sticks and with materials such as ropes, strings, and cables. In 1968, the artist discovered a new drawing utensil, blue adhesive tape, which enabled him to extend his line horizontally and paste it on all kinds of objects, both animate and inanimate, always at the height of 130cm.

Today Krasinski's work is understood mostly through the powerful images of the interior of his studio on the top floor of an apartment block in the center of Warsaw, which the artist first shared with and then inherited from his friend and mentor, the artist Henryk Stazewski in 1988. But the locus of Krasinski's work of the 1960s and 70s is outside the city limits, in the wilderness and fields. His first experiments with blue tape took place in the garden adjoining a country house in the village of Zalesie, which belonged to the family of the artist's friend, Anka Ptaszkowska. The blue tape marked trees and temporarily immobilized some of Krasinski's friends, who posed transfixed by the line crossing their bodies at breast height. Notably, 130 cm is the standard measurement, or DBH (diameter at breast height), used by foresters when measuring the diameter of a tree trunk in order to estimate its timber volume and age. One may speculate to what extent Krasinski's artistic experiments were conditioned by techniques and observations such as this one, drawn from ordinary life in the countryside.

In another beautiful conflation of high and low, during the sixth Koszalin Plein-Air exhibition in Osieki (1979), Krasinski's blue line was applied on a greenhouse and on the wall of a pigsty—pearls of avant-garde art literally thrown before swine. There are also some remarkable photographs showing Krasinski together with workers in a steel factory, during preparations for the 1st Biennial of Spatial Forms in Elblag (1965), a huge socialist exhibition of modernist public sculpture, in which artists were given the opportunity to execute large-scale works using the factory's vast resources and technological know-how. In the image, Krasinski is portrayed as passive and relaxed, smiling and chatting with a small group of workers during a cigarette break. This is quite different from other artists in the show, who posed actively taking part in the process of manufacturing their work in the factory or directing the installation of finished work on location. Staging himself as an artist indistinguishable among the workers, but not working, Krasinski subtly emphasized the similarity between art-making and other labor—or rather the equal importance in both occupations of taking the occasional break.

To return to the Lee Miller exhibition, consider her last project for *Vogue* in 1953. The pictorial essay "Working Guests," which she had been working on for several years, consists of black-and-white photos taken at the artist's countryside refuge, Farley Farm House in East Sussex, where she moved with her husband Roland Penrose in 1949. The photographs depict casually but elegantly dressed men and women—obviously notorious city dwellers of an artistic set—busying themselves with some work on the farm. The high-quality clothes reveal that the scenes are a choreographed extravaganza rather than straight reportage "taken from real life." But what is a "real" life, anyway? And so we see these actors in action: Alfred H. Barr, Jr., feeding pigs from a bucket, Max Ernst and Dorothea Tanning (her face hidden by a mane of dark hair) plucking weeds with surrealist gusto or carelessly combing the grass. The daily chores turn into a picnic and transform back again into work—the work of acting out a scene.

Consider for example how, in the 1930s, the surrealists carried the tradition of picnicking from genre painting

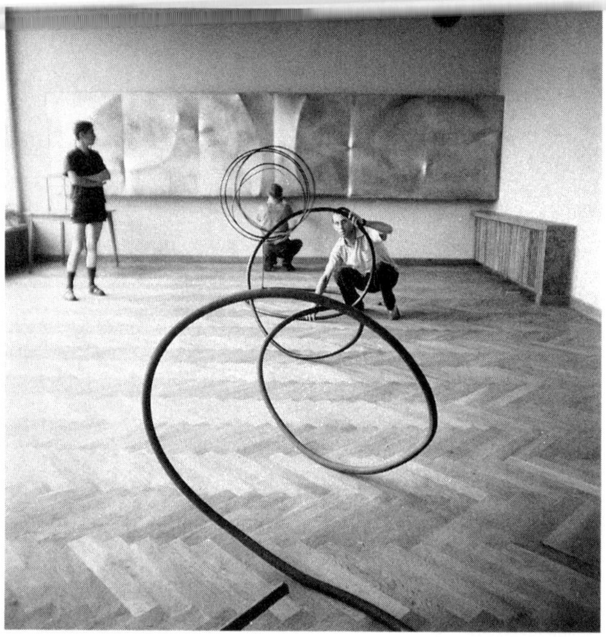

Edward Krasinski, Art in Change of Time, first symposium of artists and art scholars, Pulawy, 1966 / Die Kunst im Wandel der Zeit, erstes Symposion von Künstlern und Kunststudenten.
(PHOTO: EUSTACHY KOSSAKOWSKI)

to actual gatherings in the open air—participating in reenactments, in a sense, of Manet's luncheon. Miller's *Vogue* project represents the same sort of gatherings but what makes them special is that the artists are not shown at work, struggling against a block of stone or dabbling in paint. Instead, they are doing nothing, daydreaming, enjoying their own company, exchanging seductive looks, and perhaps even forgetting their true selves under the trees.

The *Vogue* essay, compared with the laze of surrealist picnics, is staged and perverted, for what we witness there is labor, an idyll of simple labors in a quiet setting, away from the city, the air saturated with tender sunlight. Nevertheless, it is actually leisure in the costume of physical work, a repertoire of rhetorical gestures performed just for the camera, and after the work proper—the artistic work—has been finished. Note that all the actors in this pastoral play are either artists or belong to the art world; back then it was still called bohemia or, by some, the avant-garde. Lee Miller, as tired housekeeper, is the only one photographed while taking a rest. She is seen simply asleep on a couch, obviously having completed some work in the house. But even as she sleeps, she is working hard, modeling for *Vogue.*

Lee Miller's bohemian retreat in Sussex was originally there for a surrealist who had survived the war and sought refuge in the English landscape. The work on the farm offered this tormented soul a form of therapy—a return to simple and natural ways of life after the spasms of artistic creation, a meditative exercise aimed at restoring the balance destroyed by excessive lifestyles headed towards burnout. But, more importantly, the idea of working on the farm corresponded to the need felt by the artists, after the horrors of war, to engage with society and the work of reconstruction. The idea of labor offered a symbolic remedy to the maladies of modern life and memories of recent atrocities. By performing manual labor, work normally done by others, the artists could start working again.

On the other side of the Iron Curtain, Edward Krasinski dealt with the theme of work in a similar manner, while in an entirely different context. Here, inside a socialist society, the ideology of work was that of a heroic deed, powered by the Stakhanovite ideal of achieving the impossible. Krasinski's concept of work appears to undermine this official national image. His countryside affair with the blue line takes place precisely at the historical moment when one faction in the ruling communist Polish United Workers' Party was beginning to play the anti-Semitic card in a dirty game of power, aimed at eliminating another faction, those who could be branded "Zionists" or "men of letters." The split between the workers and the intelligentsia was animated by the ruling communist regime. The organized workers' militia was sent to finish off the students' protest at Warsaw University. The Warsaw riots of March 1968 resulted in the imprisonment of young activists in the student opposition movement, while thousands of Polish intellectuals and professionals of Jewish origin were persuaded to leave the country with a one-way ticket.

At this moment Krasinski was designing the set for a grand ball at the manor in Zalesie, organized on June 2, 1968, by the critics and artists from the circle of the Foksal Gallery. Under the melancholy title "Farewell to Spring," it was organized some two months before the Warsaw Pact intervention put an end to the Prague Spring. One of the props installed in the garden was Krasinski's *mise en scène* based on Pieter Bruegel's painting THE LAND OF COCAGNE (1567). Krasinski's three figures made of gray cloth stuffed with hay were lying under a tree, the perfect image of idleness in the land of milk and honey—which at that time Poland was not.

After graduating as an architect from the fascist Politecnico di Milano in 1940, Steinberg (who incidentally never went on to build a house) dedicated a great deal of effort to demonstrating the generative and transformative powers of line. His UNTITLED of 1948 is a portrait of a draftsman closed in a circuit of his own drawing, probably the "self-portrait" Krasinski referred to in the interview quoted above. Krasinski attended courses at the German Staatliche Kunstgewerbeschule (State School of Art and Crafts) in occupied Krakow in 1940–42 and never believed in art as a craft to be mastered; he, too, used line in a performative manner to implicate himself in a discussion of art and labor. In another interview, he said humbly that "it is the photographers who are the true artists." Artists are just working guests.

1) The interview was first published in Polish in *Obieg* 3–4 (1993): 21–3. English translation in: "Drôle d'interview. Edward Krasinski in conversation with Eulalia Domanowska, Stanislaw Cichowicz and Andrzej Mitan," *Edward Krasinski: Les mises en scène,* Sabine Breitwieser, ed., (Vienna: Generali Foundation, 2006), p. 33.

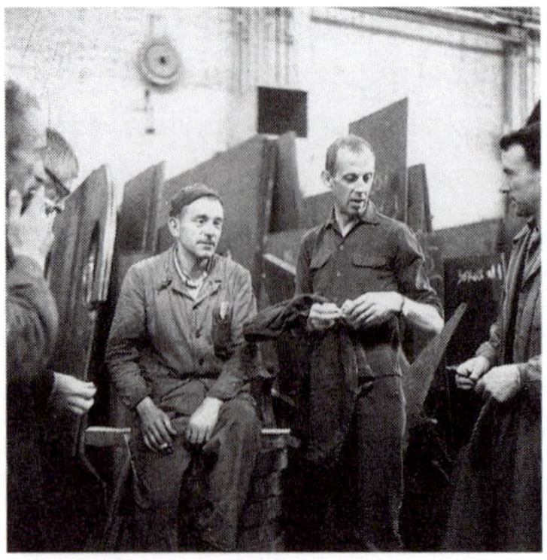

Auf Brusthöhe

ADAM SZYMCZYK

Eulalia Domanowska: Sie haben von den Konsequenzen Ihres Weges gesprochen. Frühere Arbeiten …
Edward Krasinski: Ich kann das Wort «Arbeiten» nicht ausstehen … […] Ich hauche dem, was ich da habe, Leben ein. Ich erschaffe nichts. […]
ED: Sie sind ein Meister …
EK: Ich bin überhaupt kein Meister!
ED: Darf ich mir dennoch eine solche Bezeichnung erlauben?
EK: Oh, ich bitte Sie! Ich liebe es, wenn eine schöne Frau mich mit «Meister» anspricht.
ED: Hatten Sie Ihren Meister?
EK: Ich habe meinen Meister nicht gefunden, aber es gibt jemanden, dessen Bann ich mich nicht entziehen kann, nämlich den Karikaturisten Steinberg. Am besten gefällt mir die Zeichnung, auf der er sich selbst gezeichnet hat.[1)]

In der Lee-Miller-Retrospektive, die zurzeit im Victoria & Albert Museum zu sehen ist, gibt es ein Bild, das mich elektrisiert hat: Es zeigt einen Mann innerhalb der Arabeske eines Gartenschlauchs, so, als würde er eine abgerollte Gummischlange beschwören oder in der Luft über dem Rasen Kreise zeichnen. Der Mann ist Saul Steinberg, und in Lee Millers Photographie verkörpert er seinen Beruf als Zeichner: seine meisterhafte Lineatur buchstäblich in Materie verwandelnd.

Einem ähnlichen Phänomen der «in Materie verwandelten Linie» begegnet man fünfzehn Jahre später – in einem ganz anderen gesellschaftlichen Kontext und anderen politischen Verhältnissen – im Werk von Edward Krasinski. Bereits in seinen «surrealistischen» Gemälden und Zeichnungen der 50er-Jahre hatte er der Linie viel Aufmerksamkeit geschenkt. Später, bei seinen linearen Skulpturen der 60er-Jahre, wurde die Linie dreidimensional, verkörpert durch Objekte wie hölzerne Speere, Haken und Stöcke oder durch die Verwendung von Seilen, Schnüren und Kabeln. Im Jahr 1968 entdeckte der Künstler ein neues Material: blaues Klebeband, das es ihm erlaubte, die Linie horizontal zu ver-

ADAM SZYMCZYK ist Direktor der Kunsthalle Basel. Gemeinsam mit Elena Filipovic ist er zudem Kurator der 5. Berlin-Biennale für zeitgenössische Kunst, die 2008 stattfinden wird.

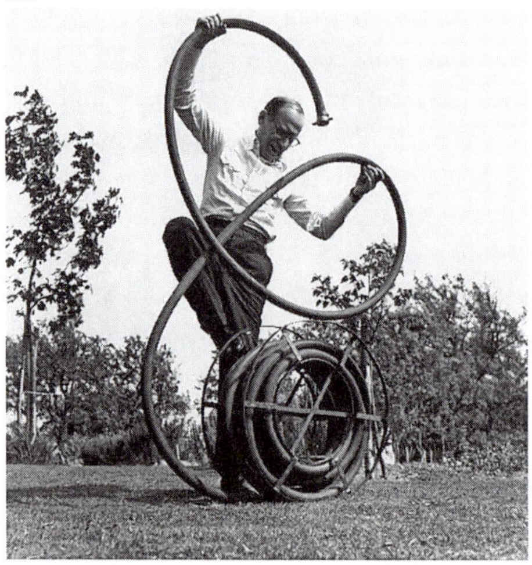

LEE MILLER, SAUL STEINBERG FIGHTS WITH THE GARDEN HOSE IN A MANNER ALL HIS OWN, 1952. (PHOTO: LEE MILLER ARCHIVES, ENGLAND, 2008, ALL RIGHTS RESERVED)

Edward Krasinski, First Biennial of Spatial Forms, Elblag, 1965 / Erste Biennale Räumlicher Formen. (PHOTO: EUSTACHY KOSSAKOWSKI)

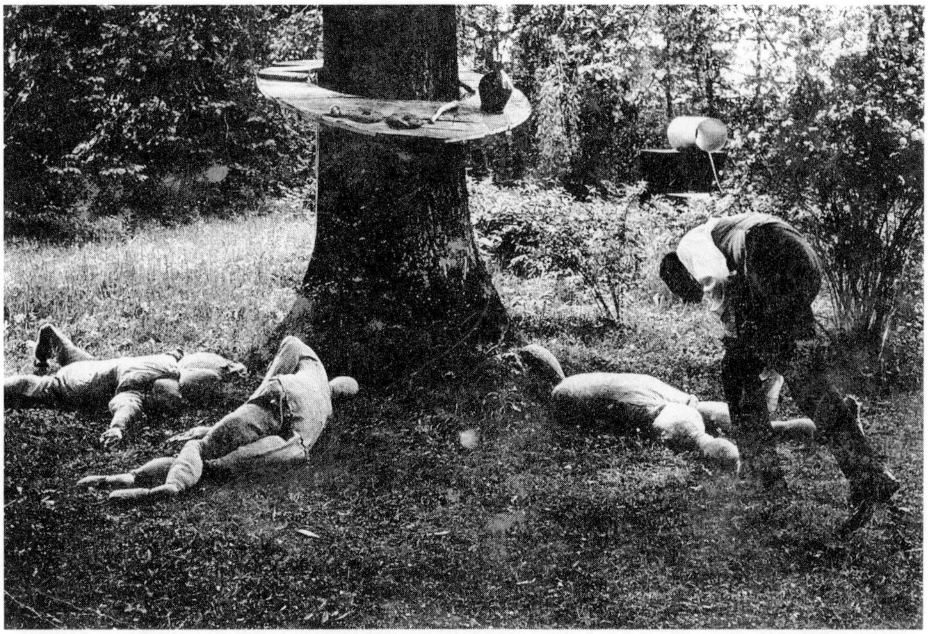

Edward Krasinski, Farewell to Spring, ball in Zalesie, 1968 / Frühling Ade, Ball in Zalesie. (PHOTO: EUSTACHY KOSSAKOWSKI)

längern und auf alle möglichen Gegenstände, belebte wie unbelebte, zu kleben, und zwar immer auf 130 Zentimeter Höhe.

Das Verständnis von Krasinskis Werk wird heute weitgehend bestimmt durch die eindrücklichen Bilder seines Ateliers im obersten Stockwerk eines Mietshauses im Zentrum Warschaus, das Krasinski zunächst mit seinem Freund und Mentor, dem Künstler Henryk Stazewski, teilte und anschliessend in den 80er-Jahren von ihm übernahm. Der Ort von Krasinskis frühem und reifem Schaffen der 60er- und 70er-Jahre befindet sich jedoch ausserhalb der Stadtgrenze – auf einem Feld. Die ersten Experimente mit blauem Klebeband fanden im Garten eines Landhauses in Zalesie statt, das der Familie von Anka Ptaszkowska, der Freundin des Künstlers, gehörte. Das blaue Klebeband markierte Bäume und verurteilte einige Freunde Krasinskis vorübergehend zur Reglosigkeit, da sie durch die in Brusthöhe quer über ihren Körper verlaufende Linie starr verharren mussten. Die Messung (des Umfangs) in 130 Zentimeter Höhe, ist wohlgemerkt eine Standard-Messgrösse, die Förstern dazu dient, den Durchmesser eines Baumstammes zu bestimmen. Der DBH (Durchmesser auf Brusthöhe) ist ein Richtwert zur Schätzung des Holzvolumens wie auch des Alters von Bäumen. Man könnte darüber spekulieren, inwiefern Krasinskis künstlerische Experimente dem einfachen Leben auf dem Lande abgewonnen waren.

In einem grossartigen Zusammenspiel von hohem künstlerischen Anspruch und Alltagsbanalität wurde die blaue Linie während der 6. Koszalin-Pleinair-Ausstellung in Osieki (1979) auf einem Plastikgewächshaus und einem Schweinestall angebracht: Perlen der Avantgarde, die buchstäblich vor die Säue geworfen wurden. Zudem gibt es einige bemerkenswerte Aufnahmen, die Krasinski während der Vorbereitungen für die erste Biennale der «Räumlichen Formen» in Elblag (1965) zusammen mit Arbeitern eines Stahlwerks zeigen. Diese Biennale war eine riesige sozialistische Schau moderner öffentlicher Plastik, bei der den teilnehmenden Künstlern die Gelegenheit geboten wurde, mit den technischen Möglichkeiten, die das Stahlwerk bot, grossformatige Arbeiten zu realisieren. Die Aufnahmen zeigen einen passiven und entspannten Krasinski, der während einer Zigarettenpause lächelnd mit einer kleinen Gruppe von Arbeitern plaudert – dies im Gegensatz zu den übrigen Künstlern, die auf entsprechenden Aufnahmen entweder tatkräftig am Prozess der Herstellung ihrer Arbeit im Stahlwerk

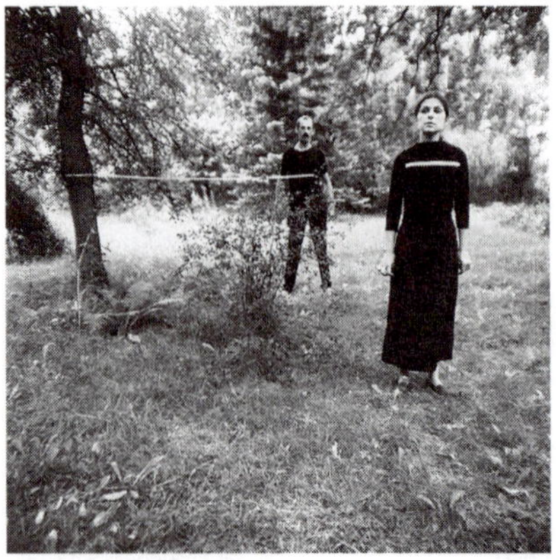

Edward Krasinski, first interventions with blue scotch, Zalesie, 1969 / Erste Versuche mit blauem Klebeband. *(PHOTO: EUSTACHY KOSSAKOWSKI)*

beteiligt sind oder aber den Aufbau ihrer fertigen Arbeit vor Ort beaufsichtigen. Indem er sich selbst als einen Arbeiter unter anderen inszenierte, unterstrich Krasinski die Ähnlichkeit künstlerischer und anderer Formen der Arbeit, oder besser gesagt, weil auf den Aufnahmen gar nicht gearbeitet wird, betonte er, wie wichtig es sei, ab und an eine Pause einzulegen.

Betrachten wir, um auf die Lee-Miller-Ausstellung zurückzukommen, ihr letztes Projekt für *Vogue* aus dem Jahr 1953. Der Bildessay «Working Guests» (Arbeitende Gäste), an dem sie mehrere Jahre lang arbeitete, bestand aus Schwarz-Weiss-Aufnahmen, entstanden im ländlichen Refugium der Künstlerin, dem Gehöft Farley Farmhouse in East Sussex, wohin sie 1949 mit ihrem Mann Roland Penrose gezogen war. Die Photos zeigen leger, aber elegant gekleidete Frauen und Männer, offensichtlich notorische Stadtbewohner vom künstlerischen Schlage, die sich mit Tätigkeiten auf dem Bauernhof abgeben. Die elegante Kleidung weist eher auf eine aufwändig choreographierte Inszenierung hin als auf eine dem richtigen Leben abgewonnene Reportage. Nur, wie würde reales Leben denn überhaupt aussehen? Dementsprechend beobachten wir sie: Alfred H. Barr, Jr., der mit einem Eimer in der Hand Schweine füttert, Max Ernst und Dorothea Tanning (das Gesicht der Letzteren verdeckt von einer dunkelhaarigen Mähne) in vollem surrealistischem Schwung beim Unkraut Jäten oder einfach beim nachlässigen Durchkämmen des Grases. Die täglichen Arbeiten gehen über in ein Picknick, das wiederum nach Arbeit aussieht, der Arbeit des Sich-in-Szene-Setzens.

Die Tradition des Picknicks ging von der Genremalerei über auf surrealistische Geselligkeiten, die Edouard Manets Frühstück im Freien nachstellten. Auch Lee Miller beteiligte sich an manchen dieser Gesellschaften und hielt sie auf Photos fest. Das Besondere an ihren Aufnahmen ist, dass sie Künstler nicht im Atelier zeigt, also nicht beim Kampf mit einem Steinquader oder beim Wüten mit Farbe, sondern im Gegenteil beim Nichtstun, vor sich hin träumend, das Für-sich-Sein geniessend, verführerische Blicke wechselnd, vielleicht sogar selbstvergessen unter den Bäumen ruhend.

Der *Vogue*-Essay ist insofern gestellt und verfremdet, als er nicht den Müssiggang surrealistischer Picknicks zeigt, sondern die Arbeit. Wir sind Zeugen einer Idylle einfacher, bodenständiger Tätigkeiten in einer ruhigen, stadtfernen Umgebung, wo die Luft von zartem Sonnenlicht erfüllt ist. Es ist, um genau zu sein, die Musse im Gewand körperlicher Arbeit, bei der das Repertoire rhetorischer Gesten Arbeit suggeriert. Sämtliche Akteure in diesem Pastorale sind entweder Künstler oder gehören der Kunstszene an, ein Personenkreis, für den damals noch die Bezeichnung «Boheme» oder «Avantgarde» gängig war. Lee Miller als erschöpfte Hausfrau ist die Einzige, die beim Ausruhen festgehalten ist: Sie schläft auf einer Couch, offensichtlich nach getaner Arbeit. Doch selbst während sie schläft, arbeitet sie, nämlich als Modell für *Vogue*.

Lee Millers Boheme-Bauernhof in Sussex war die Zufluchtsstätte einer Surrealistin, die den Krieg überlebt hatte und in der englischen Landschaft ein Refugium suchte. Die Arbeit auf dem Hof bot den gequälten Geistern eine Art Therapie – eine Rückbesinnung auf das Einfache und Natürliche nach den fieberhaften Ausbrüchen künstlerisch-schöpferischer Tätigkeit, eine meditative Übung mit dem Ziel, das durch einen ausschweifenden Lebenswandel zerstörte Gleichgewicht wieder herzustellen. Zugleich aber, und das war vielleicht noch wichtiger, schien die Vorstellung von der Arbeit auf dem Bauernhof dem von den Künstlern verspürten Bedürfnis zu entsprechen, sich nach den Schrecken des Krieges mit den realen gesellschaftlichen Verhältnissen und der konkreten Arbeit des Wiederaufbaus zu befassen. Körperliche Arbeit schien ein symbolisches Heilmittel gegen die Übel des modernen Alltags und die Erinnerungen an die Gräuel der jüngsten Vergangenheit zu bieten. Indem sie Arbeit verrichteten, die normalerweise von anderen erledigt wurde, konnten die Künstler allmählich wieder zu ihrer eigenen Arbeit zurückkehren.

Jenseits des Eisernen Vorhangs, in einem völlig anderen Kontext, thematisierte Edward Krasinski «Arbeit» in einem scheinbar ähnlichen Sinn. Im real existierenden Sozialismus wurde Arbeit, befeuert durch ein stachanowsches Ideal der Realisierung des Unmöglichen, als Heldentat ideologisiert. Seine Auffassung, wie sie sich in seinen künstlerischen Arbeiten niederschlägt und durch die Art und Weise ihrer Präsentation und Repräsentation vermittelt wird, scheint dieses offizielle Bild zu untergraben. Seine ländliche Affäre mit der blauen Linie findet just zu dem Zeitpunkt statt, als ein Lager innerhalb der regierenden Vereinigten Polnischen Arbeiterpartei in einem üblen Machtspiel auf antisemitische Propaganda setzt, um die als «Zionisten» und «Literaten» gebrandmarkten Angehörigen des anderen Lagers auszuschalten. Das kommunistische Regime beförderte den Bruch zwischen Arbeitern und Intelligenzija, und die Arbeitermiliz wurde herbeigerufen, um den Studentenprotesten an der Universität von Warschau ein Ende zu setzen. In der Folge der Warschauer Unruhen vom März 1968 landen junge Aktivisten der oppositionellen Studentenbewegung im Gefängnis und wird Tausenden von polnischen Intellektuellen und hoch qualifizierten Berufstätigen jüdischer Herkunft die Ausreise nahegelegt. In diesem Moment der Geschichte Polens entwickelt Krasinski seine Arbeiten mit der blauen Linie und entwirft zugleich die Kulisse für einen grossen Ball auf dem Landgut in Zalesie, der am 2. Juni 1968 von den Kritikern und Künstlern des Kreises um die Galerie Foksal veranstaltet wird. Organisiert wird das Ereignis unter dem melancholischen Titel «Abschied vom Frühling» rund zwei Monate, bevor die Intervention des Warschauer Paktes dem Prager Frühling ein Ende setzt. Zu den im Garten aufgestellten Requisiten gehörte Krasinskis bittere Inszenierung des Gemäldes DAS SCHLARAFFENLAND (1567) von Pieter Bruegel. Drei Figuren aus mit Heu ausgestopftem grauem Sackleinen liegen unter dem Baum als Inbild des Müssiggangs in einem Land, in dem Milch und Honig fliessen.

Steinberg, der 1940 am faschistischen Politecnico di Milano ein Architekturstudium absolvierte und nie ein Haus baute, bemühte sich immer wieder zu zeigen, welche schöpferischen und formenden Kräfte der Linie innewohnen. Ein unbetiteltes Blatt aus dem Jahr 1948 zeigt einen Zeichner, der in einem von ihm selbst gezeichneten Kreis eingeschlossen ist – vermutlich das «Selbstporträt», von dem Krasinski im oben zitierten Interview spricht. Krasinski, der 1940–42 an der Kunstgewerbeschule im besetzten Krakau Kurse besuchte und nie der Ansicht war, dass Kunst ein zu erlernendes Handwerk sei, setzte die Linie in performativer Manier ein, um sich selbst in eine Diskussion über Kunst und Arbeit einzubringen. In einem Interview erklärte er bescheiden: «Die Photographen sind die wahren Künstler.» Künstler sind lediglich arbeitende Gäste.

(Übersetzung Bram Opstelten)

1) Dieses Interview erschien ursprünglich auf Polnisch in: *Obieg* (Warschau), Nr. 3/4 (1993), S. 21–23; deutsche Fassung in *Edward Krasinski. Les mises en scène*, Sabine Breitwieser (Hg.), Generali Foundation, Wien 2006, «Drôle d'interview. Edward Krasinski im Gespräch mit Eulalia Domanowska, Stanislaw Cichowicz und Andrzej Mitan», S. 26.

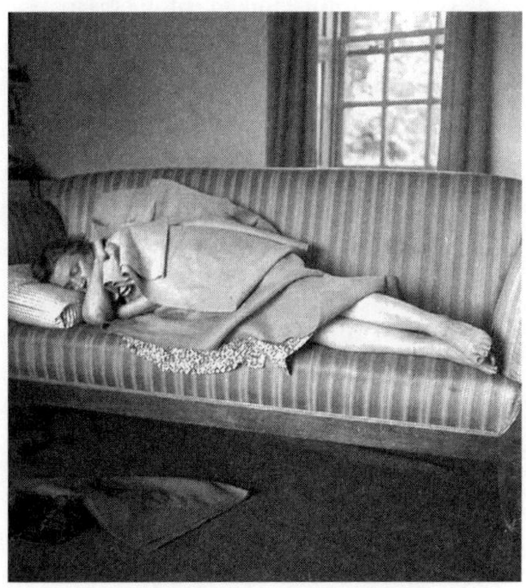

ROLAND PENROSE, LEE MILLER, THE HOSTESS TAKES IT EASY, 1953 / DIE GASTGEBERIN RUHT SICH AUS. (PHOTO: LEE MILLER ARCHIVES, ENGLAND, 2008, ALL RIGHTS RESERVED)

BALKON

JENNIFER HIGGIE & TIM GRIFFIN

TWO COVERS

It was a surprise when Artforum and Frieze used the same photograph for their September 2007 covers. Side by side at the newsstand, the two magazines looked beautiful, as if wiped empty. I started wondering what this said about the art world and in particular the "Grand Tour" of Basel, Venice, and Münster, on which the magazines were reporting. I asked the editors of both magazines to discuss why they chose to use a white, emptied-out portrait of a negative space and of a thirty-year-old artwork, rather than a new piece, to give an image to last summer's big shows.

Bettina Funcke, Senior Editor, NY, *Parkett*

Frieze

We were in unanimous agreement about the Nauman—it's an arresting and very graphic image of a great sculpture that has taken over thirty years to realize. If you look closely, Kaspar König is in the middle of the image—which also makes it an intriguing portrait of the great curator.

It is the first time *Frieze* has shared a cover with *Artforum*—a very Naumanesque situation! The photographer who supplied us with the image apparently had no idea *Artforum* was going to run it on their cover.

Jennifer Higgie
Co-Editor, *Frieze*

Artforum

For every cover there are so many possibilities. For September, in fact, we'd also considered Dominique Gonzalez-Foerster's MÜNSTER ROMAN (2007), which would have nicely underscored the "touristic" aspect of the Grand Tour and asked readers to consider the degree to which art today is merely about its own image—about meeting expectations, in other words. Unfortunately, that work tended to flatten out whenever photographed; the cover would have seemed a mottled field of green randomly filled with objects and people. (Perhaps it's a strength of Gonzalez-Foerster's work that it so resists representation.) Nauman's work, on the other hand, was immediately iconic. And then there's the old trope that I can't afford to ignore: It looked great on a square, since Nauman's work is, after all, a square. It was, as they say, the right fit.

But there's no doubt that the formal dynamics of the image created meaning—or, at least, allowed a metaphorical dimension whose implications are clear enough. The work literalized perspective lines at the same time as it rendered them somewhat paradoxical on the page, leading the reader's eye into the magazine's frame—where one inevitably identifies with the figures in an empty white field—only to prompt that eye to look back out again beyond the publication's borders. More precisely, there's a gentle push-pull dynamic to the image, making the space difficult to gauge.

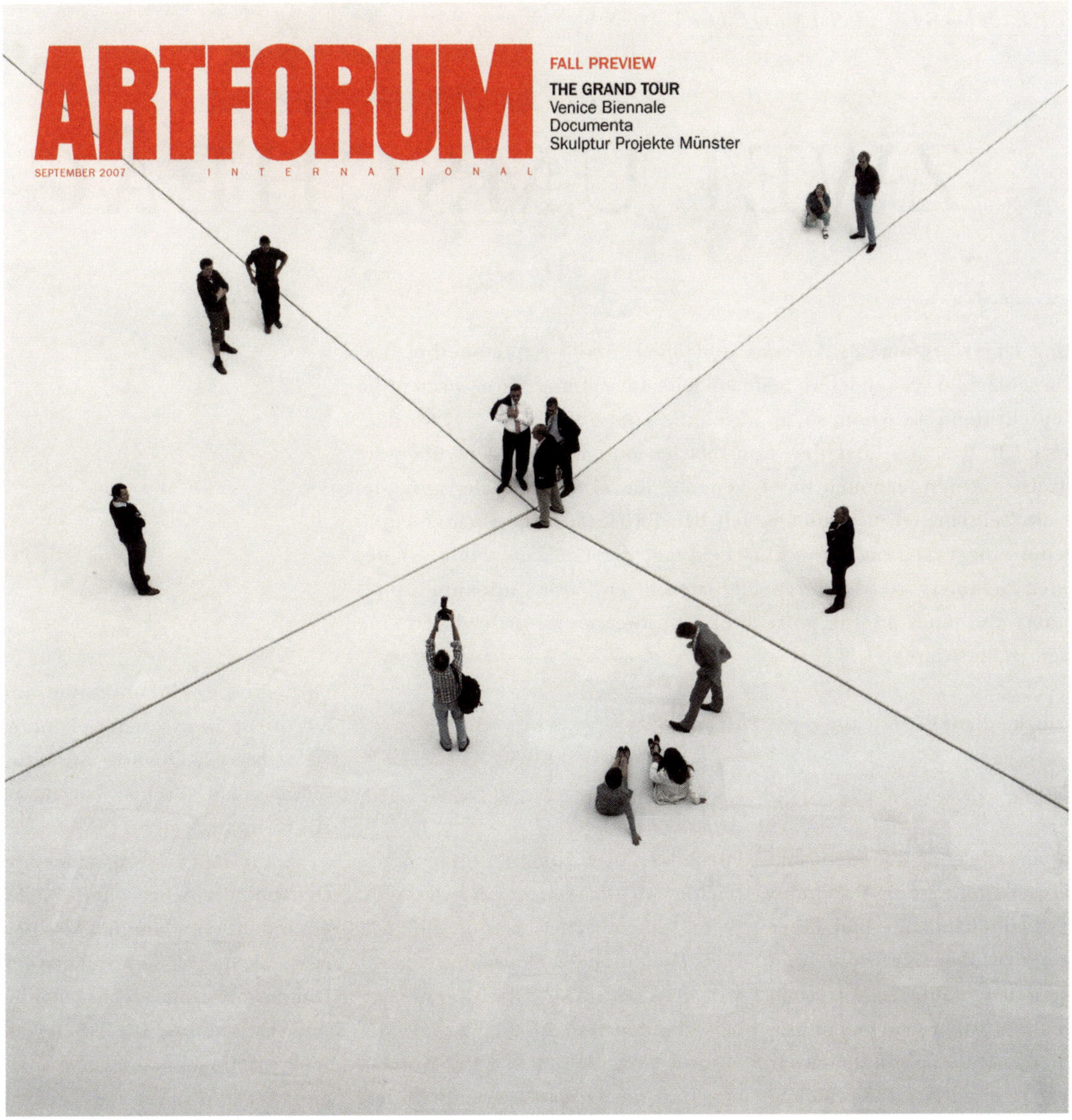

The picture then suggests that we are at a moment when we must survey afresh the contemporary field in a clear-headed way, even surmising again the very criteria—or "perspective lines"—by which we judge art. In this regard, it seemed appropriate that this was a work conceived some thirty years ago but realized only now, suggesting we are at a moment when a renegotiation of our relationship to art history in the wake of Modernism seems imperative. (That Kaspar König himself stands in the middle is icing on the cake.) And the fact that the work is a "depression" seems only too fitting for the exhausted feeling of so many people who, trekking along the Grand Tour's route, were looking for some saving articulation of art in its cultural context—only to discover that it would ultimately be up to themselves, collectively with their colleagues, to do that work. The fact that two magazines would select that image is a nice reflection, consciously or intuitively, of that understanding.

Tim Griffin
Editor, *Artforum*

JENNIFER HIGGIE & TIM GRIFFIN

ZWEI UMSCHLÄGE

Es war eine Überraschung, als *Artforum* und *Frieze* für ihr Septemberheft das gleiche Umschlagbild verwendeten. Seite an Seite am Zeitungskiosk wirkten die beiden Zeitschriften sehr schön, so, als wären die Titelseiten leergefegt worden. Ich fragte mich, was dies über den Kunstbetrieb und insbesondere über die «Grand Tour» mit den Stationen Basel, Venedig, Kassel und Münster aussagte, über die die Zeitschriften berichteten. Ich bat die Herausgeber beider Publikationen um eine Erklärung ihrer Entscheidung, die Grossausstellungen des vergangenen Sommers gerade durch eine weisse, entleerte Aufnahme eines Negativraums und eines dreissig Jahre alten Kunstwerks und nicht durch eine neue Arbeit zu illustrieren.

Bettina Funcke, Redaktionsleitung, NY, *Parkett*

Frieze

Wir waren uns alle einig über den Nauman – die Aufnahme ist ein fesselndes und höchst anschauliches Bild einer grossartigen Plastik, deren Realisierung mehr als dreissig Jahre in Anspruch genommen hat. Wenn man genau hinsieht, ist in der Mitte des Bildes Kaspar König zu erkennen: Es ist also gleichzeitig ein faszinierendes Porträt des grossen Ausstellungsmachers.

Es war das erste Mal, dass *Frieze* das gleiche Umschlagbild wie *Artforum* brachte: eine Situation ganz im Sinne Naumans! Der Photograph, der uns die Aufnahme zur Verfügung stellte, hatte offenbar keine Ahnung, dass auch *Artforum* sie auf dem Umschlag abbilden würde.

Jennifer Higgie
Mitherausgeberin, *Frieze*

Artforum

Für jedes Cover kommen immer zahlreiche Möglichkeiten in Betracht. Beim Septemberheft hatten wir auch an Dominique Gonzalez-Foersters MÜNSTER ROMAN gedacht, eine Arbeit, die den touristischen Aspekt der «Grand Tour» sehr schön hervorgehoben und die Leser dazu aufgefordert hätte, sich zu überlegen, inwieweit es in der Kunst heute um deren eigenes Bild oder, anders gesagt, um das Erfüllen von Erwartungen geht. Leider wirkte diese Arbeit auf den Aufnahmen eher flach. Das Cover wäre als eine gesprenkelte grüne Fläche mit wahllos darüber verteilten Objekten und Menschen erschienen. (Dass sich die Arbeit auf diese Weise der Abbildung widersetzt, mag eine ihrer Stärken sein.) Naumans Arbeit dagegen hatte sogleich etwas Ikonisches. Und dann ist da noch die Bildkonvention, über die ich nicht hinwegsehen konnte: Weil sie selbst ein Quadrat ist, kam sie in einem quadratischen Format optimal zur Geltung.

Allerdings entsprang der formalen Dynamik der Arbeit ohne Zweifel auch ein inhaltliches Moment, das heisst, sie liess zumindest eine metaphorische Dimension mit recht eindeutigen Implikationen zu. Die Arbeit fasste perspektivische Linien ganz konkret auf und verlieh ihnen auf dem Papier gleichzeitig etwas Paradoxes, indem sie den Blick des Lesers in den begrenzten Rahmen der Zeitschrift hineinlenkt – wo man sich zwangsläufig mit den Figuren in einem leeren weissen Feld identifiziert –, nur um denselben Blick auf der Rückseite wieder jenseits der Grenzen der Zeitschrift hinausblicken zu lassen. Das Bild hat eine leichte Schub- und Zugwirkung, die es schwer macht, den Raum genau einzuschätzen. Damit suggeriert es auch, dass wir einen Punkt erreicht haben, an dem wir

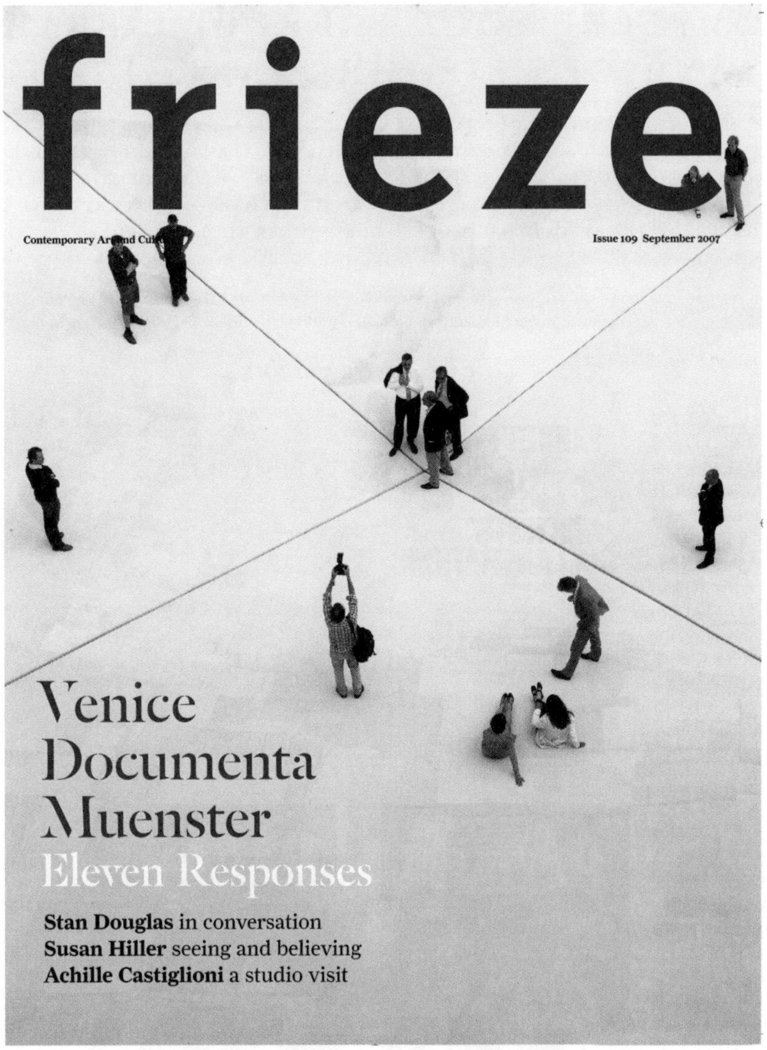

gezwungen sind, die Gegenwartskunst mit Bedacht neu zu vermessen und uns auf die Kriterien zu besinnen – die «perspektivischen Linien» –, anhand derer wir Kunst beurteilen. In dieser Hinsicht erschien es nur angebracht, dass dies eine Arbeit war, die vor etwa dreissig Jahren konzipiert, aber erst jetzt realisiert wurde und damit eben nahelegt, dass wir an einem Punkt angelangt sind, an dem es dringend geboten scheint, unsere Beziehung zur Kunstgeschichte im Gefolge der Moderne neu zu überdenken. (Dass Kaspar König höchstpersönlich in der Mitte steht, sorgt für das Tüpfelchen auf dem i.) Und die Tatsache, dass es sich bei der Arbeit um eine Senke, eine Vertiefung handelt, erscheint nur allzu angemessen angesichts des Gefühls der Erschöpfung, von dem so viele befallen waren, die auf ihrer Reise von einer Station der «Grand Tour» zur nächsten nach irgendeiner rettenden Äusserung der Kunst in ihrem kulturellen Kontext Aussicht hielten, letztlich aber feststellen mussten, dass es ihnen, gemeinsam mit ihren Kollegen, überlassen blieb, diese Arbeit zu erledigen. Die Tatsache, dass zwei Zeitschriften sich für das gleiche Bild entschieden, widerspiegelt, bewusst oder intuitiv, sehr schön diese Erkenntnis.

Tim Griffin
Herausgeber, *Artforum*

COMPLETE YOUR PARKETT LIBRARY
VERVOLLSTÄNDIGEN SIE IHRE PARKETT-BIBLIOTHEK

OUT OF PRINT / VERGRIFFEN: **NO. 1** ENZO CUCCHI, **2** SIGMAR POLKE, **3** MARTIN DISLER, **4** MERET OPPENHEIM, **5** ERIC FISCHL, **6** JANNIS KOUNELLIS, **7** BRICE MARDEN, **8** MARKUS RAETZ, **9** FRANCESCO CLEMENTE, **10** BRUCE NAUMAN, **12** ANDY WARHOL, **13** REBECCA HORN, **16** ROBERT WILSON, **17** FISCHLI/WEISS, **18** ED RUSCHA, **19** JEFF KOONS, MARTIN KIPPENBERGER, **20** TIM ROLLINS&K.O.S., **22** CHRISTIAN BOLTANSKI, JEFF WALL, **24** ALIGHIERO BOETTI, **25** KATHARINA FRITSCH, **26** GÜNTHER FÖRG, PHILIP TAAFFE, JAMES TURRELL, **27** LOUISE BOURGEOIS, ROBERT GOBER, **29** CINDY SHERMAN, JOHN BALDESSARI, **30** SIGMAR POLKE, **31** DAVID HAMMONS, MIKE KELLEY, **33** ROSEMARIE TROCKEL, CHRISTOPHER WOOL, **35** GERHARD RICHTER, **36** STEFAN BALKENHOL, SOPHIE CALLE, **37** CHARLES RAY, FRANZ WEST, **38** ROSS BLECKNER, MARLENE DUMAS, **39** FELIX GONZALEZ-TORRES, WOLFGANG LAIB, **45** MATTHEW BARNEY, SARAH LUCAS, ROMAN SIGNER

For out-of-print issues you can register your name and address with Parkett and you will be notified, if your issue(s) become(s) available on the secondary market / Für vergriffene Bände nimmt der Verlag gerne Ihren Suchauftrag entgegen und macht Ihnen bei allfälliger Verfügbarkeit im Handel ein Angebot.

COLLABORATIONS

PARKETT – 20 YEARS OF ARTISTS' COLLABORATIONS
MIRJAM VARADINIS, ED.
KUNSTHAUS ZÜRICH
"A RARE BEHIND-THE-SCENES LOOK AT ONE OF THE ART WOLRD'S MOST RESPECTED ART MAGAZINES" (D.A.P., NEW YORK)
248 PAGES, 22 COLOR PAGES, 1 COLOR POSTER
248 SEITEN, DAVON 22 IN FARBE, 1 FARBPOSTER
€ 32 / USA: **$ 39** / **CHF 45**
PLUS POSTAGE / ZZGL. VERSANDKOSTEN

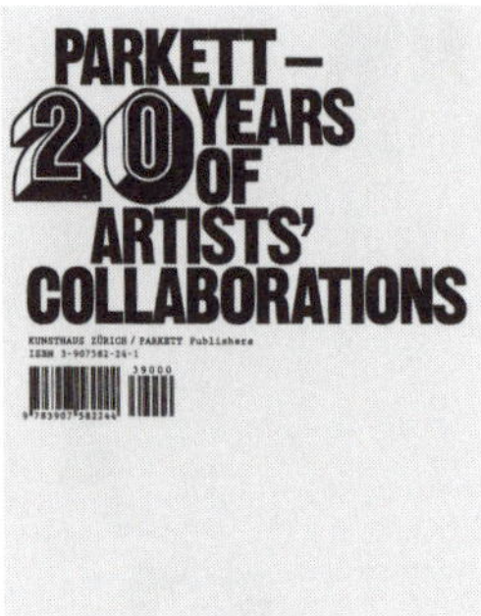

ISBN 3-907582-24-1

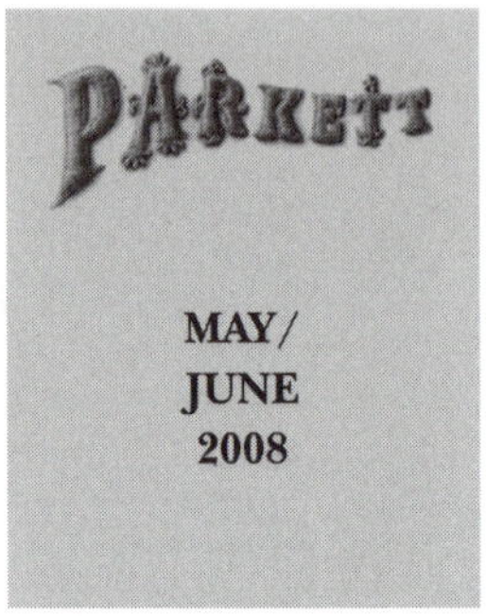

No. 82 - ISBN 978-3-907582-42-8

PAVEL ALTHAMER
LOUISE BOURGEOIS
RACHEL HARRISON

COSIMA VON BONIN
CHRISTIAN JANKOWSKI
AI WEIWEI
LOWTZOW, DIEDERICHSEN, SIMPSON
FALCKENBERG, HEISER, RABINOWITZ
TINARI, HERZOG, MEREWETHER
INSERT: **HEIMO ZOBERNIG**
REICHE: **TINO SEHGAL**
SCHEIDEMANN: **KEITH EDMIER**
JAEGGI: **JULES SPINATSCH**
CUMULUS AMERICA: NICO BAUMBACH
CUMULUS EUROPA: ADAM SZYMCZYK
BALKON: JENNIFER HIGGIE & TIM GRIFFIN

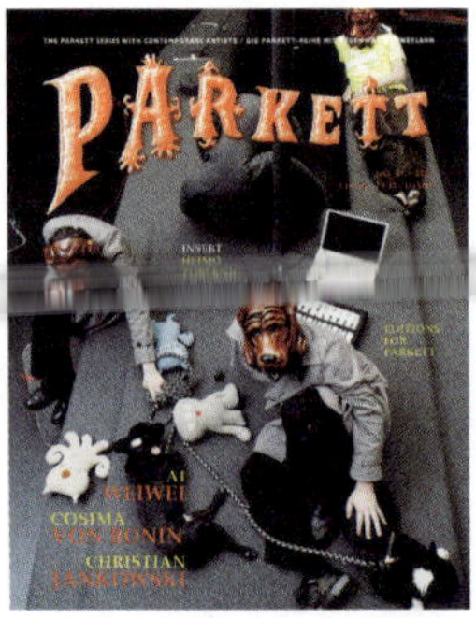

No. 81 - ISBN 978-3-907582-41-1

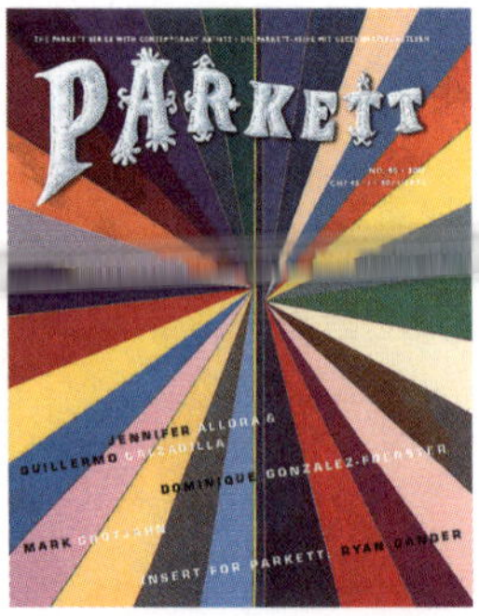

No. 80 - ISBN 978-3-907582-40-4

ALLORA & CALZADILLA
DOMINIQUE GONZALEZ-FOERSTER
MARK GROTJAHN
FALGUIÈRES, McKEE & MANSOOR, WALKER
BIRNBAUM, PARRENO, ECHEVERRÍA
FOGLE, GARRELS, [illegible]
INSERT: **RYAN GANDER**
REXER: **JOANNE GREENBAUM**
DICKHOFF: **MARCEL BROODTHAERS**
RATTEMEYER: **KIAER**
LES INFOS: SASCHA RENNER
CUMULUS AMERICA: LYNN CRAWFORD
CUMULUS EUROPA: ADRIAN NOTZ
BALKON: JACK SAL

ALBERT OEHLEN
JON KESSLER
MARILYN MINTER
O'BRIEN, KELSEY
WAXMAN, LEE, STERLING
SCOTT, RABINOWITZ, SIEGEL
INSERT: **NATE LOWMAN**
BONAVENTURA: **MARK WALLINGER**
GODFREY: **SPENCER FINCH**
LACHMAYER: **GELITIN**
CUMULUS AMERICA: GABRIELA RANGEL
CUMULUS EUROPA: MARC-OLIVIER WAHLER

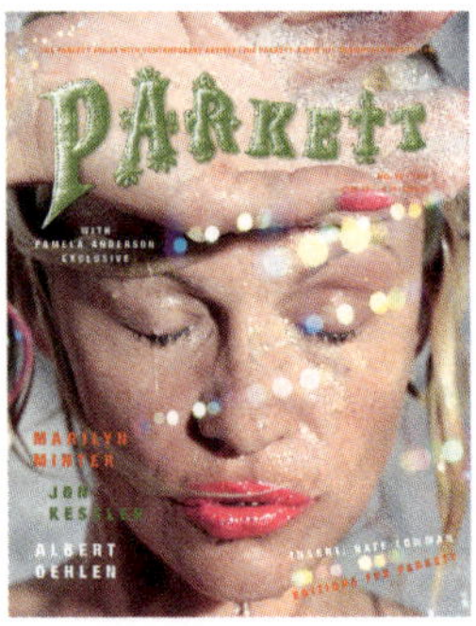

No. 79 - ISBN 978-3-907582-39-8

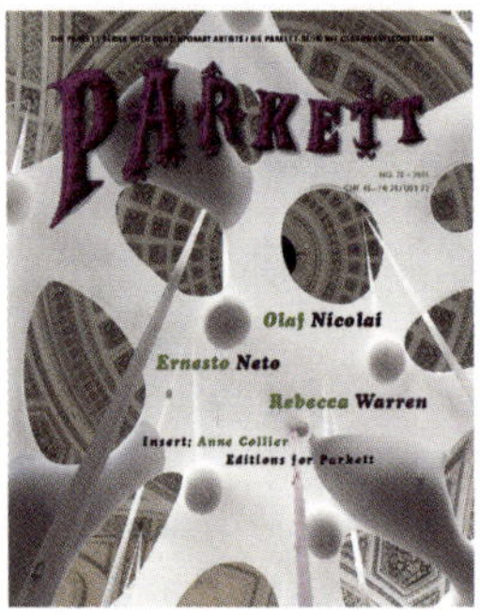

No. 78 - ISBN 978-3-907582-38-1

REBECCA WARREN
OLAF NICOLAI
ERNESTO NETO
BROWN, HERBERT, LAMPERT
PÉCOIL, ESCHE, VON DER HEIDEN
URSPRUNG, HERKENHOFF, HASEGAWA
INSERT: **ANNE COLLIER**
ZOLGHADR: **ANDRO WEKUA**
SCHOR: **CINDY SHERMAN**
ORDEN: **ERWIN WURM**
PERLOFF: **VITO ACCONCI**
CUMULUS AMERICA: KATE FOWLE
CUMULUS EUROPA: SIMON GRANT

CARSTEN HÖLLER
TRISHA DONNELLY
RUDOLF STINGEL
MORGAN, ALLEN, MOUFFE
HOPTMAN, HAINLEY, RUF
RABINOWITZ, HEISER, BONAMI
INSERT: **BETH COLEMAN, HOWARD GOLDKRAND**
RISALITI: **GRAZIA TODERI**
MAC GIOLLA LÉITH: **GERARD BYRNE**
SPINELLI: **ERIK STEINBRECHER**
ATTEMEYER: **CHRISTOPHER WILLIAMS**
LES INFOS: CHRISTOPH BIGNENS
CUMULUS AMERICA: ALI SUBOTNICK
CUMULUS EUROPA: TIRDAD ZOLGHADR

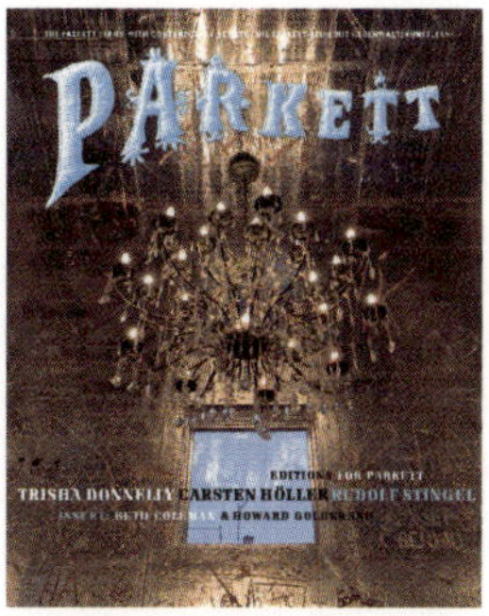

No. 77 - ISBN 3-907582-37-3

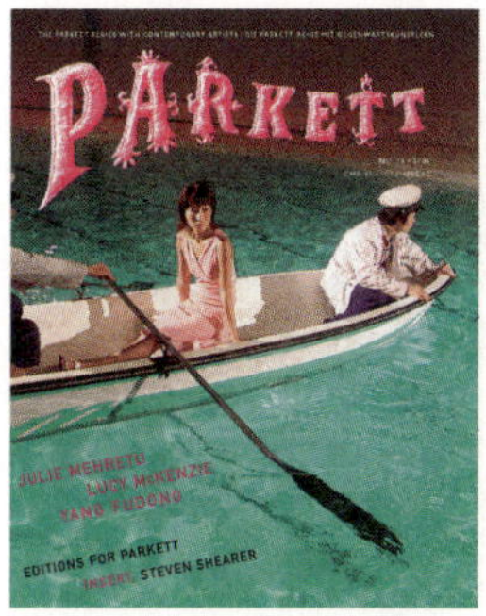

No. 76 - ISBN 3-907582-36-5

JULIE MEHRETU
YANG FUDONG
LUCY MCKENZIE
ZUCKERMAN, ABANI, SCHUPPLI
BECCARIA, HASEGAWA, WEI
MULHOLLAND, GRAW, SIMPSON
INSERT: **STEVEN SHEARER**
SMITH: **ROBERT MACPHERSON**
KAISER: **JOHANNA BILLING**
BURTON: **RACHEL HARRISON**
PÉCOIL: **OLIVIER MOSSET**
LES INFOS: **HANS RUDOLF REUST**
CUMULUS EUROPA: MATTHIAS HALDEMANN
CUMULUS AMERICA: BILL ARNING
BALKON: MARK WELZEL

DANA SCHUTZ
KAI ALTHOFF
GLENN BROWN
WITTNEVEN, AVGIKOS, SHOLIS
KANTOR, LOERS, KOERNER VON GUSTORF
HIGGIE, SMITH, HEISER
INSERT: **BALTHASAR BURKHARD**
FALLOWELL: **GRAYSON PERRY**
AFFENTRANGER-KIRCHRATH: **RÉMY MARKOWITSCH**
LOBEL: **STURTEVANT**
BAUMANN: **SETH PRICE**
CUMULUS OVERSEAS: RACHEL KENT
CUMULUS EUROPA: GIANFRANCO MARANIELLO

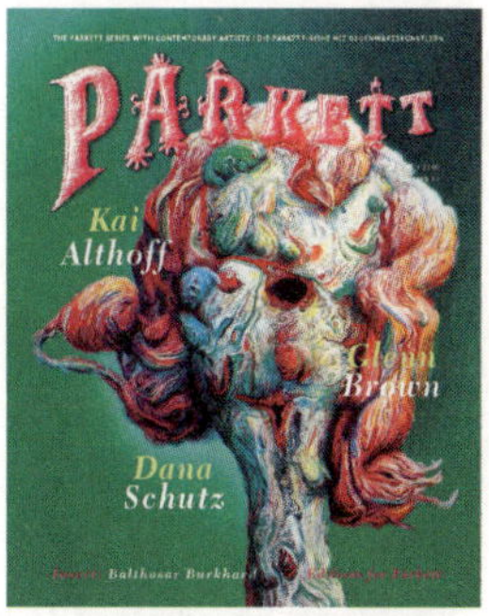

No. 75 - ISBN 3-907582-35-7

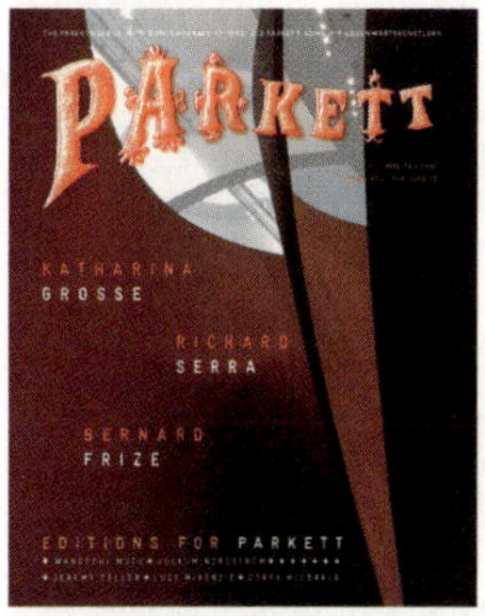

No. 74 - ISBN 3-907582-34-9

RICHARD SERRA
BERNARD FRIZE
KATHARINA GROSSE
FOSTER, NESIN, VISCHER, BAKER
SIEGEL & MATTICK, KANTOR, FALGUIERES
VOLK, OBRIST, KURZMEYER
BRIELMAIER: **WANGECHI MUTU**
SHAW: **JOCKUM NORDSTRÖM**
THOMPSON: **JEREMY DELLER**
BOOGERD: **LUCY MCKENZIE**
VEGH: **COREY MCCORKLE**
LES INFOS: NERI ON TRISHA BROWN
CUMULUS AMERICA: LARRY RINDER
CUMULUS EUROPA: CHRISTY LANGE

ELLEN GALLAGHER
ANRI SALA
PAUL McCARTHY
CLIFF, OKRI, NICHOLS GOODEVE
GODFREY, COOKE, VERWOERT
RELYEA, SIGLER & McCARTHY
INSERT: **MATTHEW BRANNON**
A. ROSENBERG: **JASON DODGE**
R. GOLDBERG: **TANIA BRUGUERA**
T. BEZZOLA: **HARALD SZEEMANN**
CUMULUS AMERICA: DEBRA SINGER
CUMULUS EUROPA: NATAŠA PETREŠIN
BALKON: F. STROUN ON **STEVEN PARRINO**

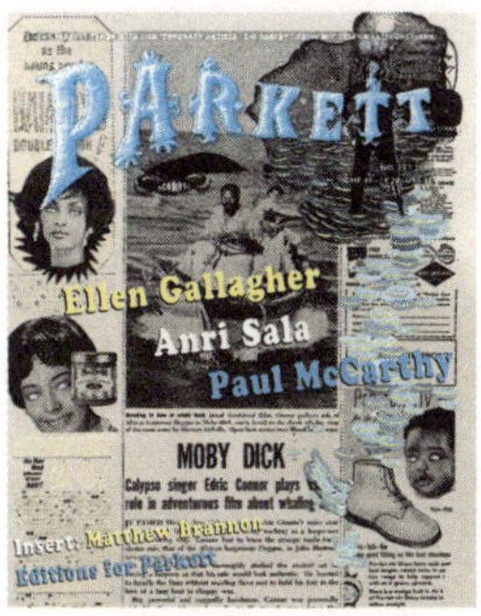

No. 73 - ISBN 3-907582-33-0

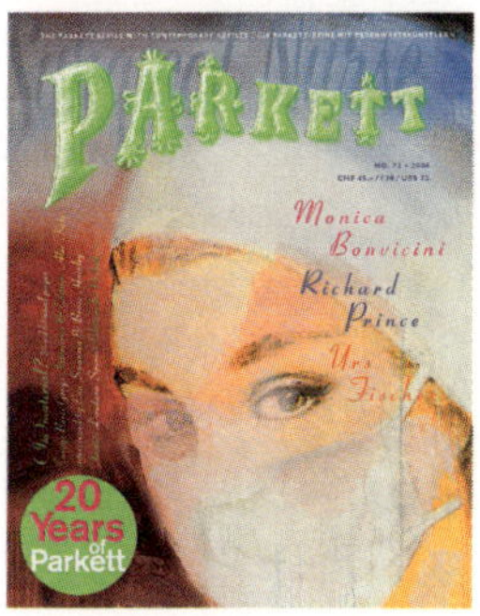

No. 72 - ISBN 3-907582-32-2

MONICA BONVICINI
URS FISCHER
RICHARD PRINCE
REBENTISCH, LERUP, HEISER
RICHARDSON, RUF, WEISSMAN
BLAIR, FOGLE, GINGERAS, PÉCOIL
INSERT: **LOREDANA SPERINI**
A. FRANKE: **MATTHEW BUCKINGHAM**
D. KURJAKOVIC: **SILVIE DEFRAOUI**
M. GLÖDE: **CHRISTIAN JANKOWSKI**
CUMULUS: S. SMITH, H. R. REUST
20 YEARS OF PARKETT: ESSAY BY BORIS GROYS
ARTISTS' PAGES, SPECIAL COLLABORATION: **ALEX KATZ** IN CONVERSATION WITH
ENA SWANSEA & BRUCE HAINLEY

OLAF BREUNING
RICHARD PHILLIPS
KEITH TYSON
WAHLER, RODRIGUEZ, JETZER
DIEDERICHSEN, KOETHER, RATTEMEYER
ARCHER, WAGNER/TYSON, REUST
INSERT: **DAN PERJOVSCHI**
V. KATZ: **KIKI SMITH**, M. NICOL: **WALTER PFEIFFER**, F. McKEE: **FIONA BANNER**
CUMULUS: P. BIANCHI, W. BAERWALDT
BALKON: KLAUS THEWELEIT
20 YEARS OF PARKETT: ESSAY BY NICOLAS BOURRIAUD; ARTISTS' PAGES; SPECIAL COLLABORATION: **PIPILOTTI RIST**
ÄNNE SÖLL; CONVERSATION / GESPRÄCH

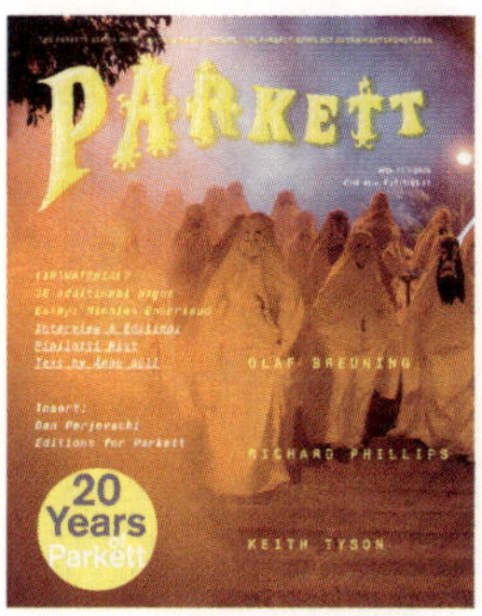

No. 71 - ISBN 3-907582-31-4

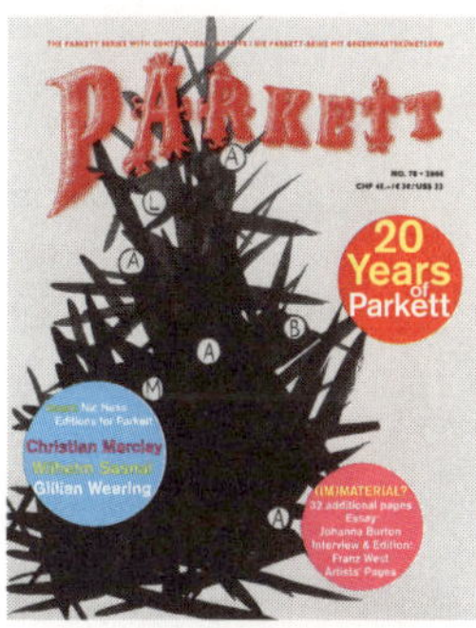

No. 70 - ISBN 3-907582-20-9

CHRISTIAN MARCLAY
WILHELM SASNAL
GILLIAN WEARING
SHERBURNE, SCHAFFNER, VERGNE
DAILEY, SZYMCZYK, JANSEN; CAMERON
BURN, WEARING/RABINOWITZ
INSERT: **NIC HESS**
GREG HILTY: **REBECCA WARREN**
D. VAN DEN BOOGERD: **AERNAUT MIK**
LES INFOS: C. WOOD ON **MARK LECKEY**
CUMULUS: C. THEA, G. SCHOR
BALKON: TINEKE REIJNDERS
20 YEARS OF PARKETT: ESSAY BY JOHANNA BURTON, ARTISTS' PAGES
SPECIAL COLLABORATION: **FRANZ WEST**

FRANCIS ALŸS
ISA GENZKEN
ANISH KAPOOR
SCOTT, ANTON, STORR, HEISER
LEE, KRAJEWSKI, BRYSON
FORSTER, WARNER
INSERT: **ROBERT CRUMB**
KAISER: **AMELIE VON WULFFEN**
COMER: **SWETLANA HEGER**
INQUIRY: CONSENSUS/KONSENS
CUMULUS AMERICA: J. PEARSON
CUMULUS EUROPE: E. TRONCY
BALKON: SERGIO RISALITI

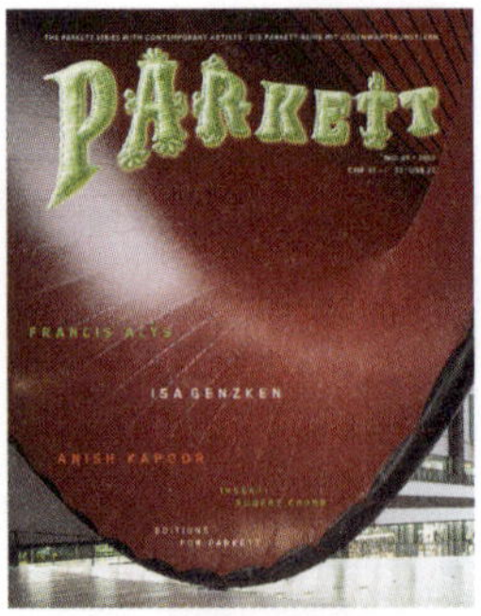

No. 69 - **ISBN 3-907582-19-5**

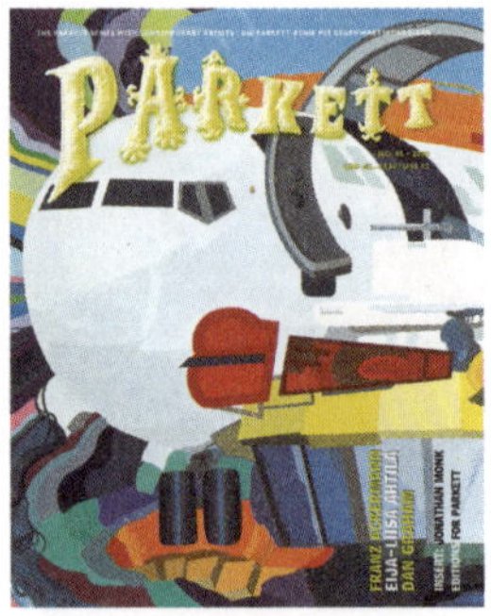

No. 68 - **ISBN 3-907582-18-7**

FRANZ ACKERMANN
EIJA-LIISA AHTILA
DAN GRAHAM
FOGLE, DECTER, STANGE, ILES, ELFVING
KOCH, GUAGNINI/SCHNEIDER, MACDONALD
DI BARTOLOMEO, ROSENBERG MILLER
INSERT: **JONATHAN MONK**
D. KURJAKOVIC: **BOJAN SARCEVIC**
H. U. OBRIST: **BERNARD FRIZE**
G. JANSEN: **DIRK SKREBER**
LES INFOS: J. MURPHY
CUMULUS: C. RABINOWITZ, J. HOFFMANN
BALKON: HANS RUDOLF REUST

JOHN BOCK
PETER DOIG
FRED TOMASELLI
HOFFMANN, BIRNBAUM, AVGIKOS
BONAVENTURA, FUCHS, RUF
CAMERON, RONDEAU, PINCHBECK
INSERT: **MARCEL DZAMA**
T. SELVARATNAM: **SIMON STARLING**
S. OMLIN: **HANNE DARBOVEN**
VISCHER/HERZOG: SCHAULAGER BASEL
LES INFOS: H. BÖHME ON **WANG FU**
CUMULUS: FIRSTENBERG, KERSTING
BALKON: DANIELE MUSCIONICO

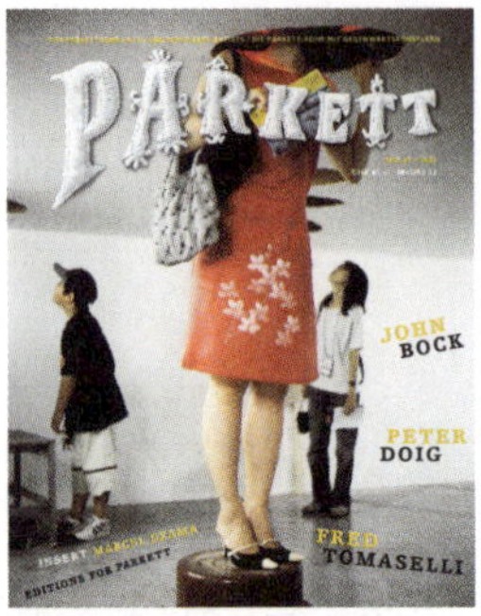

No. 67 - **ISBN 3-907582-17-9**

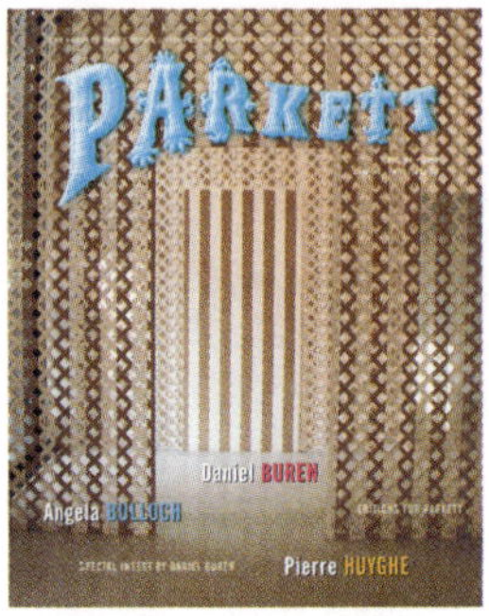

No. 66 - **ISBN 3-907582-16-0**

ANGELA BULLOCH
DANIEL BUREN
PIERRE HUYGHE
REBENTISCH, WILSON, PRINZHORN
RORIMER, GINGERAS, BUREN/HUYGHE
MILLAR, OBRIST, HOBBS
T. NICHOLS GOODEVE/G. BRUNO
E. DIMENDBERG: **ALLAN SEKULA**
LES INFOS: ROBERTO OHRT ON
MONICA BONVICINI
CUMULUS AMERICA: NATO THOMPSON
CUMULUS EUROPA: GREG HILTY

JOHN CURRIN
LAURA OWENS
MICHAEL RAEDECKER
SEWARD, VAN DE WALLE, BERG
FERGUSON, THOMSON, WEISSMAN
VERSCHAFFEL, MYERS, EGGERS
INSERT: **LOU REED**
KURT W. FORSTER: **JEFF WALL**
STORR: **DIETER ROTH & D. IANNONE**
K. BITTERLI: **HUBBARD/BIRCHLER**
LES INFOS: CHRISTINA VÉGH
CUMULUS: O. WESTPHALEN, T. HAHN
BALKON: SHEENA WAGSTAFF

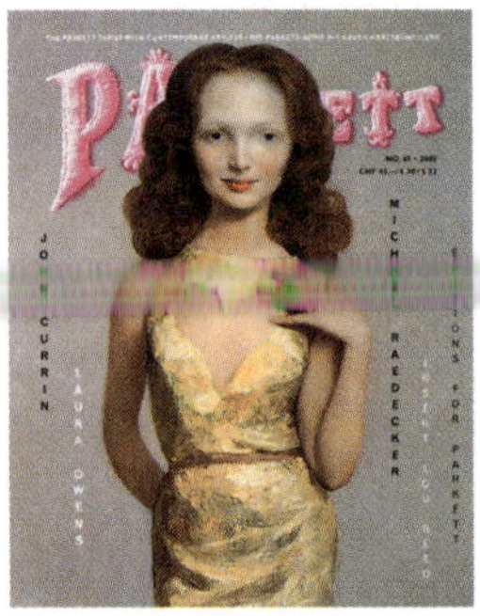

No. 65 - **ISBN 3-907582-15-2**

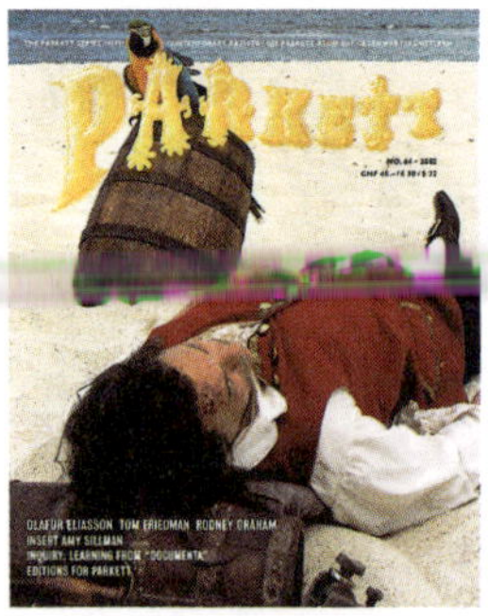

No. 64 - **ISBN 3-907582-14-4**

OLAFUR ELIASSON
TOM FRIEDMAN
RODNEY GRAHAM
BLOM, MORGAN, CAMERON, MATSUI
WATERS/FRIEDMAN, COOKE, HALE
INSERT: **AMY SILLMAN**
VÉRONIQUE D'AUZAC:
XAVIER VEILHAN
INTERVIEW:
A.M. HOMES: **CHRIS VERENE**
HAKAN NILSSON: **ANNIKA LARSSON**
INQUIRY/UMFRAGE:
LEARNING FROM "DOCUMENTA"

TRACEY EMIN
WILLIAM KENTRIDGE
GREGOR SCHNEIDER
BARBER, MUIR, PREECE
GUNNING, STEWART, GOLDBERG
PUVOGEL, LOOCK
INSERT: **JEREMY BLAKE**
CLAUDIA SPINELLI: **FABRICE GYGI**
RAINER FUCHS: **KATHARINA GROSSE**
ADRIAN DANNATT: **THE THREE**
CUMULUS: CHRISTIAN RATTEMEYER
DANIEL BIRNBAUM
BALKON: MICHAEL OPPITZ

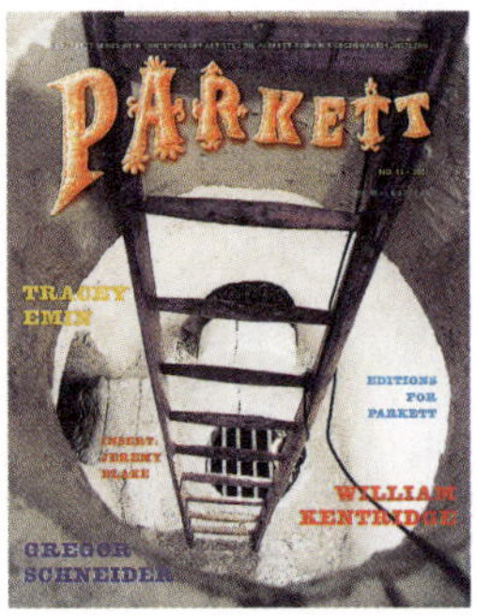

No. 63 - **ISBN 3-907582-13-6**

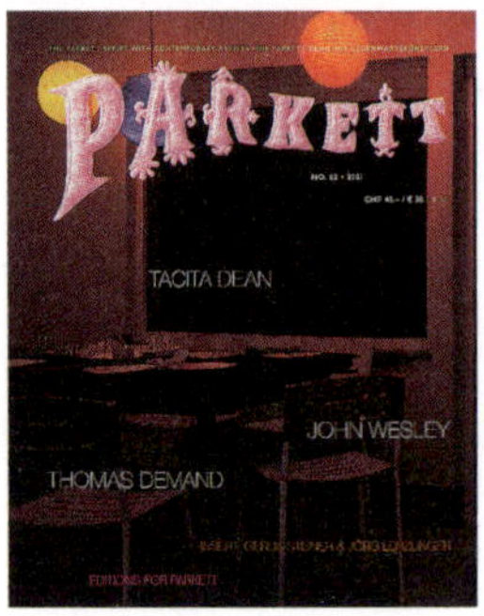

No. 62 - **ISBN 3-907582-12-8**

JOHN WESLEY
TACITA DEAN
THOMAS DEMAND
MILLAR, CARABELL, SCHWARZ
NORDEN, KÖNIG/STOCKEBRAND
HAINLEY, SEARLE, RUBY, HEISER
INSERT: **G. STEINER & J. LENZLINGER**
PHILIP URSPRUNG: **ALLAN KAPROW**
RUSSELL FERGUSON: **GLEN WILSON**
EDWARD A. SCHEER: **MIKE PARR**
LES INFOS: DAVID GREENBERG
CUMULUS: G. CARMINE, S. DIETZ

PARKETT

ARTISTS' EDITIONS FOR PARKETT SUBSCRIBERS
WWW.PARKETTART.COM

81

The PARKETT Series is created in collaboration with artists, who contribute an original work available exclusively to the subscribers in the form of a signed limited SPECIAL EDITION. The available works are also reproduced in each PARKETT issue.

Each SPECIAL EDITION is available by order from any one of our offices in New York or Zurich. Just fill in the details below and send this card to the office nearest you. Once your order has been processed, you will be issued with an invoice and your personal edition number. Upon receipt of payment, you will receive the SPECIAL EDITION. (Please note that supply is subject to availability. PARKETT does not assume responsibility for any delays in production of SPECIAL EDITIONS. Postage is not included.)

☐ **As a subscriber to PARKETT, I would like to order the following Special Edition(s), signed and numbered by the artist.**

PARKETT No.	ARTIST	NAME:
PARKETT No.	ARTIST	ADDRESS:
PARKETT No.	ARTIST	CITY:
PARKETT No.	ARTIST	STATE/ZIP:
PARKETT No.	ARTIST	COUNTRY:
PARKETT No.	ARTIST	PHONE:

☐ **I have indicated my way of payment on the reverse side of this form.**

Send this form to the PARKETT office nearest you:

PARKETT PUBLISHERS 145 AV. OF THE AMERICAS NEW YORK, NY 10013 PHONE (212) 673-2660 FAX (212) 271-0704

PARKETT VERLAG QUELLENSTRASSE 27 CH-8031 ZÜRICH TELEFON +41-44-271 81 40 FAX +41-44-272 43 01

Visit our website: www.parkettart.com

PARKETT

KÜNSTLEREDITIONEN FÜR PARKETT-ABONNENTEN
WWW.PARKETTART.COM

81

Die PARKETT-Buchreihe entsteht in Zusammenarbeit mit Künstlern, die eigens für die Abonnenten einen Originalbeitrag in Form einer limitierten und signierten EDITION gestalten. Diese Editionen sind auch in der Zeitschrift abgebildet und können mit dieser Bestellkarte in jedem unserer Büros in Zürich oder New York bestellt werden. Sie erhalten dann Ihre persönliche Editionsnummer und eine Rechnung. Sobald wir Ihre Zahlung erhalten haben, schicken wir Ihnen Ihre Edition(en). Lieferung solange Vorrat. PARKETT übernimmt keine Verantwortung für allfällige Verzögerungen bei der Herstellung der Vorzugsausgaben. Versandkosten und MwSt (Schweiz) nicht inbegriffen.

☐ **Ich bin PARKETT-Abonnent(in) und bestelle folgende EDITION(EN), nummeriert und vom Künstler signiert:**

PARKETT Nr.	KÜNSTLER/IN	NAME:
PARKETT Nr.	KÜNSTLER/IN	STRASSE:
PARKETT Nr.	KÜNSTLER/IN	PLZ/STADT:
PARKETT Nr.	KÜNSTLER/IN	LAND:
PARKETT Nr.	KÜNSTLER/IN	TEL.:

☐ **Meine Zahlungsweise habe ich auf der Rückseite angegeben.**

Senden Sie die Bestellkarte an das PARKETT-Büro in Ihrer Nähe:

PARKETT VERLAG QUELLENSTRASSE 27 CH-8031 ZÜRICH TELEFON +41-44-271 81 40 FAX +41-44-272 43 01

PARKETT PUBLISHERS 145 AV. OF THE AMERICAS NEW YORK, NY 10013 PHONE (212) 673-2660 FAX (212) 271-0704

Besuchen Sie unsere Website: www.parkettart.com

TRACEY MOFFATT
ELIZABETH PEYTON
WOLFGANG TILLMANS
MARTIN, LAJER-BURCHARTH, RIMANELLI
PILGRIM, URSPRUNG, LIEBMANN, MATSUI
WAKEFIELD, BUDNEY, NESBITT, ZIEGLER
INSERT: **DAVID SHRIGLEY**
C. BERNARD: **JOHAN GRIMONPREZ**
BERNARD MARCADÉ: **ROBERT GOBER**
LES INFOS DE L'ENFER: V. LIEBERMANN
CUMULUS: BLESSING, AUPETITALLOT
BALKON: STEINER/MAGNAGUAGNO

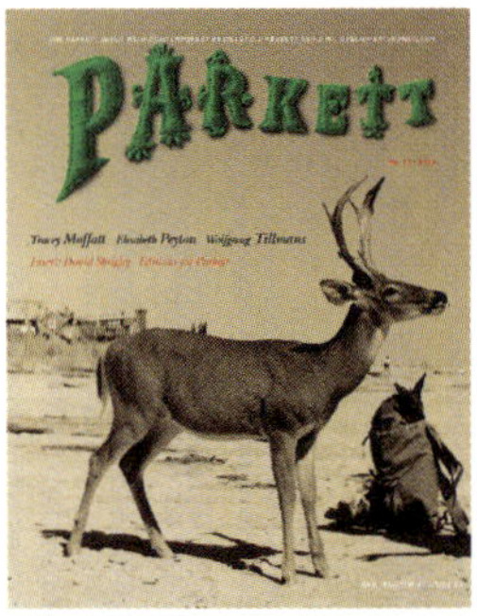

No. 53 - ISBN 3-907582-03-9

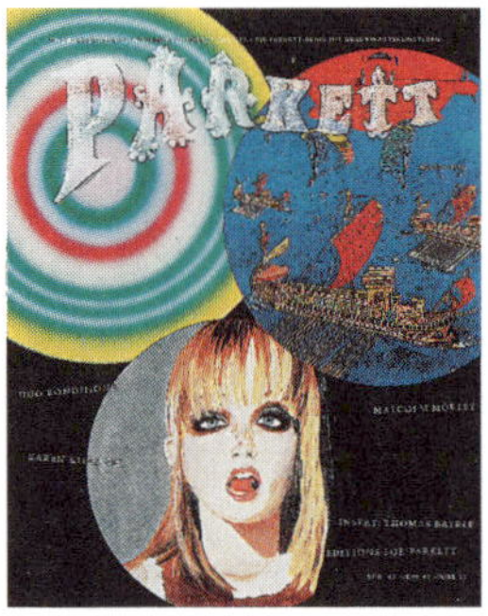

No. 52 - ISBN 3-907582-02-0

KAREN KILIMNIK
MALCOLM MORLEY
UGO RONDINONE
SCHORR, BÜRGI, JUNCOSA
MORLEY, LEBENSZTEJN, BONAMI
VERWOERT, HOPTMAN
INSERT: **THOMAS BAYRLE**
ED WHITE: **JEAN MICHEL OTHONIEL**
NEVILLE WAKEFIELD: **RICHARD SERRA**
GILDA WILLIAMS: **GILLIAN WEARING**
R. GRESKOVIC: **MERCE CUNNINGHAM**
CUMULUS: WALKER, KURZMEYER
BALKON: CECILIA VICUÑA

JOHN M ARMLEDER, JEFF KOONS
JEAN-LUC MYLAYNE
THOMAS STRUTH, SUE WILLIAMS
DI PIETRANTONIO, BOVIER, MUNIZ
SEWARD, LOERS, NICHOLS GOODEVE
COOKE, DION, ARNAUDET, MYLAYNE
CURIGER, LINGWOOD,OKUTSU, BRYSON
SCHJELDAHL, NESBIT, DANNATT, CAMHI
INSERTS: **TOBA KHEDOORI, TACITA DEAN**
ONFRAY: **H. RIGAUD,** NICOL: **SAM SAMORE**
MURPHY, VAN DER WALLE, STEINER
KURT W. FORSTER: **FRANK GEHRY**
CUMULUS: COLEMAN, BIRNBAUM

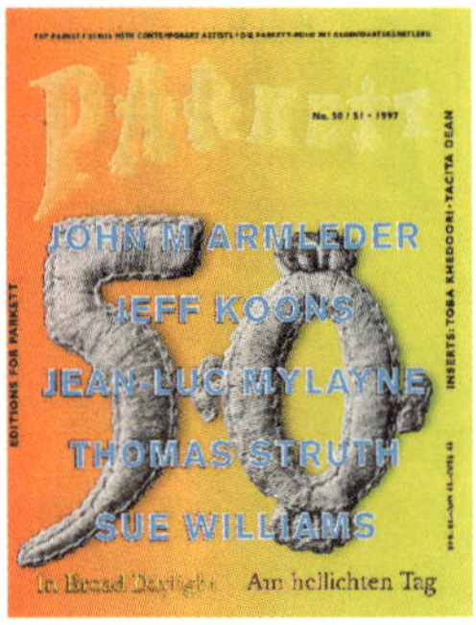

50/51 - ISBN 3-907582-00-4

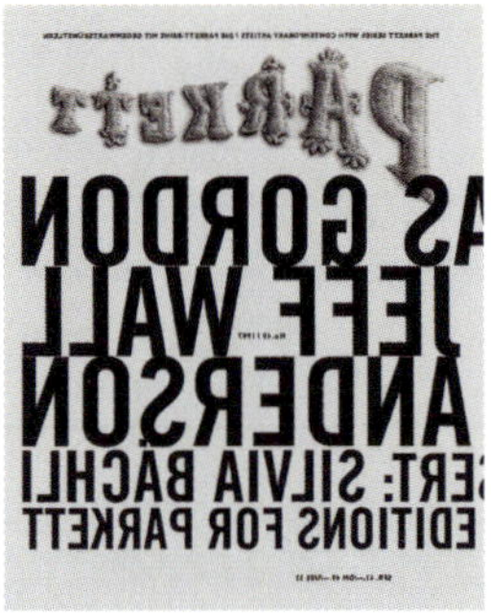

No. 49 - ISBN 3-907509-99-4

LAURIE ANDERSON
DOUGLAS GORDON
JEFF WALL
FLOOD, BEZZOLA, FERGUSON
GILLICK/GORDON, BRYSON
PONTBRIAND, SCHORR, ANDERSON
BURCKHARDT, BUDNEY
INSERT: **SILVIA BÄCHLI**
COLIN DE LAND: **JOHN WATERS**
ROBERT STORR: **SEYDOU KEITA**
D. SALVIONI: **CLEGG & GUTTMANN**
CUMULUS: KITTELMANN, MEYER

GARY HUME
GABRIEL OROZCO
PIPILOTTI RIST
BOVIER, MUIR, FOGLE, BONAMI
DE ZEGHER, SPECTOR, URSPRUNG
BABIAS, COLOMBO, ANDERSON
INSERT: **RUDY BURCKHARDT**
V. KATZ: **RUDY BURCKHARDT**
MARK VAN DER WALLE:
CHARLES LONG & STEREOLAB
FAYE HIRSCH: **BRUCE CONNER**
CH. DOSWALD: **IAN ANÜLL**
CUMULUS: LEGGAT, SCHNEIDER

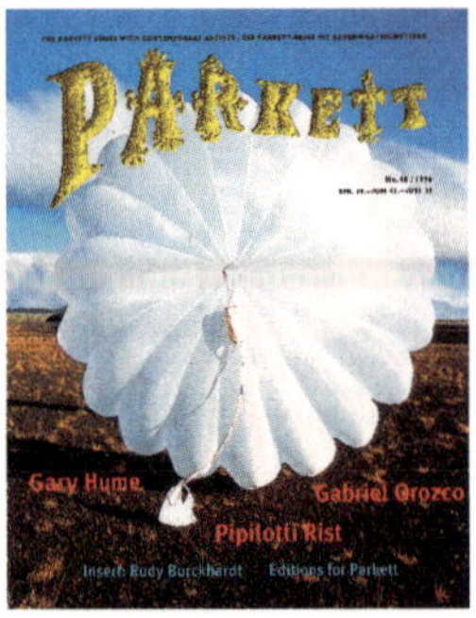

No. 48 - ISBN 3-907509-98-6

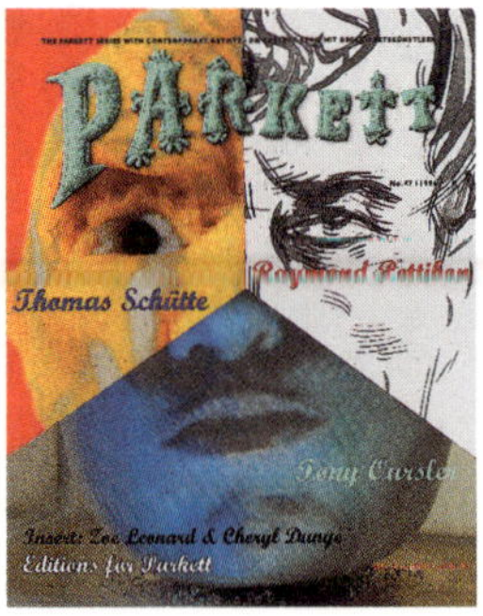

No. 47 - ISBN 3-907509-97-8

TONY OURSLER
RAYMOND PETTIBON
THOMAS SCHÜTTE
COOKE, RICHARD, NERI
LEWIS, GROYS, ALS, RUGOFF
GOODEVE, SEARLE, MARI, REUST
WAKEFIELD, LOOCK, JANUS
INSERT: **ZOE LEONARD & CHERYL DUNYE**
JURI STEINER: **EMMA KUNZ**
M. WECHSLER: **CHRISTOPH RÜTIMANN**
SUSAN MORGAN: **DIANE ARBUS**
CUMULUS: PRINCENTHAL, BOVIER/CHERIX

RICHARD ARTSCHWAGER
CADY NOLAND
HIROSHI SUGIMOTO
DEITCHER, SCHAFFNER, FORSTER
MUNIZ, ARMSTRONG, RELYEA
BOGDAN, GOODEVE, NICKAS
BRYSON, RUGOFF, DENSON
INSERT: **JOHN M ARMLEDER**
ROLAND WÄSPE: **ERWIN WURM**
D. BIRNBAUM: **ÖYVIND FAHLSTRÖM**
LES INFOS DU PARADIS: ROBERT FLECK
CUMULUS: MILLER, VETTESE
BALKON: MARTIN HELLER

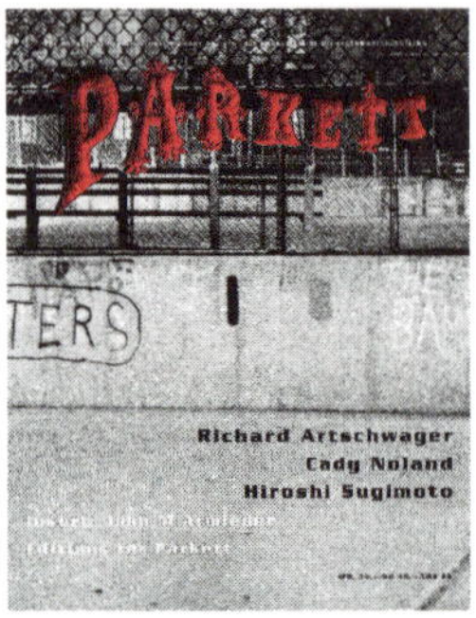

No. 46 - ISBN 3-907509-96-X

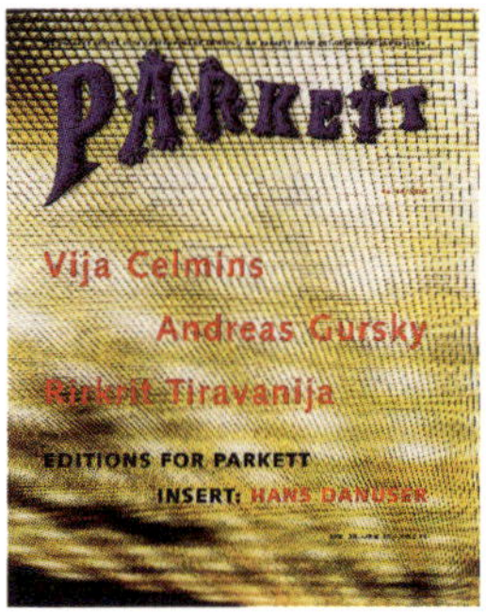

No. 44 - ISBN 3-907509-94-3

VIJA CELMINS
ANDREAS GURSKY
RIRKRIT TIRAVANIJA
PRINCENTHAL, LEWIS, SILVERTHORNE
SHIFF, CRIQUI, BURCKHARDT, WAKEFIELD
SCHORR, MELO, GILLICK, FLOOD, STEINER
INSERT: **HANS DANUSER**
LES INFOS: LIAM GILLICK /DOUGLAS GORDON
LYNNE COOKE, DAVID DEITCHER
DANIEL KURJAKOVIC: **MARIE JOSÉ BURKI**
NAN GOLDIN: **PETER HUJAR**
NOEMI SMOLIK: **ANDREAS SLOMINSKI**
JASON SIMON: **MARK DION**
LUK LAMBRECHT: **MARK LUYTEN**

Each volume of PARKETT is created in collaboration with artists, who contribute an original work specially made for the readers of PARKETT. The works are available in a signed and numbered Special Edition. Prices are subject to change. Postage is not included.

EDITIONS FOR PARKETT

Jeder PARKETT-Band entsteht in Collaboration mit Künstlern, die eigens für die Leser von PARKETT Originalbeiträge gestalten. Diese Vorzugsausgaben sind als nummerierte und signierte Editionen erhältlich. Preisänderungen vorbehalten. Versandkosten und MwSt. (Schweiz) nicht inbegriffen.

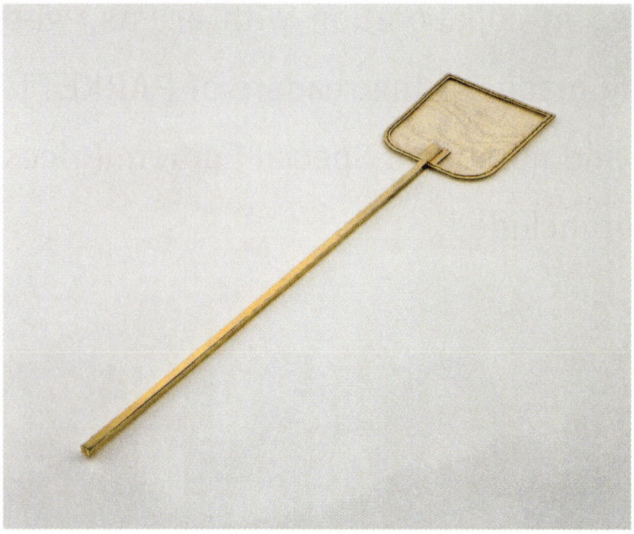

PARKETT 81

AI WEIWEI

SWATTER, 2007

Brass, gilded, 19 3/4 x 2 3/4 x 2/8"

Edition of 55 / XXV, signed and numbered certificate.

$ 2600 / € 1800

Messing, vergoldet, 50 x 7 x 0,5 cm

Auflage 55 / XXV, signiertes und nummeriertes Zertifikat.

CHF 2900 / € 1800

HOW TO KILL TWO BIRDS WITH ONE SWATTER:
EXERCISE ARTISTIC LICENSE AND
CREATE A MAKE-BELIEVE READYMADE.

EINE KLATSCHE GEGEN DAS RUHELOSE FLIEGEN DER GEDANKEN.

PARKETT 81

COSIMA VON BONIN

COLOR WHEEL, 2007

Stainless steel, Polypropylen handles, enameled in 7 colors,

18 1/2 x 2 1/4", production by Saygel & Schreiber, Berlin.

Edition of 45 / XXV, signed and numbered certificate.

$ 2500 / € 1700

Edelstahl, Griffe aus Polypropylen, lackiert in 7 Farben,

47 x 6 cm, Produktion: Saygel & Schreiber, Berlin.

Auflage 45 / XXV, signiertes und nummeriertes Zertifikat.

CHF 2800 / € 1700

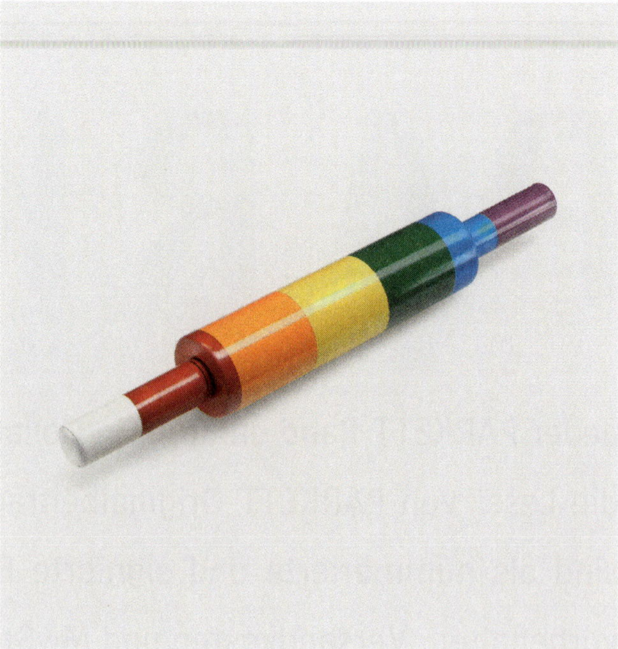

TAKE THE PASTRY OF CONCEPT,
ROLL IT OUT WITH THE COLORS OF THE RAINBOW,
AND SERVE IT UP WITH A DOLLOP OF DEBATE.

EIN WERKZEUG FÜR DEN TÄGLICHEN UMGANG MIT
WELTANSCHAUUNGEN.

HE IS FAR GONE, FAR GONE...
WHAT DO YOU READ MY LORD?
PICTURES, PICTURES, PICTURES.

DAS ALPHABET DER KÜNSTLER ERFÜLLT SICH DURCH EINEN LESER UND FÜNFZIG PHOTOGRAPHEN.

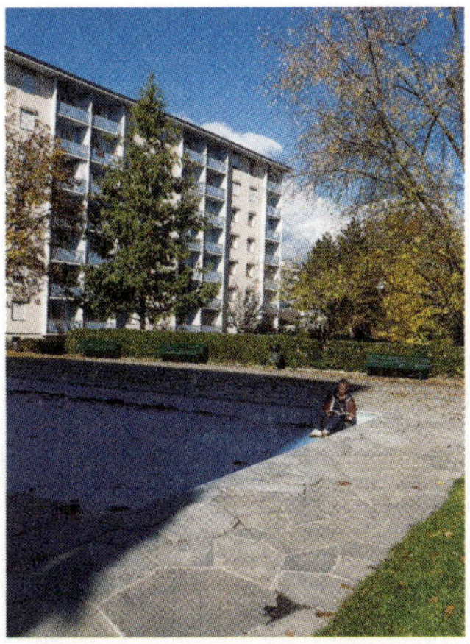

Christian Jankowski reads Parkett Collaboration on Dominique Gonzalez-Foerster
Photo: Michele Freiburghaus, Geneva

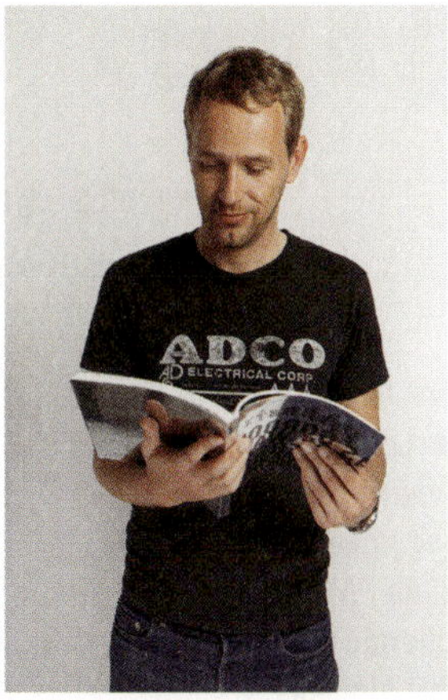

Christian Jankowski reads Parkett Collaboration on Douglas Gordon
Photo: Mirtha Zavala Carosio, Berlin

PARKETT 81

CHRISTIAN JANKOWSKI

CHRISTIAN JANKOWSKI READS 50 PARKETT ARTISTS COLLABORATIONS, 2007 – 2008

50 unique photographs by 50 photographers, 9 ¾ x 7 ¾" each.
Edition of 1/II, each signed and numbered.
$ 2200 / € 1500

CHRISTIAN JANKOWSKI LIEST TEXTE ZU 50 PARKETT-COLLABORATION-KÜNSTLERN, 2007 – 2008

50 Unikat-Photographien von 50 Photographen, je 25 x 20 cm.
Auflage: 1/II, je signiert und nummeriert.
CHF 2500 / € 1500

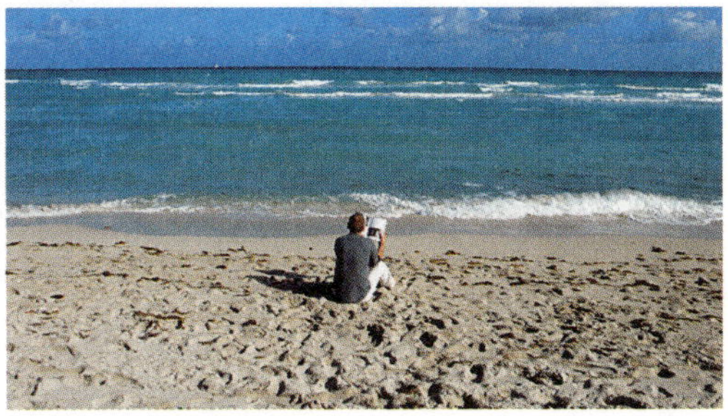

CJ reads Eija-Liisa Ahtila
Photo: Lasia Casil, Miami Beach

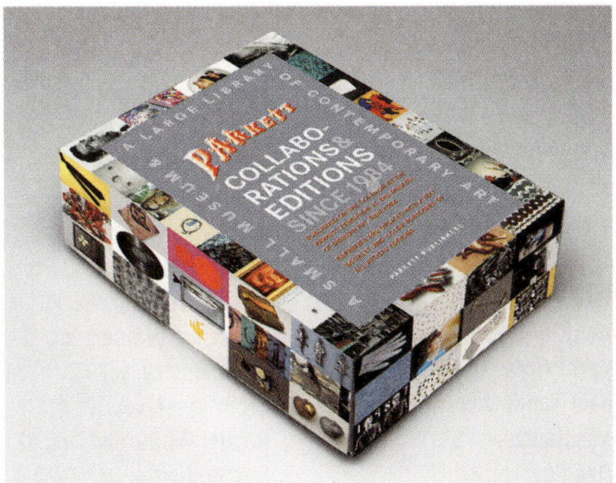

CHF 45 / $ 29 / € 30

ISBN 3-907582-23-3

NEW UPDATED POSTCARD SET WITH TEXT BOOKLET ON MOMA SHOW

Featuring the artists' editions made for PARKETT since 1984 and a booklet with essays by Deborah Wye (Chief Curator Illustrated Books and Prints at MoMA) and Susan Tallman.
172 color postcards, booklet with 2 texts, color reproductions of 64 PARKETT covers. 64 p., packed in a white box, 6 ¼ x 4 ¾ x 2 ⅜".

ERWEITERTES PARKETT-POSTKARTENSET MIT TEXTBÜCHLEIN ZUR MOMA-AUSSTELLUNG

Mit Postkarten der seit 1984 von Künstlern für PARKETT geschaffenen Editionen. Das Textbüchlein enthält 2 Essays zur Ausstellung im MoMA, New York, von Deborah Wye (Chefkuratorin für illustrierte Bücher und Grafik am MoMA) und Susan Tallman.
172 Farbpostkarten, Büchlein mit zwei Texten, Farbabb. von 64 PARKETT-Titelblättern u.a.m. 64 S., in weisser Schachtel, 16 x 12 x 6 cm.

PARKETT

ARTISTS' MONOGRAPHS & EDITIONS / KÜNSTLERMONOGRAPHIEN & EDITIONEN

FOR AVAILABILITY SEE NEXT PAGE / LIEFERBARKEIT SIEHE FOLGENDE SEITE

Franz Ackermann, vol. 68
Eija-Liisa Ahtila, vol. 68
Ai Weiwei, vol. 81
Doug Aitken, vol. 57
Jennifer Allora / Guillermo Calzadilla, vol. 80
Pavel Althamer, vol. 82
Kai Althoff, vol. 75
Francis Alÿs, vol. 69
Laurie Anderson, vol. 49
John Armleder, vol. 50/51
Richard Artschwager, vol. 23, vol. 46
John Baldessari, vol. 29
Stephan Balkenhol, vol. 36
Matthew Barney, vol. 45
Georg Baselitz, vol. 11
Vanessa Beecroft, vol. 56
Ross Bleckner, vol. 38
John Bock, vol. 67
Alighiero e Boetti, vol. 24
Christian Boltanski, vol. 22
Cosima von Bonin, vol. 81
Monica Bonvicini, vol. 72
Louise Bourgeois, vol. 27, 82
Olaf Breuning, vol. 71
Glenn Brown, vol. 75
Angela Bulloch, vol. 66
Daniel Buren, vol. 66
Sophie Calle, vol. 36
Maurizio Cattelan, vol. 59
Vija Celmins, vol. 44
Francesco Clemente, vol. 9 & 40/41
Chuck Close, vol. 60
Enzo Cucchi, vol. 1
John Currin, vol. 65
Tacita Dean, vol. 62
Thomas Demand, vol. 62
Martin Disler, vol. 3
Peter Doig, vol. 67
Trisha Donnelly, vol. 77
Marlene Dumas, vol. 38
Olafur Eliasson, vol. 64
Tracey Emin, vol. 63
Urs Fischer, vol. 72
Eric Fischl, vol. 5
Peter Fischli / David Weiss, vol. 17, 40/41
Sylvie Fleury, vol. 58
Günther Förg, vol. 26 & 40/41
Tom Friedman, vol. 64
Katharina Fritsch, vol. 25
Bernard Frize, vol. 74
Ellen Gallagher, vol. 73
Isa Genzken, vol. 69
Franz Gertsch, vol. 28
Gilbert & George, vol. 14
Liam Gillick, vol. 61
Robert Gober, vol. 27
Nan Goldin, vol. 57
Dominique Gonzalez-Foerster, vol. 80
Felix Gonzalez-Torres, vol. 39
Douglas Gordon, vol. 49
Dan Graham, vol. 68
Rodney Graham, vol. 64
Katharina Grosse, vol. 74
Mark Grotjahn, vol. 80
Andreas Gursky, vol. 44
David Hammons, vol. 31
Rachel Harrison, vol. 82
Thomas Hirschhorn, vol. 57
Damien Hirst, vol. 40/41
Carsten Höller, vol. 77
Jenny Holzer, vol. 40/41
Rebecca Horn, vol. 13 & 40/41
Roni Horn, vol. 54
Gary Hume, vol. 48
Pierre Huyghe, vol. 66
Christian Jankowski, vol. 81
Ilya Kabakov, vol. 34
Anish Kapoor, vol. 69
Alex Katz, vol. 21, 72
Mike Kelley, vol. 31
Ellsworth Kelly, vol. 56
William Kentridge, vol. 63
Jon Kessler, vol. 79
Karen Kilimnik, vol. 52
Martin Kippenberger, vol. 19
Imi Knoebel, vol. 32
Jeff Koons, vol. 19, 50/51
Jannis Kounellis, vol. 6
Yayoi Kusama, vol. 59
Wolfgang Laib, vol. 39
Sherrie Levine, vol. 32
Sarah Lucas, vol. 45
Christian Marclay, vol. 70
Brice Marden, vol. 7
Paul McCarthy, vol. 73
Lucy McKenzie, vol. 76
Julie Mehretu, vol. 76
Mario Merz, vol. 15
Marilyn Minter, vol. 79
Tracey Moffatt, vol. 53
Mariko Mori, vol. 54
Malcolm Morley, vol. 52
Sarah Morris, vol. 61
Juan Muñoz, vol. 43
Jean-Luc Mylayne, vol. 50/51
Bruce Nauman, vol. 10
Ernesto Neto, vol. 78
Olaf Nicolai, vol. 78
Cady Noland, vol. 46
Albert Oehlen, vol. 79
Meret Oppenheim, vol. 4
Gabriel Orozco, vol. 48
Tony Oursler, vol. 47
Laura Owens, vol. 65
Jorge Pardo, vol. 56
Raymond Pettibon, vol. 47
Elizabeth Peyton, vol. 53
Richard Phillips, vol. 71
Sigmar Polke, vol. 2, 30 & 40/41
Richard Prince, vol. 34, 72
Michael Raedecker, vol. 65
Markus Raetz, vol. 8
Charles Ray, vol. 37
Jason Rhoades, vol. 58
Gerhard Richter, vol. 35
Bridget Riley, vol. 61
Pipilotti Rist, vol. 48, 71
Matthew Ritchie, vol. 61
Tim Rollins & K.O.S., vol. 20
Ugo Rondinone, vol. 52
James Rosenquist, vol. 58
Susan Rothenberg, vol. 43
Thomas Ruff, vol. 28
Edward Ruscha, vol. 18 & 55
Anri Sala, vol. 73
Wilhelm Sasnal, vol. 70
Gregor Schneider, vol. 63
Thomas Schütte, vol. 47
Dana Schutz, vol. 75
Richard Serra, vol. 74
Cindy Sherman, vol. 29
Roman Signer, vol. 45
Andreas Slominski, vol. 55
Rudolf Stingel, vol. 77
Beat Streuli, vol. 54
Thomas Struth, vol. 50/51
Hiroshi Sugimoto, vol. 46
Philip Taaffe, vol. 26
Sam Taylor-Wood, vol. 55
Diana Thater, vol. 60
Wolfgang Tillmans, vol. 53
Rirkrit Tiravanija, vol. 44
Fred Tomaselli, vol. 67
Rosemarie Trockel, vol. 33
James Turrell, vol. 25
Luc Tuymans, vol. 60
Keith Tyson, vol. 71
Kara Walker, vol. 59
Jeff Wall, vol. 22 & 49
Andy Warhol, vol. 12
Rebecca Warren, vol. 78
Gillian Wearing, vol. 70
Lawrence Weiner, vol. 42
John Wesley, vol. 62
Franz West, vol. 37, 70
Rachel Whiteread, vol. 42
Sue Williams, vol. 50/51
Robert Wilson, vol. 16
Christopher Wool, vol. 33
Yang Fudong, vol. 76

vol.	Collaboration		
82	Pavel Althamer		
	Louise Bourgeois		
	Rachel Harrison		
81	Ai Weiwei	m	e
	Cosima von Bonin	m	e
	Christian Jankowski	m	e
80	Allora & Calzadilla	m	
	D. Gonzalez-Foerster	m	e
	Mark Grotjahn	m	e
79	Albert Oehlen	m	e
	Jon Kessler	m	e
	Marilyn Minter	m	
78	Ernesto Neto	m	e
	Olaf Nicolai	m	e
	Rebecca Warren	m	
77	Trisha Donnelly	m	e
	Carsten Höller	m	e
	Rudolf Stingel	m	e
76	Lucy McKenzie	m	e
	Julie Mehretu	m	
	Yang Fudong	m	e
75	Kai Althoff	m	e
	Glenn Brown	m	
	Dana Schutz	m	
74	Bernard Frize	m	
	Katharina Grosse	m	e
	Richard Serra	m	
73	Ellen Gallagher	m	
	Paul McCarthy	m	
	Anri Sala	m	e
72	Monica Bonvicini	m	
	Urs Fischer	m	
	Richard Prince	m	
71	Olaf Breuning	m	e
	Richard Phillips	m	e
	Keith Tyson	m	e
70	Christian Marclay	m	e
	Wilhelm Sasnal	m	e
	Gillian Wearing	m	e
69	Francis Alÿs	m	
	Isa Genzken	m	
	Anish Kapoor	m	
68	Franz Ackermann	m	e
	Eija-Liisa Ahtila	m	e
	Dan Graham	m	e
67	John Bock	m	e
	Peter Doig	m	
	Fred Tomaselli	m	
66	Angela Bulloch	m	e
	Daniel Buren	m	e
	Pierre Huyghe	m	e
65	John Currin	m	
	Laura Owens	m	
	Michael Raedecker	m	
64	Olafur Eliasson	m	
	Tom Friedman	m	
	Rodney Graham	m	
63	Tracey Emin	m	e
	William Kentridge	m	
	Gregor Schneider	m	

vol.	Collaboration		
62	Tacita Dean	m	e
	Thomas Demand	m	
	John Wesley	m	
61	Liam Gillick	m	
	Sarah Morris	m	e
	Bridget Riley	m	
	Matthew Ritchie	m	e
60	Chuck Close	m	
	Diana Thater	m	e
	Luc Tuymans	m	e
59	Maurizio Cattelan	m	
	Yayoi Kusama	m	
	Kara Walker	m	
58	Sylvie Fleury	m	
	Jason Rhoades	m	
	James Rosenquist	m	
57	Doug Aitken	m	e
57	Nan Goldin	m	
	Thomas Hirschhorn	m	
56	Vanessa Beecroft	m	
	Ellsworth Kelly	m	
	Jorge Pardo	m	e
55	Edward Ruscha	m	
	Andreas Slominski	m	
	Sam Taylor-Wood	m	
54	Roni Horn	m	
	Mariko Mori	m	
	Beat Streuli	m	
53	Tracey Moffatt	m	
	Elizabeth Peyton	m	
	Wolfgang Tillmans	m	
52	Karen Kilimnik	m	e
	Malcolm Morley	m	e
	Ugo Rondinone	m	e
50/51	John Armleder	m	
	Jeff Koons	m	e
	Jean-Luc Mylayne	m	
	Thomas Struth	m	
	Sue Williams	m	
49	Laurie Anderson	m	e
	Douglas Gordon	m	
	Jeff Wall	m	
48	Gary Hume	m	
	Gabriel Orozco	m	
	Pipilotti Rist	m	
47	Tony Oursler	m	
	Raymond Pettibon	m	
	Thomas Schütte	m	e
46	Richard Artschwager	m	
	Cady Noland	m	
	Hiroshi Sugimoto	m	
45	Matthew Barney		
	Sarah Lucas		
	Roman Signer		e
44	Vija Celmins	m	
	Andreas Gursky	m	
	Rirkrit Tiravanija	m	e
43	Juan Muñoz	m	
	Susan Rothenberg	m	
42	Lawrence Weiner	m	e

vol.	Collaboration		
	Rachel Whiteread	m	
40/41	Francesco Clemente	m	
	Fischli/Weiss	m	
	Günther Förg	m	
	Damien Hirst	m	
	Jenny Holzer	m	
	Rebecca Horn	m	
	Sigmar Polke	m	
39	Felix Gonzalez-Torres		
	Wolfgang Laib		
38	Ross Bleckner		
	Marlene Dumas		
37	Charles Ray	m	
	Franz West	m	e
36	Stephan Balkenhol		
	Sophie Calle		
35	Gerhard Richter		
34	Ilya Kabakov	m	
	Richard Prince	m	
33	Rosemarie Trockel	m	
	Christopher Wool	m	
32	Imi Knoebel	m	
	Sherrie Levine	m	
31	David Hammons		
	Mike Kelley		
30	Sigmar Polke		
29	John Baldessari		
	Cindy Sherman		
28	Franz Gertsch	m	
	Thomas Ruff	m	
27	Louise Bourgeois		
	Robert Gober		
26	Günther Förg		
	Philip Taaffe		
25	Katharina Fritsch		
	James Turrell		
24	Alighiero e Boetti		
23	Richard Artschwager	m	
22	Christian Boltanski		
	Jeff Wall		
21	Alex Katz	m	
20	Tim Rollins + K.O.S.		
19	Martin Kippenberger		
	Jeff Koons		
18	Ed Ruscha		
17	Fischli/Weiss		
16	Robert Wilson		
15	Mario Merz	m	
14	Gilbert & George	m	
13	Rebecca Horn		
12	Andy Warhol		
11	Georg Baselitz	m	
10	Bruce Nauman		
9	Francesco Clemente		
8	Markus Raetz		
7	Brice Marden		
6	Jannis Kounellis		
5	Eric Fischl		
4	Meret Oppenheim		
3	Martin Disler		
2	Sigmar Polke		
1	Enzo Cucchi		

m = available monograph / erhältliche Monographie, e = available edition / erhältliche Edition
Delivery subject to availability at time of order / Lieferung solange Vorrat

PARKETT IN BOOKSHOPS (Selection)

PARKETT IS AVAILABLE IN 500 LEADING ART BOOKSHOPS AROUND THE WORLD. FOR FURTHER INFORMATION CONTACT:
PARKETT GIBT ES IN 500 FÜHRENDEN KUNSTBUCHHANDLUNGEN AUF DER GANZEN WELT. FÜR WEITERE INFORMATIONEN WENDEN SIE SICH BITTE AN:
PARKETT VERLAG, QUELLENSTRASSE 27, CH-8031 ZÜRICH, TEL. +41-1 271 81 40, FAX 272 43 01, WWW.PARKETTART.COM;
PARKETT, 145, AVENUE OF THE AMERICAS, NEW YORK, N.Y. 10013, PHONE +1 (212) 673-2660, FAX 271-0704, WWW.PARKETTART.COM

NORTH & SOUTH AMERICA, ASIA, AUSTRALIA

DISTRIBUTOR / VERTRIEB
D.A.P. (DISTRIBUTED ART PUBLISHERS)
155 AVENUE OF THE AMERICAS,
2ND FLOOR,
NEW YORK, NY 10013

USA

AUSTIN, TX
BOOK PEOPLE
603 N. LAMAR

BEACON, NY
DIA: BEACON
3 BEEKMAN STREET

BERKELEY, CA
BERKELEY ART MUSEUM
2625 DURANT AVENUE

CODY'S BOOKS
2454 TELEGRAPHE AVENUE

BEVERLY HILLS, CA
RIZZOLI
9501 WILSHIRE BOULEVARD

BOSTON, MA
INSTITUTE OF CONTEMPORARY ART
955 BOYLSTON STREET

TRIDENT BOOKSELLERS
338 NEWBURY STREET

BUFFALO, NY
TALKING LEAVES
3158 MAIN STREET

CAMBRIDGE, MA
MIT PRESS BOOKSTORE
292 MAIN STREET

CHICAGO, IL
ART INSTITUTE OF CHICAGO
104 S. MICHIGAN

MUSEUM OF CONTEMPORARY ART
220 EAST CHICAGO AVENUE

QUIMBY'S
1854 W. NORTH AVENUE

SMART MUSEUM OF ART
5550 S. GREENWOOD AVENUE

CINCINNATI, OH
CONTEMPORARY ARTS CENTER
115 E. 5TH STREET

COLUMBUS, OH
COLUMBUS MUSEUM OF ART
372 COMMONS MALL

WEXNER CENTER BOOKSTORE
30 W. 15TH STREET

CORAL GABLES, FL
BOOKS & BOOKS
296 ARAGON ROAD

HOUSTON, TX
BRAZOS BOOKSTORE
2421 BISSONNET

CONTEMPORARY ARTS MUSEUM
5216 MONTROSE BOULEVARD

MENIL COLLECTION
1520 SUL ROSS

HUNTINGTON, WV
HUNTINGTON MUSEUM OF ART
2033 MCCOY ROAD

LOS ANGELES, CA
BOOK SOUP
8818 SUNSET BOULEVARD/
3333 BRISTOL ST.

MUSEUM OF CONTEMPORARY ART
250, S. GRAND

LOS ANGELES, CA
UCLA / ARMAND HAMMER MUSEUM OF ART
10899 WILSHIRE BOULEVARD

MIAMI, FL
BOOKS & BOOKS
296 ARAGON AVENUE, CORAL GABLES

MUSEUM OF CONTEMPORARY ART
770 N.E. 125TH STREET NORTH MIAMI

MIAMI BEACH, FL
BASE, 939, LINCOLN ROAD

MINNEAPOLIS, MN
THE WALKER ART CENTER BOOKSTORE
VINELAND PLACE

NEW YORK, NY
MUSEUM OF MODERN ART
11 WEST 53RD STREET

NEW MUSEUM OF CONTEMPORARY
ART STORE
556 WEST 22ND STREET

RIZZOLI
454 WEST BROADWAY

SAINT MARK'S BOOKSTORE
31 3RD AVENUE

COLISEUM BOOKS INC.
11 WEST 42ND STREET

OAKLAND, CA
DIESEL, A BOOKSTORE
5433 COLLEGE AVENUE

OAK PARK, MI
BOOK BEAT LTD.
26010 GREENFIELD

OMAHA, NE
JOSLYN ART MUSEUM
2200 DODGE STREET

PHILADELPHIA, PA
AVRIL 50
3406 SANSOM STREET

WATERSTONE BOOKSELLERS
2191 HORNIG ROAD

PITTSBURGH, PA
CARNEGIE INSTITUTE
4400 FORBES AVENUE

PORTLAND, OR
POWELL'S BOOKS
7 NW 9TH STREET

PROVIDENCE, NY
ACCIDENT OR DESIGN
128 N. MAIN STREET

RHODE ISLAND SCHOOL OF DESIGN
2 COLLEGE STREET, 1765

SAN ANTONIO, TX
SLOAN / HALL SAN ANTONIO
5930 BROADWAY

SAN FRANCISCO, CA
A CLEAN WELL LIGHTED PLACE
601 VAN NESS AVENUE

CITY LIGHTS BOOKSHOP
261 COLUMBUS AVENUE

SF MUSEUM OF MODERN ART,
MUSEUMBOOKS
151 3RD STREET, 1ST FLOOR

ST. LOUIS, MO
LEFT BANK BOOKS
399 NORTH EUCLID

SANTA MONICA, CA
ARCANA
1229 3RD STREET PROMENADE

BERGAMOT BOOKSTORE
2525 MICHIGAN AVENUE, G-5B

HENNESSEY & INGALLS BOOKS
214 WILSHIRE BLVD

ST. PAUL, MN
HUNGRY MIND BOOKSTORE
1648 GRAND AVENUE

SEATTLE, WA
UNIVERSITY BOOKSTORE
4326 UNIVERSITY WAY

WASHINGTON D.C.
NATIONAL GALLERY OF ART
6TH STREET & CONSTITUTION
AVENUE, NW

CANADA / KANADA

MONTREAL
OLIVIERI LIBRAIRIE BOOKSTORE
185 STREET CATHERINE WEST

TORONTO
ART GALLERY OF ONTARIO
317 DUNDAS STREET WEST

ART METROPOLE
788 KING STREET WEST

DAVID MIRVISH BOOKS ON ART
596 MARKHAM STREET

VANCOUVER
VANCOUVER ART GALLERY
750 HORNBY STREET

AUSTRALIA / AUSTRALIEN

DARLINGHURST
EAST SYDNEY BOOKSTORE
THE DOME, THE ELAN BUILDING
1 KINGS CROSS ROAD

SYDNEY
MUSEUM OF CONTEMPORARY ART
140 GEORGE STREET,
CIRCULAR QUAY NORTH

GLEE BOOKS
191 GLEBE POINT ROAD, GLEBE

NEW ZEALAND / NEUSEELAND

AUCKLAND
MAGAZZINO SUBSCRIPTION
P.O. BOX 905909

ASIA / ASIEN

JAPAN

TOKYO
AOYAMA BOOK CENTRE, SHIBUYA-KU
COSMOS AOYAMA GARDEN FLOOR B2F
5-53-97, JINGUMAE

ART & BOOKS
2-1-13-307
TAKANAWA, MINATO-KU

EOS ART BOOKS
DOMILE KITA 108
1-10-21 KICHIJOJI-KITAMACHI

SINGAPORE / SINGAPUR

PAGE ONE BOOKSTORE
20 KAKI BUKIT VIEW TECHPARK

CHINA

TAIPEI
ARTLAND BOOKS CO., LTD.
B1 122 JEN AI RD., SEC3

GREAT BRITAIN / GROSSBRITANNIEN

DISTRIBUTOR / VERTRIEB
CENTRAL BOOKS
99, WALLIS ROAD
LONDON E9 5LN

BIRMINGHAM
IKON GALLERY
1 OOZELLS SQUARE

BRIGHTON
BORDERS BOOKSHOP
CHURCHILL SQUARE SHOPPING CENTRE

BRISTOL
ARNOLFINI BOOKSHOP
16 NARROW QUAY

CARDIFF
CHAPTER ARTS CENTRE
MARKET ROAD

CARLISLE
CASTLE THE STORE
LONDON ROAD

LONDON
ARTWORDS BOOKSHOP
RIVINGTON STREET

BORDERS BOOKSHOP
120 CHARING CROSS ROAD

BORDERS BOOKSHOP
203–207 OXFORD STREET

BORDERS BOOKSHOP
N1 CENTRE ISLINGTON

CAMDEN ARTS CENTRE
ARKWRIGHT ROAD

HAYWARD GALLERY
SOUTH BANK

IAN SHIPLEY BOOKSHOP
70 CHARING CROSS ROAD

INSTITUTE OF CONTEMPORARY ARTS
12 CARLTON HOUSE TERRACE
THE MALL

SERPENTINE GALLERY
KENSINGTON GARDENS

TATE MODERN
BANKSIDE

WHITECHAPEL ART GALLERY
80 WHITECHAPEL HIGH STREET

OXFORD

MODERN ART OXFORD
30 PEMBROKE STREET

SCOTLAND / SCHOTTLAND

EDINBURGH

SCOTTISH GALLERY OF MODERN ART
75 BELFORD ROAD

IRELAND / IRLAND

CORK

LEWIS GLUCKSMAN GALLERY
UNIVERSITY COLLEGE

DUBLIN

DOUGLAS HYDE GALLERY
TRINITY COLLEGE

GERMANY / DEUTSCHLAND

DISTRIBUTOR / VERTRIEB

GVA VERLAGSSERVICE GÖTTINGEN
PF 2021
D-37010 GÖTTINGEN

BERLIN

BÜCHERBOGEN AM SAVIGNYPLATZ
STADTBAHNBOGEN 593

GALERIE 2000 KUNSTBUCHHANDLUNG
KNESEBECKSTRASSE 56/58

WIENS LADEN & VERLAG
LINIENSTRASSE 158 (HOF)

BIELEFELD

THALIA UNIVERSITÄTSBUCHHANDLUNG
FILIALE PHÖNIX, OBERNTORWALL 23

BREMEN

BEIM STEINERNEN KREUZ GMBH
BEIM STEINERNEN KREUZ 1

DRESDEN

WEISSLACK
LUISENSTRASSE 52

DÜSSELDORF

LITERATUR BEI RUDOLF MÜLLER
NEUSTRASSE 38

WALTHER KÖNIG BUCHHANDLUNG
HEINRICH-HEINE-ALLEE 15

FRANKFURT

KUNST-BUCH, KUNSTHALLE SCHIRN
RÖMERBERG 7

WALTHER KÖNIG BUCHHANDLUNG
DOMSTRASSE 6

HAMBURG

HELMUT VON DER HÖH BUCHHANDLUNG
GROSSE BLEICHEN 21

SAUTTER + LACKMANN BUCHHANDLUNG
ADMIRALITÄTSTRASSE 71/72

HANNOVER

MERZ KUNSTBUCHHANDLUNG
KURT-SCHWITTERS-PLATZ

HERFORD

PROVINZBUCHLADEN GMBH
HAEMMELINGER STRASSE 22

KARLSRUHE

HANS MENDE BUCHHANDLUNG
KARLSTRASSE 76

ZENTRUM FÜR KUNST &
MEDIENTECHNOLOGIE
MUSEUMSSHOP, LORENZSTRASSE 19

KÖLN

WALTHER KÖNIG BUCHHANDLUNG
EHRENSTRASSE 4

KIOSK-BUCH-EVENT GMBH
IM MEDIAPARK 7

MÜNCHEN

HANS GOLTZ BUCHHANDLUNG
FÜR BILDENDE KUNST
TÜRKENSTRASSE 54

ILKA KÖNIG BUCHHANDLUNG
MAXIMILIANSTRASSE 35

L. WERNER BUCHHANDLUNG
RESIDENZSTRASSE 18

NÜRNBERG

WALTHER KÖNIG BUCHHANDLUNG
LUITPOLDSTRASSE 5

STUTTGART

LIMACHER BUCHHANDLUNG
KÖNIGSTRASSE 28 / KÖNIGSBAU

SPAIN / SPANIEN

BARCELONA

LAIE – CAIXAFÒRUM
MARQUES DE COMILLAS 6–8

LAIE – CCCB (CENTRE DE CULTURA
CONTEMPORÀNIA DE BARCELONA)
MONTALEGRE 5

BILBAO

GUGGENHEIM MUSEUM
ABANDOIBARRA ET. 2

MADRID

MUSEO NACIONAL REINA SOFIA
C/ SANTA ISABEL, 52

FRANCE / FRANKREICH

PARIS

CENTRE POMPIDOU, FLAMMARION 4
26, RUE JACOB

GALERIE NATIONALE DU JEU DE PAUME
1, PLACE DE LA CONCORDE

LIBRAIRIE DU MUSÉE D'ART MODERNE
9, RUE GASTON DE SAINT-PAUL

CHRISTOPH DAVIET-THERY,
LIVRES & EDITIONS D'ARTISTES
10, RUE DUCHEFDELAVILLE

COLETTE
213, RUE SAINT-HONORÉ

ITALY / ITALIEN

MILANO

A&M BOOKSTORE
30, VIA TADINO

ROMA

GALLERIA NAZIONALE D'ARTE MODERNA
131, VIA DELLE BELLE ARTI

GALLERIA PRIMO PIANO
203, VIA PANISPERNA

NORWAY / NORWEGEN

OSLO

THE NATIONAL MUSEUM OF
CONTEMPORARY ART
BANKPLASSEN 4 / SKATTEFOG

PORTUGAL

LISBOA

MODULO CENTRO DIFUSOR DE ARTE
CALÇADA DOS MESTRES 34 A–B

PORTO

MODULO CENTRO DIFUSOR DE ARTE
AV. BOAVISTA 854

DENMARK /DÄNEMARK

COPENHAGEN

CHARLOTTENBORG EXHIBITION HALL
NYHAVN 2

SWEDEN / SCHWEDEN

STOCKHOLM

KULTURHUSET KONSTIG
MEDIA & KONSTBOKHANDEL
SERGELS TORG 3

MODERNA MUSEET
SKEPPSHOLMEN

GÖTEBORG

GÖTEBORGS KONSTMUSEUM
GÖTAPLATSEN / AVENYN

TURKEY / TÜRKEI

ISTANBUL

ROBINSON CRUSOE BOOKS PUSULA
PRODUCTIONS
389 ISTIKAL CADDESI BEYOGLU

NETHERLANDS, BELGIUM AND LUXEMBURG

DISTRIBUTOR / VERTRIEB

IDEA BOOKS
NIEUWE HERENGRACHT 11
NL-1011 RK AMSTERDAM

NETHERLANDS / NIEDERLANDE

AMSTERDAM

ART BOOK
VAN BAERLESTRAAT 126

ATHENAEUM NIEUWSCENTRUM
SPUI 14–16

EINDHOVEN

MOTTA
BERGSTRAAT 35

GRONINGEN

SCHOLTENS / WRISTERS BOOKSHOP
FULDENSTRAAT 20

HAARLEM

ATHENAEUM
GED. OUDE GRACHT 70

HENGELO

BROEKHUIS
WEMENSTRAAT 45

MAASTRICHT

DE TRIBUNE
KAPOENSTRAAT 8

BELGIUM / BELGIEN

ANTWERPEN

COPYRIGHT BOOKSHOP
NATIONALSTRAAT 28A

BRUXELLES

PEINTURE FRAICHE
10, RUE DU TABELLON

TROPISMES LIBRAIRIES
GALERIE DES PRINCES 11

GENT

COPYRIGHT BOOKSHOP
JACOBIJNENSTRAAT 8

LUXEMBOURG / LUXEMBURG

LUXEMBOURG

CASINO LUXEMBOURG
41, RUE NOTRE-DAME

SWITZERLAND / SCHWEIZ

DISTRIBUTOR / VERTRIEB

SCHEIDEGGER & CO. C/O AVA
CENTRALWEG 16
CH-8910 AFFOLTERN A. A.

BASEL

FONDATION BEYELER
BASELSTRASSE 77, RIEHEN

GALERIE STAMPA
SPALENBERG 2

JÄGGI BUCHHANDLUNG
FREIE STRASSE 32

KUNSTHALLE BASEL
KLOSTERGASSE 5

BERN

BUCHHANDLUNG FÜR ARCHITEKTUR UND
DESIGN, BRUNNGASSE 60

STAUFFACHER BUCHHANDLUNG
NEUENGASSE 25-37

GENÈVE

LIBRAIRIE PAYOT
5, RUE DE CHANTEPOULET

LUZERN

KUNSTMUSEUM LUZERN
EUROPLATZ 1

MENDRISIO

GABRIELE CAPELLI LIBRERIA
ARCHITETTURA
4, VIA NOBILI BOSIA

ST. GALLEN

RÖSSLITOR BÜCHER
WEBERGASSE 5

ZÜRICH

ABBT PROJECTS
MÜHLEBACHSTRASSE 2

CALLIGRAMME BUCHHANDLUNG
HÄRINGSTRASSE 4

HOWEG BUCHHANDLUNG
WAFFENPLATZ 1

KUNSTGRIFF BUCHHANDLUNG
LIMMATSTRASSE 270

KUNSTHAUS ZÜRICH
HEIMPLATZ 1

ORELL FÜSSLI BUCHHANDLUNG
FÜSSLISTRASSE 4

SPHÈRES
HARDTURMSTRASSE 66

E X H I B I T I O N S

ZÜRICH

GALERIE ANDREA CARATSCH	Waldmannstrasse 8 8001 Zürich Tel. 044 272 50 00 www.galeriecaratsch.com info@galeriecaratsch.com	DOKUPIL Movie and TV Paintings	**1.12.2007–25.1.2008**
		STEVEN PARRINO	**Februar–März 2008**
		GIORGIO de CHIRICO	**April–Mai 2008**
ELISABETH KAUFMANN	Müllerstrasse 57 8004 Zürich Tel./Fax 043 322 01 15 www.elisabethkaufmann.com info@elisabethkaufmann.com	JAMES HYDE & BARNEY KULOK Seeing Double	**12.1.–20.3.2008**
		WALTER DAHN	**29.3.–17.5.2008**
GALERIE LELONG	Predigerplatz 10–12 8001 Zürich Tel. 044 251 11 20 www.galerie-lelong.com galerie.lelong@dplanet.ch	ADDICTED TO PAPER Isisdro Blasco, Kwang-Young Chun, Jane Hammond, Katharina Hinsberg, Jana Kluge, Jiri Kolar, Luis Lizardo, Huang Min, Mathias Schmied, Kiki Smith	**29.11.2007–März 2008**
		HERMANN NITSCH	**spring exhibition**
		ARTE FIERA BOLOGNA	**24.1.–28.1.2008**
		ARCO 08 MADRID	**13.2.–18.2.2008**
MAI 36 GALERIE	Rämistrasse 37 8001 Zürich Tel. 044 261 68 80 www.mai36.com mail@mai36.com	KOENRAAD DEDOBBELEER	**18.1.–23.2.2008**
		PIA FRIES	**29.2.–5.4.2008**
		ARCO 08 MADRID	**13.2.–18.2.2008**
		THE ARMORY SHOW NEW YORK	**27.3.–30.3.2008**
MARK MÜLLER	Gessnerallee 36 8001 Zürich Tel. 044 211 81 55 www.markmueller.ch mail@markmueller.ch	GIACOMO SANTIAGO ROGADO Ewiges Abendland	**12.1.–23.2.2008**
		JUDY MILLAR Paintings	**8.3.–12.4. 2008**
		ARCO 08 MADRID Künstlerinnen der Galerie	**13.2.–18.2.2008**
BOB VAN ORSOUW	Limmatstrasse 270 8005 Zürich Tel. 044 273 11 00 www.bobvanorsouw.ch mail@bobvanorsouw.ch	AUTOREVERSE Philip Akkerman, Nobuyoshi Araki, Armen Eloyan, Anton Henning, Ernesto Neto, Julian Opie, Shirana Shabazi, Marcel van Eeden, Atelier van Lieshout, and Others	**25.1.–22.3.2008**
		suzie q projects: HENRY COOMBES	**18.1.–8.3.2008**
		THE ARMORY SHOW NEW YORK	**27.3.–30.3.2008**
ANNEMARIE VERNA	Neptunstrasse 45 8032 Zürich Tel. 044 262 38 20 www.annemarie-verna.ch office@annemarie-verna.ch	SYLVIA PLIMACK MANGOLD	**9.11.2007–12.1.2008**
		JOSEPH EGAN	**17.1.–1.3.2008**
		SOL LEWITT Wall Drawings and Selected Prints	**März–August 2008**

E X H I B I T I O N S

NICOLA VON SENGER	Limmatstrasse 275 8005 Zürich Tel. 044 201 88 10 www.nicolavonsenger.com info@nicolavonsenger.com	CLARINA BEZZOLA Swiss Miss	**12.1.–15.3.2008**
		ERWIN WURM	**29.3.–31.5.2008**
JAMILEH WEBER	Waldmannstrasse 6 8001 Zürich Tel. 044 252 10 66 www.jamilehweber.com info@jamilehweber.com	HANSPETER HOFFMANN – FRANK STELLA Tie Break	**10.1.–20.2.2008**
		XERXES ACH SILVIA GERTSCH Venice Projects	**29.2.–12.4.2008**
BRIGITTE WEISS	Müllerstrasse 67 8004 Zürich Tel. 044 241 83 35 www.likeyou.com/brigitteweiss brigitteweiss@bluewin.ch	CHRISTOPH GREDINGER ANDREAS RÜTHI	**11.1.–1.3.2008**
		EL FRAUENFELDER	**7.3.–3.5.2008**
		BASEL	
NICOLAS KRUPP	Erlenstrasse 15 4058 Basel Tel. 061 683 32 65 www.nicolaskrupp.com nic@nicolaskrupp.com	EMIL MICHAEL KLEIN	**11.1.–1.3.2008**
		ATSUSHI KAGA	**7.3.–26.4.2008**
		JOANNA GREENBAUM	**2.5–28.6.2008**
		Lyle Rexer über Joanna Greenbaum in Parkett 80	
		ART 39 BASEL: ART STATEMENTS	**4.6.–8.6.2008**
		GENÈVE	
GALERIE GUY BÄRTSCHI	Rue de vieux billard 3a 1205 Genève Tél. +41 22 310 00 13 www.bartschi.ch info@bartschi.ch	WIM DELVOYE	**17.1.–7.3.2008**
		TOM MOLLOY	**17.1.–7.3.2008**
		DANIEL CANOGAR	**13.3.–9.5.2008**
		MYUNG-OK HAN	**13.3.–9.5.2008**
BFAS BLONDEAU FINE ART SERVICES	5, Rue de la Muse 1205 Genève Tél. +41 22 544 95 95 www.bfasblondeau.com philippe@bfasblondeau.com	IN GENEVA NO ONE CAN HEAR YOU SCREAM Exhibition organized by Marc Jancou Contemporary New York	**13.3.–26.4.2008**
		LUZERN	
GALERIE URS MEILE	Rosenberghöhe 4 6004 Luzern Tel. 041 420 33 18 www.galerieursmeile.com galerie@galerieursmeile.com	BACHMANN/BANZ Helter Skelter – Painting with the Beatles	**19.1.–29.3.2008**
		SHU YONG Bubble	**5.5.–28.6.2008**
		ARCO 08 MADRID	**13.2.–18.2.2008**
		THE ARMORY SHOW NEW YORK	**27.3.–30.3.2008**
		CIGE 2008 BEIJING	**25.4.–27.4.2008**
		ST. GALLEN	
WILMA LOCK	Schmiedgasse 15 9000 St. Gallen Tel. 071 222 62 52 wilmalock@freesurf.ch	XAVIER NOIRET-THOMÉ Tous es dans tout – new paintings	**5.2.–5.4.2008**
		MARK FRANCIS New work	**Mai–Juni 2008**

WEST OF ROME PRESENTS

WOMEN in the CITY

public art projects by JENNY HOLZER BARBARA KRUGER LOUISE LAWLER CINDY SHERMAN

Starting February 2008 Los Angeles www.westofrome.org

thanks to François Pinault Foundation, The Broad Art Foundation, Hollywood & Highland

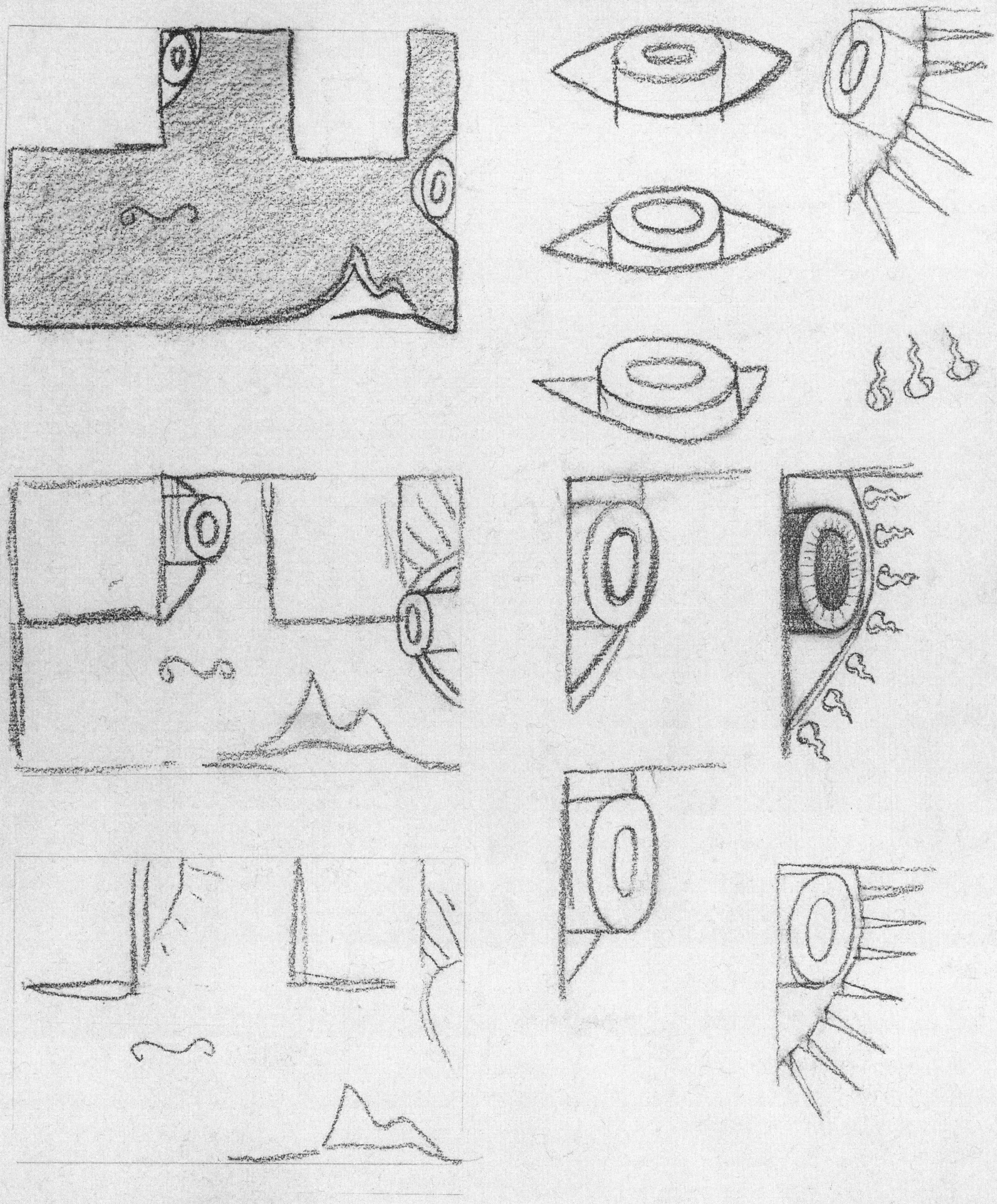

Untitled, 1997 (detail), pencil on paper, 15¾ x 20¼ inches

MATTHEW MARKS GALLERY

Jasper Johns DRAWINGS 1997–2007

ANDY HOPE FOR
HAUSER & WIRTH ZÜRICH LONDON

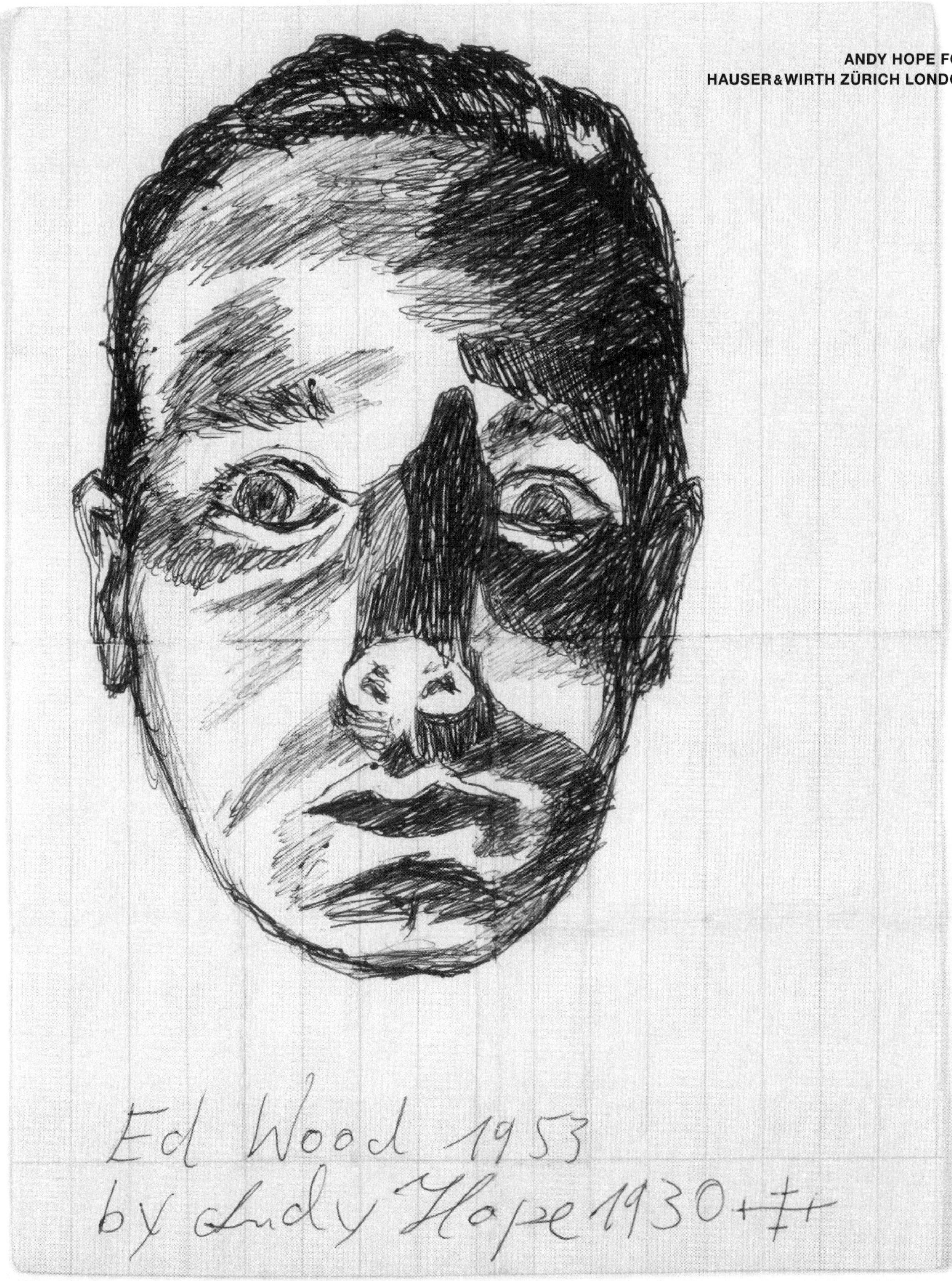

LONDON

6 Haunch of Venison Yard
off Brook Street
London W1K 5ES
United Kingdom

T+ 44 (0) 20 7495 5050
F+ 44 (0) 20 7495 4050
london@haunchofvenison.com
www.haunchofvenison.com

How to Disappear Completely: New Work by Rachel Howard

11 January—
23 February 2008

Jorge Pardo

14 March—
19 April 2008

ZÜRICH

Lessingstrasse 5
8002 Zürich
Switzerland

T+ 41 (0) 43 422 8888
F+ 41 (0) 43 422 8889
zurich@haunchofvenison.com
www.haunchofvenison.com

Artists Anonymous: Virus

25 January—
1 March 2008

Keith Coventry

7 March—
12 April 2008

BERLIN

Heidestrasse 46
10557 Berlin
Germany

T+ 49 (0) 30 39 74 39 63
F+ 49 (0) 30 39 74 39 64
berlin@haunchofvenison.com
www.haunchofvenison.com

Brian Alfred: Millions Now Living Will Never Die!!!

12 January—
22 March 2008

Nathan Coley

5 April—
1 June 2008

GALERIE NÄCHST ST. STEPHAN
ROSEMARIE SCHWARZWÄLDER

PETER TSCHERKASSKY

January – February 2008

MICHAL BUDNY

March – April 2008

JOËLLE TUERLINCKX

May – June 2008

Grünangergasse 1/2, A-1010 Wien, Tel +43 1 512 12 66
galerie@schwarzwaelder.at, www.schwarzwaelder.at

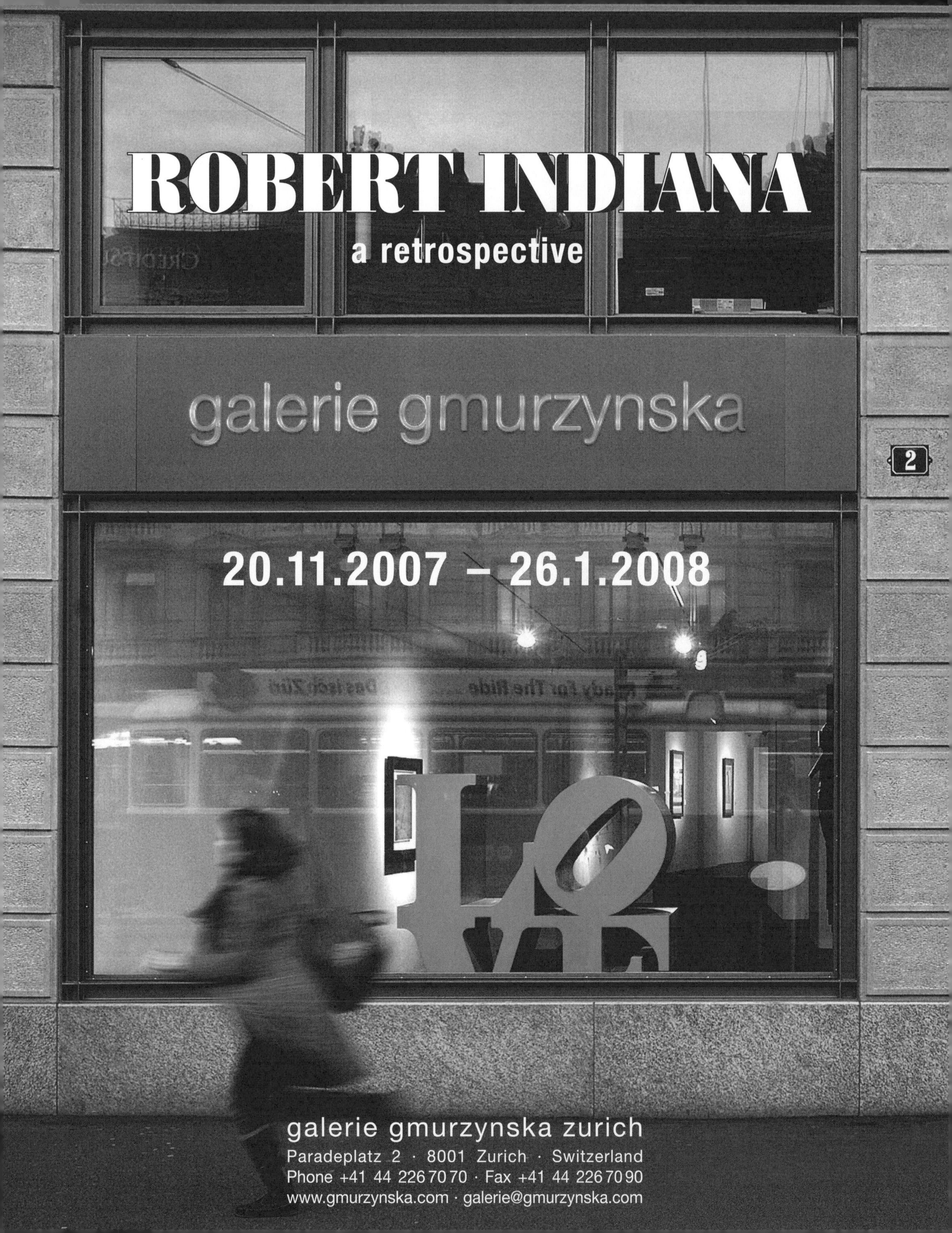
ROBERT INDIANA
a retrospective
galerie gmurzynska
2
20.11.2007 – 26.1.2008
galerie gmurzynska zurich
Paradeplatz 2 · 8001 Zurich · Switzerland
Phone +41 44 226 70 70 · Fax +41 44 226 70 90
www.gmurzynska.com · galerie@gmurzynska.com

BEN VAN BERKEL with SANFORD KWINTER/ JOHAN BETTUM and THE STÄDELSCHULE ARCHITECTURE CLASS

FIFTEEN PIECES FOR A SOUNDSCAPE / First Movement

February – April

TIMO KUBE

January – February

LOUISE BOURGEOIS

HOURS OF THE DAY

DECEMBER 2007 — JANUARY 2008

INAUGURAL EXHIBITION

CAROLINA NITSCH PROJECT ROOM

PROJECT ROOM 534 WEST 22 STREET NEW YORK 212 645 2030

GALLERY 537 GREENWICH STREET NEW YORK 212 463 0610

CAROLINANITSCH.COM

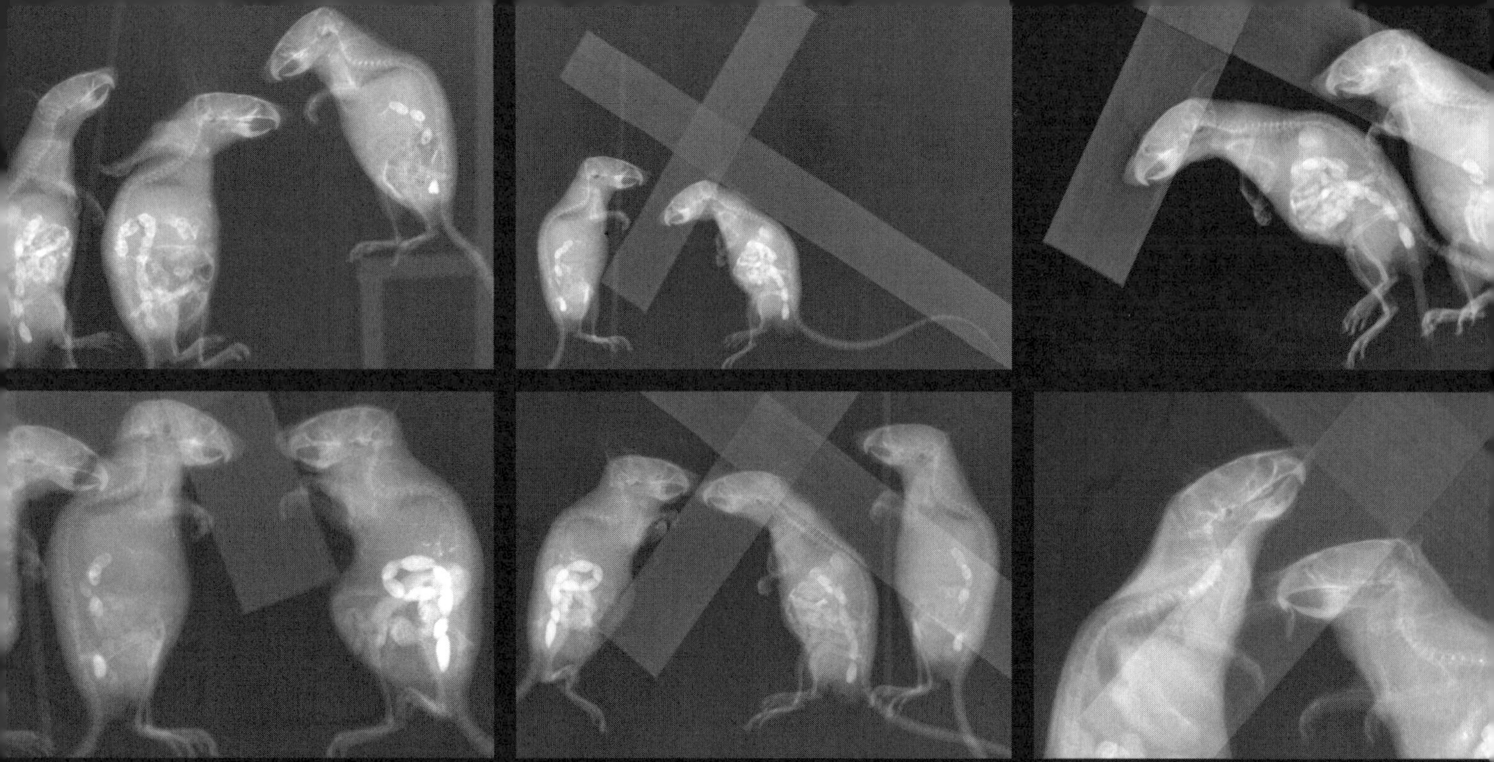

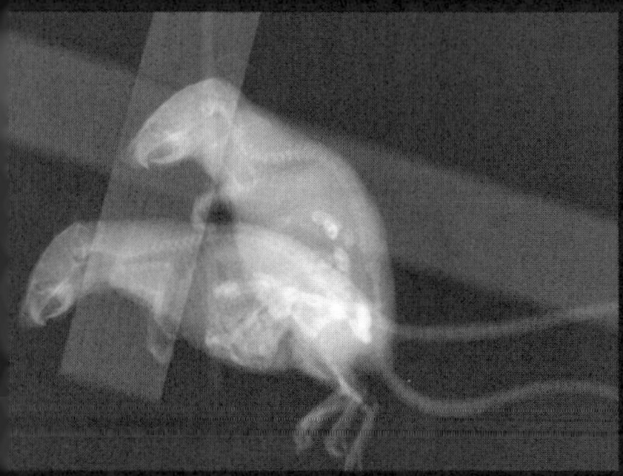

WIM DELVOYE

17 January - 7 March 2008

Galerie Guy Bärtschi, Geneva
www.bartschi.ch

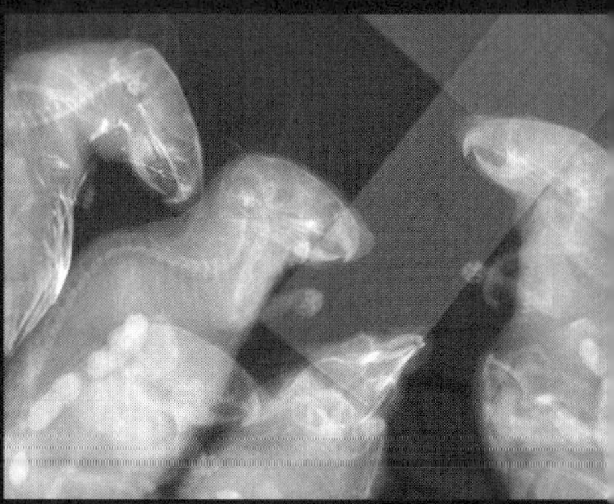

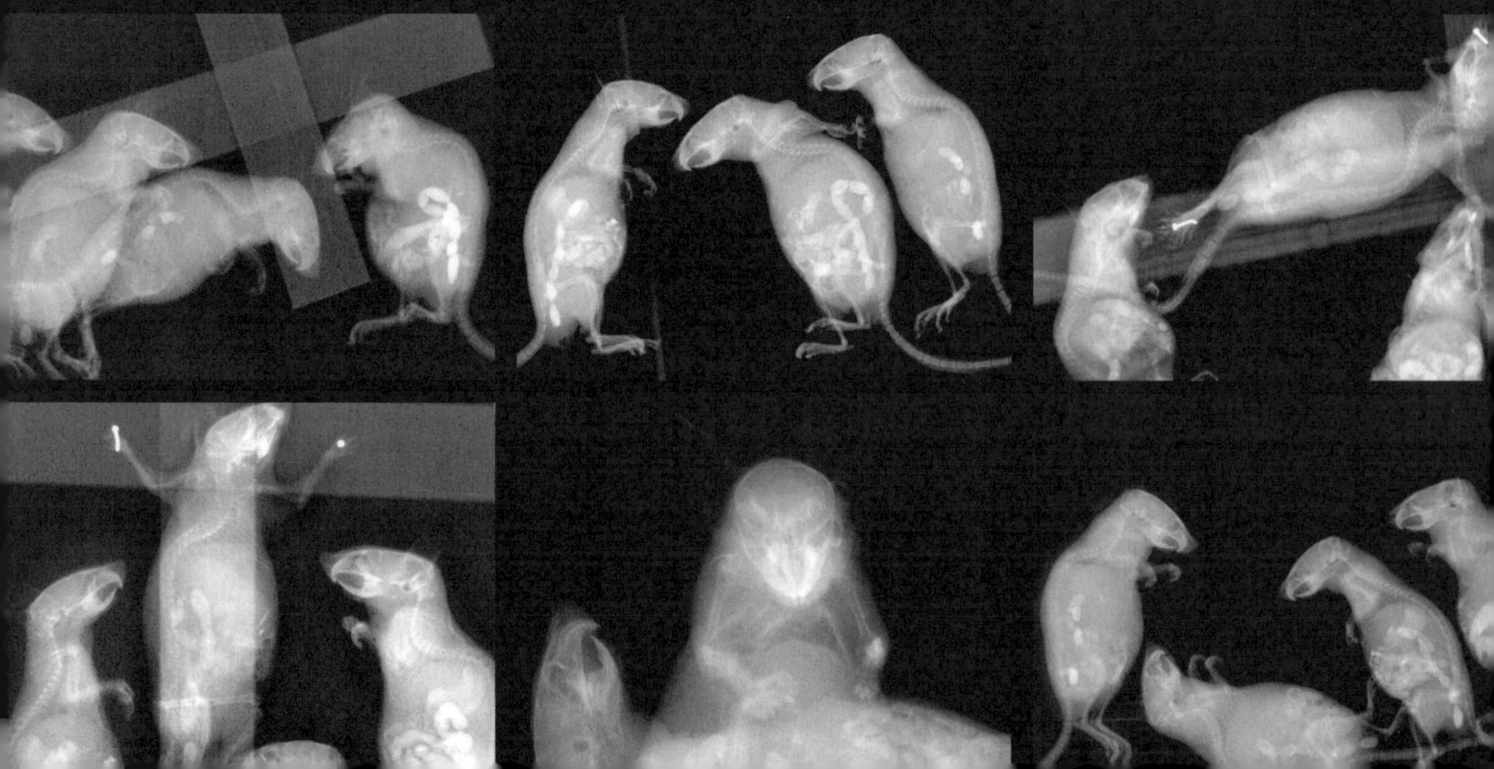

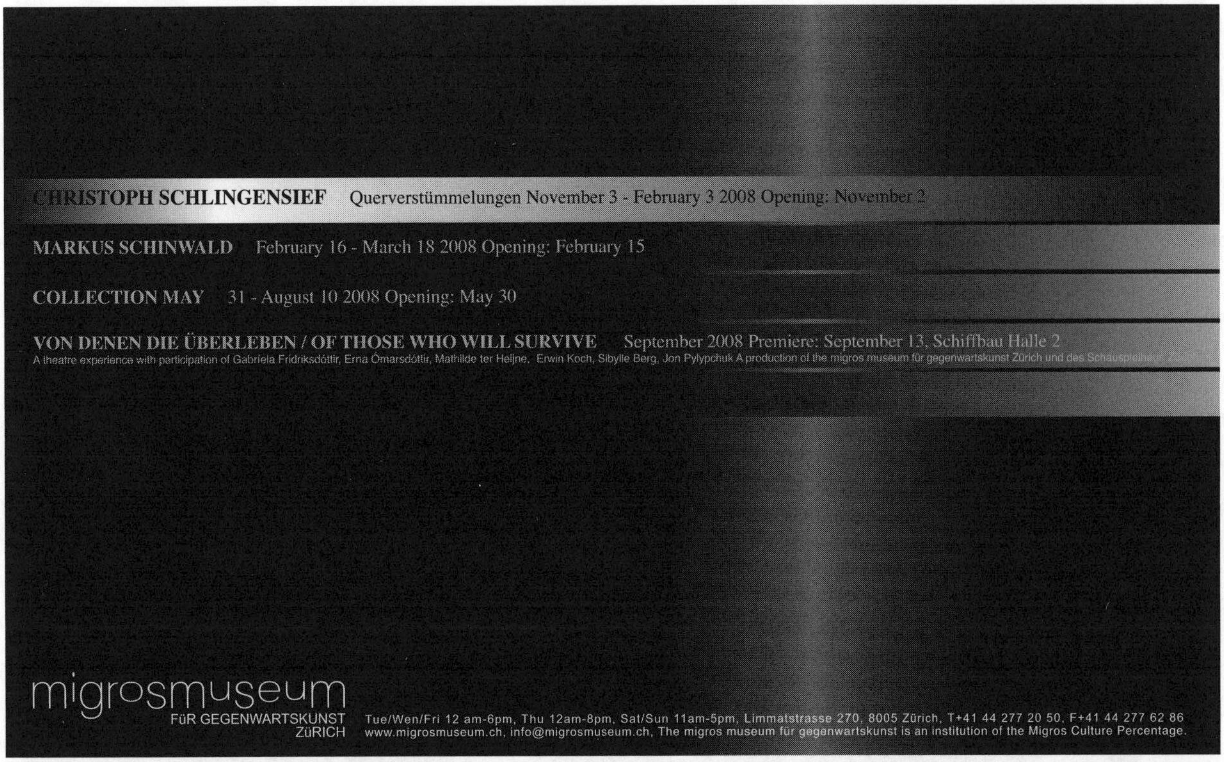
CHRISTOPH SCHLINGENSIEF Querverstümmelungen November 3 - February 3 2008 Opening: November 2
MARKUS SCHINWALD February 16 - March 18 2008 Opening: February 15
COLLECTION MAY 31 - August 10 2008 Opening: May 30
VON DENEN DIE ÜBERLEBEN / OF THOSE WHO WILL SURVIVE September 2008 Premiere: September 13, Schiffbau Halle 2
A theatre experience with participation of Gabriela Fridriksdóttir, Erna Ómarsdóttir, Mathilde ter Heijne, Erwin Koch, Sibylle Berg, Jon Pylypchuk A production of the migros museum für gegenwartskunst Zürich und des Schauspielhaus
migrosmuseum
FüR GEGENWARTSKUNST
ZüRICH
Tue/Wen/Fri 12 am-6pm, Thu 12am-8pm, Sat/Sun 11am-5pm, Limmatstrasse 270, 8005 Zürich, T+41 44 277 20 50, F+41 44 277 62 86
www.migrosmuseum.ch, info@migrosmuseum.ch, The migros museum für gegenwartskunst is an institution of the Migros Culture Percentage.

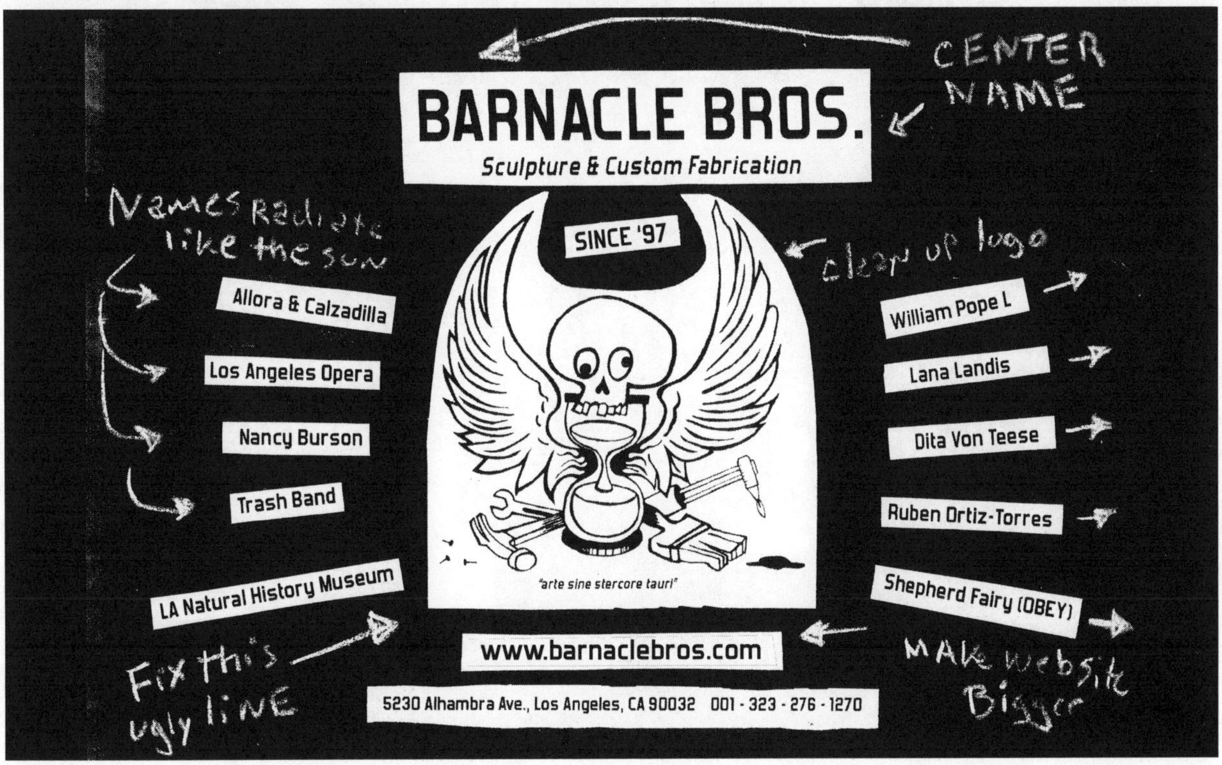
CENTER NAME
BARNACLE BROS.
Sculpture & Custom Fabrication
Names Radiate like the sun
SINCE '97
clean up logo
Allora & Calzadilla
Los Angeles Opera
Nancy Burson
Trash Band
LA Natural History Museum
William Pope L
Lana Landis
Dita Von Teese
Ruben Ortiz-Torres
Shepherd Fairy (OBEY)
"arte sine stercore tauri"
www.barnaclebros.com
Fix this ugly LINE
MAke websitE Bigger
5230 Alhambra Ave., Los Angeles, CA 90032 001 - 323 - 276 - 1270

unitednationsplaza

2006-2007

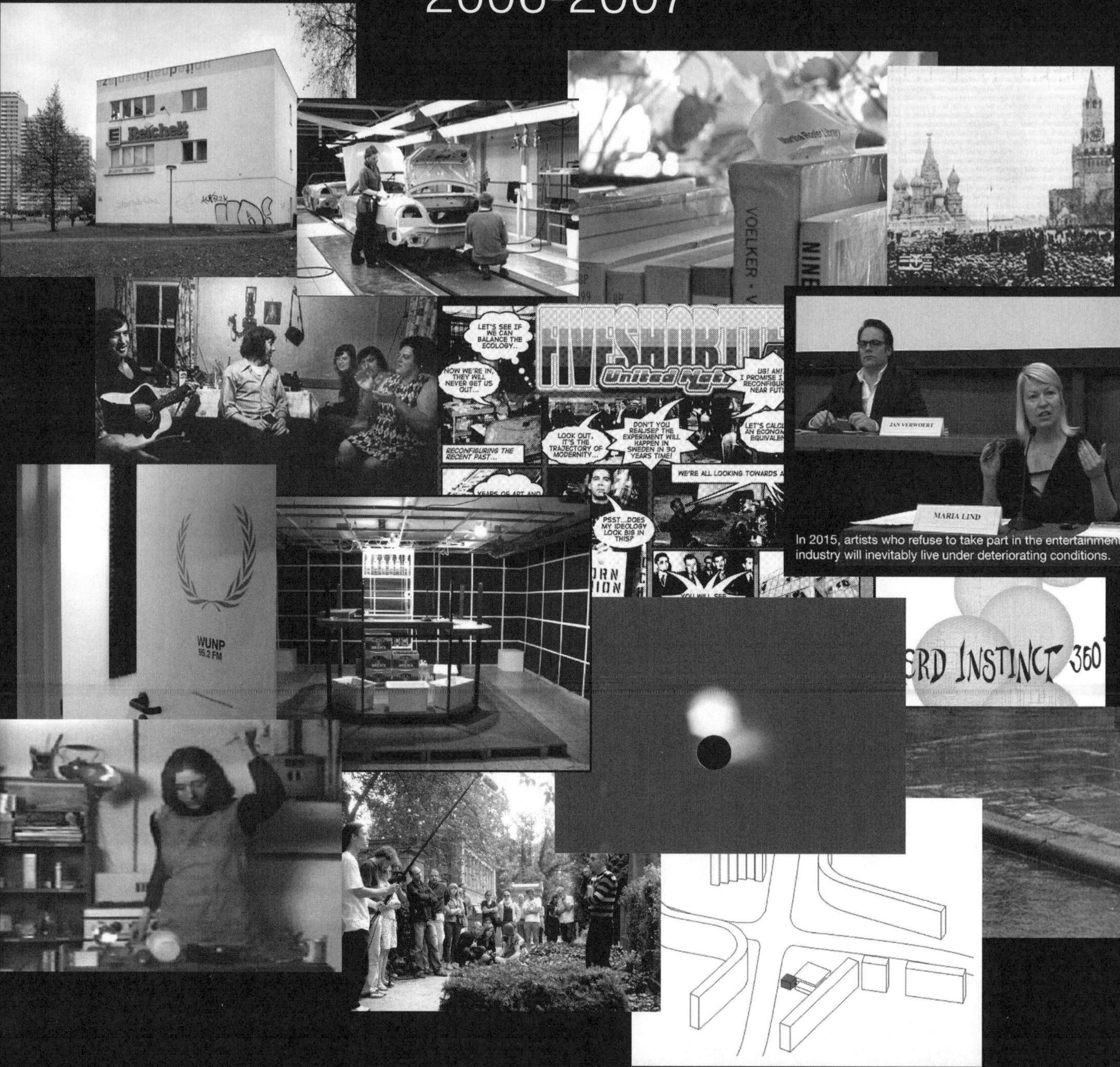

unitednationsplaza Berlin is now closed.

many many thanks to Magdalena, Natascha, Anri, Sarah, Tirdad, Haris, Mete, Pavlina, Rana, Walid, Jan W., Diedrich, Chus, Nina, Molly, Julieta, Vasif, Pelin T., Fia, Ethan, Adrienne, Anselm, Nana H., Hila, Liam, Joseph, Boris, Tom, Maria, Ines, Avery, Ashley, Setareh, Charles, Philip, Florian S., Florian W., Khalil, Dana, Willie, Eduardo, Regine, Valerie, Jan P., Mariana, Florian W., Angel, Renate, Deimantas, Olaf, Carsten, Martha, Nikolaus, Olga, Elena, Andrei, Rabih, Keti, Nana B., Karl, Christoph, Clara, Ruth, Cristy, Ute, Stephan, Simon, Katsura, Constantinos, Pelin U., Jalal, Joerg, The Jackson Pollock Bar, Hito, Stephanie, Daniel, Hans Ulrich, Nico, Ariane, Sabrina, Eric, Michel, Hadley, Maxwell, Christian, Stefan, Min, Sulki, and the public in Berlin

http://www.unitednationaplaza.org

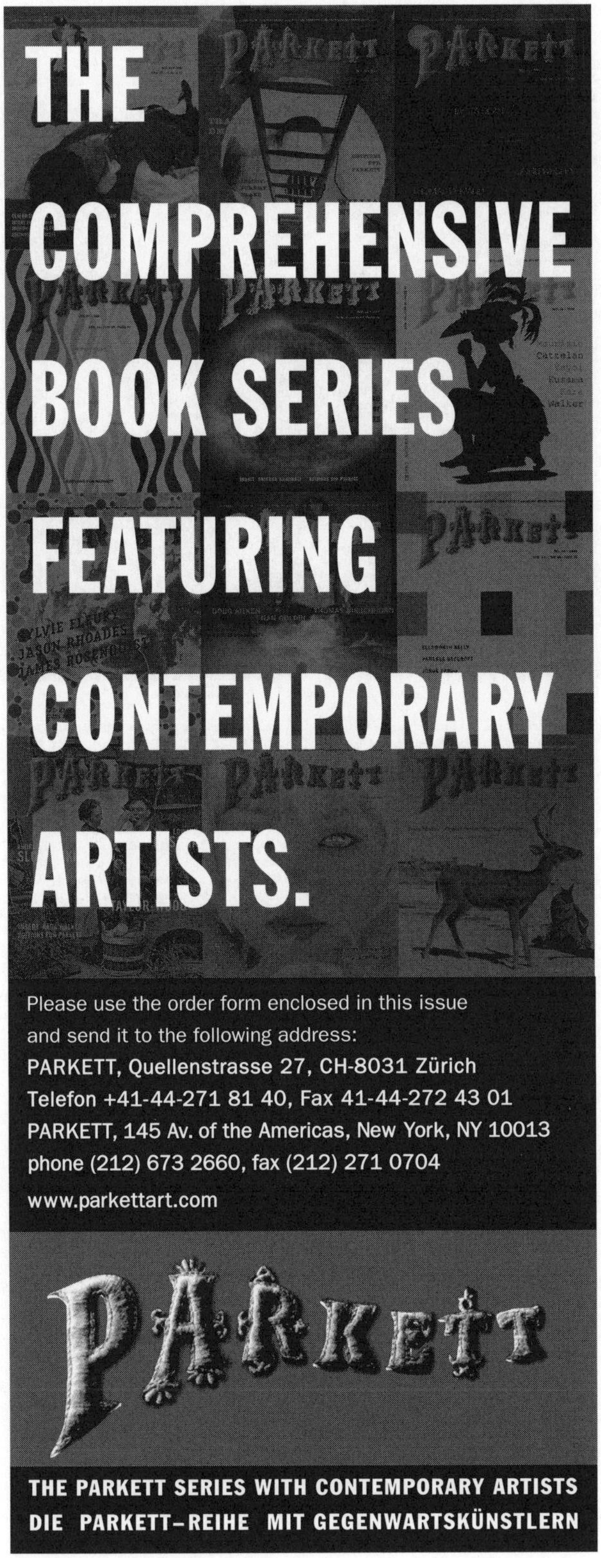
THE
COMPREHENSIVE
BOOK SERIES
FEATURING
CONTEMPORARY
ARTISTS.
Please use the order form enclosed in this issue
and send it to the following address:
PARKETT, Quellenstrasse 27, CH-8031 Zürich
Telefon +41-44-271 81 40, Fax 41-44-272 43 01
PARKETT, 145 Av. of the Americas, New York, NY 10013
phone (212) 673 2660, fax (212) 271 0704
www.parkettart.com
PARKETT
THE PARKETT SERIES WITH CONTEMPORARY ARTISTS
DIE PARKETT-REIHE MIT GEGENWARTSKÜNSTLERN

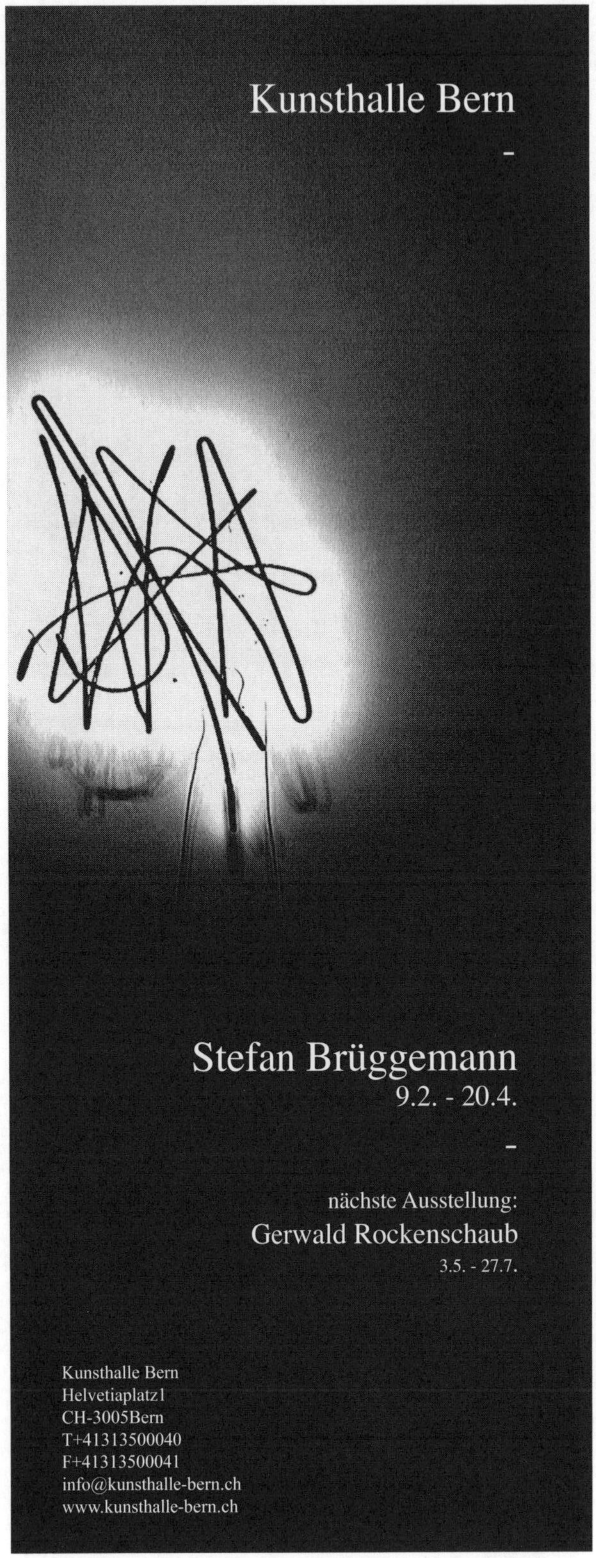
Kunsthalle Bern
-
Stefan Brüggemann
9.2. - 20.4.
-
nächste Ausstellung:
Gerwald Rockenschaub
3.5. - 27.7.
Kunsthalle Bern
Helvetiaplatz1
CH-3005Bern
T+41313500040
F+41313500041
info@kunsthalle-bern.ch
www.kunsthalle-bern.ch

SWISS INSTITUTE / CONTEMPORARY ART
495 BROADWAY / 3RD FLOOR
NEW YORK / NY 10012
TEL 212.925.2035
WWW.SWISSINSTITUTE.NET

SI

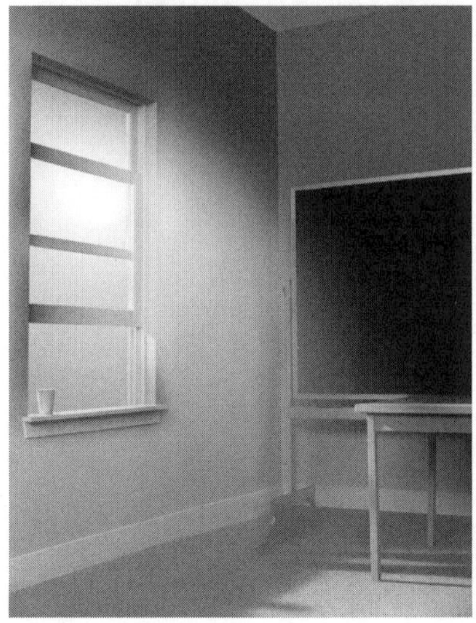

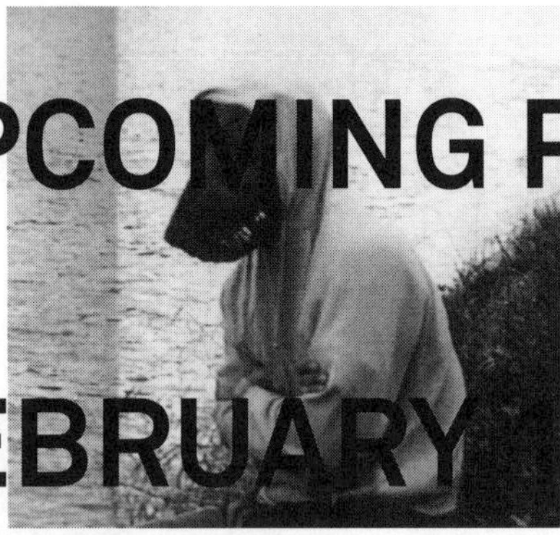

UPCOMING PROJECTS

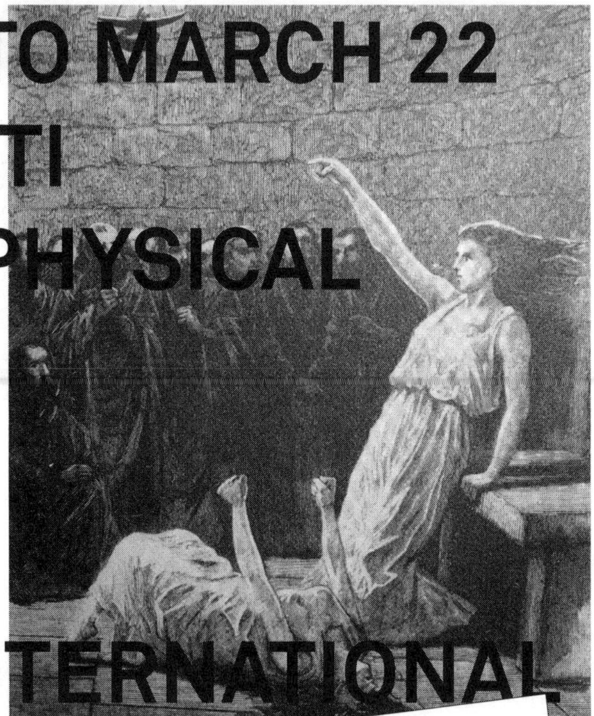

FEBRUARY 13 TO MARCH 22
DANIELE BUETTI
SPEAKING OF PHYSICAL ATTRIBUTES

MARCH 28–29
MILWAUKEE INTERNATIONAL DARK FAIR

Found images selected by Daniele Buetti

Launching Show STUDIO 495
February 13 to March 22
GOOD NEWS FOR PEOPLE WHO LOVE BAD NEWS
Fia Bäckström, Germaine Kruip, Ida Ekblad, David Perry, Vivienne Westwood, Jonathan Horowitz, Scott King, Jens Haaning

APRIL 9 TO MAY 17
THE WHY OF LIFE

Cold Cuts
John Knight

25th January / 27th April

EACC

ESPAI D'ART CONTEMPORANI DE CASTELLÓ

Prim, s/n. 12003 Castelló SPAIN
Tel. +34 964 72 35 40 Fax. +34 964 26 07 71
eacc@eacc.es www.eacc.es

Castelló Cultural

GENERALITAT VALENCIANA

CONSORCI DE MUSEUS DE LA COMUNITAT VALENCIANA

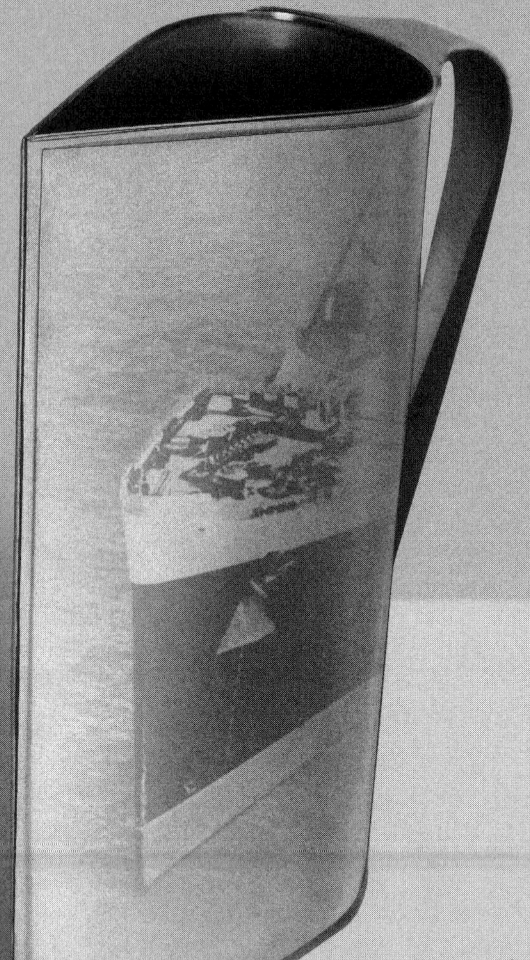

There is Desire Left (Knock, Knock)

Werke aus der
Sammlung Mondstudio

Tim Ayres
Reto Boller
Herbert Brandl
Max Cole
Dadamaino
Andreas Exner
Helmut Federle
Bernard Frize
Tamara Grčić
Joachim Grommek
Katharina Grosse
Alex Katz
Gary Kuehn
Brice Marden
Joseph Marioni
Ingo Meller
Jos van Merendonk
Richard Allen Morris
Julian Opie
David Reed
James Reineking
Gerhard Richter
Winston Roeth
Robert Ryman
Dirk Skreber
Alan Uglow
Andy Warhol
John Wesley
Jerry Zeniuk
Peter Zimmermann

Kunstmuseum Bern
24. Januar bis 27. April 2008

Museum Wiesbaden
(Museum des Jahres 2007)
1. Juni bis 14. September 2008

27.02–26.04.2008

GALLERIAGOTTARDO

a cultural foundation of Banca del Gottardo
Institutional Patron of the Peggy Guggenheim Collection

eine Kulturstiftung der Banca del Gottardo

Tuesday
2 pm – 5 pm
Wednesday – Saturday
11 am – 5 pm

Closed
Sundays
and
Mondays

Free entry

Dienstag
14.00 – 17.00 Uhr
Mittwoch bis Samstag
11.00 – 17.00 Uhr

Sonntag
und
Montag
geschlossen

Eintritt frei

Galleria Gottardo
Viale Stefano Franscini 12
6900 Lugano
Switzerland

Tel +41 91 808 1988
galleria@gottardo.com
www.galleria-gottardo.org

VERTIGE

CECILE WICK

JULES SPINATSCH

NICOLAS FAURE

ALEXANDER APÓSTOL
ART & LANGUAGE
ATELIER VAN LIESHOUT . . . . 24 APR - 5 JUN
JOSÉ MANUEL BALLESTER . . . . 29 OCT - 12 DEC
NAIA DEL CASTILLO
FILIPA CÉSAR
JOSÉ DAMASCENO
RICHARD DEACON . . . . 11 SEP - 24 OCT
PIA FRIES
SEBASTIÁN GORDÍN
IÑAKI GRACENEA
MAIDER LÓPEZ
JORGE MACCHI
MIQUEL MONT
FELICIDAD MORENO
HARALD F. MÜLLER . . . . 12 JUN - 26 JUL
MATTHIAS MÜLLER
FERNANDO RENES . . . . 29 NOV - 18 JAN
JAMES RIELLY
ADRIAN SCHIESS . . . . 13 MAR - 19 APR
LAURIE SIMMONS
RUI TOSCANO . . . . 24 JAN - 6 MAR
MARTIN WALDE
PETER ZIMMERMANN

distritocu4tro
GALERIA DE ARTE

SEASON'S **Contemporary**

GREETINGS **Photography**

3

December

2007

–

27

January

2008

Wim Delvoye

Nathalia Edenmont

Thomas Flechtner

Tierney Gearon

Terence Koh

Barney Kulok

Louise Lawler

Walter Pfeiffer

Sam Samore

Cindy Sherman

Laurie Simmons

John Waters

Tobias Zielony

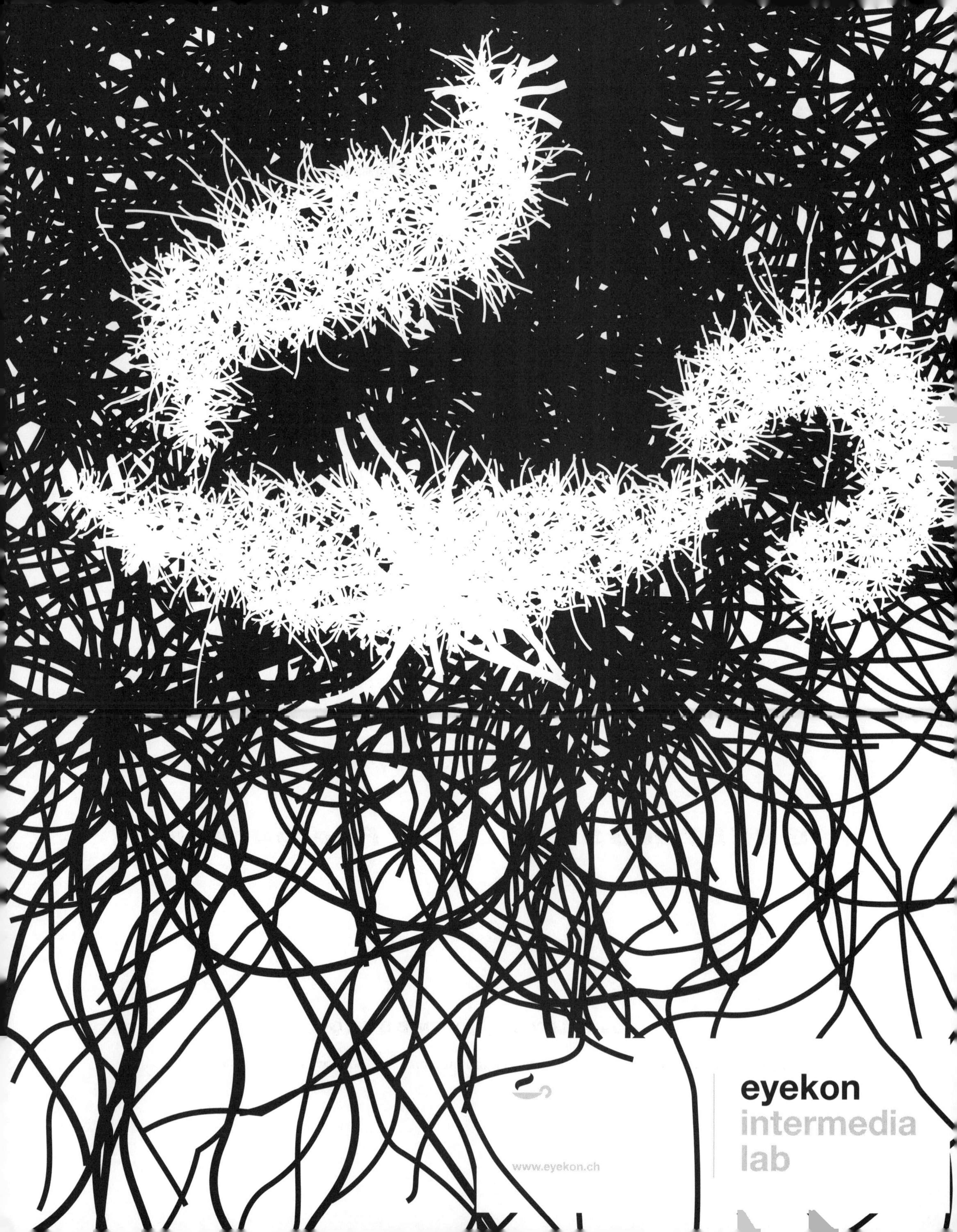
eyekon
intermedia
lab
www.eyekon.ch

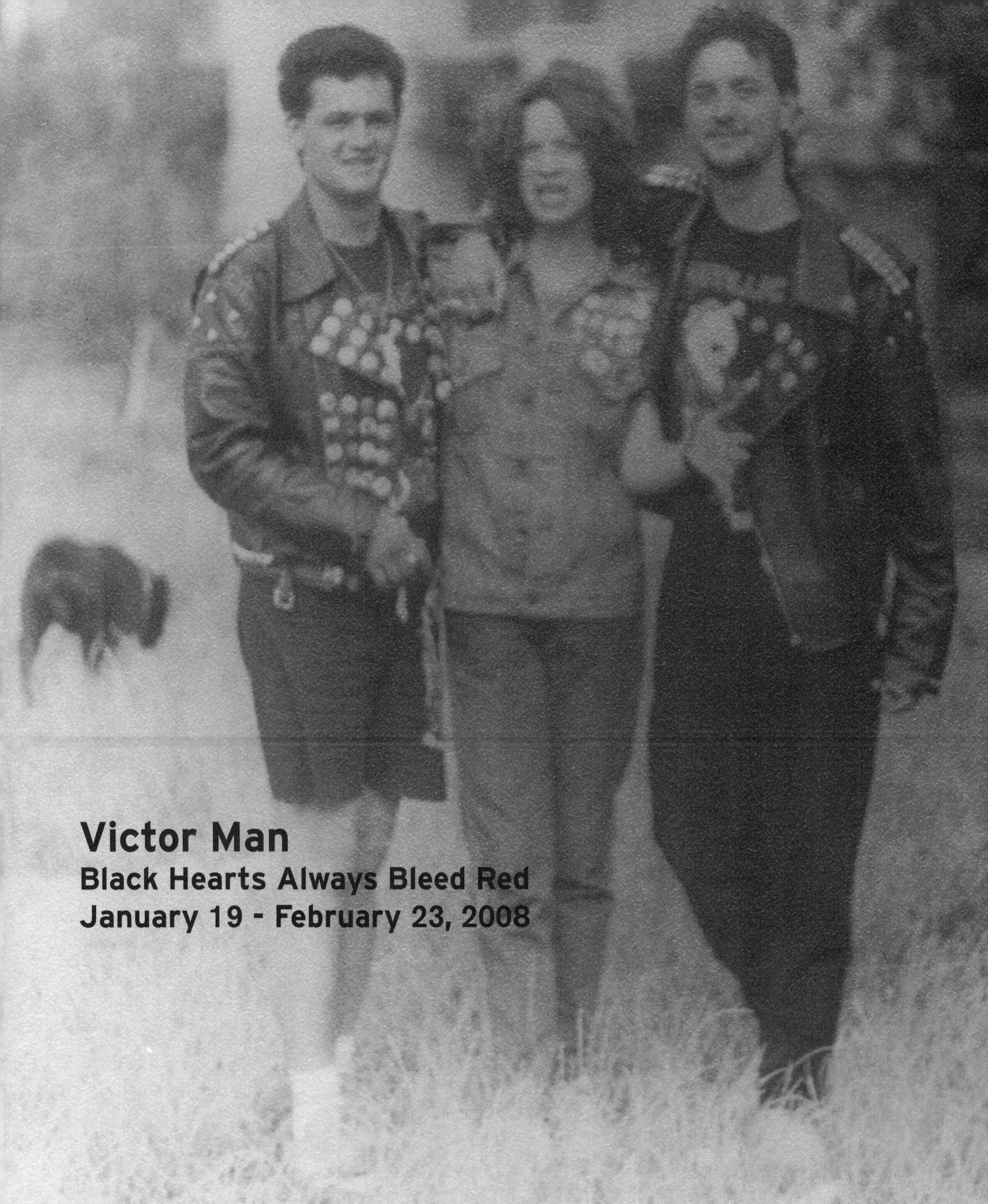

BLUM & POE 2754 S. La Cienega Boulevard Los Angeles, California 90034 T: 310.836.2062 F: 310.836.2104 blumandpoe.com

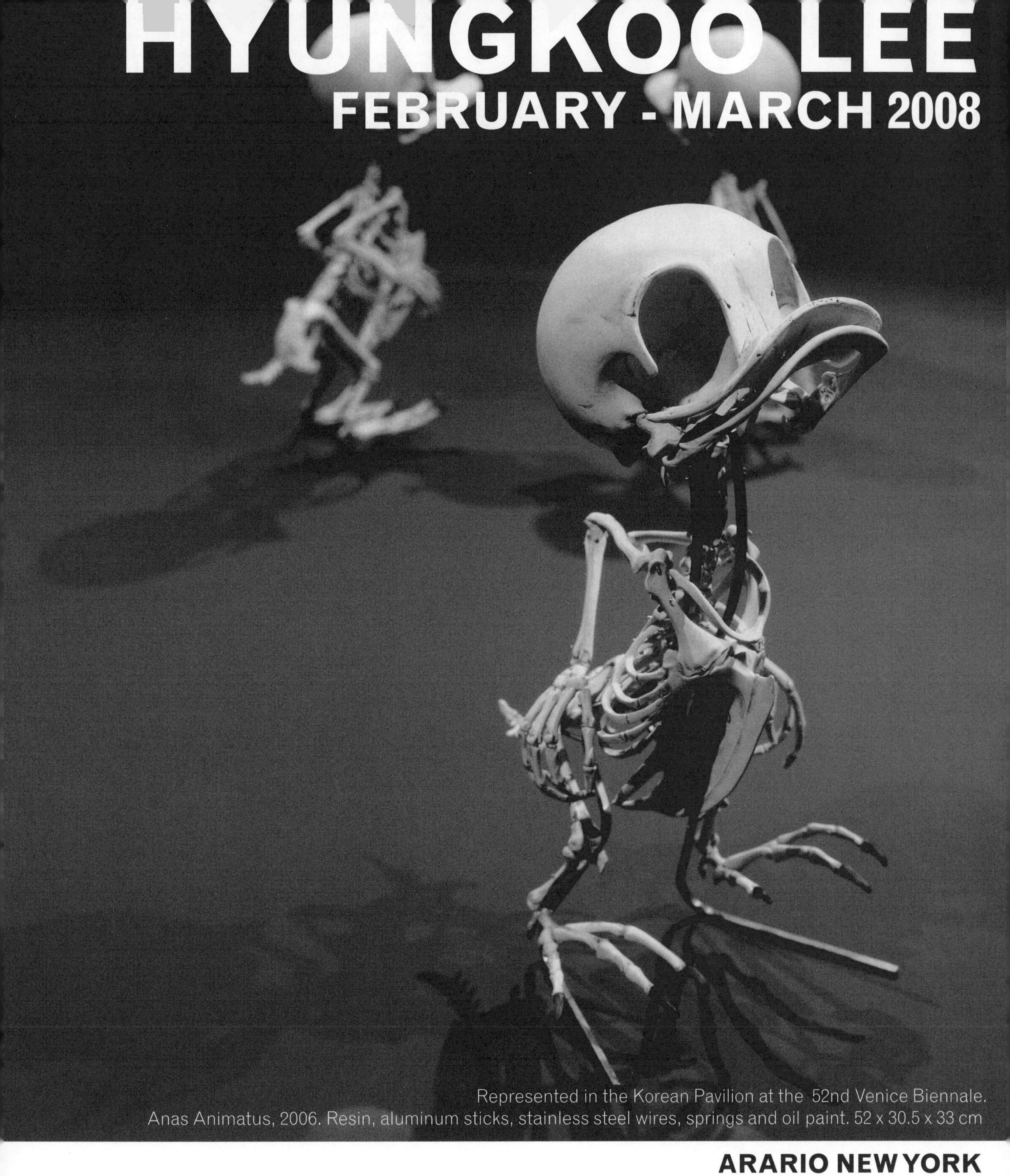

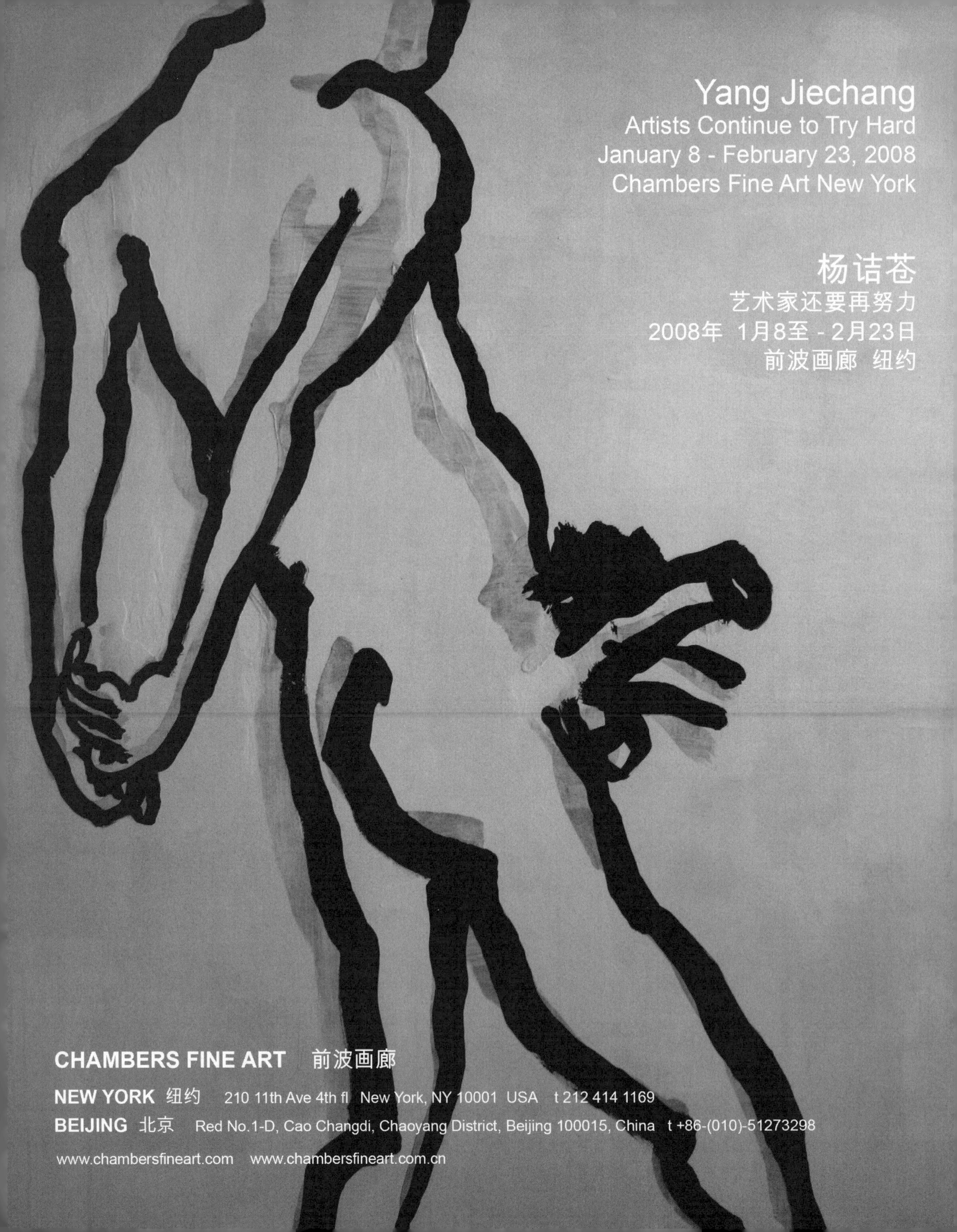

Yang Jiechang
Artists Continue to Try Hard
January 8 - February 23, 2008
Chambers Fine Art New York
杨诘苍
艺术家还要再努力
2008年 1月8至 - 2月23日
前波画廊 纽约
CHAMBERS FINE ART 前波画廊
NEW YORK 纽约 210 11th Ave 4th fl New York, NY 10001 USA t 212 414 1169
BEIJING 北京 Red No.1-D, Cao Changdi, Chaoyang District, Beijing 100015, China t +86-(010)-51273298
www.chambersfineart.com www.chambersfineart.com.cn

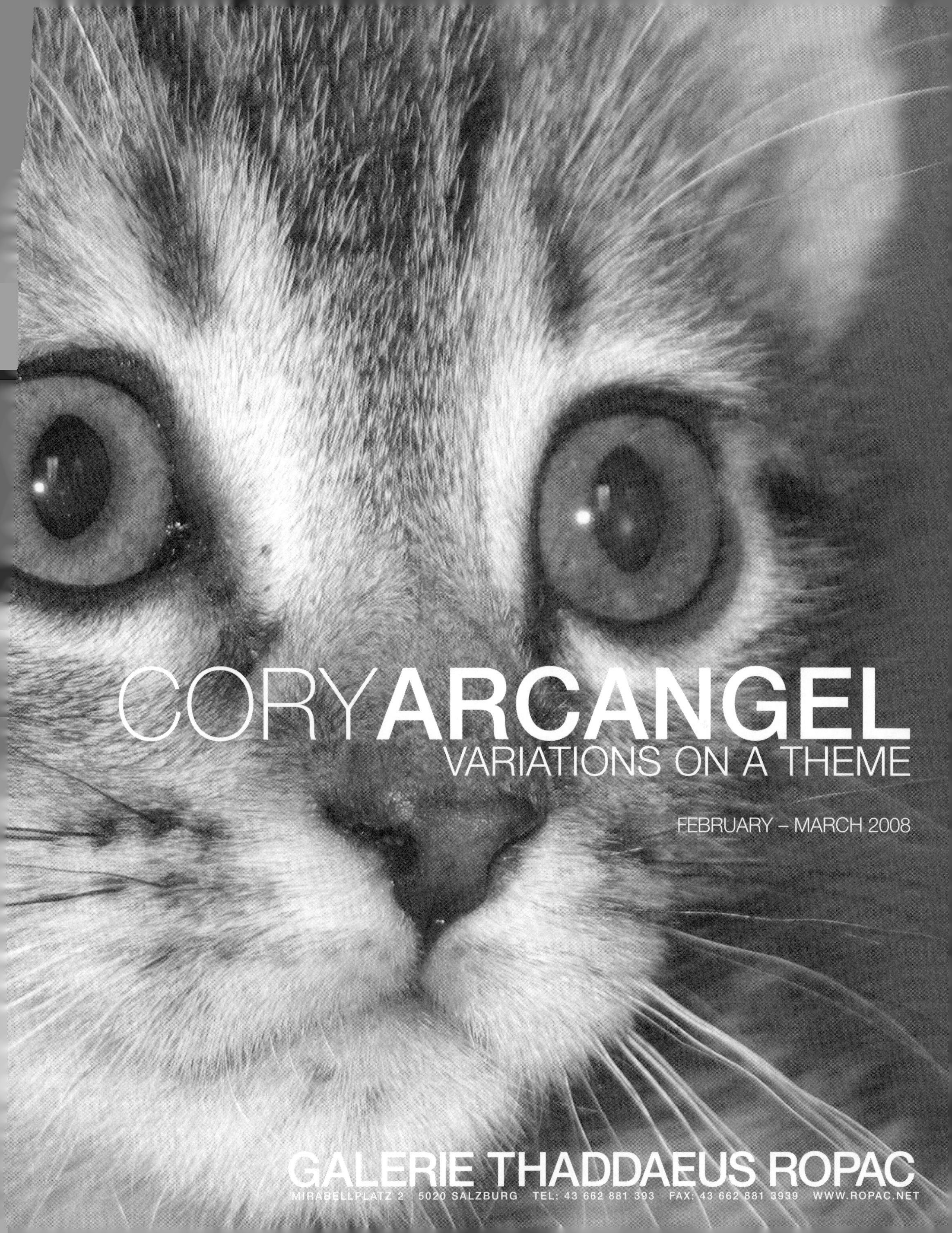
CORYARCANGEL
VARIATIONS ON A THEME
FEBRUARY – MARCH 2008
GALERIE THADDAEUS ROPAC
MIRABELLPLATZ 2 5020 SALZBURG TEL: 43 662 881 393 FAX: 43 662 881 3939 WWW.ROPAC.NET

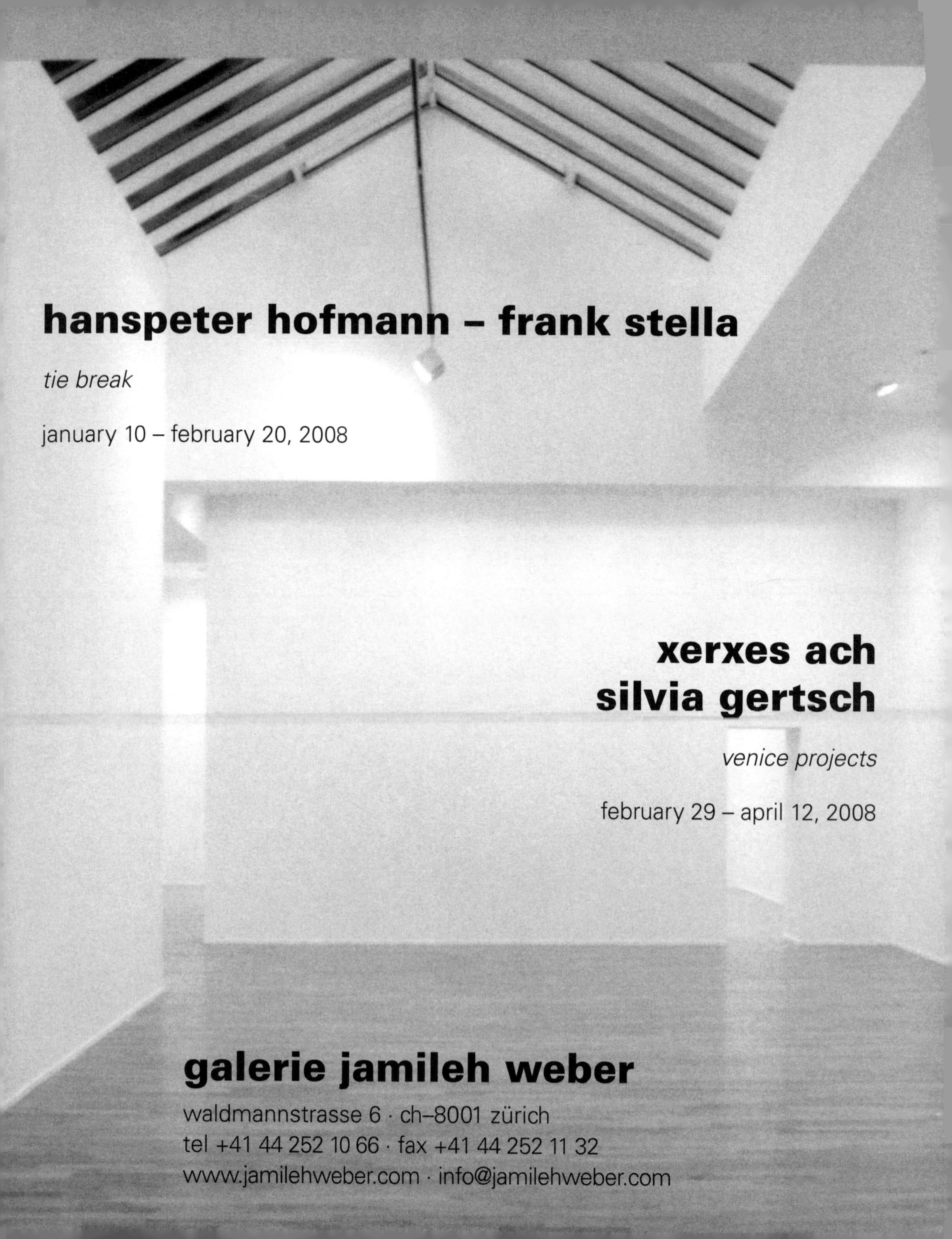
hanspeter hofmann – frank stella
tie break
january 10 – february 20, 2008
xerxes ach
silvia gertsch
venice projects
february 29 – april 12, 2008
galerie jamileh weber
waldmannstrasse 6 · ch–8001 zürich
tel +41 44 252 10 66 · fax +41 44 252 11 32
www.jamilehweber.com · info@jamilehweber.com

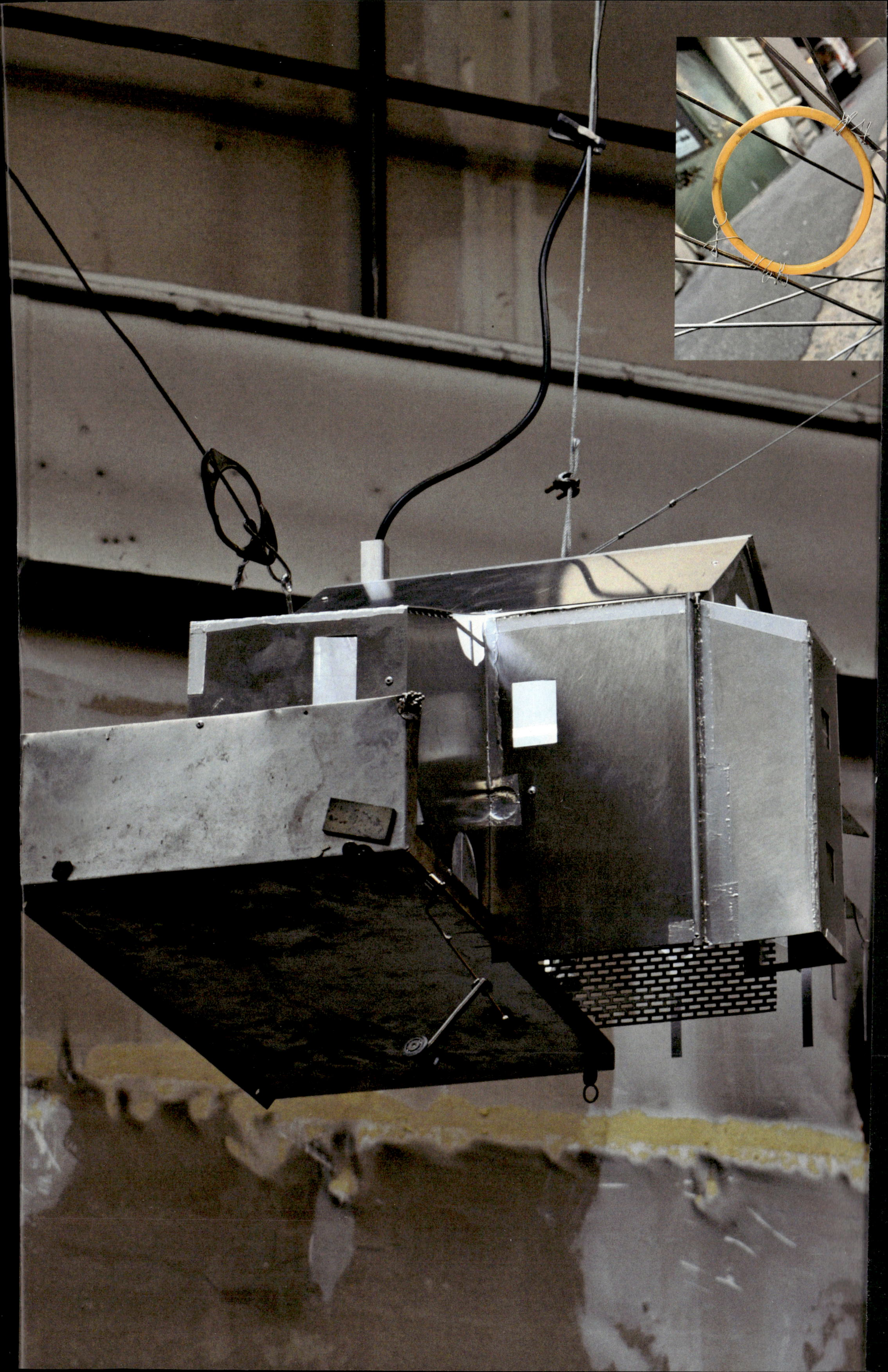

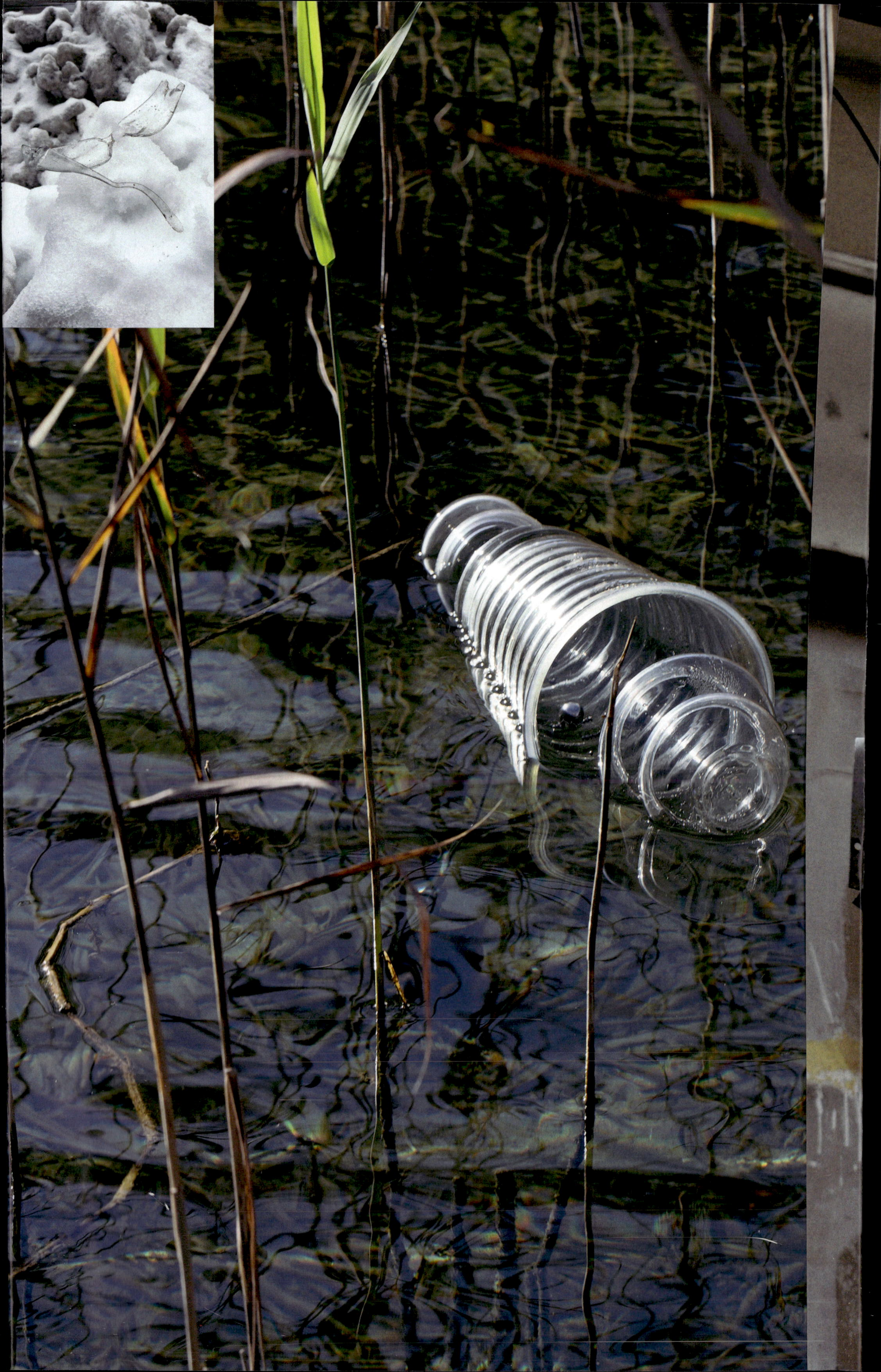

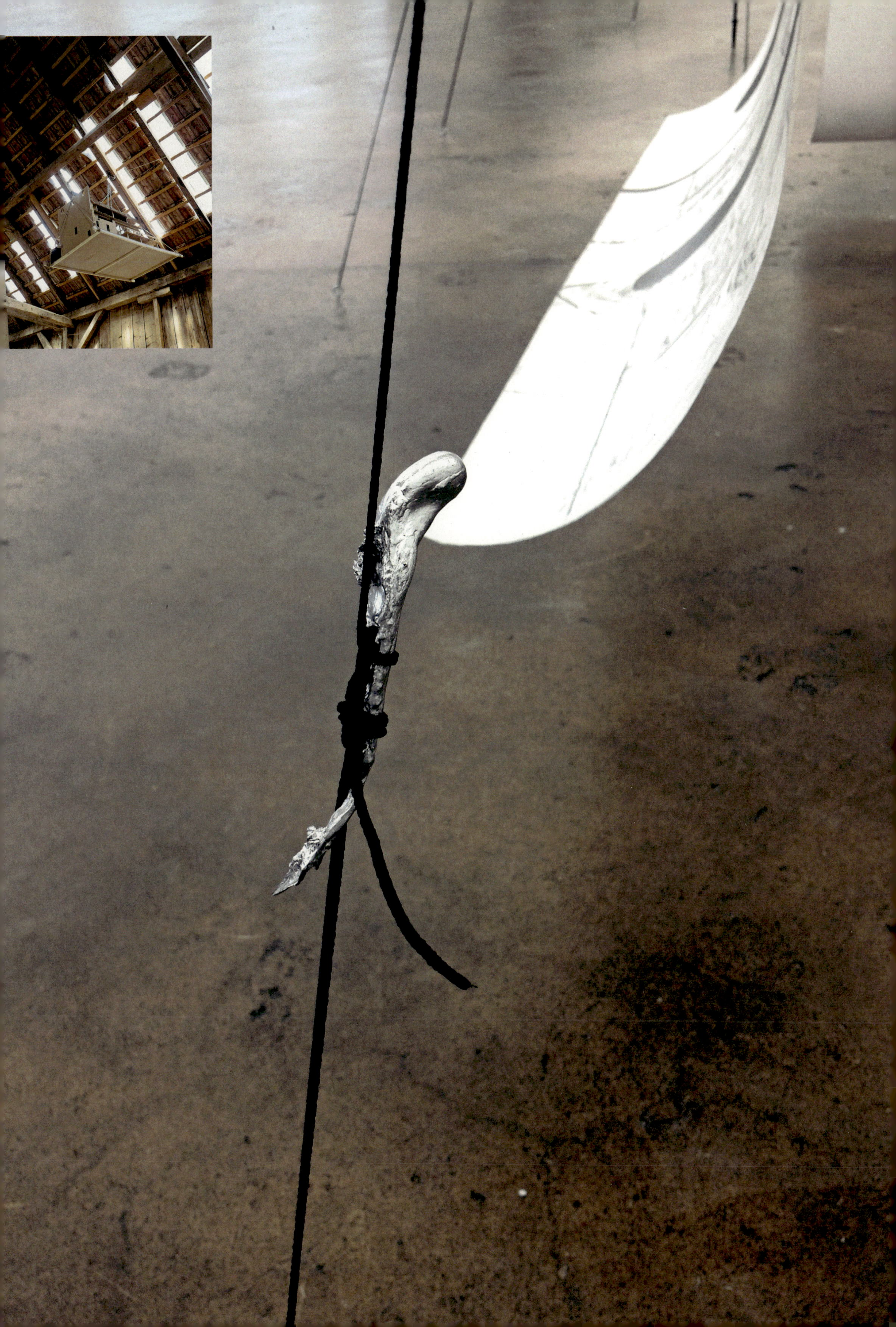

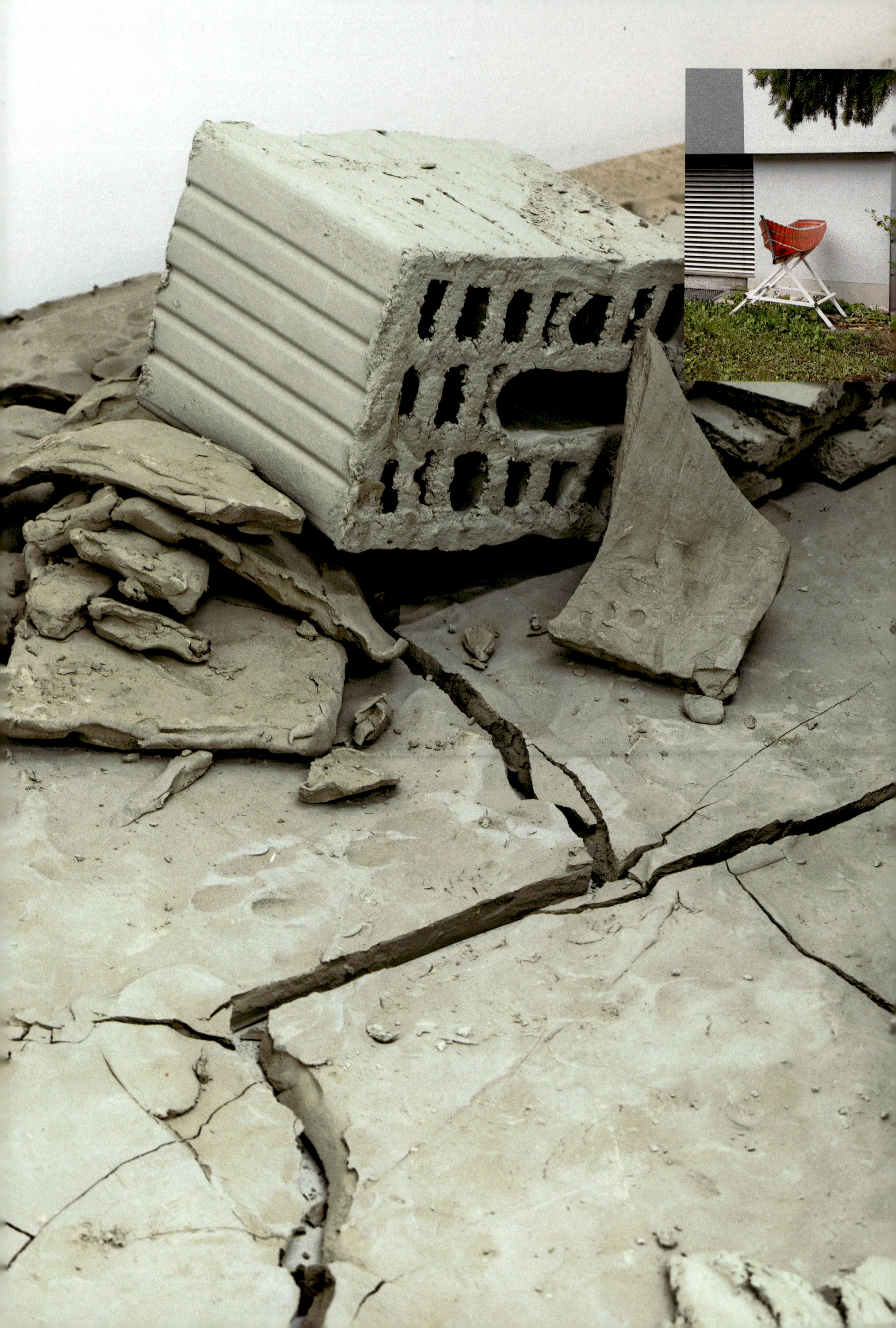